AF848061

Also in the Variorum Collected Studies Series:

JOSEPH MÉLÈZE MODRZEJEWSKI
Droit impérial et traditions locales dans l'Egypte romaine

JOHN GILCHRIST
Canon Law in the Age of Reform, 11th–12th Centuries

KENNETH PENNINGTON
Popes, Canonists and Texts, 1150–1550

JAMES A. BRUNDAGE
Sex, Law and Marriage in the Middle Ages

ANDRÉ GOURON
Droit et coutume en France aux XIIe et XIIIe siècles

LESLIE S.B. MacCOULL
Coptic Perspectives on Late Antiquity

SEBASTIAN BROCK
Studies in Syriac Christianity: History, Literature, Theology

LUISE ABRAMOWSKI
Formula and Context: Studies in Early Christian Thought

CHARLES MUNIER
Autorité épiscopale et sollicitude pastorale (IIe–VIe siècles)

GÉRARD GIORDANENGO
Féodalités et droits savants dans le Midi médiéval

JEAN GAUDEMET
Droit de l'Église et vie sociale au Moyen Age

ADAM VETULANI
Institutions de l'Église et canonistes au Moyen Age

STEPHAN KUTTNER
The History of Ideas and Doctrines of Canon Law in the Middle Ages

J.H.G.W. LIEBESCHUETZ
From Diocletian to the Arab Conquest

ROBERT SOMERVILLE
Papacy, Councils and Canon Law in the 11th–12th Centuries

Statut personnel
et liens de famille dans
les droits de l'Antiquité

Professeur Joseph Mélèze Modrzejewski

(Photo : Alain Ramis Clader

Joseph Mélèze Modrzejewski

Statut personnel et liens de famille dans les droits de l'Antiquité

VARIORUM

743.049 I

This edition copyright © 1993 by Joseph Mélèze Modrzejewski.

Published by VARIORUM
Ashgate Publishing Limited
Gower House, Croft Road,
Aldershot, Hampshire GU11 3HR
Great Britain

Ashgate Publishing Company
Old Post Road,
Brookfield, Vermont 05036
USA

ISBN 0-86078-376-6

Universitätsbibliothek Salzburg

British Library Cataloguing in Publication Data

Mélèze Modrzejewski, Joseph
Statut personnel et liens de famille
dans les droits de l'Antiquité. —
(Variorum Collected Studies Series;
CS411)
I. Title II. Series
930

UB SALZBURG
+DM67737506

The paper used in this publication meets the minimum requirements of American National Standard for Information Sciences
— Permanence of Paper for Printed Library Materials, ANSI Z39.48-1984.

∞™

Universitätsbibliothek Salzburg
AUSGESCHIEDEN
Datum: 22. Juni 2015

Printed by Galliard (Printers) Ltd
Great Yarmouth, Norfolk
Great Britain

COLLECTED STUDIES SERIES CS411

2004:H-2034

TABLE DES MATIÈRES

MARIAGE ET FAMILLE

FOYERS DÉSERTS, MÉMOIRE SAUVÉE

Ce volume est composé de X + 298 pages

NOTE DE L'ÉDITEUR

Les articles réunis dans ce volume, comme dans tous les autres de la série « Recueils d'études », n'ont pas reçu une nouvelle pagination suivie. Afin d'éviter toute confusion et de faciliter la consultation lorsqu'il est fait référence ailleurs à ces mêmes études, on a maintenu la pagination originelle.

Tous les articles ont été pourvus d'un numéro en chiffres romains, dans l'ordre du recueil, conformément à la Table des matières. Ce numéro se répète sur chaque page et se retrouve dans les renvois de l'Index des sources.

AVANT-PROPOS

Après le volume sur *Droit impérial et traditions locales dans l'Égypte romaine* (1990 ; *CS* 321), ce nouveau recueil propose un choix de dix études relatives au statut personnel et aux liens de famille dans les droits de l'Antiquité orientale et gréco-romaine. S'étalant entre le Proche-Orient ancien et Byzance, elles débordent, dans le temps et dans l'espace, du cadre égyptien, encore que la documentation papyrologique soit ici, comme dans le précédent volume, la principale source d'information pour les problèmes qui y sont traités. Ceux-ci ont été répartis en trois parties.

La problématique du **statut personnel** est abordée dans quatre essais qui forment la première partie de l'ouvrage. Le premier, tiré d'une enquête comparative sur le fait de l'animal dans les droits antiques, suggère une perspective juridique pour le débat sur la place de l'homme « entre les dieux et les bêtes » (**I**). Le deuxième, consacré aux classements anciens des sources de l'esclavage, confronte les théories grecques et la doctrine juridique romaine en la matière, d'Aristote à Justinien, et au-delà (**II**). Les deux suivants ont pour cadre l'Égypte lagide. La permanence du lien civique comme critère déterminant la condition juridique des immigrants hellénophones en Égypte (**III**) se vérifie dans une enquête sur le statut social par rapport au régime foncier ptolémaïque qui fait ressortir l'opposition entre la fortune du clérouque, colon grec, et la misère du paysan indigène (**IV**).

La deuxième partie porte sur **le mariage et la famille** dans le droit grec et hellénistique. Elle commence par un essai de synthèse sur la structure juridique du mariage grec (**V**). Celle-ci est présentée, dans l'esprit des travaux du regretté Hans Julius Wolff, comme un rapport juridique résultant d'un « acte réel à finalité déterminée » : la dation de la femme (*ekdosis*), qui fonde le lien conjugal. Témoin d'une continuité qui va de la cité classique à la société hellénistique et se prolonge sous la domination romaine, elle entraîne un transfert d'autorité (la qualité de *kyrios*) et s'accompagne d'une prestation matérielle (la dot) destinée à régler le fonctionnement du lien et à lui conférer le rang d'une institution sociale. L'analyse du dernier élément est approfondie dans un travail concernant le régime dotal grec à la lumière des documents d'Égypte (**VI**). Deux études abordent ensuite le problème des unions « irrégulières » : mariage entre proches parents (**VII**) et mariage avec l'étranger (**VIII**).

La troisième et dernière partie – **foyers déserts, mémoire sauvée** – reprend deux travaux d'inégale importance concernant deux aspects particuliers du destin des biens de famille après la disparition du titulaire : la dévolution à l'État des successions en déshérence d'après la loi successorale de Doura-Europos (**IX**) et la nature juridique des fondations en droit grec (**X**).

Conformément à l'esprit de la collection, les textes sont reproduits tels quels dans leur version originelle. Les corrections se limitent à quelques « coquilles » qu'il a paru possible d'éliminer. Des *addenda* en fin de volume, réduits à l'essentiel, tendent à apporter une mise à jour. L'index des sources qui les suit, et qui a permis de préciser quelques références, facilitera le maniement du recueil.

J.M.M.

Châtenay, le 15 novembre 1992.

P.S. Comme pour le volume précédent, ma collaboratrice Monique Roman m'a aidé à confectionner l'index des sources et à vérifier les *addenda* ; je l'en remercie bien vivement. Je remercie également mes amis et collègues Léon Poliakov, Mario Talamanca, Pierre Lévêque, Panayotis Dimakis, Dieter Nörr, Michel Christol et Michel Nuyens, ainsi que la Rédaction de la *Revue des études grecques* et le Comité de direction de la *Revue historique de Droit français et étranger* d'avoir autorisé, chacun pour sa part, cette nouvelle publication.

I

Hommes libres et bêtes dans les droits antiques

Que viennent faire le droit et un professionnel de l'histoire juridique dans ce débat sur les hommes et les bêtes ? Deux raisons pourraient justifier cette présence apparemment abusive.

La première est d'ordre personnel. Qui saurait refuser d'apporter à Léon Poliakov sa contribution à la réalisation d'un projet dont il a pris l'initiative ? Même s'il a surestimé vos capacités, vous ne pouvez pas vous dérober. Il en fut ainsi pour le présent exposé. On a eu recours aux éléments d'une enquête consacrée, en 1972-1973, au « fait de l'animal » dans les droits antiques, dans le cadre du séminaire de Papyrologie et histoire des droits de l'Antiquité de la IVe Section de l'École Pratique des Hautes Études ; ils ont été regroupés en fonction du thème du colloque, de manière à pouvoir former une intervention capable de répondre, ne fût-ce que de manière très indirecte et partielle, aux préoccupations de l'instigateur de cette rencontre [1].

La deuxième raison est une raison de fond. C'est que le droit, au même titre que le langage, l'art ou la religion, peut être considéré comme un critère de « l'hominité ». C'est du moins l'avis de ceux qui s'intéressent à la matière juridique en partant d'un point de vue sociologique ou anthropologique. Il suffit de citer à ce propos le récent ouvrage de Jean Carbonnier, où cette démarche est exposée avec beaucoup de clarté [2]. Nous lui emprunterons quelques formules particulièrement significatives.

Il est banal de dire que, dans la série animale, l'homme n'est pas le seul être social. Mais il est bon de souligner qu'il est le seul être « naturellement juridique » c'est-à-dire le seul « capable de donner et de recevoir des jugements ». Les animaux peuvent avoir des habitudes, mais non des normes contraignantes et susceptibles de sanction. La norme est propre à l'homme — « capacité unique, qui pourrait concourir à caractériser l'espèce ». Entendons-nous bien : il s'agit du juridique social au sens fort, c'est-à-dire de « l'aptitude abstraite aux normes et aux jugements ». C'est cette « juridicité virtuelle de l'homme et les mécanismes mentaux qui la sous-tendent » qui pourraient, suggère Jean Carbonnier, constituer le vrai objet d'une anthropologie juridique capable d'aider l'anthropologie tout court à situer l'*anthropos* par rapport au reste de la nature.

A cet égard, la réflexion des savants modernes rejoint l'intuition des Anciens. Ainsi, pour Aristote, l'homme est le seul à avoir le sentiment du juste et du non juste (le *dikaion* et l'*adikon*), tout comme il est le seul à avoir le langage, *logos,* par opposition aux animaux qui n'ont que des sons vocaux, *phonê* (*Politique* I, 2, 1253 a). Nour reviendrons encore à Aristote. Constatons seulement pour l'instant que le droit, dans une telle perspective, n'est pas, on le voit, étranger au débat ; on pourrait même dire que la « juridicité » en est une donnée essentielle quoique insuffisamment exploitée sinon passée entièrement inaperçue. A ce titre, quelques remarques sur les hommes et les bêtes dans les droits de l'Antiquité orientale et gréco-romaine contribueront peut-être au succès de l'entreprise animée par Léon Poliakov.

Tenant compte de ses préoccupations, on prendra pour point de départ la Bible, c'est-à-dire le droit biblique ancien, tel qu'il est consigné dans le Pentateuque. Il va de soi qu'il faudra limiter le sujet. On laissera donc de côté une série de problèmes, tels que les interdits alimentaires concernant les animaux, le sacrifice, le serpent et le bouc émissaire, ainsi que toutes les dispositions de la loi biblique où l'animal est un objet passif : vol d'animal (Exode 22, 1 à 4), responsabilité du gardien pour l'animal donné en garde et responsabilité pour l'animal qui est l'objet d'un contrat de location ou d'un prêt à usage (Exode 22, 10 à 15). Dans tous ces cas, il ne s'agit pas d'une relation entre l'homme *et* la bête, mais de rapports entre les hommes eux-mêmes à propos d'animaux, ou de rapports humains dans lesquels les animaux sont impliqués, en quelque sorte malgré eux. L'animal est ici un objet ou un instrument : objet d'un sacrifice, instrument d'un rite purificatoire, objet d'un vol, d'un contrat de garde, de louage ou de prêt à usage. Nous ne retiendrons donc que les cas où l'animal a un rôle actif, c'est-à-dire les cas où il s'agit d'un comportement tombant sous le coup de dispositions normatives qui pourraient relever d'une prise de position de l'homme par rapport au monde des animaux. On envisagera trois situations :

1. Le cas de l'animal auteur de dommages causés au patrimoine de l'homme, c'est-à-dire, essentiellement, le dommage agricole, le « délit de pacage illicite » et, subsidiairement, d'autres dommages patrimoniaux, en particulier le cas spécialement intéressant de l'animal domestique qui cause la mort d'un autre animal domestique ;

2. Le cas de l'animal auteur d'un acte d'agression dont l'homme est la victime — on retiendra surtout le cas extrême de l'animal meurtrier de l'homme ;

3. Le cas de l'animal partenaire sexuel de l'homme : le « délit de bestialité » et la répression de celui-ci.

Notre démarche consistera à suivre un double chemin. Il s'agira, d'une part, d'indiquer les points communs et les différences entre la loi biblique et la tradition juridique orientale, et de les confronter à propos des situations étudiées avec les dispositions des droits grecs et du droit romain : cette confrontation pourra mieux faire ressortir les particularités supposées utiles pour le débat. D'autre part, nous allons essayer de tirer quelques conclusions, ou tout au moins de poser quelques questions sur le point de savoir si, et dans quelle mesure, le droit éclaire et aide à comprendre le problème central, celui d'une prise de conscience par l'homme de sa qualité spécifique par rapport au monde des animaux. On se demandera surtout si, et dans quelle mesure, le droit confirme ou infirme l'hypothèse d'une « censure biblique » esquissée par Léon Poliakov [3].

Les animaux et le droit

1. *Dommage patrimonial : délit de pacage illicite*

Le premier cas sur lequel le droit s'interroge à propos des rapports entre les hommes et les animaux est, avons-nous dit, le dommage agricole connu sous le nom de « délit de pacage illicite » : il s'agit des dommages causés par l'animal aux champs et aux récoltes. Au delà des réflexions qu'on pourrait broder à cette occasion sur le thème « hommes-terre-bêtes », il s'agit ici d'une donnée historique relativement banale dans le cadre de l'Antiquité orientale et gréco-romaine, en raison du caractère éminemment agricole de l'économie antique. Par extension, nous verrons encore d'autres dommages que l'animal peut causer au patrimoine humain.

1.1. Le Code de l'Alliance

Le Code de l'Alliance (Exode 22, 5) nous dit : « Si un homme fait des dégâts dans un champ ou dans une vigne, s'il laisse son bétail paître dans le champ d'autrui, il donnera en dédommagement le meilleur produit de son champ et de sa vigne. » Nous sommes en présence du délit de pacage illicite occasionné par le fait d'avoir laissé paître son bétail sur le champ d'un voisin de manière à avoir causé un dommage à autrui : le dommage est donc causé avec la complicité du maître. Le principe juridique retenu ici par la loi biblique est la réparation du dommage, à la charge du maître de l'animal. Le seul responsable est l'homme. On ne voit pas la moindre trace d'une responsabilité ou d'une culpabilité qui seraient imputables à l'animal. La double confrontation à laquelle nous allons nous livrer sera instructive sur ce point.

1.2. Orient

Voyons d'abord la tradition juridique orientale à la lumière des textes cunéiformes [4]. Parmi ceux-ci, les principales dispositions parallèles à la loi biblique que l'on vient de citer se trouvent dans l'art. 57 du Code Hammurapi (XVIIe siècle avant notre ère), dans l'art. 2 des Lois néo-babyloniennes (VIIe - VIe s. av. n. è.) et dans les Lois hittites (XVe - XIIIe s. av. n. è.), art. 79, 86, 90 et 107.

a. *Code Hammurapi* (1729-1687 av. n. è.)
Ce code nous parle, dans son art. 57, d'un berger qui a fait paître son bétail dans le champ du voisin sans avoir conclu une convention à ce sujet avec le propriétaire du champ ; il paiera une indemnité selon le tarif légal : 20 *gur* de blé pour un arpent de terre (A. Finet, *Le Code de Hammurapi,* Paris, 1973, p. 63) :

> « Si un berger ne s'est pas entendu avec le propriétaire d'un terrain pour [y] faire paître l'herbe au petit bétail et [s'] il a fait paître le petit bétail [sur] le terrain sans l'accord du propriétaire du terrain, le propriétaire du terrain moissonnera son terrain ; le berger qui a fait paître le petit bétail [sur] le terrain sans l'accord du propriétaire du terrain livrera en surplus au propriétaire du terrain 20 *gur* d'orge par *bur.* »

Nous ne comprendrions pas cette disposition si nous n'avions pas, par un heureux hasard, une notice de Théophraste (*Histoire des plantes* VIII, 4) dont Pline l'Ancien se fait l'écho (*Histoire naturelle* XVIII, 45). « A Babylone, nous apprennent les naturalistes, on laisse le bétail brouter les jeunes pousses pour... empêcher que celles-ci ne tournent à des feuilles folles [*mè phyllomanei*]. » Cela suppose évidemment un accord entre le maître du champ et le maître du bétail, au cas où l'un et l'autre ne sont pas une seule et même personne. S'il n'y a pas d'accord, il y a délit. Ce délit entraîne une responsabilité purement pécuniaire du maître du bétail, que ce soit le berger ou le propriétaire, peu importe. Tel est le principe adopté par la législation babylonienne, à l'époque d'Hammurapi.

b. *Lois néo-babyloniennes*
On retrouve le même principe dans les lois néo-babyloniennes conservées par une tablette du British Museum (BM 82.7.14. 988), mais son application a été nuancée. Voici le texte dans la traduction d'E. Szlechter (« Les lois néo-babyloniennes », *Revue Internationale des Droits de l'Antiquité,* 3e série, XVIII, 1971, p. 48-55) :

> Art. 2 : [Le début est endommagé...] « [et] on lui apporte [la preuve par] témoignage pour une fois [qu'il a fait paître] sur le champ, il donnera au propriétaire du champ le fermage selon [le fermage du champ] des voisins ; lorsque la deuxième fois il a fait paître, il donnera de l'orge selon [la récolte] du champ du voisin. »

La responsabilité pour le délit de pacage illicite reste purement pécuniaire, mais elle est organisée dans un curieux système d'estimation du dommage, et assortie d'une double sanction. Si le délit est commis une première fois, on paye « le montant du fermage », c'est-à-dire un tiers de la récolte du champ du voisin ; s'il y a récidive (réitération de la faute), on paye le montant entier de la récolte de ce même champ. Nous voyons donc que le principe a été raffiné, mais il reste toujours le même : responsabilité purement civile du maître de l'animal, entraînant le devoir de réparer le dommage. Ici non plus, il n'y a pas trace de responsabilité dont serait chargé l'animal lui-même.

c. *Lois hittites*
Il en va de même pour les dispositions qui concernent des dommages causés par les animaux dans le recueil des lois hittites (vers 1450-1300 av. n. è.).

> 79. « Si les bœufs pénètrent dans le champ d'autrui et si le maître du champ les trouve, il pourra les atteler pendant un jour ; à la tombée de la nuit, il devra les ramener à leur propriétaire. »

86. « Si un porc court dans un tas de blé, dans un champ ou dans un jardin et si le maître du blé, du champ ou du jardin le frappe et le tue, il le rendra à son propriétaire ; s'il ne le rend pas, il sera voleur. »

90. « Si un chien mange de la graisse de porc et si le propriétaire de la graisse le trouve et le tue et puis trouve de la graisse dans son ventre, il n'y a pas d'indemnité. »

107. « Si un homme laisse pénétrer des moutons dans un vignoble cultivé et laisse ainsi endommager celui-ci, et si dans le vignoble il y a des fruits, il paiera pour chaque *iku* 10 sicles d'argent et ramènera les moutons à la maison ; si le vignoble est vide, il paiera 3 sicles d'argent. »

Les cas envisagés par les rédacteurs du recueil sont variés et chacun d'eux mériterait un commentaire détaillé. Contentons-nous de noter le principe commun sur lequel est fondée la sanction du dommage, en particulier dans les art. 79 et 107 concernant le délit du pacage : c'est encore, comme chez les Babyloniens et les Hébreux, le principe d'une responsabilité uniquement civile de l'homme, maître de l'animal ayant causé le dommage. La réparation de celui-ci peut être obtenue par le travail des bêtes du responsable au profit du propriétaire du champ endommagé (art. 79) ou sous forme d'une réparation pécuniaire (art. 107). Mais jamais ce type de dommage n'engendre une responsabilité frappant directement l'animal lui-même.

En somme, quant au premier point de notre enquête, le Code de l'Alliance s'inscrit dans une tradition orientale dont le principe est la réparation du dommage causé par l'animal au patrimoine d'autrui, à la charge du seul maître de l'animal. On va voir qu'il n'en est pas de même dans le monde grec et dans le monde romain.

1.3. La Grèce et Rome

Chez les Grecs comme chez les Romains, le principe d'une responsabilité purement civile du maître du bétail est compliqué par un élément nouveau : l'abandon noxal de la bête. En cas de dommage, le maître de l'animal — tout comme le propriétaire d'un esclave ou le père de famille — a le choix entre deux solutions : réparer le dommage en payant son prix ou abandonner à la personne qui a subi le dommage la bête qui l'a causé. Cela implique, du moins à l'origine, l'idée d'une vengeance qui s'exerce sur l'animal : c'est reconnaître implicitement qu'il porte la responsabilité de son acte.

a. *Grèce ancienne*
Laissons pour l'instant de côté la loi de Solon, l'archaïque loi de Gortyne et les témoignages d'auteurs littéraires relatifs aux procès des animaux, et retenons d'abord un article des *Lois* de Platon concernant les dommages causés par les esclaves et par les animaux domestiques (*Lois* XI, 936d-e, selon l'édition d'A. Diès, Paris, 1956) :

> « Si un esclave ou une esclave endommage un bien appartenant à quelque autre que son maître, sans que le propriétaire lésé y ait contribué par manque d'expérience ou quelque incurie, le maître de l'esclave en faute compensera le dommage en toute plénitude ou livrera le coupable en personne. Si le maître incriminé allègue que l'accusation a été machinée de connivence entre l'auteur du dommage et la partie lésée, pour lui faire perdre, à lui, son esclave, il portera plainte pour manœuvres dolosives contre ce prétendu lésé ; s'il gagne, il touchera le double du montant auquel le tribunal aura évalué l'esclave ; s'il perd, il paiera le dommage et livrera l'esclave. Si une de ses bêtes de trait, un cheval, un chien ou quelque autre animal, fait tort à quelque bien du voisin, il compensera pareillement le dommage. »

Le texte concerne en premier lieu les esclaves et ne s'applique aux animaux domestiques qu'en vertu d'une analogie sur laquelle nous reviendrons encore plus loin. L'alternative retenue est très claire : réparation matérielle du dommage ou abandon du « coupable » — esclave ou animal — qui doit être « livré » *(paradoto)* à la victime du dommage.

Celle-ci peut, bien entendu, utiliser cet abandon pour obtenir la réparation matérielle, premier terme de l'alternative, en vendant l'esclave ou l'animal ou en les faisant travailler pour son compte. Mais l'existence de cette alternative implique par elle-même que l'esclave et l'animal, et non seulement leur maître, portent une part de responsabilité pour le dommage qu'ils ont causé. Cette idée semble inconnue en Orient. Elle apparaît, on va le voir plus loin, dans la Grèce archaïque quand il s'agit de l'animal agresseur de l'homme ; elle est ici appliquée par Platon à l'animal auteur d'un dommage patrimonial. Et nous pouvons tenir pour acquis que le philosophe suit de près, sur ce point, le droit positif — en l'occurrence probablement celui de l'Athènes classique.

Nous constatons donc une nouveauté par rapport aux traditions orientales, y compris la tradition biblique. Elle va se perpétuer à travers le monde hellénistique et le monde romain.

b. *Égypte hellénistique*

L'alternative : réparation du dommage ou abandon noxal, se maintient dans l'Égypte hellénistique, au IIIe siècle avant notre ère. Ce n'est, à la vérité, qu'une hypothèse, mais une hypothèse hautement vraisemblable. En effet, dans les textes que nous avons sur cette matière, les esclaves et les animaux domestiques, traités ensemble par Platon, sont dissociés. Ce n'est donc qu'en rapprochant les dispositions concernant les uns de celles qui se rapportent aux autres que l'on arrive à reconstituer la double sanction du dommage causé par l'animal au patrimoine de l'homme. Les textes en question sont le *Papyrus de Lille* 29, loi relative aux esclaves, et le *Papyrus Petrie* III, 26, *diagramma* de Ptolémée II Philadelphe sur les dommages causés aux récoltes par les animaux domestiques.

Loi concernant les délits des esclaves (*P. Lille* 29, éd. P. Jouguet et P. Collart, Paris, 1927, IIIe s. av. n. è.), lignes 28 sq. :

> « Qu'il soit permis au défendeur qui a perdu son procès de livrer son esclave en présence des nomophylaques au demandeur qui l'a fait condamner, et d'échapper ainsi à la condamnation... »

Diagramma royal sur la responsabilité pour les dommages causés aux récoltes (éd. M.-Th. Lenger, *Studi in onore di U.E. Paoli,* Florence, 1955, p. 459-467), lignes 6-16 :

> « Si un bœuf, une bête de somme, un mouton ou quelque autre quadrupède pénètre dans un champ cultivable, un jardin, un verger ou un vignoble appartenant à autrui, qu'il y paît ou qu'il l'endommage, son maître paiera à la partie lésée le montant du dommage qu'il a causé, sur la base d'un jugement. Avant la décision judiciaire, que personne ne saisisse rien et ne se livre à aucun acte de violence, sous aucun prétexte.

Si quelqu'un commet un tel acte, qu'il paie aussitôt 1000 drachmes et qu'il restitue au maître [de la bête] ce qu'il a saisi ou pris par force. L'exécuteur préposé aux revenus royaux l'y contraindra. »

Le rapprochement de ces deux textes suggère la conclusion que dans le droit hellénistique de l'Égypte ptolémaïque, comme dans les lois des cités grecques anciennes dont s'inspire Platon, la responsabilité pour le fait de l'animal est régie par le choix, laissé au maître, entre la réparation du dommage ou l'abandon de l'animal « coupable ». Nous arrivons donc, pour les Grecs, à ce résultat que l'animal, tout comme l'esclave, paraît répondre, à côté du maître, de ses actes. L'esclave, quoique privé de personnalité — *aprosopos* d'après l'expression du rhéteur Grégoire de Corinthe —, n'en est pas moins un être humain. L'identité de traitement juridique efface la frontière entre l'humain et l'infra-humain dans la zone intermédiaire où se côtoient esclaves et animaux. L'abandon noxal de l'esclave et de l'animal implique une idée de culpabilité imputable à l'un comme à l'autre. La différence par rapport à l'Orient cunéiforme et la Bible est nette.

c. *Rome*

Nous retrouvons la même idée dans le droit romain, avec des affinements dus au génie juridique de Rome [5]. Des actions très anciennes, *actio de pastu* pour le délit de pacage, *actio de pauperie* pour d'autres dommages causés par les animaux, attestent pour les animaux (comme il en est pour les esclaves) l'existence dans le droit romain archaïque d'un principe de double responsabilité, comparable à ce qu'on vient de voir dans la Grèce ancienne et dans le monde hellénistique : le maître de l'animal (et de l'esclave) ayant causé un dommage à la propriété, et notamment aux champs d'autrui, a la possibilité de dégager la responsabilité qui lui incombe en livrant l'esclave ou l'animal à la personne qui a subi le dommage. Voici ce qu'en dit le juriste Ulpien (mort en 223 de n.è.) au livre 18 de son commentaire *ad edictum* (*Digeste* IX, 1, 1, *pr.* - 3) :

« Si un animal a causé quelque dommage, il y a en cette matière une action qui descend de la Loi des Douze Tables. Cette loi a voulu que le maître en ce cas fût obligé d'abandonner à la victime l'animal, à moins qu'il ne préférât offrir d'en payer le prix selon l'estimation. Ce délit s'appelle 'noxia'. L'action a lieu à l'égard de toutes les bêtes quadrupèdes. »

Comme chez les Grecs, en droit romain le maître de l'animal peut donc se libérer de la responsabilité qu'il encourt, en livrant à la victime l'animal qui lui appartient (abandon noxal). Sans doute, à un stade plus évolué, cet abandon prendra-t-il à Rome un sens surtout économique : la valeur de l'animal (ou de l'esclave) — son travail ou le produit de sa vente — récompense la victime du dommage. Désormais, le maître répond, comme aujourd'hui dans l'article 1385 de notre Code civil, « propter rem » : son seul tort est, si l'on peut dire, d'être le propriétaire de l'animal auteur du dommage. Mais cette évolution n'efface jamais entièrement l'idée primitive d'une culpabilité propre de l'animal et celle d'une vengeance possible, de la part de la victime, sur l'animal coupable ; elles sont impliquées par l'alternative : réparation du dommage ou abandon noxal, et elles restent toujours sensibles à travers l'évolution ultérieure qui les atténue dans la pratique.

On peut déjà enregistrer un premier résultat de l'enquête. En cas de dommages matériels, l'animal n'est considéré comme « coupable » que dans le monde gréco-romain ; il ne l'est ni chez les Babyloniens, ni chez les Hittites, ni chez les Hébreux. A cet égard, l'expérience juridique de l'Orient peut paraître à nos yeux de « modernes » plus « rationnelle » que celle de l'Antiquité classique. Le fait important, pour nous, consiste dans la symétrie de solutions juridiques qui apparente en cette matière la loi biblique à la tradition orientale antérieure : la nouveauté des solutions adoptées par les Grecs et par les Romains ne fait que mieux ressortir cette parenté. Celle-ci nous apparaîtra avec force dans le cas particulier de l'animal agresseur et auteur de la mort d'un autre animal.

2. *Animal agresseur d'un autre animal*

Il s'agit d'un cas particulièrement intéressant en raison de l'identité parfaite des dispositions qui le concernent dans la Bible et dans la tratidion orientale qui précède la Bible [6]. Comme dans le cas qui vient d'être étudié, la confrontation de ces dispositions avec les règles grecques et romaines sera instructive.

2.1. Le Code de l'Alliance

On dit dans Exode 21, 35 :

> « Si le bœuf d'un homme frappe de ses cornes le bœuf d'un autre homme et que la mort en soit la suite, ils vendront [entendu : les propriétaires de l'un et de l'autre] le bœuf vivant et en partageront le prix. Ils partageront aussi le bœuf mort. »

Cette règle remonte, au plus tôt, à une époque située entre le XIIe et le IXe siècle avant notre ère. Quelque mille ans auparavant, les lois de la ville mésopotamienne d'Eshnunna (vers 1900 av. n. è.) nous apportent, dans leur art. 53, exactement la même disposition.

2.2. Orient

Lois d'Eshnunna, art. 53 (d'après E. Szlechter, *Les lois d'Eshnunna,* Paris, 1954, p. 31, et R. Yaron, *The Laws of Eshnunna,* Jérusalem, 1969, p. 48-49 et 192 sq.) :

> « Si un bœuf frappe de sa corne un autre bœuf et s'il cause sa mort, les deux propriétaires des bœufs partageront entre eux le prix du vivant, et de la viande du bœuf tué. »

Le mot *šir (širum)* = « viande, carcasse », au lieu de *tahhi (tahhum)* = « indemnité, prix » qu'on lisait d'abord dans la partie finale de cette disposition permet de mieux comprendre aujourd'hui l'identité foncière de cette loi d'Eshnunna et de la loi biblique rapportée plus haut. Dans l'une comme dans l'autre, il n'y a pas de répression pénale frappant l'animal lui-même : le principe qui régit la solution de ce cas d'espèce est toujours celui de la responsabilité civile du maître tenu de réparer le dommage ; en l'occurrence, les deux propriétaires supportent à égalité les conséquences patrimoniales d'une lutte, renonçant à chercher les « coupables », les animaux ou leurs maîtres. Solution de bon sens et facilement applicable dans la pratique ; on verra plus loin que, plusieurs siècles plus tard, les juristes romains aboutissent à une solution beaucoup moins satisfaisante.

Mais ce qui est le plus intéressant ici, c'est cette identité que l'on vient de souligner. Bien entendu, Moïse n'a pas copié les lois d'une petite ville du golfe Persique. Nous sommes en présence de ce qu'on appelle le fond commun des coutumes sémitiques. Nous constatons que la Bible est le témoin de ce fond commun, au même titre que les lois d'Eshnunna. La constatation est importante, car si ici le législateur biblique suit fidèlement un modèle plus ancien, et si ailleurs il s'en écarte, le problème de la « censure » pourra se poser de manière à faire entrer le droit au centre du débat qui nous a réunis ici. Mais voyons d'abord le deuxième terme de notre double confrontation : la Grèce et Rome.

2.3. La Grèce et Rome

a. *Grèce ancienne*

Pour l'hypothèse qui nous intéresse, la loi de Gortyne (ve siècle av. n. è.) apporte la matière pour une comparaison avec la solution orientale attestée à Eshnunna et dans la Bible (R. Dareste, B. Haussoullier et Th. Reinach, *Recueil des inscriptions juridiques grecques* I, 1, n° XVIII, p. 393) :

> « Quand un bœuf a estropié un autre bœuf, le propriétaire lésé a le droit, s'il le veut, de donner sa bête et de prendre celle de l'adversaire. S'il ne consent pas à cet échange, l'adversaire paiera la valeur simple.
> Si la partie lésée n'amène pas la bête estropiée, ou ne l'apporte pas morte, ou n'en fait pas la montrée, comme il a été écrit, il n'y aura pas de procès. Si un porc a estropié ou tué une bête à pied corné, le porc appartiendra au propriétaire de la bête. »

La solution adoptée par le législateur de Gortyne obéit au principe de l'alternative que l'on a déjà vu fonctionner plus haut, à propos des dommages causés par les esclaves et les animaux. Au choix du demandeur, il y a soit dédommagement équivalent à la valeur simple du dommage, soit échange des deux bêtes ; dans le deuxième cas, nous avons l'abandon noxal de la bête reconnue « coupable » contre l'abandon de la bête estropiée. Comparée aux traditions juridiques orientales, l'expérience grecque marque donc, une nouvelle fois, comme un recul, d'après nos catégories modernes. Et ce recul s'aggrave à mesure que nous avançons, en passant de Grèce à Rome.

b. *Rome*

Voici la solution du même cas proposée par le juriste

républicain Quintus Mucius Scaevola, telle qu'elle est rapportée par Ulpien au *Digeste* IX, 1, 1, 11 :

> « Des béliers ou des bœufs se sont battus et l'un d'eux a tué l'autre. Quintus Mucius fait à ce propos la distinction suivante : si c'est l'animal agresseur qui a été tué, en ce cas l'action n'a pas lieu ; si au contraire l'animal tué est celui qui n'a pas provoqué la lutte, l'action peut être intentée et le maître de l'animal agresseur sera obligé soit de l'abandonner soit de réparer le dommage qu'il a causé. »

On retrouve l'alternative déjà connue : réparation du dommage ou abandon noxal de l'animal. Mais elle n'agit que dans le cas de la bête reconnue coupable pour « avoir commencé ». Si l'agresseur a été tué, tant pis pour lui et pour son maître... Nous sommes loin de la sobre impartialité des Orientaux.

Voyons à présent la deuxième hypothèse : celle de l'animal agresseur ou meurtrier de l'homme.

3. *Animal agresseur ou meurtrier de l'homme*

Le cas que l'on vient d'évoquer — celui des bêtes qui s'entretuent — nous a montré la fidélité de la loi biblique à l'égard de la tradition juridique cunéiforme. A présent on va assister à une indéniable rupture sur un point qui est sensible. Il ne s'agit plus du dommage causé à un patrimoine ou à une bête faisant partie de ce patrimoine : il s'agit de la personne humaine elle-même.

3.1. Le Code de l'Alliance

> Exode 21, 28-32 : « Si un bœuf frappe de ses cornes un homme ou une femme, et que la mort en soit la suite, le bœuf sera lapidé, sa chair ne sera point mangée, et le maître du bœuf ne sera point puni. Mais si le bœuf était auparavant sujet à frapper, et qu'on en ait averti le maître qui ne l'a point surveillé, le bœuf sera lapidé, dans le cas où il tuerait un homme ou une femme, et son maître sera puni de mort. Si on impose au maître un prix pour le rachat de sa vie, il paiera tout ce qui lui sera imposé. Lorsque le bœuf frappera un fils ou une fille, cette loi recevra son application ; mais si le bœuf frappe un esclave, homme ou femme, on donnera trente sicles d'argent au maître de l'esclave et le bœuf sera lapidé. »

Le Code de l'Alliance envisage ici divers cas de mort d'homme causée par l'animal. Dans tous les cas, la bête est mise à mort. Les « variations » possibles ne concernent que le maître de la bête. Dans le premier cas, lorsqu'un bœuf cause la mort d'un être humain sans que le maître puisse le prévoir, sa responsabilité n'est pas impliquée et il ne subit aucune peine. Dans le deuxième cas, le bœuf est sujet à frapper de la corne et le maître le sait : s'il n'a rien fait pour empêcher les dégâts, il subira la peine de mort. Le troisième cas concerne la mort d'un esclave ; cette fois-ci, seule une peine pécuniaire est prévue à l'encontre du maître.

Voyons maintenant, à titre de comparaison, comment les droits orientaux antérieurs à la Bible ont réglé la même hypothèse. La comparaison va montrer un remaniement très sérieux de la règle ancienne par le législateur biblique.

3.2. Orient

a. *Lois d'Eshnunna*

Voici d'abord les articles 54/55 et 56/57 des lois d'Eshnunna (d'après Szlechter, *op. cit.*, p. 31-32, et Yaron, *op. cit.*, p. 48-49) :

> Art. 54/55 : « Si un bœuf est [connu comme] frappant de la corne, et si les autorités de la Porte en ont prévenu son propriétaire, [et celui-ci n'a pas fait le nécessaire] et [le bœuf] frappe de la corne un homme libre et cause sa mort, le propriétaire du bœuf doit payer deux tiers d'une mine d'argent. S'il frappe de la corne un esclave et s'il cause sa mort, [le propriétaire] doit payer quinze sicles d'argent. »

> Art. 56/57 : « Si un chien est [connu comme] dangereux, et si les autorités de la Porte en ont prévenu son propriétaire, [et celui-ci] ne surveille pas son chien, et [le chien] mord un citoyen et cause sa mort, le propriétaire du chien doit payer deux tiers d'une mine d'argent ; s'il [ce chien] mord un esclave et s'il cause sa mort, [le propriétaire du chien] doit payer quinze sicles d'argent. »

b. *Code Hammurapi*

On retrouve, pour ce qui est du bœuf, des dispositions analogues dans le Code Hammurapi (il faudra être plus patient à l'égard du chien qui mord : nous ne le retrouverons que dans la loi de Solon, signalée plus loin). Voici les articles 250-252 du Code qui s'y réfèrent (Finet, *op. cit.,* p. 123) :

> 250 : « Si un bœuf, en passant dans la rue, a encorné quelqu'un et l'a fait mourir, cette affaire n'entraîne pas réparation. »
>
> 251 : « Si le bœuf d'un homme a l'habitude de donner de la corne et [si] son quartier lui a fait savoir qu'il avait l'habitude de donner de la corne, [si] pourtant il n'a pas couvert sa corne ni surveillé de près son bœuf, et [si] ce bœuf a encorné un fils d'homme libre et [l]'a fait mourir, il remettra une demi-mine d'argent. »
>
> 252 : « [S]'il s'agit d'un esclave de particulier, il remettra un tiers de mine d'argent. »

Dans la Bible et dans les lois orientales plus anciennes, les éléments du système sont rigoureusement les mêmes : un bœuf qui frappe de la corne ; le bœuf qui frappe pour la première fois et le bœuf « récidiviste » ; l'avertissement adressé officiellement au maître de la bête ; les catégories des personnes visées : les adultes libres, leurs enfants, les esclaves ; enfin, la sanction qui varie en fonction de la nature du bœuf et de la qualité de la victime. Mais alors qu'à Eshnunna, et à Babylone au temps du roi Hammurapi la seule sanction de la mort d'un être humain, homme libre ou esclave, à la suite d'un fait de l'animal est une responsabilité pécuniaire du maître (qui du reste n'est pas impliquée en cas de simple accident) et alors que de son côté la bête ne subit aucune peine, le Code de l'Alliance innove : quelle que soit la victime, que le maître soit responsable ou non, la bête est toujours mise à mort. La rupture de tradition juridique paraît évidente. On aimerait savoir quelle peut être la raison d'une sévérité aussi excessive, quelle pourrait en être la signification pour le problème posé par Léon Poliakov. Mais avant d'essayer d'esquisser une réponse à cette double question, poursuivons notre double confrontation.

3.3. La Grèce et Rome

a. *Solon* (594 av. n. è.)
A en croire Plutarque (*Solon* 24, 3), dont le témoignage semble corroboré par un texte de Xénophon (*Hell.* 2, 4, 41 ; cf. E. Ruschenbusch, *Solonos Nomoi,* Wiesbaden, 1966, fragment

35, p. 80), Solon se serait intéressé au problème qui, plusieurs siècles avant lui, avait préoccupé le législateur d'Eshnunna :

> « Il fit aussi une loi sur les dommages causés par les quadrupèdes, où il ordonne qu'un chien qui mord soit livré avec un carcan de trois coudées au cou, précaution ingénieuse pour prévenir les accidents. »

Ce chien grec n'est pas sans rappeler le chien mésopotamien des lois d'Eshnunna, art. 56/57. Mais il semble qu'il s'agisse d'un cas moins grave (il n'est pas dit si la morsure est mortelle) et, surtout, la sanction n'est pas la même. Comme en cas de dommage causé au patrimoine humain, le législateur grec suit ici le principe de l'abandon noxal : le chien est livré à sa victime, avec des « précautions ingénieuses ». Nous ne savons pas si le propriétaire du chien a le choix entre cet abandon et la réparation du dommage ; sans être sûre, l'alternative paraît tout à fait vraisemblable. En tout cas, on n'est plus dans le système d'une réparation purement civile du dommage, tel qu'on l'a vu fonctionner dans les lois akkadiennes d'Eshnunna et de Babylone.

b. *Platon*

Un deuxième texte qui doit être mentionné ici est un article des *Lois* de Platon concernant l'animal meurtrier de l'homme (*Lois* XI, 873e-874a, selon l'édition d'A. Diès, Paris, 1956) :

> « Si un animal, bête de somme ou autre, tue quelqu'un, hors le cas où cela surviendrait dans un concours public où des animaux courent pour le prix, les proches du mort poursuivront le meurtrier pour homicide ; le jugement sera conduit par autant d'agronomes et tels agronomes que le parent aura désignés ; convaincue, la bête sera tuée et jetée hors des frontières du territoire. Si c'est un être inanimé qui prive un homme de la vie, non toutefois quelque trait venu de la foudre ou autrement envoyé par Dieu, mais toute autre chose qui tue un homme parce qu'elle tombe sur l'homme ou l'homme sur elle, le parent du mort fera siéger comme juge le voisin le plus proche et ainsi se purifiera lui-même et toute la parenté ; quant à l'objet reconnu coupable on le jettera hors des frontières, comme on l'a dit en général pour les animaux. »

Cette fois-ci, la culpabilité et la responsabilité de l'animal sont reconnues de manière évidente. Des considérations d'ordre religieux, que nous n'avons pas à analyser ici, font qu'en cas de meurtre le coupable doit subir le châtiment, fût-il un animal ou un objet inanimé. Comme en matière de dommages matériels, Platon suit ici d'assez près le droit positif, tel que nous le connaissons pour Athènes par les témoignages d'Aristote et des orateurs.

c. Procès d'animaux à Athènes

Dans la *Constitution d'Athènes*, parlant des attributions de l'archonte-roi, Aristote fait allusion aux procès pour meurtre intentés contre les animaux et les objets inanimés (*Athen. Polit.* 57,4) : « Le roi juge encore, de concert avec les *phylobasileis*, les accusations de meurtre contre les objets inanimés et les animaux. »

On reviendra encore sur le rapprochement qui met côte à côte les objets inanimés *(apsycha)* et les animaux *(alla zoa)*. Notons ici le caractère archaïque de la juridiction mentionnée par Aristote : les *phylobasileis* passent pour représenter le système tribal antérieur aux réformes de Clisthène. La responsabilité des animaux — et des choses — est reconnue par le droit athénien dès une époque reculée. Elle le reste à l'époque des orateurs, comme le montre ce texte de Démosthène (*Contre Aristocratès* XXIII, 76, d'après l'édition de J. Humbert et L. Gernet, Paris, 1959) :

> « Il y a encore un quatrième tribunal, celui du Prytaneion. Qu'est-ce que celui-là ? Si une pierre, un morceau de bois ou de fer, ou un objet de ce genre frappe quelqu'un en tombant sur lui, et qu'on ignore de qui vient le coup, mais qu'on connaisse seulement et qu'on tienne l'objet qui a causé la mort, c'est à ce tribunal qu'on s'adresse. Eh bien, si la religion ne permet pas de laisser sans jugement des objets inanimés et privés d'intelligence, s'ils peuvent être incriminés, à plus forte raison est-il contraire à la religion et à l'humanité qu'un homme qui n'est peut-être pas coupable — mais j'admets qu'il le soit ; un homme du moins, et qui participe à notre nature — soit livré, sur une imputation semblable, sans débats et sans jugement. »

Vestiges d'archaïsme, les procès contre les animaux sont destinés à ôter la souillure qui affecte la cité à la suite d'une mort d'homme. Ils impliquent la reconnaissance d'une responsabilité et d'une culpabilité propres de l'animal. Par des chemins différents, l'expérience athénienne rejoint ici, quant au résultat final, la sévérité dont la loi biblique témoigne à l'égard de l'animal meurtrier.

d. Rome

A Rome, vers la fin de la République et sous l'Empire, l'animal ne supporte aucune responsabilité de type pénal et n'est l'objet d'aucune répression, même dans le cas extrême où un homme a perdu la vie par la suite du fait de l'animal. Apparemment, le droit romain revient à l'attitude « rationnelle » des lois orientales avant la Bible. En fait, il s'agit de l'aboutissement d'une évolution dont on connaît déjà le point de départ : le choix, dans le droit romain primitif, laissé au maître de l'animal entre la réparation du dommage et l'abandon noxal, celui-ci supposant, à l'origine, une faute imputable à la bête et une idée de vengeance à son égard.

Notons un deuxième résultat partiel. L'animal qui cause la mort d'un homme n'est pas puni dans les lois orientales avant la Bible. Il l'est dans le droit archaïque du monde grec et du monde romain, principe qui subsiste chez les Grecs jusqu'à la fin de la période classique et qui s'efface dans la pratique romaine laïcisée. Une répression fortement accentuée de l'animal meurtrier est consacrée par la loi biblique ; la parenté formelle qui, sur ce point, rapproche la solution biblique des solutions grecque et romaine rend manifeste la rupture qui sépare la Bible de la tradition orientale antérieure.

4. *Le délit de bestialité*

Il reste un dernier point : l'attitude du droit à l'égard des pratiques sexuelles entre hommes et bêtes. Pour simplifier les choses, disons tout de suite qu'en cette matière les interdits bibliques sont, à une seule exception près, uniques dans tous les droits anciens, pour autant que nous les connaissions.

4.1. Interdits bibliques

Ces interdits nous sont rapportés par le Code de l'Alliance sous une forme lapidaire, puis confirmés par le Code de Sainteté. Voici les textes :

> Exode 22, 19 : « Quiconque couche avec une bête sera puni de mort. »

Même interdit sous une forme plus développée dans Lévitique 20, 15-16 :

> « Si un homme couche avec une bête, il sera puni de mort, et vous tuerez la bête. Si une femme s'approche d'une bête ou s'accouple avec elle, on tuera la femme et la bête, elles seront mises à mort et leur sang retombera sur elles. »

Et encore, Lévitique 18, 23 :

> « Tu ne coucheras point avec une bête, pour te souiller avec elle. La femme ne s'approchera point d'une bête, pour se prostituer à elle. C'est une confusion. »

4.2. Orient

On ne trouvera rien de comparable à ces interdits ni dans les Lois d'Eshnunna, ni dans le Code Hammurapi, ni dans aucun autre recueil juridique mésopotamien. Au contraire, la déesse Ishtar aime un lion et un cheval, tout comme, plus tard, Léda aimera son cygne. L'exemple des dieux semble innocenter à l'avance les pratiques sexuelles des mortels : coucher avec une bête n'est pas un délit.

La seule législation cunéiforme qui connaisse des interdictions de telles pratiques est le recueil des Lois hittites, articles 187-188 et 199-200 :

> 187. « Si un homme couche avec une vache, [c'est] une abomination : il sera mis à mort. On [l'] amènera devant la Porte du roi ; le roi peut le faire mourir, et le roi peut lui laisser la vie sauve. Mais il n'approchera pas le roi. »
>
> 188. « Si un homme couche avec une brebis, [c'est] une abomination : il sera mis à mort. On [l'] amènera devant la Porte du roi ; le roi peut le faire mourir, et le roi peut lui laisser la vie sauve. Mais il n'approchera pas le roi. »
>
> 199. « Si quelqu'un couche avec un cochon [et] un chien, il sera mis à mort. On [l']amènera devant la Porte du Palais. Le roi peut les tuer, et le roi peut leur laisser la vie sauve. Mais il n'approchera pas le roi.
>
> Si un taureau saute sur un homme, le taureau sera mis à mort, mais l'homme ne sera pas mis à mort. On amène une

brebis à la place [?] de l'homme et on la tue. Si un cochon saute sur un homme, [il n'y a] pas d'outrage. »

200. « Si un homme couche avec un cheval ou un mulet, [il n'y a] pas d'outrage. Mais il n'approchera pas le roi et il ne deviendra pas prêtre. »

On voit bien le caractère casuistique de cette réglementation. Les animaux avec lesquels les rapports sexuels sont interdits sont énumérés, comme le sont ceux qui échappent à cette interdiction ; la liste n'est certainement pas exhaustive et on serait bien embarrassé si l'on devait, en se fondant sur ces dispositions, statuer sur le cas d'un Hittite qui a eu des rapports sexuels avec un lapin ou une poule, animaux qui ne sont pas mentionnés dans le recueil.

Deux cas sont particulièrement intéressants. Le premier est celui d'un bovin ou d'un cochon mâle qui a des rapports sexuels avec un homme dont il est le partenaire actif (art. 199, 2e alinéa). Nous avons ici un cas de bestialité très particulier ; il n'est pas étonnant que cette disposition du Code hittite ait donné lieu à des interprétations très variées où l'histoire juridique s'associe à la psychopathologie vétérinaire de manière aussi ingénieuse que désespérée [7]. Il est intéressant de noter, à ce propos, la différence entre le taureau et le cochon : le premier est mis à mort ; le second échappe à la sanction.

Le deuxième cas est celui du cheval et du mulet, dans l'article 200. Ici, il n'y a aucune répression pénale, mais seulement une sorte de déchéance civile à l'encontre de l'homme qui ne peut devenir prêtre ni approcher le roi. On pourrait s'interroger sur les raisons religieuses, militaires ou magiques de cette disposition.

Quoi qu'il en soit, les interdits hittites sont beaucoup plus faibles que les interdits bibliques. D'abord, parce qu'ils ne concernent que certaines bêtes nommément désignées, alors que la Bible énonce une interdiction générale, étendue à toutes les bêtes quelles qu'elles soient. Ensuite, et c'est là une différence qui nous paraît essentielle, parce que, à une seule exception près, celle du taureau de l'art. 199, 2, la peine de mort ne frappe que l'homme. On ne poursuit pas la bête.

4.3. La Grèce et Rome

Le deuxième terme de notre double confrontation en matière de bestialité tient en un mot : il n'y a, à notre connaissance, aucune disposition dans les droits du monde grec ni dans le droit romain qui porte, sous quelque forme que ce soit, une interdiction de rapports sexuels entre hommes et bêtes.

Sur le troisième point de l'enquête le résultat est très net. La répression du délit de bestialité dans la Bible n'a d'équivalent ni dans la tradition mésopotamienne ni dans l'Antiquité grecque et romaine. La comparaison avec les Hittites, où cette répression apparaît de manière casuistique et épargne la bête, fait ressortir avec force le caractère exceptionnel de l'interdiction biblique. La généralité et la sévérité de celle-ci paraissent uniques dans les législations de l'Antiquité.

Les animaux et l'homme

A partir des textes qui viennent d'être présentés et brièvement commentés, on aimerait formuler quelques conclusions. Il s'agit seulement de souligner les points qui paraissent importants et de préciser les questions vers lesquelles pourrait s'orienter la discussion.

1. *Les fauves et les animaux domestiques*

En premier lieu, il convient de souligner que le droit permet de voir très nettement la distinction qui, dans le monde des animaux, oppose les bêtes sauvages aux animaux domestiques. Toutes les dispositions qui viennent d'être évoquées n'intéressent que les animaux domestiques. Sur le plan de l'histoire juridique, cette donnée est absolument indéniable. Elle pourrait aider à nuancer le débat sur les hommes et les bêtes : différencier l'attitude de l'homme à l'égard de l'animal selon la distance qui sépare l'animal de la culture et mieux définir ainsi les limites de l'« hominité ».

L'opposition entre animaux domestiques et bêtes sauvages nous intéresse à double titre : comme une donnée réelle de la vie quotidienne, qui commande les solutions techniques du droit, et comme un élément de la réflexion sur la place de l'homme dans l'univers. Elle est présente dans la Bible, dès le début de la Genèse. Elle est manifeste dans la philosophie grecque, dans les théories des naturalistes et jusque dans la doctrine juridique au sujet de la « nature des animaux » [8].

Ainsi, pour Aristote, l'homme est situé au centre d'un triptyque, entre les dieux et les bêtes. Dans la sphère humaine —

qui d'ailleurs, pour le Stagirite, est réservée aux seuls Grecs — les bons *(agathoi)* et les nobles *(eugeneis)* se situent du côté qui voisine avec la sphère supérieure, celle du supra-humain ; les méchants *(kakoi, phauloi)* — du côté qui voisine avec la sphère inférieure, l'infra-humain, le monde des bêtes et des choses. Au-dessus : la sphère surhumaine, celle des dieux. A la frontière : les héros et les magnanimes tendant vers la divinité. Au-dessous : l'infra-humain. Ici, l'intersection est peuplée de barbares et d'esclaves — ce qui du reste, pour Aristote, revient au même. L'infra-humain proprement dit est composé d'êtres animés inférieurs à l'homme, les animaux, et des choses. Parmi les premiers, plus proches de l'homme, donc touchant aux esclaves-barbares, les *zoa,* animaux capables de vivre en collectivité, domestiquables ou domestiqués. Plus loin, les *theria* ou *agria,* bêtes sauvages. A l'extrême bout de la chaîne, les choses inanimées *(apsycha, ktêmata).*

La distinction entre *zoa,* animaux domestiques, et *theria,* bêtes sauvages, est un élément essentiel du triptyque ; elle permet de fixer la place de l'homme dans la chaîne des êtres. Biologiquement, l'homme est un *zoon* — être vivant au sens large. Socialement, il l'est aussi, mais dans un sens plus étroit : être vivant, capable de vie collective ; celle-ci ayant pour cadre idéal la cité, l'homme est, selon une formule célèbre, un « animal civique », *zoon politikon* (Aristote, *Politique* 1, 2, 9, 1253a). Mais l'expression *therion politikon* ou *agrion politikon,* « bête (sauvage) civique », serait inconcevable. Le seul homme susceptible d'être qualifié de *therion,* « fauve », est le tyran, solitaire et bestial, obstacle majeur à la vraie communauté *(koinonia),* celle qui se réalise dans la cité.

Cette distinction, sensible dans la théorie politique, est accentuée par le droit. Le droit ne s'intéresse en principe qu'au seul animal domestique. Nous l'avons vu dans les dispositions qui viennent d'être étudiées. Elles pourraient être complétées par d'autres exemples. Ainsi, pour la Grèce ancienne, on connaît une réglementation à la fois religieuse et juridique qui étend cet intérêt jusqu'à la protection légale de l'animal domestique par excellence qu'est le bœuf de labour. Pierre Vidal-Naquet nous en parlera sûrement.

Pour des raisons analogues, les conséquences juridiques d'un acte dû à l'animal sont très différentes selon qu'il s'agit d'un animal domestique ou d'un fauve. L'animal domestique n'est plus tout à fait dans le monde de la nature : il appartient à l'homme. L'homme en répond, comme il répond de ses esclaves ou des personnes soumises à sa puissance. L'animal sauvage, le fauve, n'entre pas dans ce système. Il est totalement étranger à la sphère humaine : gibier du chasseur, il est le contraire du bétail qui, dans un sens, est dans la culture. C'est pourquoi un dommage causé par un fauve n'est d'abord qu'un cas de force majeure, qui écarte la responsabilité de l'homme. Il en est ainsi du gardien dont parle la loi biblique dans Exode 22, 13 ; il en va de même pour les droits grecs et pour le droit romain.

Il peut arriver cependant qu'un fauve capturé par l'homme et gardé en captivité s'évade et cause des dégâts. Le droit romain tient compte de cette éventualité. Ici encore la distinction entre animaux domestiques et bêtes sauvages se manifeste. L'homme qui a capturé l'animal sauvage pour le garder en cage ou enchaîné répond du danger que présente pour la collectivité la présence dans la cité d'un fauve capable de tuer ou de blesser. Cette responsabilité, prévue par l'édit des édiles curules, relève de la répression publique d'actes dangereux pour la vie et les biens des citoyens.

Ainsi, à la distinction entre animaux domestiques et bêtes sauvages correspond une différence de solutions juridiques touchant les rapports entre les hommes et les animaux : responsabilité pécuniaire du maître pour le dommage causé par l'animal domestique, mesures de police et responsabilité de type pénal frappant les imprudents qui introduisent des bêtes sauvages dans la cité.

Les juristes romains notent à ce propos qu'un dommage causé à l'homme par un animal domestique est « contre nature » ; entendons par là : contre la nature paisible de l'animal destiné à servir l'homme. A l'inverse, si l'acte du fauve échappe au principe de la responsabilité pécuniaire du maître et entraîne des mesures de caractère pénal, c'est que les actions civiles du droit romain ne s'appliquent pas aux fauves en raison de leur « férocité naturelle » (*Digeste* IX, 1, 1, 7 et 10).

En somme, une distinction où se combinent les données de la vie sociale, la réflexion des philosophes et la doctrine juridique et que le droit positif permet de mettre en évidence : point qui peut être utile pour le débat.

2. *Liens de droit entre hommes et animaux*

Un second point sur lequel l'intervention du juriste pourrait être utile au débat sur les hommes et les bêtes concerne le problème des liens de droit qui pourraient exister entre les uns et les autres. L'existence de tels liens est, on l'a vu, impliquée par des dispositions qui font entrer les animaux dans la sphère régie par le droit. A partir de là, il est intéressant de noter comment les Anciens refusent ou admettent la possibilité des rapports de droit et de justice entre hommes et bêtes, pour aboutir finalement à l'idée d'un certain droit naturel qui serait commun à ceux-ci et à ceux-là. Ici encore on s'en tiendra à l'essentiel.

La pensée qu'il puisse y avoir des liens de droit et de justice *(dikê)* parmi les animaux répugne à Hésiode : « Écouter la justice, oublier la violence à jamais, telle est la loi que le Cronide a prescrite aux hommes : que les poissons, les fauves, les oiseaux ailés se dévorent, puisqu'il n'est point parmi eux de justice ; mais aux hommes Zeus a fait don de justice, qui est de beaucoup le premier des biens » *(Les travaux et les jours,* d'après l'édition de P. Masson, Paris, 1967, v. 274-280). Mais les pythagoriciens, pour qui rien ne sépare le monde humain du monde animal, admettent qu'il existe des liens de droit et de justice entre les hommes et les animaux. La même idée est en vogue à l'Académie après la mort de Platon : Xénocrate la fait sienne, s'efforçant, ici comme ailleurs, de concilier le platonisme et le pythagorisme. Nous savons, par les fragments du *Peri Eusebeias* conservés par Porphyre, que Théophraste partageait le même point de vue ; on en trouvera des échos chez Épicure, mais sous une forme très nuancée. En revanche, cette idée est rejetée par Aristote. Pour le Stagirite, on le sait, il n'y a ni justice ni amitié entre le maître et l'esclave ; à plus forte raison, il ne peut y avoir de rapports de droit et de justice entre les hommes et les animaux [9].

Ce débat des philosophes et des naturalistes grecs a ses prolongements à Rome. Cicéron le signale dans son *De re publica* (III, 11, 19), en citant Empédocle et Pythagore. Deux siècles et demi plus tard, le juriste Ulpien reprend à son compte l'idée d'un droit et d'une justice existant entre les hommes et les animaux et en fait le fondement d'une division singulière (*Digeste* I, 1, 1, 3) : il distingue un *ius civile* propre à chaque peuple, un *ius gentium* propre à tous les hommes et un *ius naturale* commun aux hommes et animaux. Malgré les soupçons qui ont pesé sur elle, le caractère classique de cette division est aujourd'hui généralement admis par les spécialistes du droit romain [10].

Il faut noter que l'idée d'un tel droit naturel commun aux hommes et aux animaux est exceptionnelle dans la doctrine juridique romaine à l'époque classique. Pour les prédécesseurs et les contemporains d'Ulpien, le droit naturel est tout simplement l'équivalent du *ius gentium,* « droit des gens qu'une raison naturelle *(naturalis ratio)* avait établi parmi tous les hommes » (Gaius, *Institutes* I, 1). Ils conçoivent donc la division du droit comme une dichotomie : droit « civil » propre à chaque peuple et droit « naturel » commun à tous les hommes. Pour eux, comme pour les spécialistes modernes de la sociologie juridique, le droit est le domaine privilégié de l'homme, dont les animaux sont exclus. Pour Ulpien au contraire, il y aurait une zone de rencontre juridique entre les hommes et les animaux.

Les exemples cités par Ulpien sont caractéristiques : « l'union du mâle et de la femelle, que nous appelons mariage, la procréation et l'éducation des enfants ». Ces exemples montrent que nous sommes très vraisemblablement en présence d'échos du courant philosophique grec favorable aux animaux ; à la faveur de la rhétorique et de la nouvelle sophistique il pave le chemin à la doctrine juridique romaine de l'époque des Sévères. Le rapprochement de ce texte des *Institutes* d'Ulpien avec un fragment du *Contre Aristogiton* du Pseudo-Démosthène (XXV, 65-66) et avec un passage des *Mémorables* de Xénophon (II, 3, 4) est instructif à cet égard [11].

Il y a ici, semble-t-il, un élément à verser au dossier « Hommes et bêtes », ne serait-ce que pour nuancer le postulat du droit en tant que critère de l'hominité, énoncé au début de cet exposé.

3. *Une censure biblique ?*

Un troisième et dernier point concerne le problème de la « censure biblique », posé par Léon Poliakov.

Nous avons vu que dans le monde grec comme dans le monde romain, la frontière entre les hommes et les animaux est floue. Le droit en témoigne de diverses manières. Mettant à part le fauve, il tient compte des rapports qui se forment entre l'homme et l'animal domestique : réparation du préjudice à la charge du maître, répression pénale dont l'animal peut être l'objet, dans le monde grec ; abandon noxal dont la portée générale est sûre et qui implique des idées de responsabilité et de culpabilité à la charge de l'animal ; enfin, discussions théoriques sur la question de savoir s'il y a des liens de droit et de justice entre les hommes et les animaux et spéculations doctrinales autour d'un « droit naturel » commun aux hommes et aux animaux. Autant d'indices qui confirment, par le biais du droit, l'existence d'une zone d'intersection entre l'humain et l'infra-humain, ou du moins entre l'humain et les couches supérieures de l'infra-humain. Le droit apparaît ici non pas comme facteur de discrimination, mais au contraire comme témoin de l'ambiguïté qui règne dans cette zone intermédiaire.

Au contraire, par un paradoxe apparent, les solutions de ces mêmes problèmes dans les droits de l'Orient nous paraissent étonamment plus rationnelles, plus modernes : réparation du dommage à la charge du maître, avec des modalités en fonction d'éléments contingents, mais pas de vengeance vis-à-vis de l'animal. Donc, pas de culpabilité, pas de responsabilité imputable à la bête.

A cet égard, la Bible constitue une réelle exception parmi les droits orientaux. D'une part, la loi biblique suit très fidèlement la tradition séculaire de l'Orient cunéiforme ; l'affinité étroite entre le Code de l'Alliance et les lois d'Eshnunna concernant les bêtes qui s'entretuent nous le montre. Mais, en même temps, sur des points que l'on pourrait qualifier de « névralgiques », la loi biblique s'écarte de cette tradition d'une manière tellement nette qu'on ne peut s'empêcher de penser que nous sommes en présence d'une innovation consciente et voulue. S'agissant de la bête qui a causé mort d'homme ou du délit de bestialité, la loi biblique va au delà des solutions grecques et romaines qui tiennent compte d'une responsabilité et d'une culpabilité propres de l'animal. Sa sévérité, son acharnement vis-à-vis de la bête ne trouvent ici de parallèles que dans les lois de Platon, excessivement rigoureuses sur ce point. Quel est le sens de cette innovation ?

Pouvons-nous penser que c'est là une manière de reconnaître la culpabilité de la bête en cas de meurtre ou de délit sexuel, donc une manière de reconnaître à l'animal, par le biais du droit, des attributs humains ? Il est difficile d'imputer pareille idée au législateur biblique, qui au contraire souligne toujours la différence entre l'homme et la bête ; en tout cas, ce serait agir contre le principe qui postule des frontières nettes entre les êtres vivants, chacun « selon son espèce ».

Il doit donc y avoir une autre raison capable d'expliquer cette sévérité de la loi biblique à l'égard de l'animal meurtrier ou partenaire sexuel de l'homme. Peut-être sommes-nous bien en présence d'une « censure » *sui generis* opérée par le législateur biblique dans la tradition juridique antérieure.

Aussi longtemps qu'il s'agit de situations pour ainsi dire anodines, du point de vue des rapports entre les hommes et les bêtes, la loi biblique reprend les solutions de la tradition mésopotamienne : il en est ainsi du dommage agricole et de l'animal agresseur d'un autre animal. Dans tous ces cas, seul le patrimoine humain est en cause, et non pas la vie, dans sa substance même ou dans sa fonction reproductrice. Mais là où la vie humaine est affectée directement, la tradition orientale est rejetée : aux solutions traditionnelles on substitue des mesures répressives dont la rigueur fait ressortir tout l'abîme qui, dans le monde de la Bible, sépare l'homme de la bête.

Ce qui est en jeu, en effet, c'est la sainteté de la vie humaine liée à une certaine conception de la divinité, telle que l'expriment ces paroles adressées par l'Éternel à Noé et à ses fils (Genèse 9, 5-6) :

> « Sachez-le aussi, je redemanderai le sang de vos âmes, je le redemanderai à tout animal ; et je demanderai l'âme de l'homme à l'homme, à l'homme qui est son frère. Si quelqu'un verse le sang de l'homme, par l'homme son sang sera versé ; car Dieu a fait l'homme à son image. »

En somme, c'est l'unité de l'espèce et le fait qu'elle soit créée à l'image de Dieu qui fondent l'innovation juridique en ce qui concerne les rapports entre les hommes et les bêtes. Il est intéressant de relever le commentaire de Rachi à ce propos [12]. Étonné de voir l'Éternel proclamer qu'il redemandera à *tout* animal le sang humain (verset 5) et peu satisfait de l'explication qui vient au verset 6 (« car Dieu a fait l'homme à son image »), Rachi remonte à la génération du déluge qui fut livrée aux bêtes féroces à cause de ses péchés : il est donc nécessaire de mettre en garde les bêtes pour qu'elles sachent qu'elle n'auront plus le même pouvoir sur les hommes de la génération de Noé. Ce texte de Rachi permet d'établir un lien entre les dispositions juridiques qui nous intéressent ici et l'hybridation qui précède — et provoque — le déluge, point de départ de l'hypothèse de Léon Poliakov. Il semble bien qu'à la « censure » du mythe réponde, dans le domaine du droit, une mutation de fond.

Notes

1. Voir « Papyrologie et histoire des droits de l'Antiquité », rapport sur les conférences de l'année 1972-1973, *École Pratique des Hautes Études, IVe Section, Sciences historiques et philologiques, Annuaire 1973-1974,*

Paris, 1974, p. 229-240, particulièrement p. 231-235. Les mêmes éléments ont servi à deux autres exposés : le premier fait à Rome, en avril 1973, sur le thème « Ulpien et la nature des animaux », au Colloque franco-italien sur « La philosophie grecque et le droit romain » sous les auspices de l'Académie des Lincei ; le second à Jérusalem, en octobre 1974, sur le thème « La responsabilité de l'animal et la responsabilité pour l'animal dans les droits antiques », au Colloque franco-israélien d'histoire juridique organisé par l'Université Hébraïque de Jérusalem et le Centre de Droit Hébraïque rattaché à l'Université de Paris-II. On trouvera dans ces exposés, et d'abord dans le premier qui doit paraître prochainement, le détail de la bibliographie que je renonce à reproduire ici, sauf quelques indications indispensables dans les notes qui suivent.

2. *Sociologie juridique,* Paris, 1972, p. 38-39.
3. *Le mythe aryen,* Paris, 1971, p. 146-148 et 349-351.
4. Voir R. Haase, « Die Behandlung von Tierschäden in den Keilschriftrechten », *Revue Internationale des Droits de l'Antiquité,* 3e série, XIV, 1967, p. 11-67.
5. Voir M. Kaser, *Das römische Recht,* I : *Das altrömische, das vorklassische und das klassische Recht,* 2e éd., Munich, 1971, p. 162 note 67, 165 et 633-634. Voir aussi A. Lebigre, *Quelques aspects de la responsabilité pénale en droit romain classique,* Paris, 1967, ch. II : « Application exclusive de la répression pénale à l'être humain » (p. 16-30).
6. Voir R. Yaron, « The Goring Ox in Near Eastern Laws », *Israel Law Review,* 1, 1966, p. 396-406, article réimprimé dans *Jewish Law in Ancient and Modern Israel,* recueil publié par H.H. Cohen, New York, 1971, p. 50-60, et en dernier lieu, B.S. Jackson « The Goring Ox Again », *The Journal of Juristic Papyrology,* 18, 1974, p. 55-93.
7. Cf. Haase, *op. cit.,* p. 36-38.
8. Pour les détails, voir notre étude (déjà citée plus haut, note 1) « Ulpien et la nature des animaux », *Atti del Convegno internazionale sul tema 'La filosofia greca et il diritto romano',* Rome, Accademia Nazionale dei Lincei, sous presse.
9. Textes et analyse dans P. Moraux, *A la recherche de l'Aristote perdu : le dialogue 'Sur la justice',* Louvain et Paris, 1957, p. 100-108.
10. Kaser, *op. cit.,* p. 204-205 et note 24.
11. G. Castelli, « Intorno a una fonte greca del fr. 1 § 3 D. 11,1 », *Scritti giuridici,* Milan, 1923, p. 199-203.
12. Une suggestion de Léon Poliakov : je l'en remercie vivement.

II

« AVT NASCVNTVR AVT FIVNT »: LES SCHÉMAS ANTIQUES DES SOURCES DE L'ESCLAVAGE

L'objet de cet essai (1) est d'attirer l'attention des historiens sur les classements que les Anciens — philosophes, historiographes, juristes — avaient appliqués à ce que nous appelons aujourd'hui les « sources de l'esclavage » ou les « causes d'asservissement ». Ces classements ont une curieuse histoire. Des nuances à peine perceptibles, insignifiantes à première vue, paraissent ici, si on les regarde de plus près, révéler des transformations profondes dans les mentalités et, au-delà, dans les structures sociales. Le sujet mérite quelques instants de réflexion.

On l'exposera en trois parties: d'abord, les théories grecques sur les sources de l'esclavage; en second lieu, la doctrine juridique

---

(1) Les remarques qui forment le présent article ont été exposées dans une série de conférences faites au cours de l'année 1973, en France et en Écosse, à savoir: d'abord, au début du mois de mai, au Colloque sur l'esclavage organisé à Besançon par le Centre de recherches d'Histoire ancienne sous la direction du Doyen Pierre Lévêque (voir le compte rendu de ce Colloque par Eva Cantarella, dans « Labeo », XIX, 1973, 393-394); puis, au début de novembre, aux Universités de Glasgow, d'Édimbourg et d'Aberdeen, grâce à l'amicale hospitalité de mes collègues William M. Gordon, Alan Watson et Geoffrey Mac-Cormack: je les en remercie ici, et en particulier Watson qui avait pris l'initiative de ce voyage en Écosse et avait traduit en anglais le texte de mon exposé; enfin, le 17 novembre 1973, à Paris, devant la Société d'Histoire du Droit, à la séance inaugurale de l'année 1973-1974.

Répondant à l'aimable invitation du Professeur Edoardo Volterra, et avec l'autorisation de Pierre Lévêque, je reprends ici, en l'amendant et le complétant sur plusieurs points, le texte destiné à paraître dans les « Actes du Colloque 1973 sur l'esclavage » (« Annales littéraires de Besançon », CLXXXII: Centre de recherches d'Histoire ancienne, vol. 18, Paris, 1976, 351-377, et discussion, 378-384).

Les notes qui suivent n'ont d'autre objet que de préciser, pour les auteurs anciens et modernes, les allusions du texte. Il va de soi qu'elles ne prétendent donner ni une bibliographie exhaustive ni un inventaire complet des sources concernant les problèmes évoqués dans cet article.

romaine à l'époque classique, c'est-à-dire sous le Haut-Empire, jusqu'à la fin du Ier tiers du IIIe siècle de notre ère; enfin les mutations subies par cette doctrine dans l'Empire chrétien et leurs manifestations dans le droit de Justinien.

I

1. Dans un texte célèbre, au début du livre I de sa *Politique*, Aristote oppose l'esclavage « légal » (κατὰ νόμον δοῦλος καὶ δουλεύων) à l'esclavage « naturel » (φύσει δοῦλος) (2). Il n'est évidemment pas question d'analyser ici une théorie bien connue; rappelons seulement, très schématiquement, la signification de cette opposition, telle que la voit la recherche moderne.

L'esclavage « légal » ou « conventionnel » est celui qui résulte de la guerre. Le *nomos* qui le fonde est « une sorte d'opinion commune » selon laquelle le vaincu appartient au vainqueur (3). C'est le même *nomos* que celui qu'invoque Xénophon par la bouche de Cyrus: « il existe un usage éternel (νόμος ἀΐδιος) chez tous les hommes, en vertu duquel, dans une cité prise sur les ennemis, tout appartient à ceux qui l'ont prise, les habitants comme leurs biens » (4). Il arrive cependant que la guerre n'aboutisse pas à soumettre à la servitude ceux qui la méritent « par nature », c'est-à-dire les barbares: on sait que pour Aristote, les barbares, et spécialement les barbares asiatiques en raison de leur caractère particulièrement servile, supportent sans gêne la servitude, alors que les Grecs sont faits pour la liberté et la domination (5). Aussi est-il évident qu'il y a « par nature » (φύσει) des gens qui sont les uns libres (les Hellènes), les autres esclaves (les barbares); pour ces derniers, la condition servile est à la fois « avantageuse » (συμφέρει) et « juste » (δίκαιον) (6). Bref, si un Hellène a été fait esclave à la suite d'une guerre, c'est un mal-

(2) ARIST., *Pol.*, 1253b-1255b (I, 4 - I, 7).

(3) ARIST., *Pol.*, 1255a (I, 6, 1).

(4) XÉNOPHON, *Cyr.*, 7, 5, 73: νόμος γὰρ ἐν πᾶσι ἀνθρώποις ἀΐδιός ἐστιν, ὅταν πολεμούντων πόλις ἁλῷ, τῶν ἑλόντων εἶναι καὶ τὰ σώματα τῶν ἐν τῇ πόλει καὶ τὰ χρήματα. Voir à ce propos DUCREY, *Le traitement des prisonniers de guerre dans la Grèce ancienne*, Paris, 1968, 108 sq; LONIS, *Les usages de la guerre entre Grecs et barbares*, Paris, 1969, 31 sq.

(5) ARIST., *Pol.*, 3, 14, 1285a; 7, 6 (7), 1327b; cf. 1329a et 1330a.

(6) *Pol.*, 1255a (I, 5, 11).

heureux accident; mais si le barbare est asservi par suite de sa captivité, le *nomos* de la guerre rejoint le droit naturel (φύσει δίκαιον) (7).

On aimerait relever ici deux aspects de cette théorie qui sont le plus souvent négligés par les commentateurs d'Aristote comme par les historiens de l'esclavage antique: sa forme dichotomique et l'importance de cette forme pour le classement des sources de l'esclavage dans la doctrine ultérieure des juristes romains.

Nous sommes en présence d'une démonstration procédant par διαίρεσις. Celle-ci consiste à diviser en deux parties — au maximum en trois — l'entité qu'on analyse. En cela, la διαίρεσις s'oppose à un procédé parallèle: ἐκ τῶν μερῶν (μερισμός). Ici, l'entité est disséquée en μέρη, « membres » qui la composent; l'énumération de ceux-ci donne bien entendu une liste toujours plus longue de composants qu'une dichotomie (ou une division tripartie); mais elle ne peut pas toujours être exhaustive. Rien n'empêche du reste que les deux *topoi* se combinent: après une division en deux par διαίρεσις, l'une ou l'autre partie de l'entité, ou les deux à la fois, peuvent ensuite être disséquées en plusieurs membres par le procédé de μερισμός (8).

---

(7) Pour une vue d'ensemble du problème νόμος-φύσις, avec une ample bibliographie, nous renvoyons à l'article d'A. BISCARDI, *Physis dikaiou*, dans « NovDI », 13, 13 sq., reproduit dans BISCARDI et CANTARELLA, *Profilo di diritto greco antico* [2], Milan, 1974, 289-299. Quant à la théorie de l'« esclavage naturel », notons qu'elle a été développée dans un texte encore peu connu mais fort important: *Lettre d'Aristote à Alexandre sur la politique envers les cités*, éd. BIELAWSKI et PLEZIA, Wrocław-Varsovie-Cracovie, 1970; nouvelle édition avec un ample commentaire: HOULOU, *Aux origines de la monarchie hellénistique. La « Lettre d'Aristote à Alexandre sur la politique envers les cités »*, thèse de droit, Paris, 1974, 3 vol. (polyc.). D'après A. Houlou, cette « Lettre » (conservée par des manuscrits arabes, l'original grec étant perdu) serait un faux composé au Ier siècle de n.è. à partir de deux ouvrages authentiques d'Aristote: un traité *peri basileias* écrit au temps du préceptorat d'Alexandre et une lettre effectivement adressée, pendant l'été 330 av. n.è., par le philosophe à son royal disciple après la victoire d'Alexandre sur les Perses. L'auteur de cette thèse relève et commente dans son travail les passages de la « Lettre » qui montrent comment la cité unique préconisée par Aristote visait à l'hégémonie des Grecs en traitant en esclaves les barbares: *op. cit.*, 118-120, à propos du chap. IV, § 5. Sur d'autres aspects de la même « Lettre » voir encore S. M. STERN, *Aristotle on the World State*, Oxford, 1968, et HOULOU, *La conception du progrès dans l'Antiquité*: *A propos d'une Lettre d'Aristote à Alexandre*, dans « Actes du IXe Congrès de l'Association Guillaume Budé » (Rome, avril 1973), 1975, 978-994 (sur le chap. 10), ainsi que nos remarques: MODRZEJEWSKI, *Note sur la législation royale des Lagides*, dans « Mélanges offerts à W. Seston », Paris, 1974, 365-380, et particulièrement pp. 377-379, sur le rôle législatif du roi (chap. I, 3-4; chap. III, 1; chap. IV, 1-2).

(8) Nous suivons NÖRR, *Divisio und partitio. Bemerkungen zur römischen Rechts-*

4

Pour en rester au problème de l'esclavage, la *diairesis* utilisée dans la *Politique* peut être schématisée de la manière suivante:

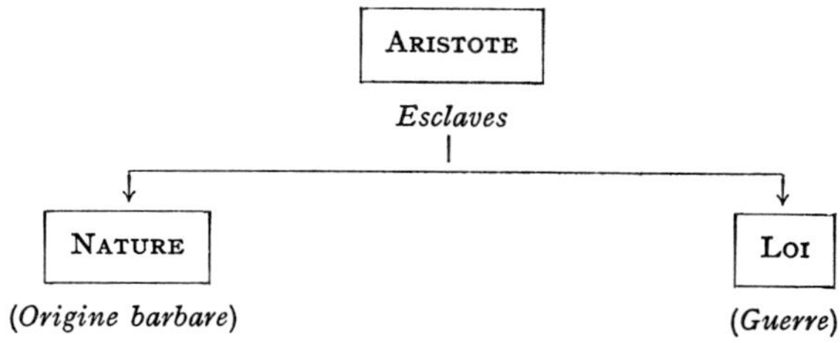

2. C'est le Stagirite lui-même qui précise la différence entre διαίρεσις et μερισμός en examinant les *enthymemata* au livre II de sa *Rhétorique* (9). On retrouvera ensuite cette distinction chez d'autres philosophes, chez les rhéteurs, enfin chez les juristes romains (10). L'exemple qui nous intéresse particulièrement ici est celui de Cicéron.

L'auteur des *Topiques* a latinisé la terminologie grecque (11). La *diairesis* est devenue *divisio*, le *merismos* s'appelle *partitio*. Ses exemples sont juridiques. Pour la *partitio* — un « démembrement » du droit civil romain: *id esse quod in legibus, senatus consultis, rebus iudicatis, iuris peritorum auctoritate, edictis magistratuum, more, aequitate consistat.* Les membres sont incomplets (où sont les *plebiscita*?) et même un peu hétérogènes (*leges* et *aequitas* ne procèdent pas tout-à-fait du même *corpus*).

La *divisio* utilise un exemple plus difficile, technique: *abalienatio est eius rei quae mancipi est aut traditio alteri nexu aut in iure cessio inter quos ea iure civili fieri possunt.* Laissons de côté les détails: ils ont été admirablement étudiés dans la thèse de Fritz Sturm (12). Notons seulement la dichotomie propre à la *divisio*: *aut - aut.*

---

quellenlehre und zur antiken Wissenschaftstheorie, Berlin, 1972, 20 sq. L'essentiel de cet ouvrage de D. Nörr (cité ici dorénavant par son titre abrégé: *Divisio und partitio*) est résumé dans une conférence faite à l'Institut de Droit Romain de Paris le 18 décembre 1970; le texte dactylographié de cette conférence (en français) peut être consulté à l'Institut de Droit Romain.

(9) ARIST., *Rh.*, 2, 23, 1398a et 1399a. Cf. NÖRR, *Divisio und partitio*, cit., 21-22.

(10) Pour les détails, voir NÖRR, *Divisio und partitio*, cit., 22 sq.

(11) CICERO, *Top.*, 5, 28 sq. Cf. NÖRR, *Divisio und partitio*, cit., 20-21 (avec des indications bibliographiques).

(12) STURM, *Abalienatio. Essai d'explication de la définition des Topiques* (*Cic. Top. 5, 28*) [thèse de doctorat de la Faculté de Droit de Lausanne], Milan, 1957.

Après ce texte de Cicéron, personne ne s'étonnera de voir les juristes romains utiliser et la *divisio* (διαίρεσις) et la *partitio* (μερισμός) comme méthodes de classement ou d'explication de notions juridiques. Lorsque Gaius, au début de ses *Institutes*, déclare que le droit de tous les peuples civilisés est soit le droit propre à chacun d'eux, *ius civile*, soit un droit commun à tous les hommes, *ius gentium*, nous avons là évidemment une *divisio* dichotomique (13). Mais lorsque le même Gaius, un peu plus loin, énumère les sources du droit romain, c'est une *partitio* (14). Elle diffère de celle de Cicéron en ce qu'elle ajoute à la liste, on s'en douterait, les constitutions impériales. En revanche, Gaius omet le *mos* et ne mentionne pas la *consuetudo*; celle-ci ne figure pas non plus dans d'autres « catalogues » de sources du droit romain (15). Plusieurs romanistes en ont déduit, à tort, que le droit romain classique n'attribuait pas à la coutume la valeur d'une source du droit. Mais Dieter Nörr, dans un très beau travail sur le thème « *divisio* et *partitio* » auquel nous empruntons nos références, a bien montré que l'absence de la coutume dans les *partitiones*, forcément incomplètes, ne justifie pas les théories modernes hostiles à la coutume en tant que source du droit à Rome à l'époque classique; elle indique tout au plus son rôle restreint à cette époque (16).

On voit déjà l'importance de la dialectique grecque, qui a inventé la *diairesis-divisio* et le *merismos-partitio*, pour la doctrine juridique

---

(13) Gai. 1, 1.

(14) Gai. 1, 2-7.

(15) Pomponius, D. 1, 2, 2, 12; Papin., D. 1, 1, 7.

(16) Nörr, *Divisio und partitio*, cit., conclusions, 54-56. Voir aussi, dans un esprit analogue, notre étude *La règle de droit dans l'Égypte romaine*, dans « Proc. XIIth Intern. Congress of Papyrology » [Ann Arbor, août 1968], Toronto, 1970, 317-377, en particulier p. 353-357, à propos des traditions juridiques locales d'origine pérégrine qui, après la généralisation de la citoyenneté romaine par Caracalla en 212 de n.è., survivent dans les provinces hellénisées de l'Empire en tant que « coutumes provinciales ». On trouvera dans cette étude (p. 355-356, en notes) et dans l'ouvrage de D. Nörr (p. 1, nt. 1) des éléments bibliographiques à propos de la théorie de la coutume en droit romain selon les romanistes modernes; voir aussi Bove, *La consuetudine in diritto romano. I. Dalla Repubblica all'età dei Severi*, Naples, 1971 [paru en 1972], qui aboutit également à des conclusions favorables à la coutume en tant que source du droit à Rome à l'époque classique. Contre les conclusions de Nörr et en faveur de la doctrine traditionnelle qui écarte la fonction normative de la coutume en droit romain classique, Flume, *Gewohnheitsrecht und römisches Recht*, Opladen, 1975; mais ses arguments ne paraissent pas convaincants.

romaine; on sent combien sont forts les liens que celle-ci entretient avec celle-là en ce qui concerne les définitions et les classements des institutions. Cela est évident pour les sources du droit. Il semble qu'il en soit de même pour les sources de l'esclavage. Nous le verrons un peu plus loin; en attendant revenons encore à Aristote.

3. La *diairesis* de l'esclavage dans la *Politique* se fonde sur le postulat que la nature crée elle-même des êtres destinés à la condition servile: les barbares naissent pour l'esclavage. Ce point nous paraît très net. On va voir qu'il est capital pour l'évolution des doctrines ayant trait à la légitimité de l'esclavage.

Dans un sens, l'esclave est un homme (ἄνθρωπος). Mais à la vérité, il occupe la zone intermédiaire entre l'humain, sphère privilégiée de l'Hellène, et l'infra-humain, peuplé d'animaux domestiques (ζῷα) et sauvages (θηρία, ἄγρια) et de choses inanimées (ἄψυχα, κτήματα). Plusieurs dispositions juridiques dans les droits des cités grecques et dans les *Lois* de Platon sont communes aux animaux et aux esclaves (17). Comme les animaux, l'esclave est privé de personnalité: ἀπρόσωπος, selon l'expression du rhéteur Grégoire de Corinthe (18). Comme les animaux domestiques, les barbares sont nés pour servir les Grecs. Pour Démosthène c'est une évidence, lorsqu'il parle de ces « pays barbares, qui fournissent au monde grec des esclaves » (19). Pour Aristote c'est un principe de la nature. La loi ne peut pas le changer; elle peut au mieux le rejoindre, au pire entrer en conflit avec lui. La loi donc — celle du vainqueur avant tout, mais aussi la loi positive, dans ses diverses manifestations — ne suffit pas à elle seule à expliquer ou à justifier l'esclavage. Il y a aussi le hasard

---

(17) Par exemple PLATO, *Lg.*, 11, 936d, dispositions relatives aux dommages causés par les esclaves et par les animaux domestiques. Voir, à ce propos, notre article *Ulpien et la nature des animaux*, cité plus bas, note 41; voir aussi, dans les Actes du Colloque sur le thème « Hommes et bêtes - Entretiens sur le racisme » (Cérisy-la-Salle, mai 1973) publiés sous la direction de Léon POLIAKOV, Paris, 1975, deux contributions concernant les animaux et les esclaves: MODRZEJEWSKI, *Hommes libres et bêtes dans les droits antiques*, 75-102, et VIDAL-NAQUET, *Bêtes, hommes et dieux chez les Grecs*, 129-142.

(18) GRÉGOIRE DE CORINTHE, *Ad Hermog. meth. eloq.*, 21 (WALZ, *Rhet. Graeci*, t. I, p. 1283, cité par BEAUCHET, *Histoire du droit privé de la République athénienne*, II, Paris, 1897 [réimpr. Amsterdam 1969], 453 n. 2; SPENGEL, *Rhet. Graeci*, III, p. 215).

(19) DEM., *C. Midias* (XXI), 48.

— « naturel »! — de la naissance, en l'occurence naissance en pays barbare. J.-J. Rousseau l'avait bien compris (20).

4. Une deuxième *diairesis* qui intéresse notre propos est celle qu'Athénée, dans son *Banquet des Sophistes*, a tirée du XVIIe livre des *Philippiques* de Théopompe de Chios (21). Au Colloque de Besançon en 1971, Pierre Vidal-Naquet a rappelé l'importance de ce texte (22). Pour Théopompe, il y a deux sortes de condition servile: l'ancienne, touchant les Grecs eux-mêmes, consécutive à la conquête militaire, et la nouvelle, affectant les barbares, résultant de l'acquisition par achat (23).

On se rend bien compte, et P. Vidal-Naquet l'a encore souligné, de la signification de ce texte pour la distinction que la recherche moderne établit entre les « non-libres absolus » (esclavage-marchandise) et les « non-libres relatifs » (situations d'asservissement de type hilotique, à mi-chemin entre la liberté et l'esclavage selon la formule célèbre du lexicographe Pollux de Naucratis) (24). Les Grecs en étaient bien conscients, avant nous. Il est inutile d'insister sur ce point.

---

(20) J.-J. ROUSSEAU, *Du contrat social ou Principes du droit politique*, texte original, commenté par J.-M. FATAUD et M.-CL. BARTHOLEY, Paris, 1972, I, 2.

(21) ATHEN., *Banquet des Sophistes*, VI, 265b-c (F.Gr.Hist. 115 fr. 122): Χῖοι πρῶτοι τῶν Ἑλλήνων μετὰ Θετταλοὺς καὶ Λακεδαιμονίους ἐχρήσαντο δούλοις, τὴν μέντοι κτῆσιν αὐτῶν οὐ τὸν αὐτὸν τρόπον ἐκείνοις <ἐποιήσαντο ?>. Λακεδαιμόνιοι μὲν γὰρ καὶ Θετταλοὶ φανήσονται κατασκευασάμενοι τὴν δουλείαν ἐκ τῶν Ἑλλήνων τῶν οἰκούντων πρότερον τὴν χώραν ἣν ἐκεῖνοι νῦν ἔχουσι, οἱ μὲν Ἀχαιῶν, Θετταλοί δὲ Περραιβῶν καὶ Μαγνήτων, καὶ προσηγόρευσαν τοὺς καταδουλωθέντας οἱ μὲν εἵλωτας, οἱ δὲ πενέστας. Χῖοι δὲ βαρβάρους κέκτηνται τοὺς οἰκέτας καὶ τιμὴν αὐτῶν καταβάλλοντες. (« Les gens de Chios furent, après les Thessaliens et les Lacédémoniens, les premiers Grecs à utiliser des esclaves; mais les uns et les autres ne les ont pas acquis de la même manière. En effet, les Lacédémoniens et les Thessaliens ont, nous allons le voir, constitué leur classe servile à partir des Grecs qui avaient avant eux habité le pays actuellement en leur possession: les Lacédémoniens en prenant le pays des Achéens, les Thessaliens en prenant celui des Perrhèbes et des Magnètes; quant aux peuples ainsi asservis, les premiers les ont appelés « hilotes », les seconds « prénestes ». En revanche, pour ce qui est des gens de Chios, ils ont recruté leurs serviteurs parmi les barbares et il le firent en payant pour eux un prix »).

(22) VIDAL-NAQUET, *Réflexions sur l'historiographie grecque de l'esclavage*, dans « Actes du Colloque 1971 sur l'esclavage », Paris, 1972, 25-44.

(23) VIDAL-NAQUET, *op. cit.*, 25 sq. Voir aussi, AUSTIN et VIDAL-NAQUET, *Économies et sociétés en Grèce ancienne* (U_2), Paris, 1972, 263, où le texte de Théopompe est donné en version française, n. 48 B, et *Introduction*, p. 34-43 et *passim*.

(24) POLLUX, *Onomasticon*, III, 83 (éd. BETHE, *Pollucis Onomasticon. Lexicographi Graeci*, IX, Leipzig, 1900, 180-181). Voir LOTZE, Μεταξὺ ἐλευθέρων καὶ δούλων. *Stu-*

Mais quelle est la signification de la *diairesis* de Théopompe dans le problème qui nous intéresse ici — la typologie des sources de l'esclavage? A tout prendre, elle rejoint celle d'Aristote en ce qui concerne les barbares: nés pour l'esclavage, ils sont une marchandise susceptible d'acquisition. C'est l'image de l'esclave « objet »: κτῆμα, ὄργανον ἔμψυχον.

On pourrait penser que Théopompe se sépare d'Aristote en ce qui concerne la guerre et la conquête comme sources de l'esclavage. En fait, il n'y a entre ces deux auteurs qu'une différence d'angle de vue. Pour Aristote, la guerre est une source possible — la « source légale » — du vrai esclavage, celui que, selon Théopompe, les gens de Chios furent les premiers à pratiquer; pour Théopompe, au contraire, la guerre apparaît surtout comme source de l'asservissement relatif (hilotique). Les juristes romains évoqueront souvent la guerre parmi les sources de l'esclavage. Mais comme ils ignorent l'hilotisme, ces références à la guerre, la captivité, la conquête iront toujours dans le sens d'Aristote, et non point dans celui de Théopompe. Toutefois, la guerre leur paraîtra, comme à Théopompe, la source première, la plus ancienne, de l'esclavage; à cet égard, la doctrine juridique romaine rejoint aussi bien la tradition des historiographes que celle de la philosophie politique grecque (25).

---

dien zur Rechtsstellung unfreier Landbevölkerungen in Griechenland bis zum 4. Jh. v.Chr., Berlin, 1959.

(25) Le thème de la guerre en tant que première cause d'asservissement est fréquent dans la littérature grecque; les exemples seraient nombreux à citer. Outre le texte de Dion de Pruse évoqué plus loin (*Orat.*, 15, 26: ὁ παλαιότατος τρόπος) il suffit de rappeler ici Héraclite, frg. 29 (frg. 44 dans l'éd. Firmin-Didot), pour qui la « guerre est mère de tous et reine de tous, elle qui rend les uns dieux, les autres hommes, elle qui fait les uns esclaves, les autres libres »; voir HOULOU, thèse citée plus haut (note 7), 82 et note 153 (à propos de la *Lettre*, chap. II, 1). Quant à la valeur historique de l'idée que la guerre est à l'origine de l'esclavage, voir, pour la Grèce, DUCREY, *op. cit.*, 74 sq., et les auteurs qu'il cite p. 75, nt. 1. Pour la Rome ancienne, voir DE MARTINO, *Intorno all'origine della schiavitù a Roma*, dans « Labeo », XX, 1974, 163-193: à l'origine, l'esclavage, phénomène social de portée limitée, ne coïnciderait pas avec la captivité mais procèderait de causes économiques ou sanctionnerait des délits comme le vol; ce n'est qu'avec la conquête de l'Italie, au IVe siècle avant n.è., qu'un rapport entre la captivité et l'esclavage apparaît en même temps que s'accroît rapidement l'importance numérique des esclaves. Réserves de KASER, *Das römische Privatrecht* II. *Die nachklassischen Entwicklungen*^{2}, Munich, 1975, 573 (compléments à la 2ème édition du t. I, § 29; cf. ci-dessous, nt. 33).

Pour l'instant, retenons seulement le schéma de Théopompe:

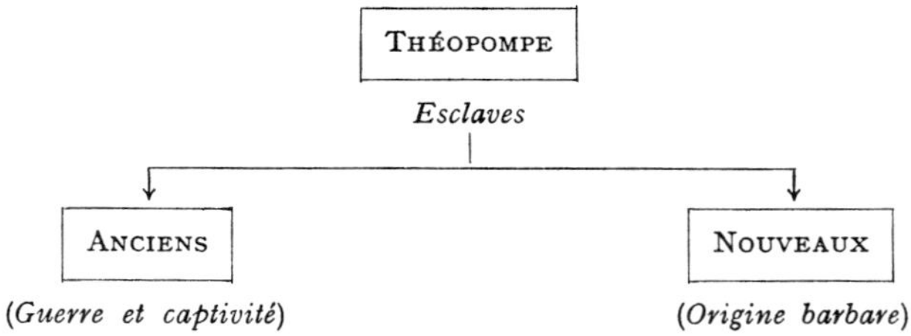

5. Reste le *merismos*. Pour en trouver un exemple à propos des sources de l'esclavage, il faut chercher — mais peut-être avons-nous mal cherché? — dans la nouvelle sophistique.

Dans son second discours sur *L'esclavage et la liberté* (26), Dion de Pruse expose, les unes après les autres, à l'aide d'un dialogue entre deux personnages qu'il a imaginé, les diverses causes capables de fonder l'asservissement: la naissance, l'exposition des enfants nouveau-nés, la captivité, la vente d'enfants par leur père, les opérations contractuelles (κατὰ συγγραφήν): ce dernier procédé concerne surtout la vente de soi-même mais il fait penser aussi à cette forme spécifique de statut servile que M. I. Finley propose de voir dans ce que l'on appelle la « servitude pour dettes » (27); puis, par l'un de ses personnages, Dion propose, aux §§ 25-26 du discours, comme une sorte de catalogue des sources de l'esclavage: on acquiert les esclaves par achat, par héritage, par donation; d'autres appartiennent à leurs maîtres du fait de la naissance servile; d'autres enfin deviennent esclaves par captivité, à la suite d'une guerre ou d'un acte de brigandage.

Il n'est pas toujours facile de reconnaître la réalité historique qui fournit la matière de cette liste. Mais ce point — dont on pourra, espérons-nous, mesurer l'importance un jour grâce aux recherches de Marie-Henriette Quet — est secondaire pour nous. Ce qui nous intéresse, c'est la méthode de Dion: il semble bien qu'il utilise le

(26) Dion de Pruse, *Orat.*, 15. Une nouvelle édition critique, avec traduction en français et commentaire, des deux discours que Dion de Pruse avait consacrés au thème « esclavage et liberté » (*Orat.* 14 et 15) est en préparation par les soins de Mlle Marie-Henriette Quet.

(27) Finley, *La servitude pour dette*, dans « RHD », 4e sér., XLIII, 1965, 159-184. Cette étude doit être reprise dans un recueil intitulé « Antike Klassengesellschaften », à paraître en 1976 aux Éditions Suhrkamp (Francfort s.M.).

merismos de préférence à la *diairesis*. Celle-ci soutient sans doute, en filigrane, les trois « modes d'acquisition » (τρόποι κτήσεως) des esclaves: acquisition par une opération juridique, naissance et captivité. Mais Dion, qui énumère et classe à la fois, n'insiste pas sur le classement, l'essentiel étant pour lui de montrer l'extrême relativité de la condition servile, quelle qu'en soit la cause. Voici sa liste:

DION DE PRUSE

Esclaves

— donation
— héritage
— achat
— naissance servile
— guerre
— brigandage
— ....
— ....

Notons bien que Dion ne reprend pas tous les éléments du dialogue qui précède cette liste: l'exposition et la vente des enfants ainsi que la vente de soi-même sont omises; il ne cherche pas non plus à donner une liste absolument exhaustive. Du point de vue de la technique du *merismos*, de telles « lacunes » sont en fait aussi inévitables que nécessaires. Elles nous confirment en tout cas le choix d'une démarche plus descriptive que systématique.

Voyons maintenant comment la doctrine juridique romaine a transformé à sa manière ces schémas des philosophes et historiens grecs.

II

6. Comme pour les sources du droit, les juristes romains avaient, pour les sources de l'esclavage, le choix entre la *divisio* (*diairesis*) et la *partitio* (*merismos*). Ils ont choisi la première. Ils ont donc préféré la méthode catégorique d'Aristote et des historiographes à l'empirisme descriptif de Dion de Pruse. Mais une évolution s'est produite en cette matière; elle est très instructive pour l'histoire des doctrines ayant trait à l'esclavage comme pour l'institution elle-même: la *divisio* des sources de l'esclavage en droit romain classique est précisément l'inverse de celle qu'adoptera plus tard l'empereur Justinien et son équipe. L'inversion tient, pensons-nous, à des courants d'idées qui modifient sensiblement la conception de l'esclavage sous l'Em-

pire: l'influence stoïcienne d'abord, puis le christianisme. Mais voyons d'abord les textes.

Pour l'époque classique, le premier texte à citer ici est celui des *Institutes* de Gaius, vers le milieu du IIe siècle de n.è. Gaius opère, pour commencer, une première *divisio*: hommes libres et esclaves; c'est la *summa divisio personarum* (28). Pour les libres — une nouvelle division: ingénus et affranchis (29). On est en droit d'espérer qu'il y aura aussi une *divisio* pour les esclaves. Mais on apprend seulement que l'esclavage — plus exactement la *potestas* du maître — est une institution du droit des gens (30); un peu plus loin, on apprend encore que c'est aussi en vertu du même droit que le statut de la mère détermine celui de l'enfant: *ex ancilla et libero iure gentium servus nascitur et contra ex libera et servo liber nascitur* (31). Gaius parle donc de la naissance servile, mais celle-ci n'est pas placée dans une vue dichotomique des sources de l'esclavage. Il semble qu'à l'époque des Gaius, sous les Antonins, la dichotomie des sources de l'esclavage ne soit pas encore élaborée par la doctrine juridique romaine.

7. Elle l'est au début du IIIe siècle de n.è., comme le montre ce fragment d'un autre ouvrage élémentaire, les *Institutes* de Marcien (32):

> *Servi autem in nostrum dominium rediguntur aut iure civili aut gentium.*

Cette fois-ci, c'est une parfaite *diairesis*. Il y a deux sortes de sources de l'esclavage: les premières sont de droit civil (romain), les autres se rencontrent dans les droits de tous les peuples (*ius gentium*). Et Marcien donne des exemples pour chaque catégorie.

Pour la première, un cas un peu spécial, mais que les juristes se plaisent à citer depuis Q. Mucius Scaevola, consul en 95 avant n.è.:

---

(28) Gai. 1, 9: *omnes homines aut liberi sunt aut servi*. Il y a un chevauchement entre cette division et l'*alia divisio* que Gaius indique plus loin (1, 48): *personae sui iuris* et *alieno iuri subiectae*. Voir à ce propos Goria, *Schiavi, sistematica delle persone e condizioni economico-sociali nel Principato*, dans « Prospettive sistematiche nel diritto romano », Turin, 1975, 309-381, et particulièrement pp. 328-355.

(29) *Ibid.*, 1, 10 sq.

(30) *Ibid.*, 1, 52.

(31) *Ibid.*, 1, 82.

(32) D. 1, 5, 5, 1.

c'est le cas de l'homme libre, majeur de 20 ans, qui, par dol, se fait vendre en esclavage, pour revendiquer ensuite la liberté et partager avec le vendeur, son complice, le prix de vente; dans une telle vente frauduleuse *pretii participandi causa* le préteur refuse l'action et le vendu reste esclave (33). Pour la deuxième catégorie — esclavage *iure gentium* — Marcien cite la guerre et la naissance servile. Nous avons ici une *divisio* (*diairesis*) dichotomique avec, dans les deux parties, des exemples qui pourraient être considérés comme le début d'une *partitio* (*merismos*). Le schéma est le suivant:

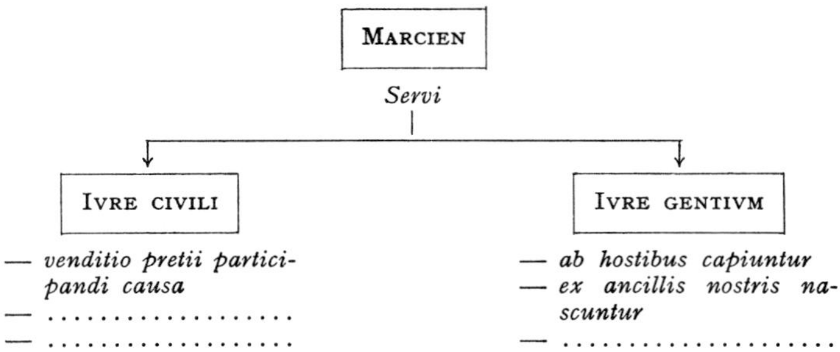

8. On peut noter immédiatement la différence par rapport à Aristote. La naissance, source « naturelle » de l'esclavage pour le Stagirite, ne s'oppose pas aux yeux du juriste romain à la guerre, source « légale ». L'une et l'autre ne sont plus que des exemples dans une énumération des sources de l'esclavage *iuris gentium* et, dans cette énumération, la naissance, repoussée à une place éloignée, suit la captivité; naissance et captivité n'ont plus le même poids. Pour la division des sources de l'esclavage, seul compte le droit, droit civil ou droit des gens. L'esclavage n'est plus qu'une institution juridique: l'esclavage « naturel » a disparu; seul subsiste, à la surface, l'esclavage « légal ».

---

(33) Cet exemple, que l'on retrouvera dans les textes postérieurs, cités plus loin, paraissait aux juristes romains particulièrement typique de leur propre droit civil; ailleurs, une comparaison possible avec les droits d'autres peuples antiques faisait naître un doute sur le point de savoir si le cas envisagé était à classer dans le *ius civile* ou dans le *ius gentium*. Il semble cependant que les cas d'asservissement *iure civili* particuliers au droit romain aient été en fait assez nombreux: voir les détails dans BUCKLAND, *The Roman Law of Slavery*, Cambridge, 1908, 401 sq.; KASER, *Das römische Privatrecht*. I. *Das altrömische, das vorklassische und klassische Recht*², Munich, 1971 (cité plus loin: *Röm. Privatrecht*, I²) 291-293.

La raison de ce changement, on peut l'indiquer sans risque d'erreur: elle réside dans l'influence du stoïcisme sur le droit romain. Dans la cosmopolis stoïcienne, où tout est subordonné au Bien supérieur de l'Univers, tous les hommes sont égaux et libres en tant qu'hommes, y compris les esclaves et les barbares, tous unis par l'Amour (34). La conception de la nature a changé: tout comme pour le sophiste Alcidamas (35), l'esclavage paraît aux stoïciens contraire à la nature. Du reste, la vraie liberté n'est-elle pas pour eux celle de l'esprit, la liberté du sage, le seul esclavage étant celui du corps, des passions?

Les idées stoïciennes gagnent les élites intellectuelles romaines dès la fin de la République. Pendant que l'Empire réalise l'idéal de cité universelle, elles pénètrent dans la jurisprudence: le concept de liberté naturelle est adopté par les juristes romains, surtout dans la littérature didactique (36).

9. Ainsi pour Ulpien, si les esclaves n'ont aucune personnalité juridique au point de vue du droit civil (*quod attinet ad ius civile, servi pro nullis habentur*), il n'en est pas de même sur le plan du droit naturel (*non tamen iure naturali*) en vertu duquel tous les hommes sont égaux (*quod ad ius naturale attinet, omnes homines aequales sunt*) (37).

Ailleurs, le même juriste déclare qu'en droit naturel les hommes naissent libres et que la nature ignore l'esclavage (*servitus inco-*

---

(34) Voir, p. ex., ATHEN., *Banquet des sophistes*, XIII, 561 c.

(35) Ἐλευθέρους ἀφῆκε πάντας θεός, οὐδένα δοῦλον ἡ φύσις πεποίηκεν. Cette phrase célèbre, citée par la plupart des auteurs modernes comme étant transmise par Aristote, *Rh.*, I, 13, 1373b, 18, l'est en fait par une scolie tendant à combler une lacune de ce texte d'Aristote dans le ms. *Paris.* 1539, fol. 25, v° v. 27; voir BAITER-SAUPPE, *Oratores Attici*, II, 154 et le commentaire à propos de l'authenticité de la phrase attribuée à Alcidamas; cf. MÜLLER, *Oratores Attici*, II, 316. Voir cependant, parmi les études récentes, BALDRY, *The Unity of Mankind in Greek Thought*, Cambridge, 1965, 60 et 84-85 (la référence, note 7 du chap. III, p. 205, donne la phrase d'Alcidamas comme « quoted by Aristotle, *Rh.*, 1373b, 18 »).

(36) Sur la liberté naturelle et le *favor libertatis*, sur l'influence stoïcienne dans le droit romain en cette matière, voir GAUDEMET, *Institutions de l'Antiquité*, Paris, 1967, 546-547 (cité plus loin: *Institutions*), et KASER, *Röm. Privatrecht* I², 284, avec sources et bibliographie; parmi les travaux antérieurs, voir IMBERT, *Favor libertatis*, dans « RHD », XXVII, 1949, 274-280; WATSON, *Morality, Slavery and Jurists in the Later Roman Republic*, dans « Tulane Law Review », XLII, 1968, 289-303.

(37) Ulp., D. 50, 17, 32.

gnita) (38). Notons au passage qu'Ulpien avait au sujet du droit naturel une conception différente de celle de ses contemporains. Pour ceux-ci, le droit naturel est plus ou moins identique au *ius gentium* qu'une « raison naturelle » a établi parmi les hommes et qui est observé de façon semblable chez tous les peuples (39). Pour Ulpien, au contraire, il existe, à côté d'un droit propre à chaque peuple et d'un *ius gentium* commun à tous les hommes, un droit naturel commun aux hommes et ... aux animaux (40). L'idée remonte, pense-t-on, aux pythagoriciens; on la retrouve dans le *Contre Aristogiton* du Ps.-Démosthène (25, 65-66); elle était en vogue à l'Académie après la mort de Platon; Cicéron l'a recueillie dans son *De re publica* (3, 19) et elle finit, sans doute par l'intermédiaire de la rhétorique, à refaire surface dans l'oeuvre d'Ulpien. Si son droit naturel rapproche l'homme de l'animal domestique, à plus forte raison sa conception de la nature est favorable à l'esclave, homme et animal domestique à la fois (41).

D'autres juristes classiques partagent le même point de vue. L'esclavage, institution du droit des gens, est contraire à la nature et au droit naturel: c'est le seul point où le *ius gentium* et le *ius naturale* se séparent (42). Ainsi, pour Tryphoninus, à la liberté de droit

---

(38) Ulp., D. 1, 1, 4.

(39) Cf. Gai. 1, 1. Sur les rapports entre le *ius gentium* et le *ius naturale*, sur le double sens du *ius gentium* chez Gaius (droit commun à tous les peuples et droit applicable dans les rapports entre citoyens romains et pérégrins), sur l'identité de ces deux notions dans la doctrine postérieure (I. 2, 1, 41: *iure gentium, id est iure naturali*) et les distinctions qui en même temps subsistent entre elles (I. 1, 2 *rubr.*: *de iure naturali et gentium et civili*), voir Volterra, *Istituzioni di diritto privato romano*, Rome, 1962, 37-39; Kaser, *Röm. Privatrecht* I², 202-205, et Gaudemet, *Institutions*, cit., 605, où l'on trouvera le détail des sources et de la bibliographie.

(40) Ulp., D. 1, 1, 1, 3.

(41) Nous nous permettons de renvoyer, à ce propos, à la communication sur le thème *Ulpien et la nature des animaux* (*philosophie grecque, droit romain et papyrologie juridique*) que nous avons présentée à Rome en avril 1973 au colloque franco-italien sur « La philosophie grecque et le droit romain » organisé par l'Académie des Lincei (« Probl. att. di scienza e di cultura », Quaderno n. 221, Rome, 1976, 177-199).

(42) Et les romanistes modernes ne manquent pas de le relever: voir p.ex. Gaudemet, *Institutions*, cit., 605; M. Kaser, *Röm. Privatrecht* I², 204 (§ 50, 11). Sur les deux conceptions grecques du droit naturel, l'aristotélicienne et la stoïcienne, et leurs répercussions chez les juristes romains, voir Villey, *Deux conceptions du droit naturel dans l'Antiquité*, dans « RHD », XXXI, 1953, 475-497 = *Leçons d'histoire de la philosophie du droit*, Paris, 1957, 121-146 (cette étude, qui reproduit une con-

naturel s'oppose le pouvoir du maître sur l'esclave introduit par le droit des gens: *libertas naturali iure continetur et dominatio iure gentium introducta est* (43). Il en est de même pour Marcien (44) et pour Paul (45). Mais c'est surtout cette définition de l'esclavage donnée par Florentinus au livre IX de ses *Institutes* qui reflète le mieux le concept de liberté naturelle érigé en principe de la jurisprudence classique (46):

> *Servitus est constitutio iuris gentium, qua quis dominio alieno contra naturam subicitur.*

C'est, dans le droit romain, l'écho le plus fort des théories stoïciennes hostiles à l'esclavage. A lui seul il explique pleinement le schéma de Marcien.

10. L'adhésion de la jurisprudence à ces théories ne modifie pas, ou très peu, l'institution elle-même. Mais elle a au moins une incidence immédiate sur la théorie des sources de l'esclavage. Il est en effet impossible de déclarer l'esclavage contraire à la nature et d'admettre en même temps que le hasard de la naissance puisse, à lui seul et «naturellement», justifier l'esclavage. La naissance comme source de l'esclavage n'est donc plus l'effet de la nature (naissance barbare). Elle devient une modalité juridique du statut: naissance de mère esclave, déterminant la condition servile de l'enfant.

Réduit au droit seul, l'esclavage devient un phénomène homogène et uniforme. Les hommes libres peuvent être ingénus ou affranchis, citoyens ou pérégrins. Les esclaves sont tous les mêmes: *servorum una condicio* (47). La dualité *nomos-physis* inhérente à la dichotomie d'Aristote comme celle de deux types d'esclavage dans la notice de Théopompe sont effacées par le droit romain.

---

férence faite à l'Institut de Droit romain de Paris en janvier 1953, n'a pas été reprise dans la 2ème édition des *Leçons*, Paris, 1962).

(43) D. 12, 6, 64.

(44) D. 40, 11, 2.

(45) D. 45, 1, 83, 5.

(46) D. 1, 5, 4. 1. Sur cette définition et sur les définitions utilisées par les juristes romains en général, voir R. MARTINI, *Le definizioni dei giuristi romani*, Milan, 1966, particulièrement p. 255; sur le même thème, un autre ouvrage italien paru en même temps, CARCATERRA, *Le definizioni dei giuristi romani. Metodo, mezzi e fini*, Naples, 1966 (ne cite pas le texte de Florentinus).

(47) Marcianus, D. 1, 5, 5.

Tout comme la naissance, la conquête n'est plus qu'un membre parmi d'autres dans une des deux branches de la *divisio*. Elle ne conduit plus à une *condicio* particulière (hilotisme) puisqu'on ne connaît plus qu'un seul type d'asservissement (*servitus*) dont on croit qu'il est commun à tous les hommes (*constitutio iuris gentium*). L'importance de la conquête parmi les sources de l'esclavage n'est pas négligée; on fonde sur elle l'origine du statut et l'étymologie des termes *servus* et *mancipium*: *servi ex eo appellati sunt, quod imperatores captivos vendere ac per hoc servare nec occidere solent; mancipia vero dicta, quod ab hostibus manu capiantur* (48). Mais elle ne commande plus la dichotomie.

III

11. Un facteur nouveau va bouleverser cette doctrine des juristes classiques: le christianisme. Sous son influence, la dichotomie des sources de l'esclavage va être profondément remaniée; cette transformation aura des suites durables et lourdes de conséquences.

On connaît les discussions sur le thème « le christianisme et l'esclavage »; Westermann en avait résumé l'essentiel et ces pages de son ouvrage paraissent peut-être aujourd'hui les moins contestables (49). Le christianisme, dit-on, accepte l'esclavage comme un fait. Il ne l'approuve pas, mais il ne réclame pas non plus la disparition immédiate d'une institution sur laquelle repose l'économie antique (50). Apparemment, entre ces deux attitudes de l'Église primitive, il n'y aurait pas de contradiction, mais seulement une dissociation entre le principe moral et la situation concrète (51). Apologistes et pères de l'Église adhèrent à l'idée d'une liberté et d'une égalité naturelles des hommes, mais veulent montrer en même temps qu'ils respectent l'ordre établi (52). En tout cas, le christianisme antique n'est certainement pas un mouvement abolitionniste.

Rappelons seulement ce texte bien connu de la *Cité de Dieu*. L'esclavage, pour Augustin, est le fruit du péché. « C'est à bon droit

---

(48) Florent., D. 1, 5, 4, 2-3.

(49) WESTERMANN, *The Slave Systems of Greek and Roman Antiquity*, Philadelphie, 1955, 149-162.

(50) GAUDEMET, *L'Église dans l'Empire romain* (*IVe-Ve siècles*), Paris, 1958, 565.

(51) J. GAUDEMET, *Institutions*, cit., 716-717.

(52) *Ibid.*

(*iure*) que l'on regarde la condition servile comme imposée au pécheur » (*imposita peccatori*). Ce n'est donc pas la guerre, mais c'est le péché qui est « la première cause de l'esclavage » (*prima servitutis causa*). Il fait que l'homme peut être soumis à l'homme « par le lien de sa condition » (*ut condicionis vinculo subderetur*): cela n'arrive pas sans un jugement de Dieu (*Deo iudicante*). Si dans la nature où Dieu avait primitivement créé l'homme, personne n'était esclave ni de l'homme ni du péché, la servitude, rançon du péché (*poenalis*), trouve sa place dans la loi qui commande de conserver l'ordre naturel et interdit de le troubler (*naturalem ordinem conservari iubet, perturbari vetat*). C'est pourquoi l'apôtre Paul recommande aux esclaves eux-mêmes d'être soumis à leurs maîtres (*subditos esse dominis*), de les servir de bon coeur (*ex animo*) et avec bonne volonté (*bona voluntate*) (53).

Quoi qu'en disent les commentateurs modernes, Augustin ne « critique » pas l'esclavage (54), mais le justifie. La « liberté naturelle » est reléguée au Paradis. Elle ne pèse guère lourd devant l'« ordre naturel » qui, lui, exige la soumission de l'esclave à son maître. La nature reprend sa place dans la justification de l'esclavage avec un visage nouveau: celui du Dieu des chrétiens qui punit les pécheurs. Il n'y a pas de malheur à être né dans l'esclavage, puisque devant Dieu tous sont égaux: il faut accepter docilement sa condition, conformément à la loi qui interdit de troubler l'ordre naturel. On va voir que cette attitude n'est pas restée sans effet pour la théorie de l'esclavage dans le droit de l'Empire chrétien (55).

12. *Iure naturali ab initio homines liberi nascebantur*. À l'origine les hommes naissaient libres en vertu du droit naturel, lisons-nous dans les *Institutes* de Justinien; puis les guerres sont apparues (*bella orta sunt*) et avec elles la captivité et l'esclavage (*captivitates et servitutes*) contraires à ce droit naturel primitif (56).

---

(53) AUGUSTIN., *Cité de Dieu*, 19, 15.

(54) *Sic* GAUDEMET, *Institutions*, cit., 716, nt. 6.

(55) Sur l'attitude du christianisme à l'égard de l'esclavage sous le Haut-Empire, voir encore, parmi les travaux récents, GÜLZOW, *Christentum und Sklaverei in den ersten drei Jahrhunderten*, Bonn, 1969 (c.r. par ZIEGLER, dans « ZSS », LXXXIX, 1972, 454-457); plus généralement, sur les idées et les théories concernant l'esclavage dans l'Empire romain, SCHTAJERMAN, *Die Krise der Sklavenhalterordnung im Westen des römischen Reiches*, Berlin, 1964, 49 sq.

(56) I. 1, 2, 2.

La liberté naturelle relève donc du passé (notons l'imparfait: *nascebantur*!). Autrefois les hommes naissaient libres — comme dans le Paradis, avant le péché, dans le texte d'Augustin —; plus maintenant: si Dieu le veut, des hommes naîtront esclaves, par la vertu de l'ordre naturel que « la loi commande de respecter et qu'elle interdit de troubler » (57).

Et c'est bien ce qu'on trouve au titre suivant:

> *Servi autem aut nascuntur aut fiunt: nascuntur ex ancillis nostris, fiunt aut iure gentium, id est ex captivitate, aut iure civili, cum homo liber maior viginti annis ad pretium participandum sese venumdari passus est* (58).

Le schéma est construit d'une double *divisio* (*aut-aut*, puis à nouveau *aut-aut*):

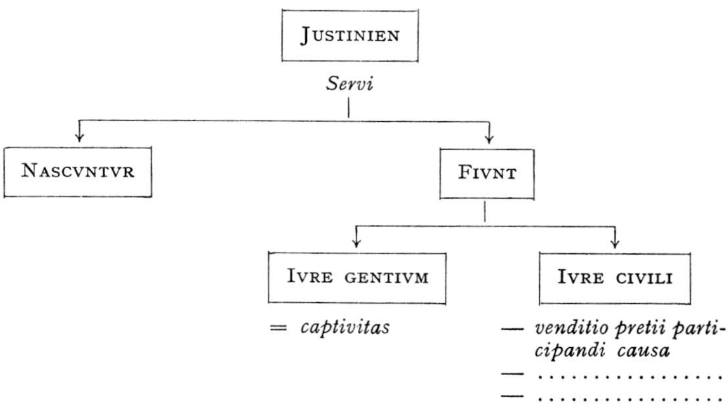

Comparons le schéma de Justinien à celui de Marcien: sur le point qui nous préoccupe — la liberté naturelle et le hasard de la naissance — le premier est le contraire du second. Pour Marcien, nous l'avons vu, l'esclavage est une institution seulement juridique, contraire à la nature. Elle se divise, quant à ses sources, en deux branches: droit civil et droit des gens (distinct, ici, du droit naturel). Dans le droit des gens, deux espèces notables: captivité à la suite d'une guerre et naissance servile.

Pour Justinien l'esclavage redevient un phénomène social faisant partie de l'ordre établi. Les deux branches de la *divisio* classique,

---

(57) Ci-dessus, nt. 53.

(58) I. 1, 3, 4.

l'esclavage *iuris gentium* et l'esclavage *iuris civilis*, ont été réunies et sont opposées ensemble à la naissance qui se trouve de ce fait en dehors du droit (59). On obtient ainsi une nouvelle *divisio*, dont les deux branches sont très inégales: l'une est physique (la naissance), l'autre juridique (la réduction en esclavage). Et c'est seulement dans cette seconde branche qu'on retrouve, à titre subsidiaire, la division droit civil - droit des gens, ce dernier étant limité à la seule captivité. Dissociée de celle-ci, la naissance n'est plus un *membrum* secondaire, comme dans le schéma de Marcien; elle est devenue le premier terme de la *divisio*: *aut nascuntur aut fiunt*. En somme, les juristes de Constantinople, infidèles à leurs prédécesseurs classiques de Rome, ont retrouvé le chemin indiqué par Aristote mille ans plus tôt: ils ont remis le hasard de la naissance au rang de source « naturelle » de l'esclavage.

13. Reste un dernier point: il faut que nous puissions en toute certitude attribuer aux compilateurs byzantins l'alternative *aut nascuntur aut fiunt*. Une rapide confrontation de ce chapitre des *Institutes* de Justinien avec les sources classiques dont il s'inspire montre que nous sommes bien en présence d'une « trouvaille » due aux Byzantins.

Justinien (I. 1, 3: *de iure personarum*)		Littérature élémentaire classique
	1.	Gai. 1, 9:
Pr. *Summa itaque divisio de iure personarum haec est, quod omnes homines aut liberi sunt aut servi.*		*Et quidem summa divisio de iure personarum haec est, quod omnes homines aut liberi sunt aut servi.*
	2.	Florentinus, l. 9 *Inst.*, D. 1, 5, 4:
1. *Et libertas quidem est, ex qua etiam liberi vocantur, naturalis facultas eius quod cuique fa-*		*Libertas est naturalis facultas eius quod cuique facere libet, nisi quid vi aut iure prohibetur.* 1. *Ser-*

(59) Buckland l'avait déjà bien vu: *Roman Law of Slavery* (cité *supra*, nt. 33) p. 397.

cere libet, nisi si quid aut vi aut iure prohibetur. 2. *Servitus autem est constitutio iuris gentium, qua quis dominio alieno contra naturam subicitur.* 3. *Servi autem ex eo appellati sunt, quod imperatores captivos vendere iubent ac per hoc servare nec occidere solent. qui etiam mancipia dicti sunt, quod ab hostibus manu capiuntur.*

vitus est constitutio iuris gentium, qua quis dominio alieno contra naturam subicitur. 2. *Servi ex eo appellati sunt quod imperatores captivos vendere ac per hoc servare nec occidere solent: mancipia vero dicta, quod ab hostibus manu capiantur.*

3.

a

4. *Servi autem aut nascuntur aut fiunt. nascuntur ex ancillis nostris. fiunt aut iure gentium, id est ex captivitate, aut iure civili, cum homo liber maior viginti annis ad pretium participandum sese venumdari passus est.*

Marcianus, l. 1 *Inst.*, D. 1, 5, 5, 1:

Servi autem in dominium nostrum rediguntur aut iure civili aut gentium: iure civili si quis se maior viginti annis ad pretium participandum venire passus est: iure gentium servi nostri sunt qui ab hostibus capiuntur aut qui ex ancillis nostris nascuntur.

b

in servorum condicione nulla differentia est. 5. *In liberis multae differentiae sunt. aut enim ingenui sunt aut libertini.*

Idem, *ibid.*, D. 1, 5, 5, *pr.*:

Et servorum quidem una est condicio: liberorum autem hominum quidam ingenui sunt, quidam libertini.

On voit comment est construit ce chapitre. Une première partie, en guise d'introduction, rappelle la *summa divisio* qui oppose les hommes libres aux esclaves; elle est copiée sur Gaius. La deuxième partie, copiée sur Florentinus, donne les définitions de la liberté et de l'esclavage ainsi que l'étymologie des mots *servus* et *mancipium.* La troisième partie concerne les sources de l'esclavage. Ses rapports avec le texte de Marcien sont évidents, comme les changements opérés dans ce texte par les compilateurs (60).

(60) Dans le même sens, déjà Zocco-Rosa, *Imp. Iustiniani Institutionum palingenesia,* I, Catane, 1908, 72-76.

L'ordre des idées a changé. Chez Marcien, le passage sur l'unité de la condition servile par opposition à celle de l'homme libre, qui est multiple, se trouvait au début du texte; chez Justinien, on l'a mis à la fin, pour faciliter la transition aux chapitres suivants (*de ingenuis et de libertinis*). Un changement plus substantiel affecte la dichotomie des sources de l'esclavage. Les éléments restent les mêmes: droit civil, droit des gens, guerre, naissance, l'homme qui se fait vendre frauduleusement. Mais ils ont été complètement regroupés. A la *divisio* de Marcien, qui est seulement juridique, Justinien superpose une deuxième *divisio*, qui aboutit à distinguer droit et naissance: c'est, en fin de compte, opposer le droit à la nature. C'est donc un changement de fond (61).

Notons bien que les Byzantins travaillent d'une manière qui peut paraître contradictoire à nos yeux de modernes. Ils reprennent les mots de Florentinus, qui déclare l'esclavage contraire à la nature, tout en introduisant une *divisio* qui n'est pas compatible avec cette déclaration. Mais dans le premier cas ils copient, dans le second ils innovent. Toute la différence est là. D'autres exemples — et ils sont nombreux — pourraient la confirmer.

14. Le schéma byzantin n'a probablement pas eu une grande influence sur l'institution de l'esclavage dans l'Empire d'Orient sous Justinien et ses successeurs immédiats. Il n'a pas empêché les réformes favorables aux esclaves, notamment dans le droit des Novelles (62).

C'est ainsi que, entre autres, l'esclave infirme ou malade, abandonné par son maître, accède à la liberté et acquiert le droit de cité, le maître étant déchu du droit de patronat (63). Il y a là un progrès notable par rapport au droit classique. Celui-ci n'accordait, en vertu

---

(61) A ce propos, Zocco-Rosa, *op. cit.*, 74, remarque avec raison que la naissance en tant que source de l'esclavage n'est chez Marcien qu'un membre d'une subdivision alors que dans les *Institutes* de Justinien elle devient un élément de la « classification majeure ».

(62) Pour le détail, voir M. Kaser, *Das römische Privatrecht* II 2 (*supra*, nt. 25), 124 sq., 132 sq.; Gaudemet, *Institutions*, cit., 717-718. Dans l'ensemble, la législation des empereurs chrétiens n'aurait pas provoqué un changement notable dans la condition juridique de l'esclave: Imbert, *Réflexions sur le christianisme et l'esclavage en droit romain*, dans « RIDA », II, 1949, 445-476.

(63) C. 7, 6, 1, 3-3*a* (a. 531); Nov. 22 c. 12 (a. 536); cf. C. 1, 4, 24 = 8, 51, 3 (a. 529) portant interdiction de revendiquer les enfants exposés, libres ou esclaves.

d'un édit de l'empereur Claude, que la liberté latine à l'esclave abandonné sur l'île d'Esculape au milieu du Tibre: il s'agit, on le voit, d'un cas particulier isolé (64). A présent, la Novelle 22 chap. 12 déclare les esclaves abandonnés « constitués libres » (καθεστῶτες ἐλεύθεροι) et leur permet de retrouver, automatiquement, l'état de liberté primitive qui caractérisait à l'origine la condition humaine: la différence entre la solution byzantine et la solution classique en ce qui concerne l'esclave abandonné est indéniable (65). On note en même temps une nouvelle contradiction entre de telles mesures et le schéma des Institutes concernant les sources de l'esclavage: l'ambiguité de la doctrine chrétienne en matière d'esclavage nourrit l'équivoque d'un droit qui fonde sur le même principe « naturel » et la liberté que retrouve l'esclave abandonné et le statut résultant de la naissance servile.

Le schéma des sources de l'esclavage élaboré par les auteurs des Institutes n'a ni accéléré ni freiné la désagrégation d'une institution déjà depuis longtemps en déclin sur le plan social et économique. Mais il était destiné à jouer un certain rôle pour l'avenir. Repris par Théophile, ce schéma se perpétue dans les collections byzantines: οἱ δοῦλοι ἢ τίκτονται ἢ γίνονται (66). Il revit aussi en Occident, avec

(64) Mod., D. 40, 8, 2; C. 7, 6, 1, 3; SUET., *Claud.*, 25, 2; DIO CASSIUS (Xiphilin.) 60, 29. Pour l'interprétation de cet édit voir VOLTERRA, *Intorno a un editto dell'imperatore Claudio*, dans « Rendic. Accad. Naz. dei Lincei, Cl. di sc. mor., stor. e filol. », 8e sér., XI, 1956, 205-219, et CASTELLO, *La libertà claudiana senza manomissione*, dans « Ann. Genova », I, 1962, 213-296.

(65) Voir VOLTERRA, *op. cit.*, 219 et *Istituzioni di diritto privato romano*, Rome, 1962, p. 53 et 57; CASTELLO, *op. cit.*, 239 sq.

(66) THEOPHIL., *Paraphr. Inst.*, 1, 3, 4: Οἱ δὲ δοῦλοι ἢ τίκτονται, ἢ γίνονται· τίκτονται οἱ ἐκ τῶν ἡμετέρων ἡμῖν προσγινόμενοι θεραπαινῶν· γίνονται οἱ ἐκ τῶν ἐθνικῶν νομίμων, τουτέστιν ἐκ τῆς αἰχμαλωσίας· ἢ νόμῳ πολιτικῷ, οἷον ἡνίκα τις ἐλεύθερος ὢν καὶ μείζων τῶν κ ἐτῶν, ἐπὶ τῷ μερίσασθαι τὸ τίμημα, ἑαυτὸν ἠνέσχετο διαπραθῆναι, κτλ. *Prochiron legum* 34, 3 (J. et P. ZEPOS, *Ius Graeco-Romanum*, II, p. 199): Οἱ δοῦλοι ἢ τίκτονται ἢ γίνονται. τίκτονται μὲν οἱ ἐκ τῶν ἡμῖν προσγινόμενοι θεραπαινῶν· γίνονται δὲ οἱ ἐξ ἐθνικῶν νομίμων, τουτέστιν ἐκ τῆς αἰχμαλωσίας. καὶ ἡ μὲν τῶν δούλων τύχη οὐδεμίαν ἐπιδέχεται διαίρεσιν. (On remarquera que le droit civil a disparu et que seul subsiste le *ius gentium* avec la captivité comme source de l'esclavage). Formule analogue: *Prochiron auctum*, 34, 4 (ZEPOS, *ibid.*, VII, p. 246); *Epanagoga*, 37, 4 (*ibid.*, II, p. 348); *Epanagoga aucta*, 38, 3 (*ibid.*, VI, p. 165). Il n'y a plus de trace de cette dichotomie dans l'*Hexabiblos* d'Armenopoulos. Le schéma de Marcien (D. 1, 5, 5, 1) est reproduit dans les scholies des *Bas.* XLVI, 1, 3 (Scheltema).

Mon ami E. Karabelias me signale une curieuse transformation de la dichotomie byzantine chez un auteur grec du XVIIIème siècle, THÉOPHILE DE JANNINA (dans son Νομικόν, 1788, XX, 58, édition critique par D. S. GHINIS, Salonique, 1960, 173):

la renaissance bolonaise (67). Voici, par exemple, une « Somme » des Institutes dans un manuscrit de la fin du XIIe siècle récemment édité par Pierre Legendre; on y retrouve la dichotomie byzantine:

> *Servi dicti sunt a servando. Servi aut nascuntur aut fiunt. Nascuntur ex ancillis nostris. Fiunt autem iure gentium, id est captivitate, aut iure civili, veluti si homo liber maior XX annis ad precium participandum se venumdari passus est,* etc. (68).

Le spectre du malhonnête se vendant frauduleusement en esclavage resurgit en plein moyen âge après avoir pendant sept siècles hanté les juristes romains, de Quintus Mucius Scaevola à Justinien. A l'époque des croisades, il ne peut probablement faire de mal à personne. Il est moins sûr qu'il en aille de même pour les *servi* en général. Le mot désigne désormais une réalité nouvelle: la dichotomie peut s'appliquer au servage et aider à justifier les inégalités de la société médiévale. Du moins l'idée que par la seule naissance on puisse être destiné à servir s'appuie-t-elle maintenant sur le prestige de la *ratio scripta.* Elle sera difficile à éliminer.

Les ressources du *Corpus* de Justinien sont inépuisables: on y trouve ce qu'on veut. Les défenseurs de l'ordre établi auront à leur disposition l'argument de la condition due à la naissance. Leurs adversaires pourront lui opposer ceux de la liberté naturelle et de l'égalité de tous les hommes. Abolissant les privilèges fondés sur le hasard de la naissance, la révolution bourgeoise donnera formellement raison à ceux-ci contre ceux-là. L'histoire des classements des sources de l'esclavage est en principe terminée. Mais elle a son épilogue dans la recherche moderne.

15. Ouvrons un manuel de droit romain — ou de droit grec — écrit au cours des cent dernières années. Nous y trouverons à coup

---

Ἢ ἠγοράσθησαν σκλάβοι, ἢ ἐγέννησαν οἱ σκλάβοι μας τέκνα καὶ τὰ δύο μέρη καὶ πρόσωπα τὴν αὐτὴν σκλαβίαν ἔχουσιν. A la naissance ne s'oppose plus la captivité, mais l'achat comme source de l'esclavage: sur ce point, le nouveau schéma rompt avec la dichotomie de Justinien; mais l'unité de la condition servile est soulignée, comme dans le passage des *Institutes* dérivé de Marcien (I. 1, 3, 4; D. 1, 5, 5, *pr.*).

(67) Pour les royaumes barbares, voir NEHLSEN, *Sklavenrecht zwischen Antike und Mittelalter. Germanisches und römisches Recht in den germanischen Rechtsaufzeichnungen*, Göttingen, 1972 (riche bibliographie).

(68) *La Summa Institutionum « Iustiniani est in hoc opere »*, éd. Pierre LEGENDRE, Francfort s. M., 1973 (*Ius Commune, Sonderhefte* 2), p. 30 (4a, lignes 13-18).

sûr l'une ou l'autre des deux dichotomies que l'on vient d'étudier, celle de Marcien ou celle de Justinien, sinon un mélange des deux.

Ainsi, parmi les auteurs français, L. Beauchet en droit grec (69) et R. Monier en droit romain (70) optent pour la *divisio* byzantine. J. Gaudemet préfère au contraire le schéma classique (71). Plus récemment, en Allemagne, Max Kaser, dans la nouvelle édition de son monumental *Römisches Privatrecht*, opère une sorte de synthèse entre les deux *divisiones*: la naissance, mode d'asservissement *iuris gentium*, est distinguée de la captivité, elle aussi mode d'asservissement *iuris gentium*, et d'autres causes de l'esclavage, celles-ci *iuris civilis* (72).

Sur une trentaine de manuels consultés, la *divisio* byzantine semble prévaloir; mais la *divisio* classique a toujours ses tenants. Comment se fait le choix? Il semble que le hasard y joue une grande part. Ce qui est sûr, c'est la prédilection des juristes pour la dichotomie.

Les historiens, au contraire, ont redécouvert la *partitio-merismos*. Un seul exemple nous suffira à ce propos: les études de Mme I. Bieżuńska-Małowist sur l'esclavage dans le monde hellénistique (73):

---

(69) Beauchet, *op. cit.*, 403 sq., partant du schéma byzantin, distingue, pour l'esclavage athénien, les sources suivantes: 1° naissance (*nascuntur*), 2° captivité (*fiunt iure gentium*), 3° divers « modes de constitution de l'esclavage dérivant du droit civil » (*fiunt iure civili*), enfin (et ici il s'écarte de Justinien), 4° commerce des esclaves comme une « source dérivée de l'esclavage ». Harrison, *The Law of Athens* I. *The Family and Property*, Oxford, 1968, 164-166 (« origin of status ») est moins schématique; de même, pour le droit hellénistique en Égypte, Taubenschlag, *The Law of Greco-Roman Egypt* [2], Varsovie, 1955, 69-76.

(70) Monier, dans R. Monier - G. Cardascia - J. Imbert, *Histoire des institutions et des faits sociaux*, Paris, 1955, 398-400.

(71) Gaudemet, *Institutions*, cit., 543-545, et édition abrégée, *Les institutions de l'Antiquité*, Paris, 1972, 322-323.

(72) M. Kaser, *Röm. Privatrecht* I [2], cit., 289-293.

(73) I. Bieżuńska-Małowist, *Z zagadnień niewolnictwa w okresie hellenistycznym* [= *Quelques problèmes de l'esclavage dans la période hellénistique*, en polonais avec un résumé en français], Varsovie-Wrocław, 1949, 4-5, au début du chapitre sur les sources de l'esclavage (pp. 1-26); ce chapitre, concernant surtout l'Égypte ptolémaïque, a été repris, dans une forme remaniée, en version française et en version italienne: I. Bieżuńska-Małowist, *L'esclavage dans l'Égypte gréco-romaine*, I. *Période ptolémaïque*, Wrocław-Varsovie-Cracovie-Gdansk, 1974, 10-58 (référence à Dion: p. 18 et note 42), et *Le fonti di afflusso degli schiavi nell'Egitto dei Tolomei*, dans « Storia sociale ed economica dell'età classica negli studi polacchi contemporanei », Milan, 1975, 63-109 (référence à Dion: p. 63 et nt. 1).

son analyse des sources de l'esclavage utilise le texte de Dion de Pruse, comme « traditionnellement cité en la matière » (74).

Le *merismos* vaut-il mieux que la *diairesis*? Dion, qui voulait faire croire aux Grecs qu'ils étaient libres tout en restant soumis au pouvoir romain, a préféré énumérer plutôt que classer. Les Romains du Haut-Empire, qui n'avaient pas, comme les Grecs, un réservoir « naturel » d'esclaves en pays barbare, ont remplacé par une *divisio* purement juridique les *diaireseis* « sociologiques » ou « historiques » d'Aristote et de Théopompe. Cette *divisio* présentait l'avantage de faire apparaître l'esclavage sous son aspect le plus fort et le plus saisissable: celui d'une institution régie par le droit. Les Byzantins ont compliqué la *divisio* de leurs prédécesseurs classiques, en lui superposant une deuxième *divisio*, qui soumet l'homme à son destin.

L'historien moderne est libre de préférer une méthode à une autre. Mais le rôle prépondérant de la *divisio* et ses péripéties antiques ne peuvent lui être indifférents. On aimerait espérer que, dans l'étude des sources de l'esclavage, ces réflexions sur les dichotomies grecques et romaines pourront être utiles pour les recherches qui restent encore à faire en ce domaine.

---

(74) *L'esclavage dans l'Égypte gréco-romaine*, ouvrage cité à la note précédente, p. 18. Mme Bieżuńska-Małowist trouve que le catalogue des sources de l'esclavage donné par Dion aux §§ 25-26 du discours, auxquels elle s'attache, est incomplet; Dion ne mentionne ici que six manières de se procurer des esclaves: l'acquisition par achat, par héritage, par donation, la naissance servile, la guerre et la piraterie; elle considère qu'« il faut y ajouter » la servitude pour dette, l'asservissement par mesure pénale, la vente de soi-même, la vente d'enfants et l'exposition de nouveau-nés. En fait, quand on lit le discours en entier, on constate que Dion fait état et de l'exposition des enfants nouveau-nés (§ 9), et de la vente d'enfants par leurs pères (§ 20) et de la vente de soi-même (§ 23). On ne peut lui reprocher de n'avoir pas repris, aux §§ 25-26, ces éléments et de ne pas les avoir complétés par d'autres, de manière à fournir une liste exhaustive capable de satisfaire un historien moderne.

III

LE STATUT DES HELLÈNES DANS L'ÉGYPTE LAGIDE :

BILAN ET PERSPECTIVES DE RECHERCHES

A la mémoire d'Elias Bickerman
(1897-1981)

Je voudrais, dans cette esquisse (1), essayer de mettre en relief la permanence

---

(1) Je reprends ici l'essentiel du rapport sur les conférences de l'année 1979/1980 faites à mon séminaire de « Papyrologie et histoire des Droits de l'Antiquité » à la IVᵉ Section de l'École pratique des Hautes études ; destiné à

du lien civique en milieu barbare dans le monde issu des conquêtes d'Alexandre le Grand, et plus précisément dans l'Égypte des Lagides. Entendons-nous : il est parfaitement acquis aujourd'hui pour la grande majorité des hellénistes, sauf quelques esprits romantiques, partisans de schémas surannés, que l'histoire grecque ne s'arrête pas en août 338 avant notre ère par la victoire de Philippe II de Macédoine sur la coalition antimacédonienne, ni une quinzaine d'années plus tard par les défaites des Athéniens à Amorgos et à Crannon qui marquent la fin de la guerre lamiaque. Comme le disait un jour Louis Robert, « la cité grecque n'est pas morte à Chéronée, ni sous Alexandre, ni dans le cours de l'époque hellénistique » (2) ; au contraire, à certains égards l'époque hellénistique peut apparaître comme une période d'épanouissement de la cité ; celle-ci continue à jouer son rôle dans un espace politique élargi, la continuité institutionnelle, culturelle et idéologique compensant la perte de la souveraineté au profit de la monarchie (3). L'élégant ouvrage que François Chamoux vient de consacrer à cette époque dans la collection des « Grandes Civilisations » nous le rappelle dans un long chapitre qui traite de la survie de la cité grecque dans le monde hellénistique (4).

Mais notre propos n'est pas d'insister sur cette indéniable continuité. Il ne s'agit pas de nous demander comment les Grecs ont vécu leur « aventure grecque » dans une cité comme Alexandrie, sous l'aile protectrice des Lagides, amis des sciences et des arts : d'autres l'ont fait avec beaucoup plus de compétence en la matière (5). Ce qui nous intéresse ici, c'est de saisir, dans leurs

---

paraître dans l'*Annuaire* de la Section, ce rapport est resté inédit du fait de la réforme de l'*Annuaire* qui a cessé de servir à publier les rapports sur les conférences (dernier volume paru : *Annuaire*, 1978/1979, Paris 1982, avec les rapports sur les conférences de l'année 1977/1978 ; pour la papyrologie, voir p. 297-320). Entre-temps les éléments de ce rapport ont été présentés dans des conférences faites au Congrès de la *SOPHAU* à Grenoble, en mai 1981, à l'Université d'Athènes, en novembre 1981, et à l'Institut de Droit Romain de Paris, en janvier 1982. Pour la présente publication, j'ai complété le texte par un indispensable minimum de références dans les notes sans prétendre à l'exhaustivité ; pour des informations plus détaillées, je me permets de renvoyer le lecteur à mes chroniques dans la *RHD* et dans les *SDHI* (que je cite ici dans les notes à propos de certains travaux).

(2) L. Robert, « Théophane de Mytilène à Constantinople », *CRAI*, 1969, p. 42-64, particulièrement, p. 42 (citation textuelle). L'ouvrage sur « Les cités grecques à l'époque hellénistique », annoncé dans cet article (p. 42, note 2), n'a pas paru à ce jour.

(3) Il n'est pas question d'entrer ici dans le détail du débat sur les rapports entre la monarchie et la cité à l'époque hellénistique. Le point en est fait par V. Ehrenberg, *L'État grec*, Paris 1976, p. 305 sq., où l'on trouvera des éléments de bibliographie, p. 323 ; pour un complément voir *SDHI*, 43, 1977, p. 736-739 et *RHD*, 59, 1981, p. 494-497 ; 60, 1982, p. 477-478.

(4) Fr. Chamoux, *La civilisation hellénistique*, Paris, 1981, en particulier, p. 209-264.

(5) Je pense, bien entendu, à l'ouvrage de P. M. Fraser, *Ptolemaic Alexandria*, 3 vol., Oxford, 1972, et aux critiques qu'il a suscitées ; cf. notamment H. Heinen « Das ptolemäische Alexandrien. Bemerkungen zu einem Werk

éléments essentiels, les conditions et les modalités de la permanence du fait grec à propos d'individus que les conquêtes d'Alexandre et les encouragements de ses successeurs ont entraînés vers les campagnes barbares conquises, où ils nous apparaissent à la fois comme les agents militaires et administratifs, et comme les bénéficiaires économiques de la domination macédonienne. Comment rester Grec quand on est clérouque dans un village du Fayoum au milieu de compagnons venus de diverses régions du monde hellénique et de ses lointaines périphéries? Comment la monarchie ptolémaïque a-t-elle résolu les difficiles problèmes que posait sur le plan juridique la présence prolongée d'immigrants hellénophones dans des espaces villageois barbares, où le maintien d'une identité grecque s'imposait comme un impératif politique vital pour elle? Et comment devons-nous apprécier ces solutions par rapport à la tradition grecque, comme par rapport aux catégories modernes d'un vocabulaire juridique et politique auxquelles nous avons recours pour analyser cette expérience? En d'autres termes : quelle est exactement la réalité historique à laquelle nous nous référons lorsque nous parlons de « cité » et de « citoyens », de « souverains » et de « sujets» à propos de ces trois siècles qui séparent la conquête macédonienne de l'Égypte et la fondation de la dynastie lagide de la conquête augustéenne et la réduction du pays à l'état de province romaine (6)?

Il s'agit donc d'examiner le statut des immigrants gréco-macédoniens au point de vue de ce que l'on appellerait aujourd'hui le droit public de la monarchie lagide. Le problème n'est évidemment pas tout à fait nouveau. Il y a plus de cinquante ans Elias Bickerman — à la mémoire duquel je dédie ces pages — en faisait déjà le point dans une étude restée pendant longtemps fondamentale ; nous aurons à nous y référer plus d'une fois (7). Mais les publications et les recherches faites depuis un demi-siècle conduisent à modifier sur plusieurs points les conclusions de notre regretté confrère ; elles permettent de mieux préciser les positions de la doctrine qui les prend pour point de départ. Une mise au point

---

P. M. Frasers », *Bibl. Orient.*, 31, 1974, p. 201-207 ; Cl. Préaux, « L'Alexandrie des Ptolémées, *Chron. d'Ég.*, 53, 1978, p. 301-306, et, tout dernièrement, A. Świderek, *JJP*, 19, 1983, p. 181-188. Voir aussi la série de conférences faites par divers auteurs à l'Université de Trèves en 1976/1977 et réunies sous les auspices du « Forschungszentrum Griechisch-Römisches Aegypten » de cette Université, dans un volume intitulé *Alexandrien. Kulturbegegnungen dreier Jahrtausende im Schmelztiegel einer mediterranen Großstadt*, Mayence, 1981 (Aegyptiaca Treverensia, I). Sur les institutions et les lois d'Alexandrie : Julie Vélissaropoulos, Ἀλεξανδρινοί νόμοι. Πολιτική αὐτονομία καί νομική αὐτοτέλεια τῆς πτολεμαϊκῆς Ἀλεξάνδρειας, Athènes-Komotini 1981 (cf. *RHD*, 60, 1982, p. 492).

(6) Je consacre un autre travail à l'étude des problèmes que pose le statut des habitants dans l'Égypte romaine ; j'ai présenté l'essentiel de mes résultats sur ce sujet dans des conférences faites à Santander, en septembre 1982, au Ve Colloque d'histoire du droit grec et hellénistique (cf. *RHD*, 60, 1982, p. 548-549), et en décembre de la même année aux Universités de Milan et de Bologne.

(7) E. Bickerman, « Beiträge zur antiken Urkundengeschichte, I : Der Heimatsvermerk und die staatsrechtliche Stellung der Hellenen im ptolemaïschen Aegypten », *Arch. f. Pap.*, 8, 1927, p. 216-239. Cité plus loin : « Heimatsvermerk ».

ne paraît donc pas inutile ; elle permettra de mieux voir ce qui est acquis et ce qui reste encore à faire : c'est la seule ambition du bilan que l'on présente ici.

1. *Nom et patrie.*

Commençons par les dispositions de la législation ptolémaïque concernant la protection de l'identité personnelle. On peut en reconstituer l'essentiel grâce à deux papyrus de la collection de Berlin : une liste de lois et ordonnances dans un fragment du IIIe siècle avant notre ère (8) et une plainte du IIe siècle av. n.è. (9). Ces textes attestent l'existence d'une réglementation qui interdisait sous peine de mort le changement arbitraire du nom (ὄνομα) et de l'indication de l'origine (πατρίς) d'un individu. Les décisions en cette matière devaient être réservées à l'administration centrale, comme elles le seront à l'époque romaine : sous l'Empire une autorisation de l'idiologue, haut procurateur impérial, sera en effet nécessaire pour le changement d'un élément de l'identité personnelle ; elle est accordée sous réserve que le changement se fasse « sans préjudice pour aucun intérêt public ou privé » (μηδενὸς δημοσίου ἢ ἰδιωτικοῦ καταβλαπτομένου) (10).

On aimerait pouvoir replacer cette réglementation dans son cadre historique en essayant d'en dégager les racines. A défaut de tout antécédent égyptien connu, on sera tenté de la rattacher à la tradition de la cité grecque, telle que nous la connaissons pour l'Athènes classique par le *Contre Boétos* I et II (Dém. XXXIX et XL) en ce qui concerne la protection du nom propre, et par l'organisation du système de la *graphê xenias* réprimant l'usurpation du droit de cité (11).

---

(8) *BGU*, VI, 1213 (IIIe siècle av. n. è.), liste d'intitulés de textes normatifs, parmi lesquels figure notamment une ordonnance royale concernant « le changement de patrie et de noms » (ligne 3 : Περὶ μετα[βολῆ]ς πατρίδος καὶ ὀνομάτων); cf. *C. Ord. Ptol.*, All., 34, et, pour la date, p. 380 du *Supplément* joint à la réédition de 1980.

(9) *BGU*, VI, 1250 (milieu du IIe siècle av. n. è.), plainte (adressée au diœcète?) dont l'auteur accuse un fonctionnaire local (topogrammate) d'avoir plusieurs fois modifié l'identité (nom et patrie) d'un individu, contrairement à la législation royale (προστεταγμένου, ligne 11) interdisant aux fonctionnaires, sous peine de mort, de procéder, sans autorisation de l'autorité supérieure, à de telles opérations. Cf. *C. Ord. Ptol.*, All., 47.

(10) *P. Strasb.* gr. 31+32, éd. U. Wilcken, *Arch. f. Pap.*, 4, 1907, p. 123, repris dans *W. Chrest.* 52 = *Sel. Pap.*, II, 301 (194 de n. è.), correspondance officielle concernant un changement d'état civil : peu fier de ses origines, trop autochtones à son goût, un provincial d'Égypte sollicite auprès de l'idiologue la permission de substituer des noms grecs aux noms égyptiens de ses parents ; elle lui est accordée, à condition que le changement s'opère μηδενὸς δημοσίου ἢ ἰδιωτικοῦ καταβλαπτομένου. Le § 42 du *Gnomon de l'Idiologue* complète l'information fournie par ce papyrus : est frappée de la confiscation d'un quart de ses biens « toute personne qui s'attribue illégalement la qualité ne correspondant pas à son statut » (οἱ ἀκαταλλήλως χρηματίζοντες) ; ceux qui, en connaissance de cause, sont entrés en relation d'affaires avec les coupables, sont punis de la même manière. Voir le texte d'après l'édition donnée par le soussigné dans *Les Lois des Romains*, Camerino, 1977, p. 520-557, particulièrement, p. 537-538.

(11) La protection du nom propre à Athènes semble bien avoir été assurée

Les sanctions qui s'y attachent préfigurent les solutions qui seront adoptées dans l'Égypte grecque et romaine : la réparation du dommage au moyen de la *dikê blabês*, à laquelle nous fait penser la législation provinciale, et la peine de mort pour une atteinte à l'ordre de la cité, sanction dans le prolongement de laquelle se situe formellement la réglementation ptolémaïque.

On notera à ce propos qu'en Égypte, d'après la plainte conservée par le papyrus de Berlin, la peine de mort frappe d'abord le fonctionnaire coupable d'avoir changé, sans la permission de l'autorité supérieure (le diœcète ?), le nom et la patrie d'un individu ; mais l'intéressé, complice de l'opération, n'échappait certainement pas à la répression. Pour la monarchie lagide, le changement arbitraire de l'identité d'un habitant du royaume est une infraction aussi grave que l'était dans la cité la tentative, de la part de l'étranger, d'usurper la qualité de citoyen. Les dispositions qui concernent l'indication précise des éléments d'identité personnelle à l'occasion d'opérations telles que l'affermage des impôts (12), l'introduction d'une instance judiciaire (13) ou la rédaction de contrats (14) procèdent du même souci (15). La raison de ces rigueurs tient au fait que ces éléments déterminent officiellement le statut de l'individu en le fixant *ne varietur*, tout comme dans l'Athènes classique l'inscription du citoyen dans le registre de son dème fixait sa qualité civique (16).

A partir de cette constatation reprenons rapidement les données documentaires actuellement disponibles qui concernent ces deux composantes de l'identité comme éléments constitutifs du statut personnel dans l'Égypte lagide : le « nom » et la « patrie ». Il ne s'agit pas, on s'en doute, de développer ici toute une typologie de l'anthroponymie grecque et de l'anthroponymie égyptienne dans les sources de l'époque, entreprise pour laquelle les références réunies dans le *Namenbuch* de Fr. Preisigke et dans l'*Onomastikon* de D. Foraboschi, qui le

---

par une loi : voir D. MacDowell, *The Law in Classical Athens*, Londres, 1978, p. 60-61. Pour la *graphê xenias*, voir E. Berneker, « Ξενίας γραφή », Pauly, Wissowa *RE*, IX, A/2, Stuttgart 1962, col. 1441-1479 ; sur la peine de mort qui la sanctionne, J. Farsedakis, Θανάτῳ ζημιοῦν, thèse Strasbourg, 1978 (polyc.).

(12) *P. Rev. Laws* (259 av. n. è.), col. 11 et 14 ; texte à consulter dans la nouvelle édition de J. Bingen, *SB*/Bh 1, 1952. Cf. Cl. Préaux, *L'économie royale des Lagides*, Bruxelles, 1939, p. 451-452.

(13) *P. Hamb.*, II, 168 a (IIIe s. av. n. è.), lignes 5-10. Il s'agit à peu près sûrement d'un *diagramma* royal : voir H. J. Wolff, *Das Justizwesen der Ptolemäer*, Munich, 1962 (2e éd. 1970), p. 23-24, et ma « Note sur la législation des Lagides », *Mélanges W. Seston*, Paris, 1974, p. 365-380, particulièrement p. 374-376 et note 42.

(14) *BGU*, XIV, 2367 (IIIe s. av. n. è.) lignes 4-12. Cf. *RHD*, 60, 1982, p. 123 et 492.

(15) C'est dans cette même législation qu'il convient aussi, semble-t-il, de rechercher l'origine du système de signalement dans les documents grecs d'Égypte, la description physique venant en complément du statut personnel : voir la dissertation de G. Hübsch, *Die Personalangaben als Identifizierungsvermerke im Recht der gräco-ägyptischen Papyri*, Berlin, 1968 (Berliner Jur. Abh., 20) ; cf. *RHD*, 48, 1970, p. 139, et le c.r. de cet ouvrage par H. J. Wolff, *ZSS. RA*, 87, 1970, p. 486-493.

(16) Démosthène, *C. Léocharès* (XLIV), 35.

complète, constitueraient une précieuse base de départ (17). Contentons-nous de mettre l'accent sur deux problèmes que l'anthroponymie ptolémaïque pose dans la perspective de l'histoire de la société et des institutions : nom double et valeur du critère onomastique pour la détermination de l'appartenance ethnique de l'individu.

J'ai eu récemment l'occasion d'aborder ailleurs le problème du nom double dans l'Égypte hellénistique à propos du mariage mixte (18) et à propos de la diaspora juive (19) ; je rappellerai donc seulement en quelques mots l'état de la question en rapport avec la valeur « nationale » du critère onomastique. L'enquête que W. Peremans mène inlassablement depuis plusieurs années sur ce sujet, à la lumière des données réunies dans la *Prosopographia Ptolemaica*, montre que le nom, qui au IIIe s. av. n.è. est un critère sûr de l'appartenance ethnique, conserve, dans l'ensemble, la même fonction au IIe siècle et au Ier ; loin d'être un élément accessoire de l'identité personnelle, le nom indique donc, jusqu'à la fin de l'époque ptolémaïque, l'ethnie à laquelle appartient celui qui le porte (20). Étant donné cette permanence, d'une part, et, d'autre part, une

---

(17) Fr. Preisigke, *Namenbuch enthaltend alle griechischen, lateinischen, ägyptischen, hebräischen, arabischen und sonstigen semitischen und nichtsemitischen Menschennamen, soweit sie in den griechischen Urkunden... Aegyptens sich vorfinden*, Heidelberg, 1922 (réimpr. Amsterdam 1967) ; D. Foraboschi, *Onomasticon alterum papyrologicum. Supplemento al Namenbuch di F. Preisigke*, *Serie papirologica*, II/1-4, Milan-Varèse, 1967-1971, et les quatre fascicules reliés en un volume, 1971 (c.r. de J. Bingen, *Chron. d'Ég.*, 46, 1971, p. 397-399) ; pour les noms sémitiques : S. M. Ruozzi Sala, *Lexicon nominum Semiticorum quae in papyris Graecis in Aegypto repertis ab anno 323 a. Ch. n. usque ad annum 70 p. Ch. n. laudata reperiuntur*, Milan, 1974. Sur la problématique de l'anthroponymie grecque et égyptienne dans les papyrus d'Égypte, voir p. ex. W. Schubart *Einführung in die Papyruskunde*, Berlin, 1918, p. 331 sq. ; plus récemment, O. Montevecchi, *La papirologia*, Turin, 1973, p. 98-101 (avec bibliographie, p. 103). Pour une perspective plus vaste, L. R. Ménager, « Systèmes onomastiques, structures familiales et classes sociales dans le monde gréco-romain », *SDHI*, 46, 1980, p. 147-235.

(18) J. Mélèze-Modrzejewski, « Un aspect du ' couple interdit ' dans l'Antiquité : les mariages mixtes dans l'Égypte hellénistique », *Le couple interdit* (Actes du Colloque tenu du 20 au 23 mai 1977 à Cerisy-la-Salle sous la direction de Léon Poliakov), Paris-La Haye-New York, 1980, p. 53-73, particulièrement p. 60-62. Je reviens sur ce problème dans une autre étude, actuellement en voie d'élaboration.

(19) J. Mélèze-Modrzejewski, « Splendeurs grecques et misères romaines. Les Juifs d'Égypte dans l'Antiquité », *Juifs du Nil*, textes réunis et présentés par Jacques Hassoun, Paris, 1981, p. 15-48 (et bibliographie, p. 237-245), particulièrement p. 23-25.

(20) Voir W. Peremans, « Ethnies et classes dans l'Égypte ptolémaïque », *Recherches sur les structures sociales dans l'Antiquité classique* (Colloque de Caen, avril 1969), Paris, 1970, p. 213-223 ; « Sur l'identification des Égyptiens et des étrangers dans l'Égypte des Lagides », *Anc. Soc.*, 1, 1970, p. 25-38 ; « Égyptiens et étrangers dans l'administration civile et financière de l'Égypte ptolémaïque », *ibid.*, 2, 1971, p. 33-45 (et « Notes sur l'administration civile et financière de

réglementation juridique qui la protège sous la menace de sanctions sévères, on peut se demander avec Victor Martin si, dans certains cas, le nom double, sous sa forme bilingue (c'est-à-dire un nom égyptien accompagné de son équivalent approximatif grec, comme Dionysios-Petosiris), ne traduit pas, chez celui qui le porte, « un effort pour s'assimiler à la nation dominante » (21). Mais ces cas sont rares ; aussi rares que ceux des Juifs qui, par un procédé analogue, font accompagner leur nom hébraïque d'une sorte de traduction en grec, comme Iôanna (Yohannah : « Le-SEIGNEUR-a-fait-grâce ») dite aussi Euphrosynê (22), ou Ionathâs (Yehonathan : « Le-SEIGNEUR-a-donné ») dit aussi Apollodotos ou Apollodôros (23) ; il faut en rapprocher les cas, rares eux aussi, des enfants issus d'un couple mixte, comme celui des deux filles du Cyrénéen Démétrios dans une dédicace de Crocodilopolis du milieu du IIIe s. av. n.è. en l'honneur de la déesse Thoéris : elles portent chacune un nom grec et un nom égyptien (24).

Gardons-nous de fonder sur ces cas sporadiques des hypothèses accentuant le désir d'hellénisation chez les Égyptiens, généralisant une quelconque « double allégeance » chez les Juifs d'Égypte ou dramatisant l'ambiguïté de la condition hybride des enfants issus d'une union mixte. L'usage du double nom relève

---

l'Égypte sous les Lagides », *ibid.*, 10, 1979, p. 139-149) ; « Égyptiens et étrangers dans l'armée de terre et dans la police de l'Égypte ptolémaïque », *ibid.*, 3, 1972, p. 67-76 (avec un double complément : « Un groupe d'officiers dans l'armée des Lagides », *ibid.*, 8, 1977, p. 175-185, et « Les indigènes égyptiens dans l'armée de terre des Lagides », *ibid.*, 9, 1978, p. 83-100) ; « Égyptiens et étrangers dans le clergé, le notariat et les tribunaux de l'Égypte ptolémaïque », *ibid.*, 4, 1973, p. 59-69 ; « Égyptiens et étrangers dans l'agriculture et l'élevage en Égypte ptolémaïque, *ibid.*, 5, 1974, p. 127-135 ; « Égyptiens et étrangers dans le commerce et l'industrie, le transport sur terre et la flotte, la domesticité », *ibid.*, 6, 1975, p. 61-69 ; « Égyptiens et étrangers dans le milieu d'Alexandrie au temps des Lagides », *ibid.*, 7, 1976, p. 167-176.

(21) V. MARTIN, « L'onomastique comme indice des rapports entre indigènes et occupants dans l'Égypte gréco-romaine », *Akten des VIII. intern. Kongresses für Papyrologie, Wien 1955*, Vienne, 1956 (MPER, N.S., V), p. 85-90 ; citation textuelle, p. 89.

(22) *CIJ*, II, 1429 (*SB*, I, 457 ; *CPJud.*, III, p. 139), Alexandrie, début du IIIe s. av. n. è.

(23) *P.Petr.*, III, 7 = *CPJud.*, I, 126 (238/237 av. n. è.). Le texte porte (ligne 14 *i.f.*) Ἀπολλ-; l'*editio princeps* ayant opté pour Ἀπολλ[ώνιον], la plupart des commentateurs suivirent cette option ; ainsi en dernier lieu I. BIEŻUŃSKA-MAŁOWIST, *L'esclavage dans l'Égypte gréco-romaine*, I : *Période ptolémaïque*, Wroclaw, 1974, p. 44 sq. Sans doute « Apollonios » signifie-t-il « venant d'Apollon », et l'équation avec « Yehonathan » est ainsi déjà assurée ; j'ai suivi cependant, pour ma part, l'hypothèse de V. TCHERIKOVER (*CPJud.* I, p. 229, comment. *ad loc.*) en faveur d'une équation plus explicite, le nom théophore hébraïque étant rendu par son « équivalent » grec Ἀπολλ[όδοτος] : voir mon analyse de ce document, J. MODRZEJEWSKI, « Servitude pour dette ou legs de créance? Note sur le *CPJud.* 126 », *Rech. Pap.*, 2, 1962, p. 75-98, et ma « mini-histoire » des Juifs d'Égypte citée *supra*, note 19, p. 24.

(24) *I. Fay.* I, 2 (É. BERNAND, *Recueil des inscriptions grecques du Fayoum*, t. I : *La « méris » d'Hérakleidès*, Leyde, 1975, p. 19-22).

surtout, il semble bien, d'une continuité égyptienne, remontant à une antique tradition, qui s'est communiquée aux immigrants hellénophones et a modifié leurs habitudes onomastiques (25). Une chose reste sûre en tout cas : l'onomastique ptolémaïque ne peut plus aujourd'hui servir d'appui, comme au début de ce siècle, aux théories syncrétistes postulant un « mélange des races » et une « fusion des civilisations » (26). Pour le statut personnel dans l'Égypte ptolémaïque, le nom joue au contraire le rôle d'un facteur de discrimination permettant, dans la plupart des cas, de situer l'individu dans le groupe ethno-social dont il fait partie.

Il en va de même pour le second élément de l'identité, la « patrie » (πατρίς), c'est-à-dire, en ce qui concerne les immigrants, l'indication de la communauté d'origine : l'*ethnikon* (ethnique). Juridiquement, les Grecs sont étrangers en Égypte ; ils doivent donc, suivant une vieille tradition hellénique, indiquer dans les actes officiels leur appartenance à la *polis* ou à l'*ethnos* d'où ils viennent (27). Cela ne serait plus nécessaire si les immigrants pouvaient être résorbés par les cités du pays d'accueil ; nous aurions alors à constater simplement un changement de droit de cité. Mais pour les Grecs qui s'installent dans la *chôra* égyptienne un tel changement n'entre pas en ligne de compte. Un Athénien qui vit à Crocodilopolis ne devient pas « Crocodilopolite » ; il reste *Athênaios*, lui et ses descendants, tels Antaios, époux de la Macédonienne Olympias qui se donne elle-même en mariage dans un contrat daté de 173 av. n.è. (28). Aussi peu athénien qu'il puisse nous paraître dans son comportement matrimonial, sa « patrie » est toujours à Athènes (29).

---

(25) Conclusion de Rita Calderini, dans son travail qui demeure l'étude de base pour le problème du nom double dans l'Égypte grecque et romaine : « Ricerche sul doppio nome personale nell'Egitto greco-romano », *Aegyptus*, 21, 1941, p. 221-260, et 22, 1942, p. 3-45. Cf. O. Montevecchi, *Papirologia* (*supra*, note 17), p. 100.

(26) Pour une critique radicale de ces théories, il suffit de renvoyer à Cl. Préaux, *Le monde hellénistique. La Grèce et l'Orient* (323-146 *av. J.-C.*), Paris, 1978, p. 545-679. Contre l'idée d'une « politique de fusion » chez Alexandre le Grand, A. B. Bosworth, « Alexander and the Iranians », *JHS*, 100, 1980, p. 1-21.

(27) E. Bickerman, « Heimatsvermerk » (*supra*, note 7), p. 222. Cf. Cl. Préaux, *L'Étranger*, 1re partie, *Rec. Soc. Jean Bodin*, t. 9, Bruxelles, 1958, p. 141-193, particulièrement p. 190 sq.

(28) *P. Giss.*, 2. Sur l'*auto-ekdosis* de la femme grecque, voir mon article « La structure juridique du mariage grec », *Scritti O. Montevecchi*, Bologne, 1981, p. 231-268, particulièrement p. 252-255, et *Symposion, 1979* (Annuaire 1978/1979 de la Faculté autonome de Sciences politiques « Panteios », 2e partie), Athènes, 1981, p. 39-71, particulièrement p. 57-60. Un deuxième cas d'*auto-ekdosis* dans les papyrus grecs d'Égypte vient de nous être révélé par le *P.Oxy.*, XLIX, 3500 (IIIe s. de n. è.).

(29) Du point de vue des lois xénophobes rapportées par le *C. Nééra* (Dém. LIX, 16 et 52), le mariage d'Antaios est illicite et tombe sous le coup d'une sévère répression. Ces lois ont été probablement aménagées après 322 dans un sens moins hostile aux mariages avec les étrangers ; peut-être faudrait-il même admettre l'hypothèse d'un état d'*epigamia* généralisé à l'égard des Macédoniens

Les listes des ethniques portés par les immigrants étrangers en Égypte, établies dès 1925 par F. Heichelheim qui les a mises à jour en 1930 et 1937 (30), peuvent être complétées aujourd'hui, au moins pour les sources publiées jusqu'en 1966, à l'aide des données rassemblées dans le *Supplément* du *Wörterbuch* de Preisigke-Kiessling (31). La documentation dont on dispose actuellement permet de nuancer sur certains points les résultats de l'étude d'Elias Bickerman.

Plusieurs conclusions de cette recherche demeurent toujours acquises. Il est certainement possible de relever, dans l'utilisation des ethniques, des irrégularités par rapport aux principes du droit public grec (32). Voici par exemple un contrat concernant la culture du sésame, passé en 223/222 av. n.è. : nous y rencontrons — à côté d'un Achéen, d'un Perse, d'un Thrace, d'un Macédonien et d'un Égyptien — un *Myêsios*, Πτολεμαῖος Μυήσιος τοῦ Πτολεμαίου ἑκατοντάρουρος, originaire de Myunte, cité qui n'existe plus depuis un demi-siècle (33). On en trouve un autre dans un contrat de mariage de 179/178 av. n.è. (34). D'autres irrégularités concernent les ressortissants de ligues hellénistiques. Nous trouvons en Égypte des « Achéens » et des « Aitoliens » (35), ce qui correspond à la règle rapportée par Plutarque, mais aussi des « Corinthiens » (36), des

---

depuis les réformes de Démétrios de Phalère ; le mariage d'un Athénien d'Égypte avec une Macédonienne serait légal dans cette hypothèse. En revanche, aucune hypothèse ne peut ratifier l'*auto-ekdosis* comme fondement du mariage : dans l'Athènes de Ménandre elle s'associe, non pas au mariage légitime, mais à la liaison avec une courtisane ; voir *Périkeiroménè*, 238-249 (Koerte), et mon article cité à la note précédente, *Scritti O. Montevecchi*, p. 246 (= *Symposion 1979*, p. 52).

(30) F. Heichelheim, *Die auswärtige Bevölkerung im Ptolemäerreiche*, Leipzig, 1925 (Klio, Beiheft 18), avec la liste prosopographique des immigrants classés par ordre alphabétique des ethniques, p. 83-109 ; compléments à cette liste dans *Arch. f. Pap.*, 9, 1930, et 12, 1937, incorporés dans la réédition de l'ouvrage, Aalen, 1963, p. 111-130 (cité plus loin : *Bevölkerung*).

(31) E. Kiessling, *Wörterbuch der griechischen Papyrusurkunden*, Supplement 1 (1940-1966), Amsterdam, 1969-1971, 3. Lieferung, p. 400 sq. Quant à la thèse de M. Launey, *Recherches sur les armées hellénistiques*, Paris, 1949-1950, la prosopographie qui l'accompagne (t. II, p. 1113-1271) peut également rendre quelques services, bien qu'elle soit à la fois trop vaste (elle concerne le monde hellénistique tout entier, et non pas la seule Égypte lagide) et trop limitée (elle n'enregistre que les soldats) pour les besoins de l'enquête dont il est question ici. Sur l'idéologie de cet auteur, voir *infra*, note 111.

(32) E. Bickerman, « Heitmatsvermerk » (*supra*, note 7), p. 223 sq.

(33) *P. Hamb.*, I, 24 = *Sel. Pap.*, II, 349 (222 av. n. è.), contrat concernant la culture de sésame (compte tenu des corrections proposées par E. J. Bickerman, *Gnomon*, 2, 1926, p. 611, et E. G. Turner, *Gnomon*, 41, 1969, p. 507) ; notre personnage est enregistré dans la *Pros. Ptol.*, II, n° 2816.

(34) *P. Freib.*, III, 29 (179/178 av. n. è.), homologie dotale en vue d'un mariage à conclure entre le soldat Adrastos, originaire de Myunte (*Pros. Ptol.*, II, n° 3780), et la dame Isidôra.

(35) Fr. Heichelheim, *Bevölkerung*, p. 87 et 121 ('Αχαιοί) ; p. 85, 111, 121 (Αἰτωλοί).

(36) F. Heichelheim, *op. laud.*, p. 92, 114, 124.

« Locriens » (37) et des « Oitaïens » (38), ce qui n'est pas conforme à cette règle ; celle-ci proclame en effet la priorité de l'appartenance à la ligue par rapport aux liens qui rattachent les individus aux cités-membres (39). Il en va de même pour les « Gortyniens » (à côté des « Crétois ») (40) et pour les « Mégariens » (à côté des « Béotiens ») (41). A l'inverse on trouve, à côté des « Syracusains » (42), des « Siciliens » (43), ressortissants d'une fédération inexistante (44). Cela montre que les règles officielles n'ont pas été bien connues ni scrupuleusement respectées. Mais cela n'autorise pas la conclusion que les ethniques des immigrants grecs dans l'Égypte ptolémaïque aient été, pour une bonne partie, faux ou purement fictifs (45).

L'enquête faite par Alan E. Samuel sur les sources de Hibeh montre au contraire que les ethniques correspondent, du moins pour ce qui est de cette région au IIIe siècle avant notre ère, assez étroitement à la réalité historique (46). On relève en particulier un pourcentage élevé d'ethniques désignant des individus originaires des pays qui se trouvent effectivement sous le contrôle lagide (47). La conclusion qui s'en dégage est que, tout comme le nom et le patronyme, l'ethnique reflète réellement l'origine de chaque immigrant, quelles que puissent être les irrégularités formelles qui se glissent, en pratique, dans le maniement de ces données par l'administration ptolémaïque comme dans leur utilisation par les intéressés eux-mêmes.

Ce n'est pas ici le lieu d'entrer dans le dédale des problèmes que posent les implications militaires des ethniques à propos de certaines unités (hipparchies des « Mysiens », des « Perses », des « Thraces », des « Thessaliens et autres Hellènes ») et des *politeumata*, sur lesquels notre information demeure toujours

---

(37) *Op. laud.*, p. 95.

(38) *Op. laud.*, p. 99 et 127.

(39) Plutarque, *Aratos* 9. Cf. BICKERMAN, « Heimatsvermerk », p. 223.

(40) F. HEICHELHEIM, *op. laud.*, p. 88 et 113 (Γορτύνιοι) ; 92-93, 114 (Κρῆτες).

(41) *Op. laud.*, p. 98 et 126 (Μεγαρεῖς) ; p. 87, 112, 121 (Βοιώτιοι ou Βοιωτοί).

(42) *Op. laud.*, p. 108, 118, 130.

(43) *Op. laud.*, p. 107.

(44) E. BICKERMAN, « Heimatsvermerk », p. 224.

(45) Article précité, p. 223 : « es erweist sich bei näherer Betrachtung, dass die Ethnika zum guten Teil falsch oder ungenau sind ». J'ai suivi cette opinion — trop fidèlement, avouerai-je aujourd'hui — dans mon mémoire « La règle de droit dans l'Égypte ptolémaïque. État des questions et perspectives de recherches », *Essays in honor of C. Bradford Welles*, New Haven, 1966, p. 125-173, particulièrement p. 148. Je ne suis évidemment pas le seul dans ce cas ; je citerai seulement Cl. PRÉAUX, *L'Économie royale des Lagides*, Bruxelles, 1939, p. 381 : « L'ethnique, vide de signification réelle, caractériserait seulement une fiction de race, créée brusquement, pour les besoins d'une cause fiscale » ; (formule plus nuancée dans l'article sur « Les étrangers », mentionné plus haut, note 27, p. 191).

(46) A. E. SAMUEL, « The Greek Element in the Ptolemaic Bureaucracy », *Proc. of the XIIth intern. Congr. Papyr.* (Ann Abor, août 1968), Toronto, 1970, p. 443-453.

(47) Article précité, p. 446.

très limitée dans l'état actuel des sources (48). Il faudrait, pour élucider les questions qui surgissent à ce propos, des études détaillées sur ces divers groupes, comme celle d'U. Rappaport consacrée naguère aux Iduméens (49) ou V. Velkov et A. Fol aux Thraces (50), sans parler des Perses et des Juifs qui ont déjà suscité nombre d'études et sur lesquels je reviendrai encore plus loin (51). On souhaiterait des monographies semblables sur les Macédoniens (52) et les Crétois, les Cyrénéens et les Galates et d'autres encore, qui amorceraient une étude systématique de la « société coloniale » dans l'Égypte ptolémaïque (53).

Il serait imprudent de spéculer ici sur les résultats futurs d'une telle étude. Je suis cependant persuadé qu'elle confirmerait de manière éclatante deux faits saillants. D'abord l'importance de ce que l'on appelle « États-*ethnê* » ou « *koina* » pour la part que leurs ressortissants ont prise à la colonisation grecque de l'Égypte et, rétrospectivement, le rôle que ces États du Nord et du Nord-Ouest ont joué dans la vie publique du monde grec au IVe siècle av. n. è., sinon dès l'époque archaïque ; cela nous aiderait à mieux équilibrer notre vision du monde grec classique, en réduisant à des proportions plus modestes le rôle de l'État-cité (54). Ensuite, on constaterait la perennité des ethniques, c'est-à-dire la

---

(48) Voir W. Peremans et Ed. Van 't Dack, *Prosopographia Ptolemaica*, t. II : *L'armée de terre et la police*, Louvain, 1952 (réimpr. 1977), nº 2735-2746, et t. VIII *(Addenda)*, Louvain, 1975, p. 168. Les transformations survenues au IIe siècle avant n. è., conduisant à attribuer à certains ethniques, et dans certaines circonstances, une valeur purement militaire, appellent une étude détaillée. Pour les *politeumata*, voir M. Launey, *Recherches* (*supra*, note 31), p. 1064-1084, et mon mémoire « La règle de droit dans l'Égypte ptolémaïque » (*supra*, note 45), p. 145-146.

(49) U. Rappaport, « Les Iduméens en Égypte », *Rev. Philol.*, 3e sér., 43, 1969, p. 73-82.

(50) V. Velkov et A. Fol, *Les Thraces en Égypte*, Sofia, 1977 (Academia Litterarum Bulgarica, Institutum Thracicum, Studia Thracica, 4). Sur les faiblesses de ce travail, voir ma chronique dans *RHD* 60, 1982, p. 484.

(51) Voir ci-dessous, § 3.

(52) L'intérêt d'une monographie sur les Macédoniens en Égypte avait déjà été souligné par W. Schubart, *Einführung* (*supra*, note 17), p. 328. Elle reste toujours à faire. Voir, en attendant, M. Launey, *Recherches* (*supra*, note 31), p. 287-365 et prosopographie, p. 1171-1188.

(53) Quelques éléments de cette étude sont déjà réunis dans les mémoires de maîtrise (inédits) de Martine Vitart, *Les Athéniens en Égypte ptolémaïque*, et Jean-Paul Bergeron, *Les Rhodiens en Égypte avant la conquête romaine* (Université de Paris I, 1982). Dans une perspective quelque peu différente, il convient de mentionner la thèse de Claude Orrieux, *Les archives de Zénon (IIIe siècle av. J.-C.), Recherches d'histoire sociale*, Paris, 1979 (cf. *RHD*, 58, 1980, p. 507), à paraître dans la collection du Centre de recherche d'histoire ancienne de l'Université de Besançon.

(54) Pour les théories anciennes (« État avec centre urbain » et « État sans centre urbain », prépondérance présumée de la *polis* comme « État grec par excellence », passage postulé de l'*ethnos* au *koinon*) voir V. Ehrenberg, *L'État grec*, Paris, 1976 (déjà cité *supra*, note 3), p. 53-58 ; dans un sens à peu près semblable, M. Austin et P. Vidal-Naquet, *Économies et sociétés en Grèce*

perennité de l'hellénisme dans l'Égypte lagide. Une trentaine d'années avant la conquête romaine, sous Ptolémée Aulète, un Olynthien cède une parcelle de son *klêros* à un Macédonien (55) ; sa seule présence est un démenti à l'idée pessimiste selon laquelle l'« Hellenentum » serait mort en Égypte sous les derniers Lagides (56).

2. *L'impossible fusion.*

Avec les éléments qui interviennent dans la définition du statut des conquérants il convient de confronter les données parallèles relatives au statut des Égyptiens autochtones.

Au IIIe siècle av. n. è. ceux-ci sont désignés, dans les documents grecs, par des qualificatifs en -ιτης, dérivés du nom d'un nome ou d'un village. Ainsi, par exemple, dans un fragment des archives de Zénon, on lit une liste de six noms égyptiens, chacun accompagné d'un patronyme et de l'indication de la « patrie » ; nous avons là cinq « Arsinoïtes », originaires des villages fayoumiques dont les

---

ancienne (Périodes archaïque et classique), Paris, 1972, p. 92-96. Des recherches plus récentes tendent à faire ressortir la concomitance d'au moins trois types d'État dans l'expérience grecque : 1) la cité ; 2) la monarchie de Grèce septentrionale et 3) l'État fédéral du Nord-Ouest, *ethnos* ou *koinon*, notion qui couvre une grande variété de situations passablement différentes ; je renvoie à ce propos surtout aux travaux de Pierre CABANES, à savoir sa thèse sur *L'Épire de la mort de Pyrrhos à la conquête romaine*, Paris, 1976 (cf. *RHD*, 54, 1976, p. 437 = *SDHI*, 43, 1977, p. 737), et ses articles : « Recherches sur les États fédéraux en Grèce », *Cahiers d'histoire*, 21/4, 1976, p. 391-407, « Société et institutions dans les monarchies de Grèce septentrionale », *REG*, 93, 1980, p. 324-351, et « Les États fédéraux de Grèce du Nord-Ouest : pouvoirs locaux et pouvoir fédéral », dans *Symposion 1979*, Athènes 1981 (recueil cité *supra*, note 28), p. 99-111 ; je note seulement au passage que l'idée d'une « monarchie nationale tempérée par les *nomoi* » pour la Macédoine (opposée à ce titre, à l'Empire d'Alexandre ; article précité, *REG*, 39, 1980, p. 349 et 351), est susceptible de révision à la lumière de l'étude d'É. LÉVY, « La monarchie macédonienne et le mythe d'une royauté démocratique », *Ktèma*, 3, 1978, p. 201-225 (cf. *RHD*, 57, 1979, p. 461 = *SDHI*, 47, 1981, p. 524-525). Sur le rôle du *koinon*, voir aussi P. LÉVÊQUE, « Les communautés dans la Grèce ancienne », *Peuples méditerranéens*, 14, janvier-mars 1981, p. 3-13 (contribution à un colloque tenu à Marseille en mai 1980). Je n'oublie évidemment pas l'ouvrage de J. A. O. LARSEN, *Greek Federal States. Their Institutions and History*, Oxford, 1968, ni les hypothèses d'A. GIOVANNINI, *Untersuchungen über die Natur der bundesstaatlichen Sympolitie im Griechenland*, Göttingen, 1971, et les échos critiques que celles-ci ont suscités, en particulier Éd. WILL, *RH*, t. 257, 1977, p. 395-396, et l'article de F. W. WALBANK, « Were there Greek Federal States? », *Scripta Class. Israelica*, 3, 1976/1977, p. 27-51.

(55) *BGU*, VIII, 1732 (80-58 av. n. è.).

(56) Conclusion d'E. BICKERMAN, « Heimatsvermerk », p. 239. En fait, la désagrégation de la communauté des Hellènes ne se produira qu'à la suite de la conquête romaine de l'Égypte : j'indique les raisons et les conséquences de cette mutation dans l'étude annoncée plus haut, note 6.

noms nous échappent, et un « Diopolite », venu de la lointaine région thébaine (57).

On trouvera ailleurs d'autres qualificatifs du même type : *Apollinopolitês*, *Memphitês*, *Oxyrhynchitês*, etc. Dans le Dictionnaire de Preisigke-Kiessling, ils sont mêlés aux ethniques grecs sous la rubrique commune : « Ortsbewohner (Herkunftsbezeichnung) » ; on y rencontre, dans un ordre purement alphabétique, des Athéniens ou des Lacédémoniens installés en Égypte tout près des Apollinopolites ou des Arsinoïtes, indigènes d'Edfou et du Fayoum (58). En réalité, tout un monde sépare un *Athênaios*, tel Aristidès, fils de Protéas, *kyrios* de la dame Hérakleia dans le célèbre procès-verbal d'audience d'une affaire jugée par le dicastère de Crocodilopolis en 226 av. n. è. (59), ou Antaios, époux de la Macédonienne Olympias dans le contrat de mariage mentionné plus haut (60), d'un *Apollinopolitês* ou d'un *Diopolitês* : ceux-là, même s'ils sont nés en Égypte, sont des Grecs, capables de se prévaloir d'une origine « civique » ; ceux-ci sont des barbares autochtones.

Dès le IIIe siècle avant n. è., une autre formule, plus proche de la réalité, est utilisée pour désigner les indigènes : « un tel de tel village » (ὁ δεῖνα ἀπό ou ἐκ...) ou « un tel, un de ceux qui viennent de tel village » (ὁ δεῖνα τῶν ἀπό) ; par la suite, elle tend à se substituer aux « pseudo-ethniques » égyptiens, sans que pour autant ceux-ci disparaissent ou deviennent aussi exceptionnels qu'on le pensait autrefois (61). Cette formule, qui met l'accent sur le domicile, contraste avec la désignation de l'Hellène qui comporte, outre le nom et l'ethnique, la mention de sa fonction (sa situation militaire), mais ne fait pas, au début, état du domicile (62). Étrangers en pays conquis, les Hellènes sont au service du roi qui peut à tout instant les déplacer pour des raisons de service ; le lien personnel qui les rattache au souverain lagide compte plus que le fait de leur séjour en Égypte. Mais progressivement l'importance de cette donnée s'impose et le domicile intervient dans la définition de l'identité d'un Hellène, au même titre que la référence à la cité de ses ancêtres ; à mesure que le rôle de la nouvelle « patrie » s'affirme, le souvenir de l'ancienne pâlit, et il arrive, de plus en plus fréquemment qu'on sacrifie l'ethnique grec au profit du domicile égyptien (63).

Il en résulte une certaine confusion entre les formules désignant les Hellènes

---

(57) *P. Col. Zén.*, II (*P. Col.*, IV), 106 (IIIe s. av. n. è.), liste de noms.

(58) Fr. Preisigke-E. Kiessling, *Wörterbuch der griechischen Papyrusurkunden*, III (Besondere Wörterliste), Berlin, 1929-1931, section 13, p. 264-268 ; E. Kiessling, *Wörterbuch-Supplement*, 1, Amsterdam, 1969-1971, p. 400-401 (cf. *supra*, note 31). La même confusion règne dans les index thématiques de la quasi-totalité de nos éditions de papyrus.

(59) *P. Petrie*, III, 21g (= *M. Chr.* 21)+*P. Gourob* 2, repris comme *Sel. Pap.*, II, 256 et comme *CPJud.*, I, 19 (226 av. n. è.).

(60) *P. Giss.*, 2 (173 av. n. è.) ; *supra*, note 28.

(61) E. Bickerman, « Heimatsvermerk », p. 234-235. Notons que, dans les étiquettes de momies, la formule ἀπό + toponyme désigne toujours le lieu d'origine du défunt, et non pas le lieu où la momie a été expédiée : voir B. Boyaval, « CEML, 220 », *ZPE*, 40, 1980, p. 151-152.

(62) E. Bickerman, « Heimatsvermerk », p. 231 sq., qui souligne la nouveauté de ces mentions (« Amtsprädikat ») par rapport à la tradition grecque.

(63) *Ibid.*, p. 235 sq.

et celles qui identifient les Égyptiens de souche. Elle traduit sans doute des transformations réelles au sein de la société ptolémaïque. Mais il faut se garder aujourd'hui de généralisations qui paraissaient aller de soi, à ce propos, il y a cinquante ans. L'idée d'une « barbarisation » de l'élément grec, noyé dans le milieu égyptien au point d'être « mort » au moment de la conquête romaine de l'Égypte, est probablement aussi fallacieuse que celle de l'« hellénisation » de l'Orient, qui avait cours dans les années 20, mais qui nous apparaît aujourd'hui largement tributaire d'une certaine idéologie coloniale de l'historiographie occidentale de cette époque (64). Quel que soit le résultat final imaginé — triomphe de l'action « civilisatrice » grecque, désiré (parfois inconsciemment) *a posteriori* par les uns, ou « décès » de l'hellénisme, constaté et visiblement regretté par les autres — les facteurs auxquels fait appel le postulat de la « fusion » nous apparaissent aujourd'hui sous un jour tout à fait différent qu'ils ne se présentaient à nos devanciers (65).

Ainsi les opinions autrefois admises sur la promiscuité de l'habitat comme facteur de fusion et sur le rôle des mariages mixtes dans ce processus appellent à présent de sérieuses réserves. Sur le premier point, les recherches de Jean Bingen montrent à l'évidence le caractère passager ou limité de la présence grecque dans la campagne égyptienne ; la métropole du nome, ersatz de cité, attire les Grecs, et d'abord les clérouques qui abandonnent aux paysans égyptiens, parfois avec le concours d'intermédiaires civils, Grecs eux aussi, la culture de leurs parcelles par des contrats de bail, préférant eux-mêmes aller vivre « en ville » (66). Au-delà des trois cités ayant formellement le rang de *polis* — Alexandrie, Naucratis et Ptolémaïs — l'opposition entre la ville grecque et la campagne égyptienne, celle-ci astreinte à servir celle-là, s'étend ainsi à la *chôra* égyptienne par le relais des fausses *poleis* (juridiquement, on le sait, les métropoles ne sont que des *kômai*, grands villages) (67). La cohabitation entre Hellènes et Égyptiens est moins étroite que ne le pensaient les papyrologues du début de ce siècle. Parallèlement, les mariages mixtes entre Hellènes et autochtones paraissent actuellement bien moins fréquents qu'on ne le croyait autrefois : une sorte d'« agamie culturelle » vient corriger l'absence d'obstacles juridiques en cette matière dans la *chôra* ; dans les cités, les vieilles règles d'un droit grec hostile

---

(64) Il y aurait beaucoup à dire là-dessus. Je me bornerai à renvoyer à l'article de Pierre Briant, « Impérialismes antiques et idéologie coloniale dans la France contemporaine : Alexandre le Grand — modèle colonial », *DHA*, 5, 1979, p. 283-292.

(65) Je rejoins Éd. Will, *Le monde grec et l'Orient*, II : *Le IV*e *siècle et l'époque hellénistique*, Paris, 1975 (« Peuples et civilisations », II-2), p. 504.

(66) J. Bingen, « Présence grecque et milieu rural ptolémaïque », *Problèmes de la terre en Grèce ancienne*, recueil publié sous la direction de M. I. Finley, Paris et La Haye 1973, p. 215-222, compte tenu des précisions données dans l'article « Kerkéosiris et ses Grecs au IIe siècle av. n. è. », *Actes du XV*e *Congrès intern. de Papyrologie*, IV, Bruxelles, 1979, p. 87-94 (cf. *RHD*, 58, 1980, p. 507). Sur le rôle des intermédiaires, Idem, « The Third-Century B.C. Land-Leases from Tholthis », *Illinois Class. Stud.*, 3, 1978, p. 74-80 (cf. *ibid.*).

(67) Sur le rôle des métropoles, voir une autre étude de J. Bingen : « Le milieu urbain dans la chôra égyptienne à l'époque ptolémaïque », *Proc. XIV Intern. Congr. Papyr.* (Oxford, 1974), Londres, 1975, p. 367-373.

au mariage avec l'étranger (principe de la double ascendance civique) continuent à jouer dans le même sens (68).

En fin de compte, la fusion n'atteint que des groupes limités — « franges de compénétration », comme les appelle Éd. Will — élites indigènes hellénisées d'une part, certains Grecs absorbés par le milieu local d'autre part (69). L'importance de ces franges pour l'étude de la société coloniale dans l'Égypte hellénistique est considérable ; elles n'en constituent pas moins un phénomène marginal. Plus exactement, il semble qu'il s'agisse ici d'une situation tardive et limitée dans l'espace, qui s'est produite en fonction des changements intervenus dans l'organisation militaire du royaume. Au IIIe siècle avant n. è. les Lagides pratiquent le système de la clérouchie, qui récompense le service militaire par la concession d'une tenure, conjointement avec le recours aux mercenaires étrangers ; mais au IIe siècle, les bonnes terres ayant été distribuées, la clérouchie n'attire plus guère d'amateurs, et les mercenaires étrangers se sont faits rares : il faut procéder à un recrutement local parmi les descendants d'immigrants et, au besoin, parmi les indigènes. Cette nouvelle forme d'armée de métier favorise une certaine promiscuité : des documents tels que les « archives » de Dryton, fils de Pamphilos, pour la Thébaïde, ou celles de Dionysios, fils de Képhalas, pour la Moyenne Égypte (Akôris), montrent assez le caractère hétérogène de ces milieux (70). Mais ceux-ci ne reflètent pas la société ptolémaïque dans son ensemble. Le postulat de la « fusion » repose en fait sur la base fragile d'un phénomène particulier et de portée limitée, lié aux contingences qui ponctuent l'évolution des institutions militaires des Lagides.

On tiendra donc pour acquis que la distinction de statut entre Hellènes et Égyptiens s'est maintenue, formellement comme dans les faits, jusqu'à la fin de l'époque ptolémaïque. Lorsqu'en 118 av. n. è., Ptolémée VIII Évergète II insiste, à plusieurs reprises, dans son célèbre *prostagma* concernant la répartition des compétences entre laocrites et chrématistes, sur la distinction entre Ἕλληνες et Αἰγύπτιοι, il tient compte d'une donnée concrète qui domine toujours la structure de la société ptolémaïque et qui la dominera jusqu'à l'arrivée des Romains (71).

---

(68) Voir mes études citées *supra*, note 18. Dans un sens semblable W. Peremans, « Les mariages mixtes dans l'Égypte des Lagides », *Scritti in onore di O. Montevecchi*, Bologne, 1981, p. 273-281 ; cf. mes remarques dans *RHD*, 59, 1981, p. 519, sur le sens social du phénomène.

(69) Éd. Will, « Le monde hellénistique et nous », *Anc. Soc.*, 10, 1979, p. 79-95.

(70) Sur ce point (qui me paraît fondamental), je renvoie à l'excellente synthèse présentée par Edmond Van 't Dack, « Sur l'évolution des institutions militaires lagides », *Armées et fiscalité dans le monde antique* (Colloque du Centre Glotz, octobre 1976), Paris, 1977, p. 77-105, et particulièrement p. 92-95. Sur Dryton, voir J. Winnicki, « Ein ptolemäischer Offizier in Thebais », *Eos*, 60, 1972, p. 343-353, et mes études sur les mariages mixtes, signalées *supra*, note 18. Sur Dionysios fils de Képhalas, voir P. W. Pestman et E. Boswinkel, volume cité plus loin, note 92.

(71) *P. Tebt.*, I, 5 = *C. Ord. Ptol.*, 53 (118 av. n. è.), lignes 207-220. Pour une interprétation de cette ordonnance, voir mon article « Chrématistes et Laocrites », *Le monde grec. Hommages à Claire Préaux*, Bruxelles, 1975, p. 699-

Il faut cependant souligner que cet acte, comme la législation lagide dans son ensemble, ignore toute discrimination juridique entre les deux groupes. Légalement, les indigènes ont les mêmes droits et les mêmes devoirs que les immigrants ; on ne trouve pas la moindre trace d'un « apartheid » avant la lettre (72). Des privilèges existent sans doute ; mais ils sont accordés à des groupes professionnels, et non pas aux « nationalités » (73). Les Égyptiens, je l'ai déjà dit ailleurs

---

708 = *Symposion 1974*, Athènes-Milan, 1978 (et Cologne-Vienne, 1979), p. 375-388 (et discussion, p. 388-391) ; pour une interprétation différente d'une des dispositions du même texte, voir le travail de H. J. WOLFF cité *infra*, note 73.

(72) L'expression γενῶν πάντων à la ligne 209 du *prostagma* ne renvoie certainement pas à une idée de discrimination « raciale », le mot γένος étant employé ici pour désigner les diverses catégories de plaideurs dans chacun des deux groupes ethniques, les *Hellènes* et les *Aigyptioi*, suivant leur situation « socio professionnelle » (soldats, clérouques, fonctionnaires, prêtres, commerçants, etc.) ; la suite du préambule établissant une exception pour les « favoris du fisc » (paysans royaux, ὑποτελεῖς et ἐπιπεπλεγμένοι ταῖς προσόδοις) le montre assez. Cet emploi du terme γένος, dans un contexte judiciaire, est attesté dès le IIIe s. av. n. è. dans le *diagramma* rapporté par le *P. Hamb.*, II, 168 a, ligne 10 (cf. *supra*, note 13).

(73) *Sic* (avec raison, à mon sens), E. BICKERMAN, « Heimatsvermerk », p. 238 sq. En revanche, si l'on voulait suivre une hypothèse de H. J. WOLFF, *Das Problem der Konkurrenz von Rechtsordnungen in der Antike*, Heidelberg, 1979 (Sitz. Ber. d. Heidelb. Akad. d. Wiss., Philos.-hist. Kl., 1979/5), p. 61-64, développant une idée déjà esquissée dans son *Justizwesen* (*supra*, note 13), p. 88 note 91 et p. 204 des *addenda* à l'édition de 1970, l'on devrait admettre que le *prostagma* de Ptolémée VIII accordait un privilège aux Hellènes. Il s'agit des lignes 214-217 du *prostagma* : ὅσοι δὲ Ἕλληνες ὄντες συνγράφονται κατ' Αἰγύ(πτια) συναλλάγματα, ὑπέχειν τὸ δίκαιον ἐπὶ τῶν λαοκριτῶν κατὰ τοὺς τῆς χώρας νόμους. Pour moi, cette disposition concerne des Égyptiens hellénisants, tels les Perses de l'épigone (cf. *infra*, § 3 i.f.) qui, tout en étant formellement de statut grec (Ἕλληνες ὄντες), passent *entre eux* des contrats démotiques ; ils relèvent alors, comme défendeurs, du tribunal des laocrites : « si un Égyptien hellénisant », écrivais-je, « Perse de l'épigone ou autre, après avoir passé avec un de ses congénères un contrat démotique et après avoir été cité par lui à comparaître devant le tribunal des laocrites, tente de récuser cette juridiction excipant de sa qualité d'Hellène, on n'en tiendra pas compte. Mais si son adversaire préfère saisir les chrématistes, ceux-ci peuvent accepter de juger, malgré la langue du contrat » (*Le monde grec*, p. 706-707 = *Symposion 1974*, p. 385-386). Pour Wolff, cette disposition concernerait au contraire des procès *entre Grecs et Égyptiens*, un choix de juridiction étant laissé aux Grecs : ils relèveraient des laocrites comme *défendeurs* (ὑπέχειν τὸ δίκαιον), mais pourraient, s'ils le voulaient, choisir les chrématistes comme demandeurs (le texte ne dit pas καὶ λαμβάνειν, comme pour les contrats rédigés en grec, lignes 211-214). Si cette interprétation était retenue, la situation réelle imaginée par Wolff ne différerait pas beaucoup de celle que j'ai cru pouvoir reconstituer : le cas étant exceptionnel (W. le souligne, p. 62, note 190), quels seraient ces Grecs qui contractent en démotique avec des Égyptiens, sinon d'abord des Égyptiens hellénisés (ou des Grecs égyptianisés) qui sont formellement Hellènes tout en conservant des attaches culturelles et sociales avec le milieu indigène ? De ce point de vue, nous

et je le répète, ne sont pas devenus les « hilotes des Grecs » comme l'aurait souhaité le vieil Isocrate (74). L'égalité juridique étant le principe qui *de facto* régit les rapports entre conquis et conquérants, l'inégalité est exclusivement sociale et économique (75).

J'ai tenté de montrer il y a quelques années comment cette inégalité évolue, en ce qui concerne la terre, dans les rapports entre le roi et les clérouques grecs d'une part, le roi et les paysans égyptiens, fermiers du domaine, de l'autre (76). Il va de soi que le clivage ne s'arrête pas là. Les recherches de W. Peremans sur le critère onomastique dans la définition de la nationalité, déjà mentionnées plus haut, en laissent apercevoir toute la profondeur dans divers secteurs de la vie sociale : l'administration civile et financière (théoriquement ouverte à tous les candidats connaissant le grec, mais préférant, pour les hauts postes, les immigrés aux autochtones) ; les charges sacerdotales (pas un seul nom égyptien parmi les prêtres éponymes du culte d'Alexandre et des Lagides divinisés, mais, inversement, pas de nom grec parmi les prêtres subalternes, tels les choachytes, par exemple) ; l'administration de la justice (pas d'Égyptiens parmi les dicastes et les chrématistes) ; le commandement de l'armée (réservé aux Hellènes) (77).

---

n'aurions pas à nous inquiéter des difficultés linguistiques que ces « non-Égyptiens » pourraient rencontrer devant le tribunal des laocrites (Wolff, *Justizwesen*, p. 88, note 91). Cependant, l'idée d'un choix de juridiction au profit des Hellènes en tant que groupe implique une inégalité entre conquérants et conquis (qui n'entre pas en ligne de compte dans mon hypothèse, où le choix entre laocrites et chrématistes est laissé à un demandeur appartenant au *même groupe* que le défendeur). Mais cette hypothèse ne me paraît pas s'imposer : non seulement elle oblige à forcer le texte du *prostagma* en supposant, après le verbe συνγράφονται, le datif Αἰγυπτίοις (qui « aurait pu être omis parce qu'il allait de soi » : *Konkurrenz*, p. 62 note 186), mais encore elle contredit l'interprétation du décret proposée par le même savant qui y voit essentiellement une mesure politique destinée à protéger le tribunal des laocrites (*Justizwesen*, p. 88 ; *Konkurrenz*, p. 63), ce qui évidemment ne va pas de pair avec un privilège pour les plaideurs grecs au profit des chrématistes.

(74) Isocrate, *Discours*, t. IV, p. 222, § 5. Voir l'*Annuaire 1974-1975 de l'É.P.H.É.* (IVe Section), Paris, 1975, p. 338.

(75) Je n'aborderai pas ici le problème du « mode de production ». J'ai eu l'occasion, dans mes chroniques, de dire mon point de vue à ce sujet : voir *RHD*, 58, 1980, p. 105-106 et 508 ; *SDHI*, 47, 1981, p. 531-534 ; *RHD*, 60, 1982, p. 487.

(76) J. Modrzejewski, « Régime foncier et statut social dans l'Égypte ptolémaïque », *Terre et paysans dépendants dans les sociétés antiques* (Colloque de Besançon, mai 1974), Paris et Lyon, 1979, p. 163-188 (et discussion, p. 189-196); à compléter par mon rapport sur les conférences de l'année 1976/1977 : « Papyrologie et histoire des droits de l'Antiquité », *Annuaire 1977/1978 de l'É.P.H.É.* (IVe Section), Paris, 1978, p. 352-372, particulièrement p. 353-367 : « Le régime foncier dans l'Égypte ptolémaïque ».

(77) Voir *supra*, note 20. Sur le dernier point, voir aussi H. Heinen, « Heer und Gesellschaft im Ptolemäerreich », *Anc. Soc.*, 4, 1973, p. 91-114, et E. Van 't Dack et H. Hauben, « L'apport égyptien à l'armée navale lagide », *Das ptolemäische Aegypten*, Mayence, 1978 (Colloque Berlin, septembre 1976), p. 59-94.

Divers textes où la déception si ce n'est le mépris de part et d'autre se donnent libre cours nous font sentir l'acuité du conflit.

Ainsi, dans une requête adressée en 257 av. n. è. au diœcète Apollonios, les paysans de l'Héliopolite qu'on a fait venir à Philadelphie, mais qu'on ne laisse pas faire le travail pour lequel ils avaient été engagés, n'hésitent pas à dénoncer les méthodes agricoles introduites par les Grecs en affirmant qu'il n'y a pas dans la *dôrea* « un seul homme qui en sache assez en agriculture » (διὰ τὸ μὴ ὑπάρχειν ἄνθρωπον συνετὸν περὶ γεωργίαν) ; point de vue indigène qui oppose avec une fierté insolente la tradition séculaire d'une économie traditionnelle aux expériences du conquérant (78). A la même époque, dans une lettre souvent citée, un salarié négligé se plaint d'être traité de « barbare » et craint, en exagérant un peu, de mourir de faim « parce qu'il ne sait pas bien parler le grec » (ὅτι οὐκ ἐπίσταμαι ἑλληνίζειν) ; la piquette, qu'on l'oblige à accepter à la place d'un vin correct, a fait — c'est le cas de le dire — déborder le vase (79). Les Grecs répondent par un désintérêt quasi radical pour les vraies valeurs de la culture égyptienne : « on ne demande à l'Égypte que de fournir des recettes, religieuses ou médicales, capables d'apporter le salut », et « cet attrait croissant pour les ' égypteries ' s'accompagne d'un étonnement toujours plus méprisant à l'égard du pays et des hommes qui les ont fait naître » (80).

3. *Solidarités anciennes et solidarités nouvelles.*

Est-il possible de déceler une différenciation de statut à l'intérieur du groupe dominant que forment les conquérants hellénophones ? Trois questions méritent d'être évoquées à ce propos : le problème d'une éventuelle autonomie judiciaire en fonction de l'origine commune des plaideurs ; le particularisme juif ; l'énigme des « Perses de l'épigone ».

Quant au premier point, la question est de savoir si les règles du droit national des immigrants pouvaient, en fonction de l'origine commune, être appliquées à ceux-ci à l'occasion de procès portés devant les dicastères ptolémaïques. Telle est, on le sait, l'interprétation que Hans Julius Wolff a proposée pour la notion de πολιτικοὶ νόμοι dans le *diagramma* royal qui fixe la hiérarchie des normes du droit applicable (81) ; cette interprétation a été reprise dans la récente étude du même savant consacrée au problème du droit international privé dans l'Antiquité (82). J'ai cru, de mon côté, pouvoir proposer une interprétation différente :

---

(78) *P. Lond.*, VII, 1954 (257 av. n. è.). Sur ce type de conflit, je rappelle les études de J. Bingen, « Grecs et Égyptiens d'après PSI, 502 », *Proc. XIIth Intern. Congr. Papyr.* (Ann Arbor, 1968), Toronto, 1970, p. 35-40, et, plus récemment, « Économie grecque et société égyptienne au IIIe siècle », *Das ptolemäische Aegypten*, volume cité à la note précédente, p. 211-219.

(79) *P. Col. Zén.*, II (*P. Col.* IV), 66 (vers 256 ou 255 av. n. è.).

(80) R. Rémondon, « Problèmes du bilinguisme dans l'Égypte lagide (UPZ, I, 148) », *Chron. d'Ég.*, 39, 1964, p. 126-146 ; citation textuelle p. 142-143.

(81) *C.P.Jud.*, I, 19, texte cité *supra* (note 59), lignes 40-49.

(82) H. J. Wolff, *Konkurrenz der Rechtsordnungen in der Antike*, Heidelberg, 1979 (ouvrage cité *supra*, note 73), p. 56 sq. ; auparavant : « Faktoren der Rechtsbildung in hellenistisch-römischen Aegypten », *ZSS.*, *RA.*, 70, 1953, p. 20-57, particulièrement p. 40 sq. ; « Plurality of Laws in Ptolemaic Egypt ».

les *politikoi nomoi* désigneraient le droit — essentiellement coutumier — pratiqué effectivement par les immigrants et entrant en jeu, à défaut d'une disposition de la loi royale, comme norme subsidiaire applicable aux immigrants hellénophones justiciables des dicastères ; il s'agirait en somme d'un « droit commun » grec, ancêtre du « droit civil » des Byzantins (83).

Ces deux opinions me paraissent aujourd'hui parfaitement conciliables. En effet, il n'est pas impensable que les hommes qui, dans la chancellerie de Ptolémée II, rédigeaient les *diagrammata* royaux, sinon le roi lui-même, aient envisagé le cas où, les plaideurs étant d'une même origine, leur loi nationale entrerait en application, sous réserve de la priorité réservée à la loi royale. Mais on en est resté à une *intention*, sans suites pratiques : les immigrants grecs n'ayant pas importé avec eux en Égypte de textes de lois de leurs cités ancestrales, ceux-ci ne sont jamais invoqués dans nos sources devant les tribunaux ptolémaïques ; et c'est ainsi que les *politikoi nomoi* en viennent rapidement à désigner la *koinê* juridique hellénistique, qui en tant que « droit des citoyens » (πολιτικός vient de πολίτης, et non de πόλις), c'est-à-dire des immigrants qui revendiquent une « qualité civique », s'oppose au droit local des Égyptiens, νόμοι τῆς χώρας (84).

Le cas des Juifs est quelque peu différent. Leur loi nationale, la Tora, a été bien importée en Égypte ; une fois traduite en grec sous le règne de Ptolémée II Philadelphe, elle est devenue un *nomos politikos*, une « loi civile » grecque pour les Juifs d'Égypte : c'est sans doute dans ce sens qu'il faut interpréter, sous réserve de la conjecture qui la fait naître, la mention d'un νόμος πολιτικὸς τῶν Ἰουδαίων dans une *enteuxis* de Magdôla (85). Le point spécialement intéressant pour nous dans cette affaire est de voir comment la papyrologie juridique peut apporter une lumière, sinon une solution, au vieux débat sur la question de savoir qui, du roi Ptolémée II ou de la communauté juive d'Alexandrie, avait pris l'initiative de la traduction de la Tora en grec. Plutôt que de s'enfermer dans cette alternative stérile, il importe de mettre l'accent sur la convergence

---

RIDA, 3e sér., 1960, p. 191-223, particulièrement, p. 213 ; art. « Ptolemäisches Recht », *Lexicon der Alten Welt*, Zurich et Stuttgart, 1965, col. 2530-2532, particulièrement col. 2531.

(83) J. Modrzejewski, « La règle de droit dans l'Égypte ptolémaïque », mémoire cité *supra* (note 45), p. 150 sq., et le rapport sur les conférences de l'année 1973/1974 : « Papyrologie et histoire des Droits de l'Antiquité », *Annuaire 1974/1975 de l'É.P.H.É.* (IVe Section), Paris, 1975, p. 325-341, particulièrement p. 328-329. Je reprends cette question dans un article intitulé « Droit et justice dans le monde hellénistique au IIIe siècle avant notre ère : expérience lagide », actuellement sous presse à Athènes dans un volume dédié à la mémoire de G. A. Pétropoulos (à paraître en 1984).

(84) Ainsi déjà *RHD*, 58, 1980, p. 517-518. Quelques précisions dans la contribution au volume dédié à la mémoire de G. A. Pétropoulos, cité à la note précédente.

(85) *P. Ent.*, 23 = *C.P.Jud.*, I, 128 (218 av. n. è.). Voir mon article dans les *Essays Welles*, cité plus haut (notes 45 et 83), p. 146 et mon rapport dans l'*Annuaire 1974/1975 de l'É.P.H.É.* (cité à la note 83), p. 330-331. Je reviens sur cette question dans mon travail sur les « livres sacrés », signalé à la note suivante.

entre les intérêts du roi et ceux de la communauté juive qui a abouti, pensons-nous, à la reconnaissance officielle de la Tora grecque, par le biais de la sanction judiciaire, dans le système mis en place par Ptolémée II. La comparaison avec le coutumier sacerdotal égyptien, dont le *P. Oxy.*, XLVI, 3285 atteste une traduction en grec dès le IIIe siècle av. n. è., est fort instructive à cet égard (86).

Dans les faits, le divorce entre la liberté laissée aux Juifs d'Égypte de vivre sous le régime de leur propre Loi et la préférence que ceux-ci accordent à la pratique du droit commun hellénistique est patent, du moins en ce qui concerne la vie des affaires ; témoins les documents concernant le prêt à intérêt, nous montrant que la loi du *ribbit*, qui l'interdit, non seulement n'exerce pas sur le milieu païen l'influence que certains savants avaient cru pouvoir lui imputer, mais qu'elle est tranquillement transgressée par les Juifs eux-mêmes. L'emploi du formulaire grec entraîne l'usage du droit grec. Peut-être dans le domaine familial la fidélité aux principes de la Tora a-t-elle été plus sérieusement sauvegardée (87).

Reste l'inextricable problème des « Perses de l'épigone ». Abordons-le par le côté le moins controversé, c'est-à-dire la fin d'une évolution qui aboutit, à la veille de la conquête romaine de l'Égypte et sous le Haut-Empire, à faire de cette notion une fiction juridique permettant au créancier d'obtenir une exécution plus rapide et plus sûre d'un débiteur qui accepte la condition de « Perse de l'épigone ». Pour illustrer cette situation on aura recours aux « Archives de Sotérichos », éditées par Sayed Omar en 1979 (88).

Sotérichos, fils de Lykos (ou Lykas), a vécu à Théadelphie dans le Fayoum, d'environ 45 à un moment compris entre 95 et 102 de n. è. ; père de quatre fils, mais dépourvu de fortune personnelle, il a dû, pour subvenir aux besoins de sa famille, cultiver des champs, des vignobles et des vergers que des propriétaires fonciers de la région voulaient bien lui donner à bail ; il lui arriva aussi d'être créancier, par exemple en achetant une récolte sur pied. C'est ainsi que nous trouvons Sotérichos comme locataire « Perse de l'épigone » dans quatre contrats qu'il a signés entre 69 et 89/90 de n. è. (89) ; mais dans le contrat suivant, concernant la sous-location d'une terre domaniale avec paiement anticipé du loyer (bail prodomatique), il cesse d'être « Perse de l'épigone » et c'est son partenaire contractuel, un certain Harmiysis, fils d'Aphrodisios, qui se présente

---

(86) Sur tout cela, je me permets de renvoyer à mon étude « ' Livres sacrés ' et justice lagide », sous presse dans les *Mélanges C. Kunderewicz* (Lodz) et à paraître aussi dans un prochain volume du *BIDR* (Rome).

(87) J'ai étudié ces aspects de la pratique juridique juive en Égypte dans des conférences données, depuis 1979, au Centre Rachi (Paris) et à l'Institut Martin Buber (Bruxelles), ainsi qu'à l'occasion d'un séminaire fait à Rome, dans le cadre de la « Scuola di perfezionnamento in diritto romano », en février 1981. Je reviendrai ailleurs sur le problème de la loi du *ribbit* dans l'Égypte hellénistique. Pour quelques indications bibliographiques, voir en attendant ma « mini-histoire » des Juifs d'Égypte dans l'Antiquité, citée *supra*, note 19.

(88) S. OMAR, *Das Archiv des Soterichos*, Opladen, 1979 (Papyrologica Coloniensia, VIII). Voir l'analyse dans *RHD*, 58, 1980, p. 119-120. Il faut joindre à ce dossier, suivant une suggestion de J. SHELTON, *ZPE*, 36, 1979, p. 101-102, le *P. Strasb.*, 502, et le *P. Turner*, 21.

(89) *P. Sotér.*, 1-4.

sous cette étiquette (90) ; un peu plus tard, Sotérichos redevient « Perse » en prenant en location, pour trois ans, la moitié d'une maison avec cour appartenant aux fils mineurs d'un propriétaire à Théadelphie (91). On le voit bien : Sotérichos est « Perse » lorsqu'il est débiteur (locataire qui doit payer un loyer), il cesse de l'être lorsqu'il devient créancier (acheteur d'une récolte). Ici nous sommes en présence d'une fiction juridique.

Mais l'évolution qui précède n'est pas facile à saisir. Il semblerait qu'au départ, disons, en gros, au IIIe siècle av. n. è., le terme ait eu une valeur ethnique directe, c'est-à-dire qu'il ait désigné des descendants des Iraniens intallés en Égypte ; par la suite, son sens se modifie : pour les uns, comme P. W. Pestman, cette modification se situerait dans un contexte essentiellement militaire, la notion devenant, vers la fin du IIe siècle av. n. è., « une désignation générale pour tous ceux qui par leur descendance, comme ' fils de soldat ', viennent en considération pour une carrière militaire » (92) ; pour d'autres, comme J. F. Oates, cette notion serait devenue un « pseude-ethnique », qualifiant des Égyptiens hellénisés ou hellénisants et leur assurant l'accès à la communauté des Hellènes : ce serait là « le plus bas degré du statut grec » (93).

Nous ne saurions trancher. Il nous semble toutefois qu'il ne faille pas trop exagérer la connotation militaire du glissement de sens (94) ; l'hypothèse du « pseudo-ethnique » pourrait bien rendre compte d'une évolution historique, à condition de mieux la replacer dans celle-ci. Alan E. Samuel avait suggéré naguère à ce propos une explication séduisante (95) : presque tous ces Perses, qui au IIIe siècle av. n. è. auraient dû être des Iraniens authentiques, portent à cette époque des noms grecs ; peut-être avons-nous affaire aux descendants des colons et mercenaires grecs venus en Égypte sous la domination perse, qui ne connaissaient plus l'origine exacte de leurs ancêtres ; ces « Grecs nés en Égypte », comme les désigne souvent la tournure démotique *(Wjnn ms n Kmj)* (96), seraient des étrangers d'origine hellénique, incapables de se prévaloir d'un *ethnikon* qui les rattacherait à une cité grecque ; ils savent seulement que leurs ancêtres avaient vécu dans l'Égypte perse : ils se disent donc « Perses de la descendance ». A partir de là, la catégorie restant ouverte à quiconque

---

(90) *P. Sotér.*, 5 (94 de n. è.).

(91) *P. Sotér.*, 26 (82-96 de n. è.).

(92) P. W. Pestman, « A proposito dei documenti di Pathyris, II : Πέρσαι τῆς ἐπιγονῆς », *Aegyptus* 43, 1963, p. 15-53, et mise au point récente dans le volume qu'il vient de publier avec E. Boswinkel, *Les archives privées de Dionysios, fils de Képhalas*, Leyde, 1982 (Pap. Lugd.-Bat., 22), p. 56-63 ; citation textuelle, p. 60.

(93) J. F. Oates, « The Status Designation Πέρσης, τῆς ἐπιγονῆς », *Yale Class. Stud.*, 18, 1963, p. 5-129 (cf. *RHD*, 42, 1964, p. 159, et *Arch. f. Pap.*, 26, 1978, p. 211-212).

(94) Dans ce sens, réserves de J. Bingen à propos des hypothèses de P. W. Pestman, dans *Chron. d'Ég.*, 41, 1966, p. 209.

(95) A. E. Samuel, « The Greek Element », article cité *supra* (note 46), p. 448, note 12.

(96) E. Bresciani, « Annotazioni demotiche ai Πέρσαι τῆς ἐπιγονῆς », *Par. Pass.*, 142-144, 1972, p. 123-128. Pour l'aspect onomastique du problème, voir M. Launey, *Recherches* (*supra*, note 31), p. 570 sq.

ne désire pas passer pour Égyptien, on en serait venu à la fiction ethnique d'abord, et ensuite à la fiction juridique, les « Perses » ayant pour trait particulier d'être des « débiteurs saisissables » *(agôgimoi)* (97).

Cela n'est qu'une hypothèse ; l'énigme des « Perses de l'épigone » n'en est pas pour autant résolue. On retiendra au moins le lien entre la qualité de Perse et l'idée d'une origine extérieure à l'Égypte : pour échapper à la condition d'Égyptien il faut pouvoir se réclamer d'une telle origine étrangère, fût-elle associée au souvenir d'un conquérant détesté, et, partant, devenue le support d'une condition juridique qui met le débiteur à la merci du créancier (98). L'inconvénient de ce choix est compensé par la simplicité de l'alternative inhérente au clivage de la société ptolémaïque : du moment où l'on n'est pas Égyptien, on est présumé Hellène (à moins que l'on soit un Noir d'Afrique : nous y reviendrons encore), avec tous les avantages attachés à ce statut. Tout compte fait, on gagne au change. Le nombre croissant de ces faux Perses aux deux derniers siècles du règne lagide pourrait être interprété dans cet esprit.

4. « *Sujets* » *et* « *citoyens* ».

L'étude du statut personnel dans l'Égypte ptolémaïque nous aide ainsi à mieux saisir la donnée sociale majeure qui dans le royaume lagide réside dans l'opposition entre une minorité dominante des conquérants et la masse des indigènes soumis. Pour ceux-ci, la conquête macédonienne ne signifiait proba-

---

(97) On avait autrefois beaucoup discuté sur cette question ; L. Wenger a fait le point de ces discussions dans sa « Juristische Literaturübersicht VIII », *Arch. f. Pap.*, 13, 1938, p. 310-313. Le document principal en la matière est le *P. Oxy.*, XIV, 1639 (73 ou 44 av. n. è.), dont il résulte que la clause ἀγώγιμος donne au créancier le droit de saisir le débiteur (en l'occurrence il s'agit de deux Perses de l'épigone) en tout lieu, y compris les temples bénéficiant du privilège de l'asylie, à la seule exception d'un sauf-conduit officiel (πίστις) à la protection duquel il est cependant possible de renoncer par une autre clause contractuelle ; cf. E. Boswinkel et P. W. Pestman, introduction aux « Archives de Dionysios » (*supra*, note 92), p. 61. La contrainte par corps qui est impliquée par cette clause pouvait conduire certainement, sous les Lagides, à l'emprisonnement du débiteur, mais non pas à sa réduction en esclavage, le droit ptolémaïque ayant réservé aux seules créances fiscales cette forme extrême de l'exécution personnelle : voir mon étude « Servitude pour dette ou legs de créance », citée *supra*, note 23, dont les conclusions me paraissent, sur ce point, résister aux hypothèses de I. Bieżuńska-Małowist, *L'esclavage dans l'Égypte gréco-romaine*, I (cité *ibid.*), p. 29 sq. (cf. *RHD*, 53, 1975, p. 523; *SDHI*, 43, 1977, p. 782 ; en dernier lieu, dans un sens plutôt favorable à mon point de vue, Y. Garlan, *Les esclaves en Grèce ancienne*, Paris, 1982, p. 105-106).

(98) On pense aux excès de Cambyse relatés par Hérodote (III, 28 sq.). La faiblesse de cette généalogie incite à rechercher une autre explication à l'origine historique de ces Perses débiteurs. Il nous paraît toutefois difficile de la mettre en rapport, comme le suggèrent les éditeurs des « archives de Dionysios », avec le désir présumé du gouvernement ptolémaïque d'empêcher les fils de soldat de se soustraire à leurs obligations militaires en fuyant dans les temples (*op. laud.*, p. 61).

blement d'abord qu'un changement de dynastie régnante ; elle pouvait même passer pour le rétablissement d'une souveraineté « nationale », Alexandre se présentant sous les traits d'un libérateur qui venait délivrer le pays du joug d'un pouvoir étranger haï. Bien qu'ils aient préféré Alexandrie à Memphis comme siège de leur pouvoir, les Lagides peuvent apparaître, vis-à-vis de leurs sujets autochtones, comme des rois plus égyptiens que les Achéménides, qui gouvernaient l'Égypte de loin, par satrapes interposés (99). Mais il ne faut pas pousser trop loin, comme le faisait par exemple le regretté Barns, l'idée d'une telle « légitimité égyptienne » du pouvoir lagide (100). A certains égards, celui-ci a pu effectivement être perçu comme une restauration de la monarchie pharaonique ; ailleurs il l'a été comme le fait d'un conquérant étranger : les documents démotiques dans lesquels le nom du roi lagide figure tantôt comme celui d'un pharaon, tantôt au contraire est écrit sans cartouche et avec le déterminatif « de peuple étranger », témoignent assez de cette ambiguïté (101). Mais qu'ils l'acceptent ou non comme pharaon « national », les Égyptiens restent les sujets du Lagide.

Les Grecs, au contraire, ne se sont jamais trouvés, du point de vue de leur statut juridique, dans un état de sujétion à l'égard du roi. Le lien qui les

---

(99) C'est à ce propos qu'il faut faire état de travaux récents relatifs aux rapports entre le pouvoir lagide et les élites indigènes en Égypte : voir, p. ex., les *Studies on Ptolemaic Memphis* de D. J. Crawford, J. Quaegebeur et W. Clarysse, Louvain, 1980 (cf. *RHD*, 59, 1981, p. 503-504), ou les discussions sur les *myriarouroi* qui ont permis de rappeler le rôle des grands propriétaires égyptiens issus de l'aristocratie sacerdotale égyptienne : W. Clarysse, « Egyptian Estate-Holders in the Ptolemaic Egypt », *State and Temple Economy in the Ancient East* (actes du Colloque Louvain, avril 1978, publiés par Éd. Lipiński), Louvain, 1979, p. 731-743 (cf. *ibid.*, p. 504-505), compte tenu de l'interprétation du terme *myriarouroi* proposée par L. Criscuolo, « I miriaruri nell'Egitto tolemaico », *Aegyptus*, 57, 1977, p. 109-122, et « Miriaruri : nuove riflessioni », *Aegyptus*, 61, 1981, p. 116-118 (cf. *RHD*, 56, 1978, p. 516, et 60, 1982, p. 485). Une de nos étudiantes s'est attachée à étudier certains aspects de ces rapports : Dominique Carlotti, *Pouvoir royal et élites sacerdotales dans l'Égypte ptolémaïque*, mémoire de maîtrise de l'Université de Paris I, 1982. Le climat de « coexistence pacifique » qui caractérise la période d'installation du pouvoir lagide en Égypte vient d'être souligné par W. Peremans, « Étrangers et Égyptiens en Égypte sous le règne de Ptolémée Ier », *Anc. Soc.*, 11-12, 1980/1981, p. 213-226.

(100) J. W. Barns, *Egyptians and Greeks*, Bruxelles, 1978 (Papyrologica Bruxellensia, 14). Voir mes réflexions sur cette plaquette dans *RHD*, 57, 1979, p. 470-471 (= *SDHI*, 47, 1981, p. 529-530).

(101) K.-T. Zauzich, *Die ägyptische Schreibertradition in Aufbau, Sprache und Schrift der demotischen Kaufverträge aus ptolemäischer Zeit*, Wiesbaden, 1969, p. 227. Cette ambiguïté du pouvoir lagide éclate dans les révoltes indigènes, phénomène plus social que national paraît-il, mais qui témoigne néanmoins d'une certaine manière de la résistance à la conquête : voir la mise au point donnée par W. Peremans, « Les révolutions égyptiennes sous les Lagides », *Das ptolemäische Aegypten*, Mayence, 1978 (*supra*, note 77), p. 39-50, et mes remarques dans *RHD*, 57, 1979, p. 471 (= *SDHI*, 47, 1981, p. 532).

rattache à lui ne s'inscrit pas dans une relation de soumission du sujet au monarque. Pour les Grecs, le roi est le commandant suprême, le bailleur, l'employeur ; ils sont sous ses ordres comme soldats, ils sont locataires de ses terres comme clérouques, ses partenaires contractuels comme fermiers d'impôts ou comme adjudicataires d'activités industrielles et commerciales couvertes par les monopoles royaux ; ils sont au service du roi, mais ils ne sont pas ses « sujets » (102). Formellement, les Grecs restent citoyens : il n'est pas possible d'être Grec si l'on n'est pas citoyen ! (103). Seulement, dans une configuration politique et sociale nouvelle, la notion a subi de sérieuses transformations.

Les Grecs qui arrivent en Égypte à la suite de la conquête macédonienne conservent la citoyenneté de leurs patries d'origine. Elle ne se perd en effet, en principe, que par une déchéance décidée à l'encontre d'un banni ou par l'acquisition par un émigrant, d'un nouveau droit de cité dans la cité d'accueil. Mais les immigrants grecs en Égypte ne sont pas tous des bannis déchus, et les possibilités d'acquérir une nouvelle citoyenneté grecque sont limitées pour eux : ceux qui n'ont pas été intégrés dans le corps civique d'Alexandrie, de Naucratis ou de Ptolémaïs, continuent à être les ressortissants des cités d'où ils sont venus. Juridiquement, leur situation est celle des *apoikoi*, citoyens en séjour prolongé à l'étranger qui n'ont pas rompu le lien avec la *polis* natale. Pour ces hommes, la conservation de ce lien est du reste une question absolument vitale : c'est la condition du maintien de leur identité grecque face au milieu barbare. D'où l'importance qui s'attache à l'*ethnikon* dans lequel s'affirme formellement l'appartenance héréditaire à la cité d'origine (104).

Nos immigrants ne sont pas tous des citoyens parfaits. Beaucoup d'entre eux sont d'anciens métèques, des réfugiés et des *atimoi* que l'aventure coloniale a entraînés dans une première vague parce que, plus facilement déracinables

---

(102) Cela n'exclut évidemment pas le mépris que peuvent nourrir à l'égard des Grecs d'Égypte leurs « compatriotes » dans la vieille Grèce et dont les manifestations sont bien analysées par A. Świderek, « Le rôle politique d'Alexandrie au temps des Ptolémées », *L'idéologie monarchique dans l'Antiquité* (colloque Mogilany, octobre 1977), Cracovie et Varsovie, 1980, p. 105-115, à propos de l'expression Αἰγύπτιος ἄνθρωπος (cf. *RHD*, 59, 1981, p. 494). Il faudrait cependant nuancer l'opposition, trop radicale à mon avis, entre le pouvoir exercé par un roi hellénistique sur ses sujets et le gouvernement de la Rome impériale sur des individus qui formellement gardent la qualité de citoyen (ce qui est également le cas des Grecs en Égypte) : J. Gaudemet, « A propos d'un héritage romain des monarchies hellénistiques », *Ktèma*, 3, 1978, p. 166-175.

(103) Il est intéressant de noter que la notion de πολίτης apparaît aussi, pour désigner le membre d'une communauté « ethnique », dans le contexte des États grecs du Nord et du Nord-Ouest ; un exemple de cet emploi a été signalé, à propos d'une inscription épirote (F. Drini et D. Budina, *Iliria*, 1981/1, p. 230-231, inscr. Est 11, ligne 13), par P. Cabanes dans sa contribution au colloque de Santander (septembre 1982 ; cf. *supra*, note 6), « Le koinon des Prasaiboi : institutions et sociétés d'après les inscriptions de Bouthrôtos ».

(104) L'ethnique paternel est transmissible aux enfants, fils et filles, quel que soit le statut de la mère ; exemple, la dédicace de Crocodilopolis, *I. Fay.*, I, 2 (citée *supra*, note 24), où les filles d'un Cyrénéen et d'une Égyptienne sont elles-mêmes Κυρηναῖαι (ligne 9).

dans leur marginalité, ils y avaient plus à gagner et moins à perdre que les autres, citoyens respectablement enracinés (105). La qualité de *politai* qu'ils affichent en Égypte, et que personne ne pense contester tant qu'ils accomplissent avec zèle leurs devoirs au service du roi, serait peut-être difficile à prouver sur place, dans les cités mêmes auxquelles renvoie l'*ethnikon*. Il en va de même pour les descendants d'autres colons, citoyens peut-être tout à fait réguliers eux-mêmes, mais dont les fils ou les petits-fils, qui continuent à porter l'ethnique de l'aïeul, auraient beaucoup de mal à se faire reconnaître comme citoyens authentiques dans la cité d'où celui-ci était issu, les diverses formalités d'intégration dans le corps civique (comme à Athènes la présentation à la phratrie et l'inscription sur la liste des démotes) n'ayant pas été accomplies à leur profit (106).

Le lien est ténu. Mais aussi contestable que devienne sa qualité de citoyen (si elle ne l'était déjà au départ) vis-à-vis de la cité supposée d'origine, cette référence civique est, pour celui qui peut en justifier, fondamentale quant à son statut au sein de la société ptolémaïque : elle lui assure sa condition d'Hellène.

5. *Le nom d'Hellène.*

Parallèlement à la permanence du lien civique, on note en effet un élargissement de la notion de citoyen au profit de porteurs d'ethniques qui n'auraient pas été reconnus comme Grecs dans la Grèce classique, mais qui le sont en Égypte *par extension*, comme membres de la minorité hellénophone. Au premier rang de ces nouveaux Grecs, on trouve, naturellement, des Macédoniens, dont la qualité d'Hellène ne fait pas l'ombre d'un doute : en 163 av. n. è. le Macédonien Ptolémaïos, fils de Glaukios, *katochos* au Sarapéum de Memphis, se plaint d'avoir été maltraité par plusieurs Égyptiens « bien qu'il soit Hellène » (παρὰ τὸ Ἕλληνά με εἶναι) (107). Viennent ensuite les Thraces et les Galates, ainsi que les

(105) Bien entendu, le métèque est, par définition, citoyen de sa cité d'origine. Mais sa condition de métèque lui fait perdre (ou oublier) l'exercice de son « métier de citoyen » dans la cité où il réside ; cette marginalité civique *(« homo apoliticus »)* oriente son comportement vers des activités industrielles et commerciales *(« homo oeconomicus »)*, suivant le processus décrit par D. Whitehead, *The Ideology of the Athenian Metics*, Cambridge, 1977. C'est pourquoi M. Rostovtzeff n'avait pas tort de voir dans le métèque une sorte d'ancêtre spirituel de l'Hellène d'époque hellénistique (*Social and Economic History of the Hellenistic World*, Oxford, 1941, p. 1073 sq.). Mais, comme le souligne E. Bickerman (« Heimatsvermerk », p. 222), les métèques dans les cités grecques sont une « minorité tolérée » ; les Hellènes en Égypte — une minorité dominante des conquérants forts de leurs armes. Pour les réfugiés et les bannis, je renvoie à J. Seibert, *Die politischen Flüchtlinge und Verbannten in der griechischen Geschichte*, Darmstadt, 1979.

(106) Démosthène, XLIV, 35, cité *supra*, note 16, et Aristote, *Constit. d'Athènes*, XLII, 1 ; cf. P. J. Rhodes, *A Commentary on the Aristotelian Athenaion Politeia*, Oxford, 1981, p. 497.

(107) *P. Par.*, 36 = *UPZ*, I, 7, lignes 13-14, et *P. Lond.*, I, 44 (p. 33) = *UPZ*, I, 8, ligne 14. Mais d'après U. Wilcken dans son commentaire (p. 139), Ptolémaïos n'est « Hellène » que par opposition aux indigènes, en tant que « non-Égyptien ».

Orientaux hellénisés, Syriens et Juifs, pour ne mentionner que les groupes les plus importants. Leur statut est déterminé par leur origine réputée civique, par opposition aux autochtones dont ils se distinguent ainsi en tant qu'Hellènes.

Les solidarités nouvelles, qui se nouent au sein de cette minorité dominante, prennent vite le dessus sur les particularismes qui auraient pu se prolonger en fonction d'une origine commune. Mis à part les Juifs, entièrement intégrés dans le milieu grec sur le plan linguistique et social mais distincts par leur comportement religieux (108), on n'a pas réussi jusqu'ici à relever à l'intérieur de ce milieu les traces d'une quelconque différentiation dialectale, juridique ou culturelle (109). Mais peut-être le nivellement n'a-t-il pas été aussi total qu'on l'admet généralement. Pouvoir se dire *Athênaios* au début du IIe siècle av. n. è., comme le jeune marié du *P. Giss.* 2, cela signifiait-il encore quelque chose pour le Grec d'Égypte, capable d'invoquer une origine plus prestigieuse que celle de son compatriote *Thraix* ou *Galatês*? Des enquêtes plus détaillées à propos de ces divers groupes d'immigrants permettraient sans doute d'apporter quelques éléments de réponse à de telles questions (110).

Du point de vue du statut personnel, pouvoir se dire Athénien, Thrace ou Galate signifiait pour chacun de ces hommes le droit d'appartenir à la *communauté des Hellènes*, englobant tous les immigrants hellénophones, à condition qu'ils soient en mesure de se prévaloir d'une origine « civique » extérieure à l'Égypte. Le pluriel « Hellènes », οἱ Ἕλληνες, qui jusqu'ici servait à exprimer un sentiment d'unité de langue, de religion et de mœurs opposant les Grecs aux barbares, a pris un sens nouveau : il a été étendu à une partie de ces barbares eux-mêmes, qui avec la langue et la culture grecques ont reçu une part des bénéfices de la conquête ; en même temps, il a été érigé en catégorie juridique.

Il n'est pas facile d'indiquer le moment précis où s'est opéré ce double changement, qui marque l'émergence d'une nouvelle définition du Grec. Le pays soumis a joué à cet égard un rôle de catalyseur : pour les Égyptiens, tous ces envahisseurs parlant grec étaient des Grecs, des « Ioniens », les attaches ancestrales particulières, vitales pour les conquérants, étant sans objet pour les conquis ; en revanche, les voisins africains sont identifiés distinctement : les Libyens d'abord, puis les Noirs d'Afrique — Blemmyes, Mégabares, Éthiopiens, Nubiens ou Trôgodytes (111). Inversement, c'est par opposition aux conquis

---

(108) Bien entendu, l'intégration n'exclut pas l'hostilité ; au contraire, c'est elle qui crée les conditions dans lesquelles prendra corps l'antisémitisme païen : voir ma « mini-histoire » des Juifs d'Égypte, citée *supra* (note 19), p. 36 sq., et mon étude « Sur l'antisémitisme païen » dans le volume *Pour Léon Poliakov. Le racisme : mythes et sciences*, publié sous la direction de M. Olender, Bruxelles, 1981, p. 411-439.

(109) Cela est vrai aujourd'hui, comme cela l'était il y a un demi-siècle quand E. Bickerman insistait sur le « nivellement » des immigrants (« Heimatsvermerk », p. 229 sq.).

(110) Voir déjà *supra*, notes 49 et suivantes.

(111) Voir M. Launey, *Recherches* (*supra*, note 31), p. 597-598, avec la prosopographie, p. 1258-1259 ; cf. E. Bresciani, « Annotazioni demotiche », article cité *supra* (note 96), p. 124. Il faut sans doute faire une distinction entre les Libyens, qui servent dans l'armée des Lagides et y parviennent même à l'occasion à des postes d'officiers, et les Noirs d'Afrique, dont le lien avec l'armée est

que se forme chez les conquérants la conscience de leur unité comme groupe dominant. C'est pourquoi j'hésite à souscrire à l'hypothèse selon laquelle l'initiative qui permit l'extension du terme « Hellènes » serait venue des seuls conquis sans rien devoir aux conquérants (112). Au contraire, l'indifférence des conquis pour les particularismes des conquérants coïncide, dès la conquête, avec la prise de conscience de leur unité comme groupe chez les nouveaux venus. Le pouvoir royal se borne à traduire cette coïncidence en termes de droit.

Dès le milieu du IIIe siècle av. n. è., un document officiel atteste la valeur institutionnelle du pluriel « Hellènes » dans le domaine fiscal (113). Un peu plus tard le calendrier macédonien est opposé, comme calendrier des « Hellènes », au calendrier égyptien (114). Il faut, il est vrai, attendre les ordonnances de Ptolémée VIII en 118 av. n. è., pour retrouver cette opposition dans un contexte judiciaire (115), en même temps que les « Hellènes » se manifestent dans un

---

très incertain. Pour M. Launey (p. 598) cela s'expliquerait par le fait que les Lagides ne pouvaient pas attendre un grand profit, militaire ou économique, « des nomades indisciplinés (!) du désert et des races arriérées (!!) d'Afrique Noire »... La distinction que les Égyptiens font entre les « Ioniens » et les différents peuples d'Afrique permet de nuancer l'alternative qui oppose trop sommairement Hellènes et Égyptiens (ainsi p. ex. Éd. WILL, *Le monde grec et l'Orient*, t. II, cité *supra* note 65, p. 506 n. 1 : « En Égypte tout ce qui n'est pas Égyptien est ' Hellène ' »).

(112) E. BICKERMAN, « Heimatsvermerk » (*supra*, note 7), p. 230-231. Les documents démotiques qu'invoque ce savant sont trompeurs : ce sont les mêmes textes qui permettent d'établir l'équivalence « Ionien né en Égypte = Perse de l'épigone » (cf. *supra*, note 96, et déjà M. LAUNEY, *Recherches*, p. 577, n. 5) ; il ne s'agit donc pas de la notion d'Hellène, au singulier, à la place de l'ethnique, mais d'un groupe spécifique, comme les « Éthiopiens nés en Égypte » ou les « Blemmyes nés en Égypte ». L'équivalence relevée par E. BICKERMAN va, on le voit, dans le sens de l'hypothèse d'A. E. SAMUEL, évoquée plus haut (note 95).

(113) *P. Petr.*, I, p. 43 (*W. Chr.*, 55) ; édition révisée : *CPJud.*, I, 33 (Psenyris, IIIe siècle av. n. è.). Ce texte oppose les Hellènes, non pas aux Égyptiens, mais aux Juifs, à propos d'une taxe pour les entrepôts du village (εἰς τὰ ἀποδόχια) ; cette distinction tient-elle à la situation fiscale particulière des Juifs, qui versent la contribution traditionnelle d'un demi-sicle par an pour le Temple de Jérusalem ? Le document en question est le seul que nous connaissions pour l'Égypte ptolémaïque à faire une distinction entre les Grecs et les Juifs, qui ailleurs apparaissent comme appartenant à la communauté des Hellènes. C'est à elle que se réfère ici le terme Ἕλληνες à la ligne 7 ; la supposition d'E. BICKERMAN (« Heimatsvermerk », p. 230, note 3), selon laquelle cette référence pourrait concerner les « Festland-Griechen », est peu vraisemblable.

(114) *P. Magd.*, 32 = *P. Ent.*, 22 (219 av. n. è.), lignes 3-4. La restitution est sûre : voir p. ex. *P. Par.*, 19 *bis* (138 de n.è.) lignes 8 à 10. Sur la signification des efforts qui tendaient à faire coïncider les deux calendriers, et les raisons de la rapide disparition du calendrier macédonien au profit du calendrier égyptien, voir Cl. PRÉAUX, « De la Grèce classique à l'Égypte hellénistique : Eudoxe et le khamsin », *Ann. Inst. de philol. et d'hist. orient. et slaves*, 20 (1968-1972), 1973, p. 347-361.

(115) *P. Tebt.*, I, 5 = *C. Ord. Ptol.*, 53, lignes 207-220 ; cf. *supra*, note 71.

contexte militaire (116) ou agricole (117). Mais ce dualisme est certainement plus ancien : il est, dès le règne de Ptolémée II Philadelphe, impliqué par l'organisation judiciaire de l'Égypte, dont le principal rouage est un double réseau de tribunaux à « spécialisation nationale », les laocrites pour les Égyptiens et les dicastères pour les Hellènes (118).

Voilà comment le monde hellénistique a, à sa manière, institutionnalisé la « définition culturelle » du Grec, dont Isocrate reconnaissait l'invention à Athènes pour « avoir fait que le nom d'Hellène ne soit pas celui d'un groupe ethnique déterminé, mais celui d'une manière de penser, et que l'on appelle Hellènes ceux qui partagent notre éducation, et non pas ceux qui sont d'une même origine que nous » (119). La monarchie lagide a subordonné cette appellation à l'exigence d'une référence civique. Le « nom d'Hellène » devint ainsi synonyme de statut de conquérant. A ce titre, il a été pendant trois siècles un puissant facteur de séparation entre Grecs et Égyptiens.

La conquête romaine va changer tout cela, par une redéfinition systématique de tous les éléments du statut personnel des habitants de l'Égypte. Elle restituera toute sa rigueur aux notions de cité et de citoyen ; le rôle de la culture comme critère de discrimination sociale et juridique devra s'inscrire dans des schémas conformes à l'expérience du nouveau conquérant.

---

(116) *P. Tebt.*, I, 5 = *C. Ord. Ptol.*, 53, ligne 169.

(117) *P. Amh.*, 40 (IIe s. av. n. è.), lignes 7-8, à propos des terres sacrées louées à « certains Hellènes ».

(118) Voir H. J. Wolff, *Justizwesen* (*supra*, note 13), p. 39, et mon article « Zum Justizwesen der Ptolemäer », *ZSS. RA*, 80, 1963, p. 42-82, particulièrement p. 55. Je reviens sur cette question dans ma contribution au volume dédié à la mémoire de G. A. Pétropoulos (cf. *supra*, note 83).

(119) Isocrate, *Panégyrique*, 50.

IV

REGIME FONCIER ET STATUT SOCIAL DANS L'EGYPTE PTOLEMAIQUE

L'objet de cette étude est beaucoup plus modeste que ne le laisse entendre son titre. Il ne s'agit pas, cela va de soi, de proposer une analyse détaillée du régime foncier de l'Egypte après la conquête macédonienne ni d'essayer de définir dans son ensemble le système de relations sociales consécutif à cette conquête. Ce qui nous intéresse ici, c'est de voir comment les modalités juridiques de l'exploitation du sol correspondent aux données qui déterminent la condition des personnes impliquées, comme producteurs ou comme bénéficiaires, dans la production agricole. Faute de pouvoir épuiser le sujet, il a paru possible de regrouper dans cette double perspective un certain nombre d'éléments fournis par la documentation papyrologique, de manière à apporter une contribution au débat sur le thème "Terre et dépendants", objet du Colloque (1).

Dans sa contribution au Colloque de 1971, Pierre Vidal-Naquet rappelait à quel point, dans les royaumes de l'Orient hellénistique, la situation des barbares dépendants était proche de celle des dépendants grecs de type hilotique (2). Revenant sur cette question dans sa communication au présent Colloque, Claude Mossé soulignait elle aussi les analogies qu'il est possible de constater entre la dépendance des hilotes et le sort des barbares asservis par les Grecs après la conquête de l'Asie : le conseil que le vieil Isocrate donnait à Philippe II de Macédoine peu avant sa mort, l'invitant à "faire des barbares, par la force, les hilotes des Grecs", ne sera pas resté sans écho (3). Les conclusions de Heinz Kressig vont encore plus loin : le monde hellénistique oriental ne représente qu'une phase particulière dans le mode de production propre à l'Orient et n'a sa place dans un manuel d'histoire grecque qu'à la manière d'un "appendice" concernant "la superstructure culturelle d'une minorité régnante" (4).

Ainsi la permanence du mode de production asiatique et la réduction des paysans barbares à l'état d'"hilotes des Grecs" se rejoignent dans la réflexion des historiens pour caractériser la structure politique et le système de relations socio-économiques de la monarchie hellénistique. La conquête macédonienne donne au conquérant, pense-t-on, la maîtrise exclusive du sol, "propriété" du roi et du roi seul, comme dans les monocraties de l'Ancien Orient ; assimilés aux hilotes, les barbares orientaux retrouvent un état de dépendance qui reproduit la "servitude généralisée" des agriculteurs à l'égard du roi et de ses agents marquant les sociétés orientales. Donc, pour ce qui est de la terre et de la condition des hommes qui la cultivent, l'époque hellénistique serait en Orient celle d'une consolidation du modèle social et économique local, l'apport grec se limitant à un "appendice culturel".

C'est cette conception que l'on aimerait soumettre à l'épreuve des sources papyrologiques pour l'Egypte ptolémaïque. La conquête macédonienne de l'Egypte a-t-elle donné au roi Lagide la maîtrise exclusive du sol conquis ? A-t-elle réduit les paysans égyptiens à l'état d'hilotes au bénéfice du conquérant gréco-macédonien ? L'expérience de la cité grecque survit-elle en Egypte seulement comme un "appendice" ou intervient-elle aussi dans l'organisation de l'exploitation du sol et des rapports entre cultivateurs et bénéficiaires ? On tentera d'esquisser une réponse en examinant d'abord le régime juridique du sol, tel que le voit la doctrine moderne à propos des droits reconnus au roi et de la propriété privée et tel qu'il apparaît réellement dans les sources disponibles, puis en s'attachant à la condition des hommes qui participent à l'exploitation des terres d'Egypte comme bénéficiaires et comme producteurs immédiats, et en particulier au statut du paysan à l'égard du roi. On s'en tiendra à l'essentiel.

1 – LA TERRE

I – "Terre royale" et "terre concédée"

Selon la doctrine traditionnelle, le sol d'Egypte appartient au roi Lagide en vertu du droit de conquête. Nous savons en effet par Diodore de Sicile qu'après la mort de Perdiccas, Ptolémée Sôter réclamait l'Egypte comme "terre conquise à la pointe de la lance" : *διὰ τὸ δοκεῖν τὴν Αἴγυπτον διὰ τῆς ἰδίας ἀνδρείας ἔχειν οἱονεὶ δορίκτητον* (5). Avec la reconnaissance des droits de Ptolémée sur l'Egypte par suite de l'accord conclu entre les diadoques en automne 321 av. n. è., cette *γῆ δορίκτητος* serait devenue la "propriété" des Lagides ; elle constituerait désormais le domaine royal proprement dit (*βασιλικὴ γῆ*) ou serait concédée par le roi à des bénéficiaires particuliers comme *ἡ ἐν ἀφέσει γῆ*. Les terres "concédées" le seraient aux clérouques (*γῆ κληρουχική*), aux favoris du roi en récompense des services rendus (*γῆ ἐν δωρεᾶ*), aux temples (*γῆ ἱερά*), aux cités (*γῆ πολιτική*), enfin à de simples individus (*γῆ ἰδιόκτητος*).

Cette théorie s'autorise essentiellement de quelques documents de Tebtunis datés de la fin du IIe s. av. n. è. Ainsi, l'ordonnance du dioecète Eirénaios à Hermias, intendant des revenus, dans le *P. Tebt.* I 27 (113 av. n. è.) semble opposer la *βασιλικὴ γῆ* à la terre *ἐν ἀφέσει* comme deux catégories complémentaires l'une de l'autre : *μηδένα τῶν γεωργούντων τὴν βασιλικὴν καὶ τὴν ἐν ἀφέσει [γῆν]*(6). Parmi les ordonnances promulguées en 118 av. n. è. par Ptolémée VIII Evergète II, Cléopâtre II et Cléopâtre III, un fragment de la colonne V (malheureusement très mutilée) du célèbre *P. Tebt.* I 5 mentionne les détenteurs de terres privées, sacrées, clérouchiques et de celles qui sont *ἐν ἀφέσει* ; la tournure employée à ce propos semble faire de la terre *ἐν ἀφέσει* une notion générique englobant les trois précédentes : *τὴν ἰδιόκτητον καὶ τ[ὴν ἱερὰν καὶ τὴν κληρουχικὴ]ν καὶ τὴν ἄλλην τὴν ἐν ἀφέσει* ; cette tournure pourrait donner à penser que les terres *ἰδιόκτητος*, *ἱερά* et *κληρουχική* sont des espèces de la *ἐν ἀφέσει γῆ* (7). Un autre texte de la même époque, le *P. Tebt.* I 63 (116/115 av. n. è.), qui emploie une tournure analogue : *[κατ]ὰ φύλλον ἱερᾶς καὶ κληρουχικῆς καὶ τῆς ἄλλης [τῆ]ς ἐν ἀφέσει*, semble confirmer cette conclusion (8).

Partant de ces textes, M. Rostovtzeff formulait, dès 1910, l'alternative qui soumettait le sol d'Egypte à une sorte d'étatisme agraire, écartant l'existence d'une propriété privée. Toute la terre serait soi domaine royal (*βασιλικὴ γῆ*), soit portion détachée du domaine et attribuée à des individus, aux cités et aux temples (*ἡ ἐν ἀφέσει γῆ*) ; cette alternative ne laisse aucune place à la propriété privée : "Diese Formel schliesst ein *Privateigentum* vollständig aus" (9).

Cette théorie a rallié des adeptes aussi éminents qu'Ulrich Wilcken (10), Vincenzo Arangio-Ruiz (11), W.W. Tarn (12) et Raphaël Taubenschlag (13). Elle passe aujourd'hui pour une vérité acquise, tant parmi les hellénistes (14) que parmi les juristes (15). Malgré ce "consensus", elle nous paraît, pour notre part, passablement contestable.

Les textes sur lesquels cette théorie prétend s'appuyer ne la soutiennent pas. L'ordonnance du dioecète Eirénaios dans le *P. Tebt.* 27 n'implique pas nécessairement une alternative. Sans doute ce texte signale-t-il deux catégories de terre, *βασιλικὴ γῆ* et *ἐν ἀφέσει*, mais il n'indique pas que ces deux notions couvrent la totalité des superficies cultivables en Egypte. Les textes qui parlent de *ἄλλη ἐν ἀφέσει γῆ* soulèvent des doutes. Dans l'expression *ἄλλη γῆ*, l'adjectif *ἄλλη* peut bien avoir un sens adverbial, bien connu des philologues. Au lieu de signifier "d'autres terres concédées", l'expression devrait être rendue par "et *aussi* d'autres terres, celles qui sont *ἐν ἀφέσει*". Ainsi, plutôt qu'une notion générique, le terme *ἐν ἀφέσει* serait une notion d'espèce, comme *γῆ κληρουχική*, *ἱερά*, *ἐν δωρεᾷ* ou *ἰδιόκτητος*. Il ne coifferait pas toutes ces catégories foncières, mais s'ajouterait à elles (16).

L'alternative γῆ βασιλικὴ - ἐν ἀφέσει γῆ est une fausse alternative. La notion d'ἐν ἀφέσει γῆ a été chargée par la doctrine moderne d'un sens qu'elle n'a pas dans les sources ; il est certain qu'elle a été maniée d'une manière abusive : la théorie du régime foncier dans l'Egypte ptolémaïque s'en est ressentie.

Un premier abus est d'ordre terminologique : comme l'a bien montré J.C. Shelton, l'expression n'est pas, contrairement à une habitude largement répandue parmi les papyrologues (et ailleurs), γῆ ἐν ἀφέσει mais ἡ ἐν ἀφέσει γῆ ou simplement ἡ ἐν ἀφέσει (17). Un deuxième abus, plus grave, consiste à transporter dans d'autres régions du monde hellénistique, où elle n'est pas attestée par les sources, cette notion typiquement égyptienne comme s'il s'agissait d'un terme général et ayant une signification parfaitement assurée. Le mauvais exemple vient de Rostovtzeff lui-même : "il mélange en effet", a-t-on noté récemment, "les données provenant des diverses parties du monde hellénistique et il emploie les termes propres grecs partout où la situation lui paraît correspondre à l'idée qu'il se fait de la valeur de ces termes, même quand ils sont tout à fait absents des documents qu'il étudie" (18). A son tour, tel helléniste apparemment sérieux parlera de "γῆ ἐν ἀφέσει" à propos de l'Asie Mineure comme synonyme de "terres cédées", commettant le double péché terminologique et géographique dont il vaudrait mieux s'abstenir (19).

Un troisième abus, le plus grave de tous, a été d'attribuer à ce terme une signification qui était loin de résulter des sources de manière sûre. Il y a vingt ans, Johannes Herrmann dénonçait déjà cette aberration de la doctrine moderne et remettait en question la prétendue opposition entre "terre royale" et "terre concédée" ; pour notre collègue allemand, ἡ ἐν ἀφέσει γῆ ne serait pas une notion foncière mais une notion fiscale : il ne s'agirait pas de "terre concédée par le roi", mais de terre dont le produit a été "libéré" par l'autorité financière, une fois acquittées les redevances qui pesaient sur elle (20). En revanche, selon Erwin Seidl on pourrait songer à des terres "libérées" par le Nil (alluvions) ou encore à des terrains abandonnés par des cultivateurs ἀνακεχωρηκότες ; ces terres sans maître, reprises par le roi en vertu du droit qui lui revient sur les ἀδέσποτα, seraient ensuite attribuées de gré ou de force aux voisins des fugitifs pour qu'ils les remettent en culture (21). Plus récemment, le même savant a précisé davantage cette interprétation : la ἐν ἀφέσει γῆ n'est rien d'autre qu'une terre désertée par un clérouque ou confisquée, puis donnée à bail à un nouveau bénéficiaire ; le terme démotique qui correspond à cette notion, *3h. w sh w3j,* cautionne le sens du terme grec (22).

Ainsi s'écroule tout l'édifice de l'étatisme agraire ptolémaïque à la Rostovtzeff : la ἐν ἀφέσει γῆ n'est pas une notion générique englobant les diverses espèces de terres "concédées" par le roi, mais une variété d'une de ces espèces. G.I. Luzzatto a parfaitement raison de la considérer comme une des formes de concessions parmi d'autres (23). Le système construit sur la fausse dichotomie γῆ βασιλική - ἡ ἐν ἀφέσει γῆ peut être abandonné sans regret.

Pour en finir, voici encore un document publié récemment qui montre toute la futilité d'une conception du système foncier ptolémaïque fondée sur le postulat d'une opposition tranchée entre "terre royale" et "terre concédée" : le *P. Lond.* VII 2188, dossier d'un différend qui en 148 av. n. è. a surgi entre deux groupes de prêtres égyptiens au sujet d'une "île" sur le Nil et d'un accroissement fluvial, et dans lequel on trouve à deux reprises, à propos d'une terre cultivée par un particulier, l'expression βασιλικὴ γῆ ἰδιόκτητος (24). On peut se demander ce que cela signifie exactement : l'éditeur de ce document, T.C. Skeat, suggère l'idée d'un domaine "personnel" du roi, une sorte d'apanage, à distinguer du domaine "public" ; cette distinction paraît cependant assez discutable, sur le plan fiscal notamment (25). Mais le seul fait qu'une terre "royale" puisse être "privée" brouille complètement l'équilibre - artificiel - du schéma voulu par Rostovtzeff.

II – "Domaine éminent" et propriété privée

L'idée d'une propriété exclusive du roi Lagide sur le sol d'Egypte, avec la division en "terres royales proprement dites" et "terres concédées", repose donc sur des postulats que les sources, on vient de le voir, ne vérifient pas. Que des superficies considérables appartiennent effectivement au souverain, personne n'en a jamais douté. Il n'en est pas moins certain que le droit du roi sur la terre est certainement limité en ce qui concerne les cités grecques - Alexandrie, Naucratis, Ptolémaïs - qui paraissent disposer assez librement de leur territoire. Il s'efface progressivement sur les terres conférées aux clérouques à mesure que leurs tenures évoluent vers une jouissance héréditaire et aliénable. Enfin, il s'évanouit complètement en présence de la γῆ ἰδιόκτητος, terme qui, à n'en point douter, désigne une propriété pleinement privée, compte tenu de la mystérieuse βασιλικὴ γῆ ἰδιόκτητος que l'on vient de citer. Les immeubles et les terrains sur lesquels ils sont érigés, de même que les vignobles et les jardins appartiennent à des individus en toute propriété : les recours à la καταγραφή comme mode de transfert, les termes de κράτησις et de δεσπόζειν pour les premiers, celui de κτῆμα pour les autres ne laissent subsister aucun doute à cet égard. Et le verbe δεσπόζειν employé à propos de terres à blé et leur libre transfert entre vifs et à cause de mort montrent qu'il y a dans l'Egypte lagide, sur les immeubles, les vignobles, les jardins et certaines terres cultivables, un droit de propriété privée, exprimé par la notion d'ἰδιόκτητος (26).

La contradiction entre le droit théoriquement exclusif du roi et l'existence d'une propriété foncière privée n'a pas échappé aux tenants de la doctrine qui fait du monarque Lagide le propriétaire absolu et unique du sol d'Egypte. Pour la surmonter, ils ont eu recours au concept du "domaine éminent". Le droit du roi serait, pour les biens qui ne font pas partie des terres royales proprement dites, un "Obereigentum", comparable à celui dont un seigneur médiéval pouvait se prévaloir à l'égard du titulaire d'un fief (27). Mais cette conception est anachronique pour l'Egypte ptolémaïque. La théorie du domaine divisé a été élaborée par les juristes du Moyen-Age, à partir d'éléments contenus dans le droit romain du Bas-Empire, pour concilier le *dominium* romain, absolu et indivisible, avec les réalités foncières du monde médiéval. Elle ne rend pas compte de la réalité historique de l'Egypte, ni avant ni après la conquête macédonienne. L'idée d'un démembrement par fiction juridique, qui est inhérente à la thérorie du domaine divisé, n'explique pas l'apparente contradiction du régime foncier ptolémaïque (28).

En fait, ce que l'artifice du domaine éminent ne parvient pas à formuler de manière acceptable pour l'historien moderne, c'est une sorte de confusion entre la propriété et la souveraineté, notions difficiles à distinguer dans un régime monocratique. La maîtrise royale sur le sol d'Egypte est une souveraineté, comme celle que tout Etat exerce sur son territoire. Mais, conformément au caractère personnel de la royauté hellénistique, elle est exprimée en termes de droit privé (29). Le roi n'est en effet qu'un personnage puissant qui, par ses vertus militaires (*ἰδία ἀνδρεία*), concrétise le rêve de l'"homme royal" cher à un certain courant monarchiste de la philosophie grecque du IVe siècle (30). La royauté hellénistique confisque à son profit les prérogatives étatiques de la cité : elle en investit le monarque, de manière à assimiler la puissance personnelle d'un homme aux pouvoirs d'un Etat. Ses *διαγράμματα* et *προστάγματα*, expression d'une volonté personnelle, tiennent lieu de lois, dans une hiérarchie qui leur subordonne les *νόμοι* des cités grecques et les règles de droit pratiquées par les habitants de la *chôra*, immigrants et autochtones (31). L'Etat, ce sont "les affaires du roi", *τὰ πράγματα*. Le territoire de la monarchie passe pour son "domaine privée" (32).

Cependant, la prérogative étatique, dont le roi est le titulaire sur l'ensemble du sol et dont l'impôt foncier est la marque, n'est pas un droit de "propriété privée". Les testaments des rois hellénistiques, qu'on invoque parfois à ce propos, en témoignent assez. Ils peuvent se concevoir comme un "legs de souveraineté", mais ils n'opèrent pas un transfert de patrimoine. Léguée aux Romains, l'Egypte ne devient pas la propriété de Rome. La conquête romaine de l'Egypte, dans la mesure où elle pouvait être justifiée par le testament de Ptolémée XI Alexandre II, fut un changement de souverain, et non pas un changement de propriétaire (33).

A cette conception patrimoniale du pouvoir royal répond une double image, grecque et égyptienne. Image égyptienne, celle que les scribes locaux empruntent aux murs du temple d'Edfou à l'intention de Ptolémée Evergète II : l'Egypte, propriété d'Horus, véritable maître de la terre, est donnée par le dieu au roi, son fils, l'acte étant enregistré par Tôt (34). Propriété privée dûment enregistrée, l'image égyptienne a sa contrepartie dans une image conforme à la tradition grecque : l'Egypte est l'*οἶκος* du roi Lagide (35). Etendue aux dimensions d'un Etat territorial, la notion, dans la mesure où elle subsiste au niveau de la royauté, n'est qu'une métaphore. Mais la juxtaposition de ces deux images aide à mieux saisir la place du roi dans le régime foncier de l'Egypte ptolémaïque, ainsi que les réalités politiques et sociales au milieu desquelles fonctionne ce régime.

Nous constatons en effet qu'au lieu d'être l'unique propriétaire - "direct" ou "éminent" - du sol égyptien, le roi Lagide détient en propre des superficies, sans doute importantes, mais qui ne s'identifient pas avec le territoire du royaume. Dans la mesure où la propriété privée du sol se consolide et se développe, le régime foncier de l'Egypte ptolémaïque apparaît de moins en moins "asiatique" ou "oriental". Le développement de la propriété privée constitue un élément qui doit compter dans la définition du type d'Etat que représente la monarchie hellénistique des Lagides en Egypte et pour l'analyse du système de relations sociales qui correspond à ce type.

Dans une étude solidement documentée, Bernadette Menu a montré récemment à quel point la propriété des terres dans l'Egypte pharaonique était, avant tout, une prérogative d'autorité, essentiellement attachée à la fonction exercée et reçue par délégation royale ; elle a rappelé en même temps l'existence incontestable, dès le Moyen Empire, d'une propriété privée en proportion infime : propriété funéraire et propriété de très petites parcelles constituées par les terrains à bâtir et les jardins (36).

La conquête macédonienne laisse, en principe, subsister cet état de choses. Mais elle constitue en même temps le début d'une évolution qui va accentuer de plus en plus le rôle de la propriété privée, en l'étendant aux terres cultivables au détriment du domaine royal. La conquête romaine se situe au terme de ce mouvement. Parler d'un régime foncier "despotique" ou "asiatique" à propos de l'Egypte romaine serait probablement une erreur. Entre l'absence de propriété privée de terres cultivables qui caractérise les monocraties orientales et la réalité indéniable de cette propriété dans l'Empire romain, la période hellénistique prend une place intermédiaire. La rattacher purement et simplement au mode de production asiatique, c'est reproduire, en termes d'une idéologie nouvelle, la simplification qui est à la base de la théorie du "communisme d'Etat" imaginé par Rostovtzeff, avec son corollaire, le "domaine éminent" du roi Lagide. Il serait plus utile, et scientifiquement plus correct, de mettre l'accent sur les modifications que l'intervention de l'élément grec a apportées dans l'organisation du régime foncier local. Au niveau du vocabulaire ("terres concédées") comme au niveau d'une théorie juridique ("Obereigentum") les schémas doctrinaux qui dominent la recherche nous ont paru singulièrement fragiles ; il vaudrait mieux y renoncer et s'attacher davantage à l'examen des sources qui posent encore bien des problèmes. On aura toujours le temps pour les généralisations théoriques.

Voyons à présent comment les données relatives au régime foncier de l'Egypte ptolémaïque que l'on vient de réunir rapidement dans une perspective critique se reflètent dans le statut social des hommes concernés par le processus de production.

2 – LES HOMMES

I – Les bénéficiaires

Si le roi Lagide n'est pas l'unique propriétaire de la terre d'Egypte, il n'en est pas moins le bénéficiaire le plus privilégié. Il est difficile d'évaluer les dimensions exactes du domaine royal (*βασιλικὴ γῆ*), cultivé par les "paysans royaux" (*βασιλικοὶ γεωργοί*), dont il sera encore question. A Kerkéosiris, dans le Fayoum, en 118 av. n. è., il représente 2 427 - 19/32 aroures sur un total de 4 700 aroures, soit 52 % des terres du village, dont 1 139 - 1/4 aroures (47 %) de terres cultivables (37). Il va de soi que l'on ne peut généraliser cette donnée ; les proportions respectives des terres domaniales et des autres terres auront varié selon les époques, en fonction de la qualité - c'est-à-dire de la rentabilité - du sol. Il n'en est pas moins certain que le revenu tiré du domaine sous forme de fermage représente pour le roi un bénéfice comparable au revenu constitué par l'impôt foncier.

Après le roi, les détenteurs des *δωρεαί* se placent au premier rang parmi ceux qui bénéficient des produits du sol en Egypte. Nous connaissons par les archives de Zénon l'organisation des *δωρεαί* d'Apollonios, dioecète de Ptolémée II Philadelphe, dans le Fayoum et dans le nome memphite ; elles ont fait l'objet d'études détaillées, comme celles de M. Rostovtzeff (38) et, plus récemment, celles d'Anna Swiderek (39) et de Claude Orrieux (40) pour le Fayoum, ainsi que celle d'Ewa Wipszycka pour le nome memphite (41). La récente publication des papyrus de Zénon de la collection de Londres devrait susciter de nouvelles recherches sur ces archives de manière à compléter les résultats des études précitées, dont l'essentiel semble toutefois définitivement acquis (42).

Malgré leur nom, ces terres "en don" (γῆ ἐν δωρεᾷ) n'appartiennent pas aux dignitaires à qui elles ont été attribuées. Elles restent la propriété du roi et retournent à la Couronne après la mort du titulaire ou après la cessation des services qui avaient justifié leur attribution. Elles bénéficient d'un régime fiscal allégé qui s'explique en partie par la composition du domaine : celui-ci comprend des parcelles arables, mais aussi - sinon en majorité - des terres désertiques qui doivent être défrichées et irriguées pour devenir cultivables. La culture est faite par les paysans indigènes : tout comme les paysans royaux, ils obtiennent par contrat des parcelles à cutiver sur lesquelles ils doivent remettre, à chaque récolte, une partie du produit au titulaire de l'"apanage". En somme, le concessionnaire d'une δωρεά se substitue provisoirement au roi propriétaire du domaine pour la partie de celui-ci dont il a reçu la jouissance temporaire et révocable, véritable objet du "don". La pratique de ces concessions n'est attestée que pour le IIIe s. av. n. è.

La "terre sacrée", ἱερὰ γῆ, appartient aux dieux et aux temples (43). Plusieurs textes ptolémaïques, par exemple le *BGU* 1216, nous font connaître ces domaines fonciers, fortune des dieux, qui restent sous le contrôle du roi s'exerçant par l'intermédiaire d'un épistate et de l'ἀρχιερεύς, ou sont gérés par les prêtres à qui le souverain les a données, en jouissance temporaire ou en pleine propriété, pour récompenser le service du culte et en particulier celui des cultes royaux. Champs de blé surtout, mais aussi vignobles, potagers, palmeraies, ces terres restent, en partie, entre les mains de l'administration royale ; les bénéfices que le roi en tire disparaissent du jour où le roi accorde à ces terres l'immunité et l'atélie foncière. En partie, au contraire, la terre sacrée échappe au roi et bénéficie directement aux prêtres, le revenu de cette terre devenant la rémunération du service des cultes. La jouissance de ce revenu va évoluer fatalement vers une forme de propriété privée, au détriment du roi.

Après le roi, ses favoris, les dieux et les prêtres, le plus heureux des bénéficiaires de la terre d'Egypte est le clérouque, colon grec qui, d'abord en récompense des services militaires et ensuite pour des raisons d'ordre économique (mise en valeur de terres stériles), a reçu du roi un lot sur la terre dite clérouchique (κληρουχικὴ γῆ). On connaît l'évolution de la clérouchie ptolémaïque, magistralement retracée par Claire Préaux ; il suffit d'en rappeler brièvement les étapes successives (44).

Au IIIe siècle av. n. è., les *klêroi* sont des tenures en principe viagères, mais révocables dans le cas où le clérouque encourt une peine ou lorsqu'il omet de payer les redevances qu'il doit au trésor royal. A la mort du clérouque, elles sont, comme le montrent notamment les *P. Lille* 14 et *P. Hibeh* 81, reprises par le *basilikon* et concédées à un nouveau bénéficiaire. Ces tenures sont, à l'origine, inaliénables et elles ne sont pas susceptibles de transmission par voie d'héritage. L'expression démotique qui désigne le clérouque comme "celui à qui la terre a été donnée pour l'éternité" *(r.dj.w n = f 3h r nhh)* marque, un peu paradoxalement pour nous, l'inaliénabilité du lot (45). Mais dès la seconde moitié du IIIe siècle, le *klêros* tend à devenir héréditaire dans la famille du clérouque et aliénable. Le *prostagma* de Ptolémée Aulète rapporté par le *BGU* 1185 consacre, vers 60 av. n. è., le système de dévolution légale des tenures au profit des parents les plus proches du catoeque décédé *ab intestat* ; en même temps, ce *prostagma* reconnaît implicitement aux clérouques le droit de léguer les *klêroi* par testament (46).

Comme l'hérédité, l'aliénabilité des *klêroi,* progressivement admise par les Lagides, finit par triompher vers la fin de l'époque ptolémaïque : témoin - les mesures d'amnistie rapportées par le *P. Tebt.* I 124 qui, en 118 av. n. è., garantissent la possession héréditaire des parcelles à tous ceux, civils et militaires, qui détiennent, à quelque titre que ce soit, un *klêros* et consentent à en supporter les charges fiscales (47). Cette évolution est achevée au début de l'époque romaine. Dans le *BGU* II 543, au lendemain de la conquête augustéenne, le transfert d'un *klêros* est une vente entièrement libre ; seul le nom de l'opération - *παραχώρησις* (cession) - évoque l'antique précarité du droit clérouchique, devenu une propriété privée pratiquement illimitée (48).

Fait nouveau à signaler : le droit des femmes de succéder aux *klêroi,* attesté aujourd'hui de façon absolument sûre, pour le Ier siècle av. n. è., par un papyrus de la collection de Berlin présenté par W. Müller au IXe Congrès international de Papyrologie, en 1958 (49). Ce texte montre comment les mesures libérales d'ordre successoral, limitées d'abord aux seuls parents mâles du clérouque, capables, du moins théoriquement, d'assurer à sa place les devoirs militaires envers le roi, finissent par assimiler l'hérédité des *klêroi* à l'ordre des successions privées.

Bénéficiaire, puis propriétaire, du lot qu'il a reçu du roi, le clérouque ne vit pas sur son *klêros.* En règle générale, il le sous-loue à des paysans égyptiens, préférant la ville à la campagne. Sans doute, comme le notait récemment J. Bingen, faut-il se garder "de concevoir un espace rural égyptien où tous les Grecs ne seraient que des acteurs épisodiques" ; mais "on peut estimer qu'il s'est dessiné parmi les Grecs une tendance à rester dans un milieu urbain, métropole de nome ou chef-lieu de la toparchie, par exemple, ou à le rejoindre" (50). Au lieu d'assurer une présence grecque en milieu rural, la clérouchie ptolémaïque s'inscrit en fin de compte dans l'opposition entre la ville et la campagne, c'est-à-dire entre Grecs et Barbares.

Enfin, la terre privée proprement dite. Il faut ranger dans cette catégorie, d'une part, l'*ἰδιόκτητος γῆ*, parcelles individuelles appartenant à de simples particuliers, d'autre part la *πολιτικὴ γῆ*, terre des cités grecques d'Egypte. Quant à la première espèce, il s'agit surtout de terrains à bâtir, de jardins et de vignobles : cette propriété privée héréditaire existe en Egypte, on l'a vu, depuis le Moyen

Empire et il semble bien qu'elle se consolide sous les Lagides (51). A cela s'ajoutent certaines terres à céréales, vendues à des individus par l'administration du domaine : des témoignages démotiques attestent la réalité et l'ampleur de telles aliénations, dès le 2ème tiers du IIIe siècle av. n. è. (premier témoignage : *P. Hauswaldt* 1 a, de 265 av. n. è.). Il suffit de rappeler à ce propos la thèse d'A. Stollwerk qui signale une trentaine de documents de ce type ; leurs dates s'étalent entre 265 et 91 avant notre ère (52).

Pour ce qui est du régime foncier des *poleis* d'Egypte, nous sommes, à la vérité, réduits à de pures hypothèses. Nous apprenons, par le *P. Merton* 5 (149-135 av. n. è.), l'existence d'une *πολιτικὴ γῆ*, terre des citoyens plutôt que terre des cités, d'après le sens de l'adjectif *πολιτικός* (53). Nous n'en connaissons malheureusement pas les formes de gestion (familiales ou individuelles ?). Au milieu du Ier siècle de n. è., l'édit du préfet Tibérius Julius Alexander mentionne, dans le territoire d'Alexandrie et dans le nome ménélaïte, une *ἀρχαία γῆ* qui ne paie pas l'impôt foncier (54). Selon l'hypothèse d'U. Wilcken (55) reprise par G. Chalon (56), il s'agirait de *παλαιοὶ* (*πρῶτοι*) *κλῆροι* des Alexandrins, lots familiaux originaires des citoyens. Exemptés de toute charge foncière par Alexandre, ils auraient gardé ce statut sous les Lagides ; en 68 de n. è., le préfet d'Egypte confirmerait cet antique privilège. Il est possible qu'il en soit de même de Naucratis et de Ptolémaïs, mais les détails à ce sujet nous échappent totalement.

II – Les "dépendants"

Dans quelle mesure, face aux bénéficaires de la terre, la masse des paysans indigènes incarne-t-elle dans l'Egypte lagide un mode de dépendance rurale ? Les sources papyrologiques fournissent des éléments qui permettent d'esquisser une réponse à cette question.

Une remarque terminologique d'abord. On a l'habitude de désigner par le terme *λαοί* l'ensemble des paysans égyptiens. Or, dans une étude récente, Claude Vandersleyen a remis en question cette opinion : l'analyse des vingt-six documents ptolémaïques dans lesquels apparaît (presque toujours au pluriel) le terme *λαός* le conduit à penser que "les *λαοί* ne représentent qu'une partie de la population d'un village égyptien ; ils sont de ceux avec lesquels l'autorité grecque a des contacts officiels ; ils ont une responsabilité dans la vie de la communauté" (57). En somme, le terme désignerait donc non pas la totalité des paysans autochtones, mais les seuls notables, couche supérieure de la population locale qui joue comme un rôle d'intermédiaire entre conquérants et conquis. Cette interprétation a déjà soulevé des réserves (58). Le terme pourrait aussi bien, comme le suggère Claude Orrieux, désigner des "Egyptiens qui ont conservé leur organisation et leurs droits traditionnels" par opposition aux "travailleurs inorganisés qui ont perdu les avantages de la solidarité villageoise en quittant leur lieu d'origine" (59). Plutôt que des "notables" nous aurions donc là des "paysans enracinés". Mais quoi qu'il en soit, cette discussion a valeur d'avertissement. Elle montre a quel point il serait dangereux d'assimiler, sur la foi du vocable, les paysans égyptiens aux paysans asiatiques et déclarer la dépendance des *λαοί* d'Egypte par analogie avec les *λαοί* d'Asie (60).

Cela dit, revenons au statut social et juridique des paysans égyptiens. Fermiers de terres clérouchiques et de terres sacrées, ils nous intéressent surtout comme cultivateurs du domaine royal, *βασιλικοὶ γεωργοί* (61). C'est dans les rapports entre le roi et son fermier indigène que le lien entre le régime foncier et le système de relations sociales se manifeste de la façon la plus nette. Nous sommes en présence d'une évolution qui paraît être l'inverse de celle de la propriété des terres : à mesure que la propriété royale s'amenuise au profit de la propriété privée grandissante, la liberté formelle du paysan cultivateur du domaine évolue vers un asservissement de fait. Essayons de préciser les données du problème.

On peut tenir pour acquis que les *βασιλικοὶ γεωργοί* se recrutent essentiellement parmi les autochtones. Il y a, bien entendu, des Grecs égyptianisés ou simplement appauvris parmi les cultivateurs du domaine royal, tout comme il y a des Egyptiens hellénisés qui parviennent parfois à des situations enviables dans l'administration royale, à condition de connaître assez bien la langue du conquérant pour remplir les fonctions qui leur sont confiées ; mais ce sont là des situations marginales (62). Dans l'ensemble, l'équivalence : paysans royaux = Egyptiens indigènes ne déforme pas la réalité historique de l'Egypte lagide (63).

La forme juridique de cette méthode d'exploitation du domaine royal est un bail à ferme, qui utilise normalement le procédé des enchères publiques. Le *βασιλικὸς γεωργός* n'est ni "serf" ni "travailleur agricole salarié" ; il est le fermier du roi. On sait, surtout par les archives du Fayoum du IIe siècle av. n. è., comment fonctionne le système. La liste des parcelles à louer et les conditions de l'affermage sont portées à la connaissance des intéressés. Ceux-ci soumettent des offres écrites (*ὑποστάσεις*), individuellement ou par groupes. L'administration du domaine examine les offres et concède aux plus-offrants les parcelles jusqu'à une nouvelle adjudication (*διαμίσθωσις*) (64).

Formellement, nous sommes en présence d'une *μίσθωσις* grecque. Elle procède d'une tradition qui remonte à la cité classique et dont la récente thèse de D. Behrend a bien précisé, pour Athènes, la nature juridique (65). Le système de l'adjudication aux enchères appartient à la même tradition (66). C'est le recours à ce système qui fait que le montant du loyer (*ἐκφόριον*) ne peut être débattu librement avant la conclusion du contrat. Mais des dialogues sur ce point entre les fermiers et les agents du roi peuvent surgir après l'adjudication ; la qualité du sol en fonction de la crue du Nil est invoquée, avec d'autres motifs, pour obtenir un allègement des fermages (67). Le taux moyen de ceux-ci varie de 1/4 d'artabe à 6 artabes de froment par aroure ; à cela s'ajoute l'impôt foncier, calculé au nombre d'aroures cultivées, d'ordinaire 1 artabe par aroure (*ἀρταβιεία*). La charge n'a rien d'excessif. Les loyers pratiqués dans les baux de terre clérouchique font apparaître des taux à peu près équivalents à ceux des fermages dus par les paysans royaux. Le régime contractuel des baux de terre royale reste relativement libéral à cet égard (68).

Il en est de même de la durée des baux. Le fait qu'elle ait pour limite la date, incertaine pour le paysan, d'une nouvelle adjudication n'a rien de choquant dans ce type de contrat "administratif", dont les conditions sont définies à l'avance. En fait les baux sont conclus à court terme au IIIe siècle et le paysan change souvent de tenure. Cette "mobilité" du paysan relève également d'un régime contractuel libéral.

En revanche, dès le IIIe siècle, le paysan n'est pas libre de cultiver comme bon lui semble la parcelle qui lui est donnée à bail. La *διαγραφὴ τοῦ σπόρου* lui impose sur ce point des obligations impératives. Dans l'étude détaillée qu'il a consacrée à cette institution, Pierre Vidal-Naquet a montré le caractère autoritaire de la *διαγραφὴ τοῦ σπόρου*, élaborée localement compte tenu de la crue du Nil, mais imposée d'en haut par l'administration centrale sans qu'il y ait, comme l'avaient supposé certains historiens, une "collaboration" entre le paysan et la bureaucratie royale (69). Il a souligné en même temps l'ambiguïté du système : sa technique, comme son nom, procèdent d'une origine grecque ; l'objectif et le mécanisme de la *διαγραφὴ τοῦ σπόρου* supposent au contraire "un système de relations sociales totalement différent de celui de la cité grecque" (70).

Une autre restriction de la liberté du paysan vient du devoir de ne pas quitter la parcelle pendant les semailles et la moisson. Le paysan s'engage par serment à être "présent chaque jour sur les lieux et appliqué aux travaux agricoles, sans chercher refuge sur l'autel sacré de quelque temple, sans faire appel à aucune protection, sans inventer aucun moyen de se dérober" (71). Le document dans lequel apparaît la formule que l'on vient de citer est un texte unique et il date de la fin du IIe siècle (107 av. n. è.). Mais certains indices montrent que de tels serments faisaient normalement partie des conventions passées entre les cultivateurs et l'administration du domaine, dès le IIIe siècle (72).

Ainsi, le statut du paysan royal est, dès le début de l'époque ptolémaïque, un statut hybride. A la liberté du régime contractuel qui relève du droit privé viennent se superposer des contraintes administratives (bordereau d'ensemencement) ou extra-juridiques (serment de présence). A partir de là, l'évolution qui commence, semble-t-il, dès la fin du IIIe siècle et qui se poursuit au IIe, va aboutir à un asservissement de fait du cultivateur théoriquement libre.

La durée des baux s'allonge de manière à immobiliser le paysan sur la parcelle qui lui a été louée. La dépopulation et le retrécissement des superficies cultivables font que le roi cherche à retenir aussi longtemps que possible le fermier sur la parcelle qui lui a été attribuée. Dans les documents de Tebtunis du IIe siècle, il n'est pas rare de trouver des baux conclus pour cinq, dix et même vingt ans. Cet allongement des baux est déjà une modalité de l'attache à la glèbe (73).

La tendance à prolonger le bail autant qu'il se peut finit par créer le bail héréditaire (*εἰς τὸ πατρικόν*). Il ne s'agit là, précisons-le, que d'une partie des locataires de terres royales. Mais ils sont assez nombreux pour faire l'objet d'une mention spéciale dans l'édit de Ptolémée VIII Evergète II de 118 (74). Pour les clérouques, l'hérédité des tenures était, on l'a vu, une étape dans la voie vers la propriété des *klêroi.* Il n'en est pas de même pour le paysan : la terre qui lui est donnée en tenure héréditaire reste la propriété du roi. C'est un "bail à long terme" qui ne change rien aux rapports entre le roi-propriétaire et le paysan-tenancier (75). Loin de faire acquérir à celui-ci la terre qu'il cultive, l'hérédité du bail apparaît, elle aussi, pour ceux qu'elle frappe, comme une forme de l'attache à la glèbe.

Mais surtout, l'asservissement du paysan se manifeste de manière éclatante dans la pratique du bail imposé, *ἐπιβολή*. Elle s'installe dans la première moitié du IIe siècle av. n. è., à la faveur des circonstances : invasion séleucide et ses conséquences désastreuses. On connaît la longue circulaire dans laquelle le dioecète Hérodès précise les mesures à prendre pour imposer de force aux paysans la culture des parcelles abandonnées qui seront réparties entre eux contre le paiement d'un loyer déterminé (76). Juridiquement ce rapport reste toujours un contrat de location, comme dans l'hypothèse d'un bail ordinaire. Après le coup de force que représente l'assignation de parcelles à cultiver aux paysans "riches", dont on invoque à l'occasion le dévouement à l'Etat (*διὰ τὴν πρὸς τὰ πράγματ' εὔνοιαν*), le bail forcé reste un contrat parfaitement conforme à la catégorie juridique de la *μίσθωσις* grecque. Sans doute y a-t-il eu, au départ, un "vice de consentement" manifeste. Mais pour les Grecs, le consentement n'est pas l'élément constitutif du contrat, comme pour les Romains et pour nous ; seules comptent la remise réelle de la parcelle au locataire et la finalité de la disposition acceptée par celui-ci, malgré lui (77).

En fait, il n'est pas douteux qu'il s'agit d'une contrainte. Mais celle-ci utilise des moyens qui procèdent de l'expérience poliade plutôt que d'une tradition "asiatique". Les ressources d'un droit contractuel formellement égalitaire peuvent servir à créer et à maintenir des inégalités sociales plus profondes que la servitude effective. En tout cas, pour les paysans égyptiens la contrainte aura été durable : une fois installé, le bail forcé ne cessera, on le sait, d'évoluer, aboutissant sous l'Empire à une perfection dont on connaît les multiples manifestations (78).

Le système n'est pas sans danger pour l'Etat-bailleur : si elle n'est pas pratiquée avec assez de souplesse, la contrainte provoque la fuite du paysan, ἀναχώρησις (79). Contre celle-ci le pouvoir n'a qu'un remède : la responsabilité collective du village. Dès la fin du IIe siècle, la communauté des fermiers royaux d'un village est solidairement responsable du montant des fermages dus par l'ensemble des ses membres. Déjà au siècle précédent, des groupes de cultivateurs agissent de manière collective ; leurs "anciens", πρεσβύτεροι, traitent en leur nom avec les agents du roi. A cette époque, la solidarité villageoise, assez lâche semble-t-il, pouvait servir à défendre les intérêts des cultivateurs. A présent, elle est un facteur d'asservissement pour le paysan qu'elle attache au village collectivement responsable devant le fisc royal (80).

Enfin, un dernier élément qui limite la liberté des cultivateurs : tout comme les individus "impliqués dans les revenus du roi" (ἐπιπεπλεγμένοι τοῖς προσόδοις), ils sont soustraits aux juridictions ordinaires et soumis à un régime judiciaire spécial (81). Celui-ci peut bien comporter des privilèges par rapport aux autres sujets du roi, notamment en matière d'exécution forcée des créances : l'exécution sur la personne du cultivateur est interdite lorsqu'il s'agit d'une dette privée et, quelle que soit la dette, elle ne peut porter ni sur la maison dans laquelle est remisé le matériel agricole, ni sur le bétail, ni sur les instruments aratoires du paysan (82). Il n'en est pas moins une marque de la dépendance du paysan à l'égard du roi et de ses agents.

Ces quelques remarques sur le régime foncier et le statut social dans l'Egypte ptolémaïque permettent, nous semble-t-il, de nuancer une nouvelle fois la thèse du caractère "asiatique" de la monarchie lagide. Il n'est pas possible, dans la civilisation hellénistique de l'Egypte, de réduire l'apport grec à un "appendice culturel" : l'expérience poliade intervient dans le jeu des forces économiques et sociales. Et ce n'est pas là une simple juxtaposition d'une forme grecque et d'un fond local : il y a interpénétration d'éléments importés ("antiques") et traditionnels ("asiatiques"). A des degrés variables selon les divers secteurs de la vie publique et privée, les techniques grecques, s'adaptant aux réalités égyptiennes, marquent de leur empreinte l'évolution de l'Etat et de la société (83).

La conquête macédonienne n'a pas doté l'Egypte d'un régime foncier reposant sur la maîtrise exclusive du roi sur le sol. Sans doute n'a-t-elle pas remplacé par une main-d'oeuvre servile le travail du paysan égyptien : le travail servile ne trouve qu'une place très limitée dans l'agriculture ptolémaïque (84) ; il n'est pas permis d'assimiler le paysan égyptien à l'esclave et de qualifier pour cette raison d'"esclavagiste" la société ptolémaïque (85). Mais la conquête n'a pas non plus abouti simplement à renforcer le mode de production asiatique. Elle a au contraire introduit dans la réalité économique et sociale égyptienne des éléments nouveaux, tendant à la fois à atténuer le caractère "despotique" de l'Etat et a raffiner l'exploitation des agriculteurs au profit d'une nouvelle classe dominante.

Partenaire contractuel du roi, le paysan égyptien est, en principe, un homme libre (86). Mais sa liberté est comprise dans un système juridique dont l'équilibre est rapidement faussé par l'inégalité fondamentale entre le bailleur et le fermier. L'évolution qui s'accomplit entre le IIIe et le IIe siècle va du contrat à la contrainte. Toutefois, l'asservissement de fait dans lequel elle plonge le paysan à l'égard du roi n'atteint pas le même degré de dépendance que celui où se trouve le barbare asiatique, "esclave par nature" du Grec. Même à la fin du IIe siècle, les Egyptiens ne sont pas devenus les hilotes du roi Lagide.

Tout se passe comme si, dans les royaumes hellénistiques, le degré de dépendance rurale de la population paysanne autochtone était proportionnellement fonction du degré d'hellénisation. Le moins hellénisé de ces royaumes, l'Egypte ptolémaïque est aussi le pays où l'assujettissement du cultivateur indigène a été le moins accompli. Un ensemble de moyens de contrainte, dont les formes et les techniques étaient enracinées dans les traditions grecques, ont défini le statut des paysans autochtones en tant que "groupe" ou "ordre" : *γένος* (le mot est employé dans cette acception par un document officiel) (87). Ils n'ont pas consacré leur servitude, leur *δουλεία*, en tant que classe.

NOTES

1 – Le texte que l'on peut lire ici développe, en le modifiant et en le complétant sur plusieurs points, l'exposé écrit préparé pour le *Colloque 1974 sur l'esclavage : "Terre et dépendants"* (Besançon, 2-3 mai 1974). Les notes qui l'accompagnent donnent, sans prétendre à l'exhaustivité, quelques précisions pour les sources et les études utilisées dans ce travail. On a tenu compte des documents et des travaux édités depuis le Colloque, dans la mesure où ils invitaient à remanier les formules de l'exposé de 1974.
Un ample compte rendu du Colloque de 1974 a été publié par Sandro A. FUSCO et Roberto ORENA dans la revue *Labeo* 21 (1975) p. 107-121 sous le titre "Regime della terra e forme di dependenza" ; notre exposé y est résumé par S.A. FUSCO, p. 111-113.

2 – P. VIDAL-NAQUET, Réflexions sur l'historiographie grecque de l'esclavage, *Actes du Colloque 1971 sur l'esclavage,* Paris 1973, p. 25- 44, particulièrement p. 39.

3 – Claude MOSSE, Les dépendants paysans dans le monde grec à l'époque archaïque et classique, communication au *Colloque 1974 sur l'esclavage,* résumée par S.A. FUSCO dans *Labeo* 21 (1975) p. 109-110 (voir *supra,* note 1). On trouvera dans le présent recueil le texte de l'exposé de Cl. MOSSE, qui admet, à la suite de G. MATHIEU (*Isocrate, Discours,* t. IV, Paris 1962, p. 180-183), l'authenticité de la dernière lettre d'Isocrate à Philippe où est formulé le conseil : *ὅταν τοὺς μὲν βαρβάρους ἀναγκάσῃς εἱλωτεύειν τοῖς Ἕλλησιν.*

4 – H. KREISSIG, Propriété foncière et formes de dépendance dans l'hellénisme oriental, communication au *Colloque 1974 sur l'esclavage* (résumé par S.A. FUSCO dans *Labeo* 21, 1975, p. 113-114 ; texte dans le présent recueil). Je cite les conclusions finales de H. KREISSIG.

5 – DIODORE de Sicile, *Bibliothèque historique* XVIII 39, 5.

6 – *P. Tebt.* I 27 = Wilcken, *Chrest.* 331, lignes 54-55.

7 – *P. Tebt.* I 5 = *C. Ord. Ptol.* 53, lignes 110-112.

8 – *P. Tebt.* I 63 = Wilcken, *Chrest.* 333, col. I, lignes 2-3.

9 – M. ROSTOVTZEFF, *Studien zur Geschichte des römischen Kolonates,* Leipzig-Berlin 1910, p. 79 (souligné par ROSTOVTZEFF). Formule plus nuancée dans *Social and Economic History of the Hellenistic World,* Oxford 1941, t. I, p. 271 et note 84 (t. III, p. 1379).

10 – U. WILCKEN, *Grundzüge,* Leipzig 1912, p. 271 *sq.*

11 – V. ARANGIO-RUIZ, *Lineamenti del sistema contrattuale nel diritto dei papiri,* Milan 1924, p. 44.

12 – W.W. TARN et G.T. GRIFFITH, *Hellenistic Civilization,* 3ème édit., Londres 1952, p. 187 et 189.

13 – R. TAUBENSCHLAG, *The Law of Greco-Roman Egypt in the Light of the Papyri,* 2ème édit., Varsovie 1955, p. 232.

14 – Voir, par exemple, O. MONTEVECCHI, *La Papirologia,* Turin 1973, p. 144-145, ou V. EHRENBERG, *L'Etat grec,* Paris 1976, p. 361.

15 – En dernier lieu, Arno STOLLWERCK, *Untersuchungen zum Privatland im ptolemäischen und römischen Aegypten,* Dissert. Cologne 1971, p. 4.

16 – Voir, sur cet emploi adverbial, R. KUEHNER, *Ausführliche Grammatik der griechischen Sprache,* II. *Satzlehre,* 3ème édit. par B. GERTH, I, Hannovre-Leipzig 1898, p. 275 ; cf. E. SCHWYZER - A. DEBRUNNER, *Griechische Grammatik,* II, Munich 1950, p. 178-179. A la vérité, les exemples cités par ces auteurs concernent des notions opposées par couples, et non pas des énumérations à plus de deux éléments ; mais le sens adverbial de ἄλλος (ou ἕτερος) ne semble pas se limiter à de tels cas : voir, par exemple, à propos de l'expression ἄλλος κατὰ νόμους κληρόνομος, notre étude : La dévolution au fisc des biens vacants d'après le "Gnomon de l'Idiologue", *Studi in onore di E. Volterra,* vol. VI, Milan 1971, p. 91-125, particulièrement p. 106-109.

17 – J.C. SHELTON, Ptolemaic Land ἐν ἀφέσει : an Observation on the Terminology, *CE* 46 (1971) p. 113-119.

18 – Claude VANDERSLEYEN, article cité *infra,* note 57, p. 342-343 (note 6).

19 – H. KREISSIG, dans son exposé cité plus haut, note 4.

20 – J. HERMMANN, Zum Begriff der *γῆ ἐν ἀφέσει, CE* 30 (1955) p. 95-106.

21 – E. SEIDL, *SDHI* 21 (1955) p. 457, à propos de l'article de J. HERRMANN cité à la note précédente ; IDEM, *Ptolemäische Rechtsgeschichte,* 2ème édit., Glückstadt 1962, p. 111.

22 – E. SEIDL, *Bodennutzung und Bodenpacht nach den demotischen Texten*

der Ptolemäerzeit (Oesterr. Akad. d. Wiss. Philos. - hist. Kl., Sitz. - Ber., 291., 2. Abh.), Vienne 1973, p. 11.

23 – G.I. LUZZATTO, Sul regime del suolo nelle provinze romane, *I diritti locali nelle province romane con particulare riguardo alle condizioni giuridiche del suolo* (actes du Colloque organisé par l'Académie des Lincei en octobre 1971), Rome 1974, p. 9-53, particulièrement p. 33. De son côté, Pierre VIDAL-NAQUET notait en 1967, dans son étude sur le *Bordereau d'ensemencement* (*infra,* note 69), à la suite des travaux de J.HERRMANN(*supra,* note 20) et d'E. SEIDL (*supra,* note 21), qu'il "n'est plus possible de traduire cette expression" (il s'agit bien entendu de la ἐν ἀφέσει γῇ) "par terre concédée" (p. 18 et note 2) ; il ne pouvait évidemment pas encore connaître les précisions apportées par E. SEIDL dans son étude sur l'exploitation du sol d'après le "code d'Hermoupolis", citée à la note précédente.

24 – *P. Lond.* VII (1974) 2188, lignes 209 et 335.

25 – T.C. SKEAT, *Greek Papyri in the British Museum,* VII, Londres 1974, p. 295 ; réserves de J. MODRZEJEWSKI, *RD* 54 (1976) p. 109. T.C. SKEAT pense que les revenus des "apanages" iraient à la caisse privée du roi, ceux du domaine "public" étant versés au trésor *(basilikon).* Mais une telle distinction entre "trésor public" et "cassette privée" du roi n'est pas démontrée par les sources pour l'Egypte ptolémaïque. Plutôt que de terres détenues "en propre" par le roi, il pourrait s'agir de parcelles de terre royale vendues à des particuliers : voir ci-dessous, note 52, les documents concernant de telles ventes effectuées par l'administration du domaine.

26 – Pour le détail, voir R. TAUBENSCHLAG, *The Law,* 2ème édit. (*supra,* note 13), p. 233-235 ; E. SEIDL, *Ptolem. Rechtsgeschichte,* 2ème édit. (*supra,* note 21) p. 111.

27 – Dans ce sens, surtout M. ROSTOVTZEFF, *Kolonat* (cité *supra,* note 9), p. 1-84 (Egypte ptolémaïque) où il est souvent question d'un "Obereigentum des Königs über privaten Grundbesitz". Parmi les auteurs plus récents par exemple E. SEIDL, *Ptolem. Rechtsgeschichte,* p. 111, cité à la note précédente.

28 – Voir nos réserves : J. MODRZEJEWSKI, La dévolution à l'Etat des successions en déshérence dans le droit hellénistique, *RIDA,* 3ème sér., 8 (1961) p. 79-113, particulièrement p. 96-97.

29 – Voir, par exemple, J. GAUDEMET, *Institutions de l'Antiquité,* Paris 1967, p. 224 *sq.* ; V. EHRENBERG, *L'Etat grec,* Paris 1976, p. 259 *sq.*

30 – Voir Claude MOSSE, *La fin de la démocratie athénienne,* Paris 1962, p. 375-397.

31 – Voir, en dernier lieu, J. MODRZEJEWSKI, Note sur la législation des Lagides, *Mélanges d'histoire ancienne offerts à W. Seston*, Paris 1974, p. 365-380 ; voir aussi les rapports sur nos conférences : Papyrologie et Histoire des Droits de l'Antiquité, *Annuaire 1974/1975 de l'Ecole Pratique des Hautes Etudes, IVème Section*, Paris 1975, p. 332-338 (sur la hiérarchie des règles de droit dans l'administration de la justice), et *Annuaire 1975/1976*, Paris 1976, p. 323-324 (sur la structure du droit ptolémaïque).

32 – V. EHRENBERG, *op. laud.* (*supra,* note 29) p. 259 et références p. 284 ("les affaires du roi"). Sur l'Etat-*oikos* du roi, *infra,* note 35.

33 – Voir, à ce propos, Th. LIEBMANN-FRANKFORT, Valeur juridique et signification politique des testaments faits par les rois hellénistiques en faveur des Romains, *RIDA,* 3ème sér. 13 (1966) p. 73-94.

34 – Voir Claire PREAUX, *L'économie royale des Lagides,* Bruxelles 1939, p. 461.

35 – M. ROSTOVTZEFF, *A Large Estate in Egypt in the Third Century B.C.,* Madison 1922, p. 127-128 : "Egypt was the King's house . . ." ; IDEM, *Social and Economic History of the Hellenistic World,* Oxford 1941, p. 269. Nous avons étudié la désagrégation de l'*oikos* à l'époque hellénistique dans une conférence (inédite) faite en avril 1967 au *Colloque sur l'oikos* organisé par le Centre d'études d'histoire de l'Antiquité et le Centre de recherches comparées sur les sociétés anciennes ; quelques éléments de cette conférence sont utilisés dans notre article : Zum hellenistischen Ehegüterrecht im griechischen und römischen Aegypten, *ZSS, Rom. Abt.* 87 (1970) p. 50-84, particulièrement p. 70 *sq.*

36 – B. MENU, Le régime des terres en Egypte pharaonique, *RD* 49 (1971) p. 555-585 ; voir aussi B. MENU et I. HARARI, La notion de propriété privée dans l'Ancien Empire égyptien, *Cahiers de rech. de l'Inst. de Papyr. et d'Egyptol. de Lille* 2 (1974) p. 125-154. Pour les continuités ptolémaïques, voir les travaux déjà cités ci-dessus, note 26. Nous y revenons dans la seconde partie de cette étude.

37 – D.J. CRAWFORD, *Kerkeosiris. An Egyptian Village in the Ptolemaic Period,* Cambridge 1971, p. 103, à la suite de B.P. GRENFELL et A.S. HUNT, et d'U. WILCKEN.

38 – M. ROSTOVTZEFF, *A Large Estate,* déjà cité plus haut, note 35.

39 – A. SWIDEREK, *Dans l'"Etat" d'Apollonios : la société gréco-égyptienne du Fayoum au IIIème siècle av. n. è. d'après les archives de Zénon* (en polonais avec résumé en français), Varsovie 1959.

40 – Cl. ORRIEUX, *L'horizon social d'un Grec d'Egypte d'après les archives de Zénon (études prosopographiques),* thèse de doctorat ès-lettres (3ème cycle), Paris 1974.

41 – E. WIPSZYCKA, The *Δωρεά* of Apollonios the Dioeketes in the Memphite Nome, *Klio* 39 (1961) p. 153-190.

42 – *P. Lond.* VII, édit. T.C. SKEAT, Londres 1974, volume déjà cité plus haut, notes 24 et 25. Voir sur ce volume les comptes rendus d'E. SEIDL, *SDHI* 40 (1974) p. 469-472, et de J. MODRZEJEWSKI, *RD* 54 (1976) p. 108-109.

43 – Pour le détail, voir Cl. PREAUX, *L'économie royale des Lagides* (*supra*, note 34), p. 480-491.

44 – Cl. PREAUX, *op. laud.*, p. 463–480. Ce chapitre de *L'Economie royale des Lagides* est reproduit dans l'article : L'évolution de la tenure clérouchique sous les Lagides, *Recueils de la Société Jean Bodin,* III : *La tenure,* Bruxelles 1938, p. 41-57. Pour la prosopographie des clérouques, voir W. PEREMANS et E. VAN 'T DACK, *Prosopographia Ptolemaica,* IV : *L'agriculture et l'élevage,* Louvain 1959, n°s 8551-10060, et F. UEBEL, *Die Kleruchen Aegyptens unter den ersten sechs Ptolemäern,* Berlin 1968 (ouvrage monumental, qui donne toutes les informations sur les clérouques dans l'Egypte ptolémaïque jusqu'à la fin du règne de Ptolémée Philométor). Sur l'origine de la clérouchie ptolémaïque, voir B.A. VAN GRONINGEN, Population et administration, *MH* 10 (1953) p. 178-191, particulièrement p. 185, qui signale les précédents égyptiens et les précédents grecs ; dans le même sens, Pierre LEVEQUE, La guerre à l'époque hellénistique, *Problèmes de la guerre en Grèce ancienne,* recueil publié sous la direction de Jean-Pierre VERNANT, Paris - La Haye 1968, p. 261-287, particulièrement p. 265-266 : "institution parée d'un nom emprunté à l'Athènes classique, mais qui est dans la suite normale de la tradition pharaonique". En fait, l'élément local de l'institution clérouchique paraît s'attacher à un modèle perse, importé en Egypte par les Achéménides : voir, à ce propos, Guillaume CARDASCIA, art. "Hatru", *Reallexikon d. Assyriologie u. vorderasiat. Archäologie,* t. IV, Berlin - New-York 1973, p. 150-151, avec cette conclusion : "La ressemblance du *h.* de la Babylonie achéménide avec la clérouchie ptolémaïque suggère l'hypothèse suivant laquelle les Macédoniens auraient pu s'inspirer de ce précédent en empruntant aux Perses, au moins en partie, l'organisation de leurs colonies militaires de Haute Egypte" (p. 151).

45 – *P. Bürgsch. dém.* 7, ligne 2 ; cf. E. SEIDL, *Ptolem. Rechtsgeschichte,* 2ème édit., p. 110 note 11.

46 – *BGU* IV 1185 = *C. Ord. Ptol.* 71. Dans le *P. Lond.* VII 2015, début d'un testament de clérouque de 241 av. n. è. (le plus ancien document de ce type que nous connaissions actuellement), le testateur dispose de son *klêros* ; on

ne sait qui est le légataire et il n'est pas certain que ce soit, comme le suppose l'éditeur de ce texte T.C. SKEAT, le roi lui-même : peut-être avons-nous là une première manifestation du droit que le clérouque s'arroge de disposer de sa tenure et qui, deux siècles plus tard, finira par être reconnu par la loi royale ? Voir notre commentaire de ce texte dans *RD* 54 (1976) p. 109. Sur les testaments des clérouques ptolémaïques, voir Constantin SPANTIDAKIS, *Les testaments des clérouques au IIIe siècle av. n. è.*, mémoire inédit, Université de Paris - II, 1974 (texte dactylographié disponible).

47 – *P. Tebt.* I 124 = *C. Ord. Ptol.* 54.

48 – Pour d'autres survivances du régime foncier ptolémaïque dans l'Egypte romaine, voir, parmi les travaux récents, Friedrich ZUCKER, Beobachtungen zu den permanenten Klerosnamen, *Studien zur Papyrologie und antiken Wirtschaftsgeschichte. Festschrift F. Oertel*, Bonne 1964, p. 101-106 ; A. TOMSIN, Βασιλική et δημοσία γῆ dans l'Egypte romaine, *Mélanges René Fohalle*, Gembloux 1970, p. 271-280 ; Hans-Christian KUHNKE, Οὐσιακὴ γῆ. *Domänenland in den Papyri der Prinzipatszeit*, Dissertation Cologne, 1971 (cf. *RD* 50, 1972, p. 533 et *SDHI* 41, 1975, p. 599-600).

49 – Wolfang MUELLER, Bemerkungen zu den spätptolemäischen Papyri der Berliner Sammlung, *Proceed. IX Intern. Congress of Papyrology*, Oslo 1961, p. 183-193, particulièrement p. 190 *sq.* Le texte, *P. Berol.* inv. n° 16 223, a été repris comme *SB* VIII 9790.

50 – Jean BINGEN, Présence grecque et milieu rural ptolémaïque, *Problèmes de la terre en Grèce ancienne*, recueil publié sous la direction de M.I. FINLEY, Paris - La Haye 1973, p. 215-222 (citation textuelle p. 222).

51 – *Supra*, note 26.

52 – A. STOLLWERCK, *Untersuchungen*, *op. laud.* (*supra*, note 15), p. 10-13. Ces exemples sont empruntés à l'ouvrage de K.T. ZAUZICH, *Die ägyptische Schreibertradition in Aufbau, Sprache und Schrift der demotischen Kaufverträge aus ptolemäischer Zeit*, Wiesbaden 1968.

53 – Voir la discussion sur les πολιτικοὶ νόμοι dans notre rapport sur les conférences, *Annuaire 1974/1975 de l'E.P.H.E.*, Paris 1975 (cité *supra*, note 31), p. 327-329.

54 – Voir le texte dans l'édition de Gérard CHALON, *L'Edit de Tiberius Julius Alexander. Etude historique et exégétique*, Olten et Lausanne 1964, p. 33 : lignes 59-62.

55 – U. WILCKEN, *Grundzüge*, Leipzig 1912, p. 286.

56 – G. CHALON, *op. laud.* (*supra*, note 54), p. 230-233. Sur la notion de πρῶτος κλῆρος, voir David ASHERI, *Distribuzioni di terre nell'antica Grecia*

(Memoria dell'Accad. di Torino, Cl. di scienze mor., stor. et filol., ser. 4, n. 10), Turin 1966, p. 11, 15 *sq*.

57 – Claude VANDERSLEYEN, Le mot λαός dans la langue des papyrus grecs, *CE* 48 (1973) p. 339-439 (déjà cité plus haut, note 18) ; citation textuelle p. 346.

58 – Willy PEREMANS, Classes sociales et conscience nationale en Egypte ptolémaïque, *Miscellanea in honorem Josephi Vergote. Orientalia Lovaniensia Periodica* 6/7 (1975/1976) p. 443- 453, particulièrement p. 443- 444 note 4.

59 – Cl. ORRIEUX, thèse citée plus haut (note 40), p. 191.

60 – Sur les λαοί asiatiques, parmi les travaux récents, voir Pierre BRIANT, Remarques sur *"laoi"* et esclaves ruraux en Asie Mineure hellénistique, *Actes du Colloque 1971 sur l'esclavage*, Paris 1973, p. 93-133 ; I.S. SVENCICKAYA, A propos de la condition des λαοί dans le royaume séleucide (en russe, avec un résumé en anglais), *VDI* 115 (1971, fasc. 1) p. 3-16 ; I.S. SHIFMAN, Groupes socio-juridiques dans la société syrienne des époques hellénistique et romaine (en russe, avec un résumé en anglais), *VDI* 116 (1971 fasc. 2) p. 119-128 (sur ces deux études soviétiques, voir *RD* 51, 1973, p. 514).

61 – Βασιλικοὶ γεωργοί et non pas Βασιλικοὶ λαοί, comme les appelle ROSTOVTZEFF : l'expression Βασιλικοὶ λαοί n'est pas attestée en Egypte ; voir Cl. VANDERSLEYEN, art. précité (*supra*, note 57) p. 342.

62 – Voir Alan E. SAMUEL, The Greek Element in the Ptolemaic Bureaucracy, *Proceed. XII Intern. Congress of Papyrology*, Toronto 1970, p. 443-453, et les études de Willy PEREMANS : Egyptiens et étrangers dans l'administration civile et financière de l'Egypte ptolémaïque, *Ancient Society* 2 (1971) p. 33-45 ; Egyptiens et étrangers dans l'armée de terre et dans la police de l'Egypte ptolémaïque, *Ancient Society* 3 (1972) p. 67-76 ; Egyptiens et étrangers dans le clergé, le notariat et les tribunaux de l'Egypte ptolémaïque, *Ancient Society* 4 (1973) p. 59-69.

63 – Willy PEREMANS, Egyptiens et étrangers dans l'agriculture et l'élevage en Egypte ptolémaïque, *Ancient Society* 5 (1974) p. 127-135.

64 – Cette procédure est décrite en détail par U. WILCKEN, *Grundzüge*, Leipzig 1912, p. 274 *sq*. R. TAUBENSCHLAG, *The Law*, 2ème édit., Varsovie 1955, p. 659, reprend l'essentiel de cette description.

65 – Diederich BEHREND, *Attische Pachturkunden. Ein Beitrag zur Beschreibung der μίσθωσις nach den griechischen Inschriften*, Munich 1970 ; pour l'Egypte : Johannes HERRMANN, *Studien zur Bodenpacht im Rechte der gräco-ägyptischen Papyri*, Munich 1958, et Dieter HENNIG, *Untersuchungen*

zur Bodenpacht im ptolemäisch-römischen Aegypten, Dissertation Munich 1967 (cf. *RD* 47, 1969, p. 568). Sur le caractère "réel" de la *misthôsis,* H.J. WOLFF, Zur Rechtsnatur der Misthosis, *Beiträge zur Rechtsgeschichte Altgriechenlands und des hellen. -röm. Aegypten,* Weimar 1961, p. 129-154 (version allemande de l'article paru en anglais dans *JJP* 1, 1946).

66 – Voir Fritz PRINGSHEIM, Der griechische Versteigerungskauf, *Gesammelte Abhandlungen,* t. 2, Heidelberg 1961, p. 262-329 (version allemande de l'article paru en anglais dans *Scritti Ferrini* t. 3, Milan 1949, p. 284-343), et Mario TALAMANCA, *Contributi allo studio delle vendite all'asta nel mondo classico* (Atti dell'Accad. nazionale dei Lincei, Memorie, Classe di scienze mor., stor. e filol., ser. 8, vol. 6), Rome 1954 (l'Egypte ptolémaïque : p. 35-104).

67 – Cl. PREAUX, *L'économie royale des Lagides,* p. 502 *sq.* Sur de tels dialogues, voir à présent Danielle BONNEAU, *Le fisc et le Nil. Incidences des irrégularités de la crue du Nil sur la fiscalité foncière dans l'Egypte grecque et romaine,* Paris 1971, en particulier les conclusions, p. 209 *sq.*

68 – Réserves de D. HENNIG, *op. laud.* (*supra,* note 65) p. 101 note 3, qui insiste sur la différence entre les contrats de bail individuellement conclus par les particuliers et le système de la *diamisthôsis* globale pratiqué dans les baux de terre royale. Une étude d'ensemble sur ceux-ci serait souhaitable.

69 – P. VIDAL-NAQUET, *Le bordereau d'ensemencement dans l'Egypte ptolémaïque,* Bruxelles 1967. Voir aussi N.N. PIKOUS, A propos de la διαγραφὴ *τοῦ σπόρου, Proceed. XII Intern. Congress of Papyrology,* Toronto 1970, p. 405-410, et le même article en russe *VDI* 117 (1971 fasc 3) p. 130-137. Sur les racines égyptiennes de l'institution, Bernadette MENU, *Ts prt* en égyptien et le bordereau d'ensemencement, *Cahiers de rech. de l'Inst. de Papyr. et d'Egyptol. de Lille* 3 (1975) p. 143-149 (communication présentée au XIVème congrès internationale de papyrologie, Oxford, juillet 1974).

70 – P. VIDAL-NAQUET, *op. laud.,* p. 43.

71 – *P. Tebt.* I 210 = Wilcken, *Chrest.* 327, d'après Cl. PREAUX, *L'économie royale des Lagides,* p. 497.

72 – Cl. PREAUX, *op. laud.,* p. 497 et note 5. Voir aussi la thèse de W. SCHMIDT, citée plus loin (note 79), p. 43 *sq.*

73 – Cl. PREAUX, *op. laud.,* p. 494 *sq.* Voir aussi, du même auteur : Les modalités de l'attache à la glèbe dans l'Egypte grecque et romaine, *Recueils de la Société Jean Bodin,* II : *Le servage,* Bruxelles 1937, p. 35-66, particulièrement p. 41 *sq.* (2ème édit., Bruxelles 1959, p. 33-65).

74 – *P. Tebt.* I 5 = *C. Ord. Ptol.* 53, lignes 10-13.

75 – Sur le bail à long terme, voir R. TAUBENSCHLAG, Le bail à long terme dans le droit gréco-égyptien, *Recueils de la Société Jean Bodin,* III : *La tenure,* Bruxelles 1938, p. 59-66, et *The Law,* 2ème édit., Varsovie 1955, p. 263 *sq.*

76 – *P. Par.* 63 = *UPZ* 110, avec le commentaire (fondamental !) de WILCKEN. Voir aussi Cl. PREAUX, *L'économie royale,* p. 505 *sq.,* et N.N. PIKOUS, La pratique d'imposer l'ἐπιβολή d'après les lettres d'Hérodès (en russe), *Symbolae R. Taubenschlag,* t. I (*Eos* 48 fasc. 1), Wroclaw - Varsovie 1956, p. 221-235.

77 – Pour la thérorie de l'obligation contractuelle en droit grec, élaborée par Hans Julius WOLFF, voir le résumé des travaux de ce savant dans son article : La structure de l'obligation contractuelle en droit grec, *RD* 44 (1966) p. 569-583 ; exposé plus détaillé : Die Grundlagen des griechischen Vertragsrechts, *ZSS, Rom. Abt.* 74 (1957) p. 26-72, repris dans le recueil édité par Erich BERNEKER, *Zur griechischen Rechtsgeschichte,* Darmstadt 1968, p. 483-533.

78 – Voir, parmi les derniers travaux, G. POETHKE, *Epimerismos. Betrachtungen zur Zwangspacht in Aegypten während der Prinzipatszeit,* Bruxelles 1969.

79 – Voir surtout Walter SCHMIDT, *Der Einfluss der Anachoresis im Rechtsleben Aegyptens zur Ptolemäerzeit,* Dissertation Cologne 1966, qui fait le point de la question (cf. *RD* 46, 1968, p. 163).

80 – Cl. PREAUX, *L'économie royale,* p. 509-513.

81 – *P. Tebt.* I 5 = *C. Ord. Ptol.* 53, lignes 210-211, cf. ligne 140 (= 156-157). Cf. Hans Julius WOLFF, *Das Justizwesen der Ptolemäer,* Munich 1962 (2ème édit. 1971) p. 180-183. Pour l'interprétation du décret rapporté dans les lignes 207-220 du *P. Tebt.* I 5, voir J. MODRZEJEWSKI, Chrématistes et laocrites, *Le monde grec. Hommages à Claire Préaux,* Bruxelles 1975, p. 699-708.

82 – *P. Tebt.* I 5 = *C. Ord. Ptol.* 53, lignes 221-230 et 231-247.

83 – Ce point était mal posé dans mon texte polycopié présenté au Colloque de 1974 ; dans son article cité plus haut, note 69, Bernadette MENU a tout à fait raison de relever le caractère artificiel d'une dualité "forme/fond" (p. 148).

84 – Voir, par exemple, I. BIEZUNSKA-MALOWIST, *L'esclavage dans l'Egypte gréco-romaine,* I : *Période ptolémaïque,* Wroclaw - Varsovie 1974, p. 59-83 ; Danielle BONNEAU, Esclavage et irrigation d'après la documentation papyrologique, *Actes du Colloque 1973 sur l'esclavage,* Paris 1976, p. 313-326 (et discussion p. 327-331).

85 – Ainsi, par exemple, V.V. STRUVE, Structures sociales dans l'Egypte hellénistique, *Voprosy Istorii,* 1962 n° 2, p. 67-95 (en russe, avec un résumé en anglais p. 219-220) ; nos réserves dans *RD* 42 (1964) p. 158. Dans un sens analogue, plus récemment, N.N. PIKOUS, dans sa thèse sur *Paysans royaux (producteurs immédiats) et artisans en Egypte au IIIe siècle av. n. è. Recherches sur les relations sociales et économiques,* Moscou 1972 ; bonne critique par Heinz HEINEN : Sur le régime du travail dans l'Egypte ptolémaïque au IIIe siècle avant J.-C. (à propos d'un livre récent de N.N. Pikous), *Le monde grec. Hommages à Claire Préaux,* Bruxelles 1975, p. 656-662.

86 – Et il est désigné comme tel par le terme démotique *nmh :* voir E. SEIDL, *Bodennutzung und Bodenpacht, op. laud.* (*supra,* note 22), p. 17.

87 – *P. Tebt.* I 5 = *C. Ord. Ptol.* 53 ligne 209 (cf. *supra,* note 81).

V

LA STRUCTURE JURIDIQUE DU MARIAGE GREC

Pour Orsolina Montevecchi

Depuis la synthèse tentée en 1934 par Walter Erdmann [1], de nombreux travaux ont renouvelé la problématique du mariage grec. Il convient de mentionner surtout, à ce propos, deux importants mémoires de Hans Julius Wolff, l'un, remontant à 1944, sur le droit matrimonial et l'organisation de la famille à Athènes[2], l'autre, paru en 1952, sur les fondements du droit matrimonial grec[3]; ils forment désormais la base de toute recherche sérieuse en la matière, dans la perspective de l'histoire juridique. Plus près de nous, et dans un esprit différent, des savants tels que Jean-Pierre Vernant[4] et E.J. Bickerman[5] ont enrichi l'étude du mariage grec

---

* Cette étude, que je dédie à Mademoiselle Orsolina Montevecchi en témoignage d'estime et d'amitié, et qui paraît aussi, sous une forme très légèrement modifiée, dans les Scritti in onore di Orsolina Montevecchi (Bologne 1981), reprend les principaux résultats de mon séminaire de papyrologie et histoire des droits de l'Antiquité fait en 1977/1978 à la IVe Section de l'École pratique des Hautes Études, tels qu'ils sont exposés, en même temps qu'ici, dans l'*Annuaire* de l'École, 111e année (1978/1979), Paris 1979 [à paraître en 1981], p. 307-330: rapport sur les conférences de l'année 1977/1978. Le texte qui suit utilise certains éléments de ce rapport, mais il le modifie sur plusieurs points et le complète par des références aux sources et à la bibliographie, réduites du reste à l'essentiel.

1. W. Erdmann, *Die Ehe im alten Griechenland,* Munich 1934, XI-420 p. (Münch. Beitr. z. Pap.-Forsch. u. ant. Rg. 20).

2. H.J. Wolff, *Marriage Law and Family Organization in Ancient Athens: A Study on the Interrelation of Public and Private Law in the Greek City,* dans Traditio 2, 1944, p. 43-95, et version allemande: *Eherecht und Familienverfassung in Athen,* dans Beiträge zur Rechtsgeschichte Altgriechenlands und des hellenistisch-römischen Aegypten, Weimar 1961, p. 155-242 (cité plus loin: Beiträge).

3. H.J. Wolff, *Die Grundlagen des griechischen Eherechts,* dans Tijdschr. v. Rechtsg. 20, 1952, p. 1-29 et 157-181; les deux premières parties de cette étude, qui concernent l'Athènes classique et les cités grecques (la troisième partie est consacrée à l'Égypte hellénistique), sont reprises dans le recueil publié sous la direction d'E. Berneker, Zur griechischen Rechtsgeschichte, Darmstadt 1968, p. 620-654 (= Tijdschr., cit., p. 1-27 et 157-163).

4. J.-P. Vernant, *Le mariage en Grèce archaïque,* dans La Parola del Passato 148-149, 1973, p. 51-74; repris dans le recueil Mythe et société en Grèce ancienne, Paris 1974, p. 57-81.

5. E. J. Bickerman, *La conception du mariage à Athènes,* dans BIDR, 3e sér. 17 (t. 78 de la

par des approches originales dont le juriste peut tirer un grand profit. D'autres travaux encore, qu'il n'est pas possible d'énumérer tous ici, ont été consacrés à divers aspects du mariage et de la famille dans l'Antiquité grecque; des manuels récents en font le point [6].

Il ne saurait être question de recenser ici tous les éléments de ces travaux ni, à plus forte raison, d'esquisser une synthèse nouvelle. Tout au plus voudrait-on risquer une mise au point. Son objet est assez modeste. Il s'agit de dégager, dans l'institution matrimoniale, les éléments qui en forment la structure juridique, en essayant de montrer la permanence de cette structure dans l'évolution historique qui va de la cité classique à la monarchie hellénistique et qui se prolonge sous le Haut-Empire romain [7].

1. Les modes matrimoniaux

A la différence du mariage moderne, dont la conclusion requiert la participation directe d'organes représentant les Églises et les États, le mariage grec a été de tout temps, comme le mariage d'autres peuples de l'Antiquité, un acte laissé à l'initiative des familles et des individus; l'intervention de la collectivité se limite ici à réglementer les conditions de validité et les effets de cet acte: elle fixe les barrières au-delà desquelles le mariage légitime n'est pas possible et détermine les conséquences d'une union reconnue licite en ce qui concerne le statut de la femme et des enfants face au groupe social et relativement aux biens [8]. La coutume et la loi familiales peuvent ainsi privilégier certaines formes de vie conjugale parmi d'autres, promouvoir un mode matrimonial au rang de mariage légitime en lui reconnaissant la faculté de produire les pleins effets juridiques.

Dans un livre récent, Georges Dumézil distingue trois «procédures fonda-

---

collection), 1975, p. 1-28.

6. A.R.W. Harrison, *The Law of Athens* (I): *The Family and Property,* Oxford 1968, p. 1-60; A. Biscardi et Eva Cantarella, *Profilo di diritto greco antico,* 2ᵉ éd., Milan 1974, p. 110 sq. Pour la bibliographie courante, je renvoie aux chroniques de droit grec et de papyrologie juridique dans la RHD, ces dernières étant regroupées régulièrement en des «Rapports» triennaux dans SDHI (voir, pour le mariage, t. 41, 1975. p. 595-597 et t. 43, 1977, p. 785-786; voir aussi, pour la période 1962-1972, ma *Bibliographie de papyrologie juridique* dans Arch. f. Pap. 26, 1978, p. 214-216). Je cite plus loin quelques travaux récents portant sur des points particuliers.

7. Je reviens ailleurs sur un autre aspect de l'histoire du mariage grec dans l'Antiquité: voir J. Mélèze-Modrzejewski, *Un aspect du «couple interdit» dans l'Antiquité — les mariages mixtes dans l'Égypte hellénistique,* dans Actes du Colloque sur le couple interdit (Cerisy-la-Salle, mai 1977), publiés sous la direction de Léon Poliakov (Publications de l'École des Hautes Études en Sciences Sociales), Paris 1980, p. 53-73.

8. Cette différence entre mariage moderne et mariage antique est bien mise en relief par E. J. Bickerman, *La conception du mariage* (*supra,* note 5), p. 1 sq.

mentales» qui constitueraient trois modes matrimoniaux consacrés par la tradition «indo-européenne»: c'est ce que dans l'Inde ancienne on appelle «les mariages *brāhma* (don religieux et gratuit de la jeune fille par son père), *āsura* (achat de la jeune fille à son père), *rāksasa* (enlèvement violent de la jeune fille non consentante à ses parents non consentants), avec en outre, éventuellement, le mariage *gāndharva* (union décidée conjointement et librement par les deux partenaires)»[9]. L'éminent «mythologue» rejoint ainsi des savants tels que Eduard Hermann ou Paul Koschaker qui, dans les années trente, cherchaient à fixer une typologie du mariage «indo-européen» [10]. Mais à la différence de ses prédécesseurs d'outre-Rhin, Georges Dumézil établit un rapport direct entre la forme du mariage et chacune des «trois fonctions» qui dominent l'idéologie «indo-européenne» dans l'esprit de l'enquête qu'il poursuit depuis 1938: le *don* de la fille correspond à la fonction sacerdotale, le mariage dit *«par achat» (Kaufehe, Brautkauf)* ressortit a la fonction nourricière assignée aux agriculteurs, enfin le mariage par *rapt (Raubehe)* comme, subsidiairement, l'*union directe* d'une jeune fille et d'un homme appartiennent à la fonction guerrière, celle-ci étant doublement caractérisée par la violence et par la liberté qui s'attachent à ces procédures matrimoniales[11]. De plus, contrairement au romaniste autrichien[12], qui postulait une différenciation progressive à partir d'une forme privilégiée réputée originelle, en l'occurrence le mariage «par achat» *(Brautkauf)*[13], le savant français insiste au contraire sur le parallélisme des trois modes matrimoniaux correspondant à la permanence des «trois fonctions»; compte tenu de modifications dues à l'évo-

---

9. G. Dumézil, *Mariages indo-européens* (suivi de *Quinze questions romaines*), Paris 1979 (Bibliothèque historique Payot); citation textuelle: p. 60.

10. Ed. Hermann, *Die Eheformen der Urindogermanen,* dans Nachrichten von der Gesellschaft der Wissenschaften zu Göttingen, Philol.-hist. Klasse, Fachgruppe III, N.F. 1,2, 1934, p. 22-65; P. Koschaker, *Die Eheformen bei den Indogermanen,* dans Deutsche Landesreferate zum II. internationalen Kongress für Rechtsvergleichung im Haag 1937 (Sonderheft des elften Jahrgangs der Zeitschr. f. ausländ. u. intern. Privatrecht), Berlin et Leipzig, 1937, p. 77-140 b.

11. Sur la théorie des trois fonctions et, plus généralement, sur l'œuvre de Georges Dumézil, on lira avec profit le récent article de Maurice Olender, *Dumézil (Georges),* dans la Nouvelle Histoire, Paris 1978, p. 139-144, avec d'utiles indications bibliographiques. Cf. infra, *note* 37.

12. Koschaker n'était «Berlinois» (Dumézil, *op.laud.,* p. 87) que d'adoption et à contre-cœur: né à Klagenfurt, capitale de la Carinthie, il commença sa carrière universitaire dans son Autriche natale, à Innsbruck, la poursuivit à Prague, et ce n'est que par la suite qu'il accepta les offres qui lui vinrent des universités allemandes de Francfort-sur-le-Main, de Leipzig, de Berlin et, enfin, de Tübingen, où il prit sa retraite en 1946. Je rappelle cela dans le c.r. de la réimpression de la *Festschrift Paul Koschaker* (Weimar 1939, réimpr. Leipzig 1977) dans RHD 57, 1979, p. 291-293.

13. Plusieurs romanistes en sont restés là: voir, par exemple, H. Kupiszewski, *Das Verlöbnis im altrömischen Recht,* dans ZSS. RA 77, 1960, p. 125-129, particulièrement p. 125 note 2, où il cite les principaux adhérents et adversaires de la thèse qui fait du «mariage par achat» le mode matrimonial originel. On complétera ses références à l'aide de celles que donne G. MacCormack, cité plus loin (*infra,* note 34), p. 190, notes 26 et 27.

lution historique, il en trouve la confirmation flagrante dans la confrontation du mariage indien avec les trois formes d'acquisition de la *manus* chez les Romains [14]. «L'accord de l'Inde et de Rome... incitera peut-être», espère-t-il, «les spécialistes des droits iraniens, grecs, germaniques, celtiques à réexaminer les théories du mariage de ce nouveau point de vue» [15].

Les Grecs ont-ils connu les trois modes matrimoniaux conformes au tableau trifonctionnel de Georges Dumézil? Celui-ci en voit la manifestation dans la mythologie et souligne à ce propos l'analogie des données grecques et scandinaves: la concordance des mariages d'Héraclès et de ceux de Sigurdr-Sigfrid; tous deux rejoignent dans leurs expériences matrimoniales les héros de l'épopée indienne, le *Mahābhārata,* sinon ceux de la légende romaine suivant l'interprétation qui nous en est proposée pour Romulus et les Sabines [16]. Pour Héraclès, nous aurions là, sur un registre mythique, la succession des trois formes fondamentales énumérées plus haut: mariage *brāhma* avec Mégara, que son père Créon, roi de Thèbes, donne gracieusement à notre héros; mariage «par achat» avec Déjanire, qu'à défaut de «payer» il «gagne» par un exploit-service; enlèvement d'Iolé, avec l'intention de l'épouser (c'est du moins ce que craint Déjanire), ce qui nous donne un cas de mariage «par rapt», *rākṣasa;* enfin, «ses innombrables unions *gāndharva,* étreintes toujours consenties, parfois sollicitées, qui donnent naissance à des héros pour lesquels une telle ascendance vaut légitimité» [17]. Ainsi Héraclès serait passé «par toutes les formes de mariage qu'une théorie ancestrale, mais non plus la pratique contemporaine, réunissait en système» [18].

En dehors d'Héraclès, que reste-t-il de ce «système ancestral» dans les sources grecques?

---

14. *Op. laud.,* p. 47 sq. Pour la problématique de la *conventio in manum* en rapport avec la conclusion du mariage, je renvoie au manuel de Max Kaser, *Das römische Privatrecht,* t. I, 2ᵉ éd., Munich 1971, p. 71 sq., 321 sq., et à l'article (fondamental!) d'Edoardo Volterra, *Matrimonio (diritto romano),* dans Enciclopedia del diritto, t. 25, Milan 1975, p. 726-807, particulièrement p. 755-768. En dernier lieu: F. Benedek, *Die «conventio in manum» und die Förmlichkeiten der Eheschliessung im römischen Recht,* Pécs 1978 (Studia iuridica auctoritate Universitatis Pécs publicata, 88).

15. *Op. laud.,* p. 59. Le fait qu'il n'existe pas de nom indo-européen du mariage ne serait pas un obstacle capable de ruiner à l'avance les espoirs qui peuvent s'attacher à de telles enquêtes; ce fait est relevé par E. Benveniste, *Le vocabulaire des institutions indo-européennes,* t. I, Paris 1969, p. 239-244: «L'expression indo-européenne du 'mariage'» (chapitre publié par anticipation dans le recueil d'hommages à Pedro Bosch-Grimpera, Mexico 1963, p. 49 sq.). D'après G. Dumézil, son collègue Benveniste n'a pas considéré le mariage du point de vue défini dans le livre sur les *Mariages indo-européens* «qui, en effet, ne découvre pas de correspondances lexicales» (p. 93).

16. *Op. laud.,* p. 59 sq. (Héraclès, Sigurdr), 66 sq. (Bhīṣma marieur), 73 sq. (Romulus et les Sabines).

17. *Op. laud.,* p. 62-63.

18. *Ibid.,* p. 63.

2. Les «trois fonctions» et le droit grec

Une notice de Plutarque nous assure qu'à Sparte on se mariait «en enlevant sa femme» (ἐγάμουν δι' ἁρπαγῆς)[19]. On peut si l'on veut y voir une trace du mariage «par rapt» (*Raubehe*), mode matrimonial lié à la fonction guerrière dans le schéma en question; le cadre spartiate conviendrait bien à de telles pratiques matrimoniales. Il convient toutefois de souligner qu'Hérodote, qui parle du mariage à Sparte, ne mentionne pas cette procédure; il y a de fortes chances qu'à l'époque d'Hérodote le mariage spartiate ait été fondé, comme dans d'autres cités grecques, sur un accord individuel entre le père de la jeune fille et celui qui allait devenir son gendre[20]. La source dans laquelle puise le récit de Plutarque pourrait au contraire faire état d'une innovation volontairement archaïsante qui se situerait dans la suite des réformes du IIIe siècle avant notre ère: le mariage se faisant par classe d'âge, nous assisterions ici à une sorte de «noces collectives» où des garçons et des filles appartenant à la même classe s'uniraient au hasard d'un rite matrimonial faisant revivre, peut-être, l'enlèvement d'Hélène et destiné surtout à empêcher la reconstitution de fortunes qui eût été contraire à l'esprit des réformes[21]; c'est à un tel rite, instauré et contrôlé par la cité, que semble se référer, à la fin du IIIe siècle av. n.è., Hermippe de Smyrne qui décrit le «rapt» matrimonial spartiate comme une espèce de colin-maillard[22]. Le couple allait vivre ensuite dans la maison des parents du mari pour s'y livrer, avec une singulière discrétion, à des essais de procréation, le mariage pouvant être déclaré nul et non avenu en cas d'échec[23].

Des récits historiques et des traditions légendaires, que J.-P. Vernant évoque dans son étude citée plus haut, nous font assister à des unions où le choix de l'époux est laissé à la libre disposition de la fille; cette forme de mariage est

---

19. Plutarque, *Lycurgue* XV, 4.

20. Hérodote, VI, 57, 65 et 130. Cf. L. Beauchet, *Histoire du droit privé de la République athénienne*, t. I, Paris 1897, p. 112; plus récemment, W.K. Lacey, *The Family in Classical Greece*, Londres 1968, p. 197 sq.

21. Je remercie Jacqueline Christien qui a bien voulu discuter avec moi ce point et m'a fait profiter de son excellente connaissance de l'histoire spartiate pour l'interprétation du récit de Plutarque que je propose ici.

22. Cité par Athénée, *Deiphnosophistes*, XIII 555 c: ἔφη ἐν τοῖς περὶ Νομοθετῶν ἱστορεῖν ὅτι ἐν Λακεδαίμονι εἰς οἴκημά τι σκοτεινὸν πᾶσαι ἐνεκλείοντο αἱ κόραι, συνεγκλειομένων καὶ τῶν ἀγάμων νεανίσκων· καὶ ἕκαστος ἧς ἐπιλάβοιτο, ταύτην ἀπῆγεν ἄπροικον. L'auteur ajoute que Lysandre fut puni pour n'avoir pas voulu épouser la fille que le destin lui avait ainsi désignée, préférant une autre, plus jolie. Mais la mention de Lysandre dans ce texte ne peut être pour nous une référence historique, étant donné le nombre de légendes qui circulaient dans l'Antiquité sur le vainqueur d'Aigos Potamoi, devenu une sorte d'«anti-Lycurgue».

23. Plutarque, *l.c.*, 5-8. Cf. W.K. Lacey, *op. laud.*, p. 198.

souvent associée au mariage par concours, qui n'en est qu'une variante[24]. On pourrait considérer que nous avons là un mariage *svayamvāra* ou *gāndharva*, le premier n'étant, selon G. Dumézil, qu'un «dérivé policé» du second, propre à une société chevaleresque [25]. Dans le tableau trifonctionnel, cette union directe et libre ressortit, comme le rapt, à la fonction guerrière[26]. Nous verrons plus loin une autre forme de liberté de choix laissée à la femme: l' *auto-ekdosis*, à laquelle la cité classique refuse de reconnaître la valeur d'un mode matrimonial mais qui finira par acquérir cette valeur dans le monde hellénistique [27].

Quant au mariage «par achat», on a cru pendant longtemps en voir l'illustration dans les poèmes homériques, considérant comme un «prix» payé pour l'épouse les *hedna* que le mari verse à la famille de celle-ci[28]. On connaît les

---

24. Tel le premier mariage d'Hélène, qui tantôt est donnée à Ménélas à la suite d'un concours, tantôt le choisit librement avec l'accord de son père: J.-P. Vernant, *Mariage* (*supra*, note 4), La Parola del Passato p. 68 = Mythe et société, p. 74-75. Cf. E.J. Bickerman, *La conception* (*supra*, note 5), p. 9 note 45.

25. *Op. laud.* (*supra*, note 9), p. 33 note 2.

26. L'enlèvement d'Hélène conduit à un mariage régulier, comme le montre notamment un vocabulaire de parenté qu'elle emploie à l'égard de la famille de Pâris: «elle se trouve donc prise dans un double réseau d'alliance légitime, par son union avec Pâris, par celle avec Ménélas» (J. - P. Vernant, article précité, p. 63 = Mythe et société, p. 69; dans le même sens, pour ce mariage, par exemple, W. Erdmann, Ehe [*supra*, note 1], p. 199, ou encore A.W.R. Harrison, *op. laud.* [*supra*, note 6], p. 24). D'autres cas de «mariage par rapt»: Briséis déclarant que Patrocle avait promis de la donner en mariage à Achille (*Iliade*, XIX, 297-298) et Oineus recevant sa femme comme une prise pendant le sac d'Olénos (*Thébaïde*, fragm. 6, dans Apollodore, *Bibl.* I, 8, 4): voir l'article de M.I. Finley cité plus loin à la note 29, Seminar 12, 1954, p. 10-11. On peut penser aussi que les processions nuptiales dans lesquelles on voit chez Homère l'épousée conduite solennellement au domicile du mari représentent un «rapt similé»: Ouvré, *Le régime matrimonial au temps d'Homère*, dans Annales de la Faculté des Lettres de Bordeaux, 1866, p. 294, cité par Beauchet, *op. laud.* (*supra*, note 20), p. 112 note 2. Sans doute toutes ces interprétations restent-elles discutables; mais il paraît un peu exagéré d'affirmer, comme le font nos amis italiens dans leur manuel de droit grec ancien (A. Biscardi et E. Cantarella, *Profilo*², *op. laud. supra*, note 6), que le mariage dit «par rapt» a disparu chez les Grecs de bonne heure «sans laisser aucune trace» (p. 110).

27. Voir *infra*, § 5.

28. **Ainsi, encore** tout récemment, A. Biscardi et E. Cantarella, *Profilo*² (supra, note 6), p. 110 et note 1: «il matrimonio..., in epoca omerica, si concludeva con il pagamento di un prezzo di acquisto della donna, detto ἔεδνα»; dans un sens analogue H.J. Wolff, dans ses deux études citées *supra* notes 2 et 3, *Beiträge*, p. 163 (Traditio 2, 1944, p. 47): «Sowohl die athenische ἐγγύη als auch die römische *coemptio* hatte ihren Ursprung vielleicht in der vorgeschichtlichen Vorstellung der K a u f e h e» (souligné par W.); Tijdschr. 20, 1950, p. 15=Zur griech. Rechtsgesch., p. 634: «Den Ursprung der Engye sucht man wahrscheinlich mit Recht in vorgeschichtlichen kaufehelichen Verhältnissen»; mais il précise (Traditio, p. 51 =Beiträge, p. 169): «s o z i o l o g i s c h gesehen, waren E h e s c h l i e s s u n g u n d K a u f n i e m a l s d a s s e l b e»; même précision chez M. Kaser, *Das römische Privatrecht*, I, 2ᵉ éd. (*supra*, note 14), p. 78 note 18: «Vom Sachkauf war der Brautkauf funktionell verschieden». Pour les partisans plus anciens de cette doctrine (dont L. Beauchet, cité *supra*, note 20, p. 113 sq.) voir les articles de R. Köstler cités à la note suivante, ZSS. RA 64, 1944, p. 209 note 20, et Anz. Akad. Wien, 1944, p. 6 note 2.

faiblesses de cette théorie. Le vocabulaire comme la diversité des prestations rendent manifeste la différence foncière entre une opération de vente à proprement parler et un mariage dit «par achat». En effet, le terme ἕδνα n'est jamais employé à l'occasion d'une vraie vente; les prestations peuvent être réciproques, les ἕδνα qu'on donne pour la fille ayant leur contrepartie dans les δῶρα ou μείλια qu'on donne au mari[29]. Tous ces cadeaux nuptiaux scellent simplement les alliances des nobles qu'évoque le poète; «nous ne sommes pas dans le monde de l'achat et de la vente, mais du don et du contre-don»[30].

Les auteurs grecs parlent cependant du mariage en termes d'achat-vente, en employant le verbe ὠνοῦμαι ou l'adjectif verbal ὠνητός; il s'agit alors de barbares ou du passé grec envisagé comme une forme de barbarie. Ainsi, en parlant des Thraces, Hérodote fait état d'une coutume permettant aux jeunes filles de s'unir à qui elles veulent (ἐῶσι τοῖσι αὐταὶ βούλονται ἀνδράσι μίσγεσθαι), les hommes ne surveillant que les épouses qu'ils «achètent à leurs parents, à un prix fort» (ὠνέονται τὰς γυναῖκας παρὰ τῶν γονέων χρημάτων μεγάλων)[31]. Selon le tableau trifonctionnel, nous aurions ainsi chez les Thraces, côte à côte, des unions *gāndharva* et le mariage *āsura*. De son côté, Aristote, qualifiant de «rudes et barbares» les moeurs primitives des Hellènes d'autrefois, décrit ceux-ci comme ne se déplaçant que «bardés de fer» et comme «s'achetant mutuellement leurs femmes à prix d'argent» (ἐσιδηροφοροῦντο... καὶ τὰς γυναῖκας ἐωνοῦντο παρ' ἀλλήλων)[32]. Et Platon, dans ses *Lois*, oppose aux épouses «qui entrent dans la maison par des mariages sacrés» les femmes «achetées ou acquises de quelque autre façon» (ὠνηταῖς εἴτε ἄλλῳ ὁτῳοῦν τρόπῳ κτηταῖς)[33].

Faut-il voir là autant de cautions pour la théorie du mariage «par achat», trop radicalement écartée par la critique moderne? Une étude récente de Geoffrey MacCormack sur la *coemptio* romaine suggère une réponse plus nuancée[34]. Le

---

29. Critique radicale de la théorie du «mariage par achat» chez les Grecs: Rudolf Köstler, *Raub- und Kaufehe bei den Hellenen,* dans ZSS. RA 64, 1944, p. 206-232, et Ἕδνα. *Ein Beitrag zum homerischen Eherecht,* dans Anzeiger d. Akad. d. Wiss. Wien, Philol.-hist. Kl. 81, 1944, p. 6-25; ces deux articles ont été repris dans le recueil de l'auteur, *Homerisches Recht,* Vienne 1950. Tout aussi radicalement, mais avec d'autres prémisses méthodologiques et d'autres arguments, cette théorie a été refutée par M.I. Finley, *Marriage, Sale, and Gift in the Homeric World,* dans Seminar 12, 1954, p. 7-33, et (même étude) dans RIDA, 3e sér., 2, 1955, p. 167-194 (conférence faite à la 9e Session internationale de la Société d'histoire des droits de l'Antiquité, Nancy, septembre 1954).

30. Principal résultat de l'étude précitée de M.I. Finley. Voir, à ce propos, P. Vidal-Naquet, *Économie et société dans la Grèce ancienne: l'œuvre de Moses I.Finley,* dans Archives européennes de sociologie 6, 1965, p. 111-148, particulièrement p. 118-120; citation textuelle, p. 119.

31. Hérodote, V, 6.

32. Aristote, *Politique,* II, 1268 b.

33. Platon, *Lois,* VIII, 841 d.

34. G. MacCormack, «*Coemptio*» *and Marriage by Purchase,* dans BIDR, 3e sér., 20 (t. 81 de la collection), 1978, p. 179-199.

mariage ne procéde pas de la vente, cela va de soi; l'antériorité du mariage par rapport à la vente et au commerce ne peut être niée. Mais les deux institutions peuvent bien dériver d'un modèle commun, qui serait précisément le système du don et du contre-don. Ainsi, le mariage dit «par achat» ne serait nullement un «simulacre» d'achat-vente impliquant le paiement d'un prix «symbolique» [35]; il n'aurait avec l'achat qu'une origine commune se manifestant dans quelques traits similaires. Cette similitude a conduit les modernes à confondre les deux phénomènes en employant une terminologie trompeuse. Leur seule excuse est que les Anciens avaient déjà commis la même erreur, en parlant d'«achat» là où il s'agissait de prestations qui n'avaient que l'apparence d'un «prix». C'est ainsi qu'Aristote a pu parler d'achat de femmes chez ses propres ancêtres, peut-être en interprétant leur comportement matrimonial à la lumière d'une coutume subsistant encore au IVe siècle qu'il aurait observée chez un voisin barbare et aussi mal comprise qu'Hérodote un siècle plus tôt; c'est sans doute aussi à une telle coutume barbare que fait allusion Platon.

Reste le mariage «par don», mode matrimonial propre à la fonction sacerdotale (mariage *brāhma*). On peut estimer qu'il a lieu lorsque, dans les poèmes homériques,un fille est donnée en mariage ἀνάεδνον comme la fille d'Agamemnon que celui-ci offre à Achille sans demander de présents; une variante particulière de cette procédure matrimoniale serait le mariage avec un inconnu, dont J.-P. Vernant a expliqué le mécanisme[36]. Puis, avec l'avènement de la cité, le «don» de la fille deviendra le mode matrimonial dominant, au détriment des autres; victoire durable qui se prolonge, on va le voir, jusque sous l'Empire romain.

Dans l'ensemble, les données de la vie sociale et les techniques juridiques ne vérifient que de manière assez imparfaite le postulat de la trifonctionnalité appliqué au mariage grec; elles nous conduisent à faire un double effort, soit pour réduire à la triade la variété des procédures matrimoniales archaïques, soit pour retrouver dans l'ombre d'un mode quasi unique les débris des deux autres: le «décalage total», qu'on a pu, à la suite d'une enquête très fouillée, constater en cette matière entre la langue et les représentations cultuelles, marque aussi, dans le monde grec, le domaine du droit[37]. Cela est dû essentiellement à une mutation politique: l'intervention de la cité dans le problème du mariage.

---

35. *Sic* G. Dumézil, *op. laud.* (*supra,* note 9), p. 49.

36. Mariage *anaednon: Iliade* IX, 146, 288; cf. M.I. Finley, article précité (*supra,* note 29), Seminar, p. 10-11, et P. Vidal-Naquet (*supra,* note 30), p. 120, où l'on trouvera d'autres exemples; — mariage avec un inconnu: *Odyssée* VII, 313-315 (Ulysse, à peine débarqué chez les Phéaciens, à qui Alkinoos propose Nausikaa comme épouse); cf. J.-P. Vernant, *Mariage* (*supra,* note 4), p. 69 = Mythe et société, p. 75-76.

37. B. Sergent, *Les trois fonctions des Indo-européens dans la Grèce ancienne: bilan critique,* dans Annales E.S.C., 1979, p. 1155-1186.

3. L'intervention de la cité

Par rapport à la variété des formes qui caractérise le mariage archaïque, l'avènement de la cité apporte un changement radical: le choix au profit d'un mode matrimonial, en l'occurrence l' *ekdosis* de la femme, mariage «par don» du schéma dumézilien. Ce choix correspond à une finalité nouvelle: le mariage ayant à présent pour objectif d'assurer la reproduction du corps civique, un seul mode matrimonial est appelé à servir cet objectif. Ce mode étant désormais, en principe, le seul capable de fonder une union légitime, la cité laisse subsister, à côté de la procédure privilégiée, d'autres formes d'unions auxquelles elle peut reconnaître, au gré des circonstances, la faculté de produire certains effets normalement attachés à la procédure retenue comme légale. C'est la situation que l'on observe à Athènes à l'époque classique[38].

On connaît bien le système athénien, tel que nous le voyons fonctionner aux Ve et IVe siècles avant n.è. La conclusion du mariage suppose un acte de «dation» (ἔκδοσις) par lequel la jeune fille passe de l' *oikos* paternel à celui de son mari; cette dation, associée à la remise d'une dot (προίξ), doit, pour aboutir à une union légitime, être accompagnée d'une formalité par laquelle la fille est «confiée» à son époux (ἐγγύη, ἐγγύησις). Une seule procédure subsidiaire peut garantir devant la cité la légitimité du lien conjugal: l'épidicasie de la fille épiclère au profit de l' *anchisteus* ayant droit[39].

Il est difficile de savoir si le même système fonctionnait dans d'autres cités, comme il est difficile de saisir les différences que leurs lois pouvaient marquer en la matière par rapport au modèle athénien. La généralité de l' *ekdosis* peut cepen-

---

38. Pour cette dualité, voir surtout H.J. Wolff, *Mariage* (*supra*, note 2), particulièrement Traditio, p. 65 sq. = Beiträge, p. 191 sq., sur les «unions informelles» (j'ai résumé sa théorie dans mon c.r. des Beiträge, Tijdschr. v. Rechtsgesch. 31, 1963, p. 106-119, particulièrement p. 113-114). Réserves de E.J. Bickerman, *La conception* (*supra*, note 5), selon qui (p. 16) «il n'y avait pas à Athènes deux types de mariage: celui avec l'*engyé* et celui sans formes»; mais dire qu' «à défaut de l'*engyé*, le mariage ne donnait pas aux enfants issus de cette union la participation au culte domestique et la succession aux biens paternels» (*ibid.*) revient à admettre en fait la même dualité. L'ambiguïté de l'institution matrimoniale dans l'Athènes classique est soulignée par J.-P. Vernant, *Mariage* (*supra*, note 4), p. 55 = Mythe et société, p. 62.

39. Je renvoie pour tous les détails à ce sujet aux travaux d'Evanghélos Karabélias, *L'épiclérat attique* (thèse pour le doctorat d'État en droit), Paris 1974 (polyc.), et *Recherches sur la condition juridique et sociale de la fille unique dans le monde grec ancien excepté Athènes* (thèse pour le doctorat d'histoire, 3e cycle), Paris 1980 (polyc.). En ce qui concerne l'épidicasie, une partie du premier de ces deux ouvrages a été reprise dans l'article du même auteur: *Contribution à l'étude de l'épidicasie attique*, dans Symposion 1974, Athènes et Milan 1978, p. 201-222 (et discussion p. 223-225). Voir aussi ses articles cités *infra*, note 65. Ajoutons-y le livre récent de David M. Schaps, *Economic Rights of Women in Ancient Greece*, Édimbourg 1979, dont tout le chapitre 3 est consacré à la fille épiclère (p. 25-47).

dant, pensons-nous, être admise avec un très haut degré de probabilité — abstraction faite du «rapt» spartiate qui, avons-nous admis, relève d'un remaniement archaïsant tardif[40]. A Gortyne, par exemple, la fille est «donnée» en mariage par son père ou par son frère[41]. L'*ekdosis* hellénistique, dont il sera question plus loin, perpétue visiblement un institution panhellénique[42].

Institution panhellénique également, la dot représente, par rapport aux procédures matrimoniales archaïques, une «inversion totale»; elle est en effet, en ce qui concerne les parties qui fournissent et qui reçoivent la prestation, le contraire des *hedna* qui furent autrefois la règle: ici encore la finalité nouvelle, qui met le mariage au service de la cité et le cantonne dans le cadre de celle-ci, explique le changement[43].

En revanche, l'*engyê* pourrait bien avoir eu une portée territorialement limitée; elle nous apparaît en tout cas, avant tout, comme une particularité du système athénien[44]. Il est possible que la législation solonienne ait ainsi élevé au rang d'une condition de légitimité du lien conjugal un acte qui ne fut d'abord qu'une simple promesse de mariage[45]. Ce qui est sûr, c'est qu'elle a associé l'*engyê* à l'*ekdosis* de telle manière que l'une ne valait désormais plus grand chose sans l'autre: une *ekdosis* sans *engyê* ne fonde pas un mariage légitime; une *engyê* sans *ekdosis*, comme dans le cas célèbre du père de Démosthène, est dépourvue de conséquences juridiques[46]. Ailleurs, la légitimité du lien pouvait sans doute être garantie par d'autres moyens: présence de témoins, publicité de la

---

40. *Supra*, notes 19-22.

41. Grande Inscription de Gortyne, col. VIII, ligne 23: εδοκαν (ἔδωκαν). Voir E. Karabélias, *Recherches* (thèse citée à la note 39), p. 35 sq.

42. Voir *infra*, §§ 5 et suivants.

43. L. Gernet, *Observations sur le mariage en Grèce*, conférence inédite, faite à l'Institut de droit romain de Paris le 17 avril 1953 (résumé dans RHD 32, 1954, p. 472-473); citation textuelle: p. 16 du texte dactylographié. Cf. J.-P. Vernant, *Mariage* (*supra*, note 4), p. 63-64 = Mythe et société, p. 70-71.

44. Elle est attestée aussi, on le sait, à Myconos par le célèbre registre de constitutions de dots (Dareste - Haussoullier - Reinach, *Recueil*, t. I, n° 6) et sans doute également à Ténos, si l'on en croit H.J. Wolff, *Grundlagen* (*supra*, note 3), p. 160 = Zur griech. Rechtsgesch., p. 651. D'après Diodore de Sicile, IX, 10, 4, le terme d'*engyê* désignerait «la conclusion du mariage chez la plupart des Grecs» (τὴν γὰρ τοῦ γάμου σύνθεσιν παρὰ τοῖς πλείστοις τῶν Ἑλλήνων ἐγγύην ὀνομάζεσθαι), mais cette généralisation paraît fort exagérée; elle est en tout cas contredite, pour l'époque de Diodore, par le témoignage des papyrus: voir *infra*, note 67.

45. Eva Cantarella, *La* ἐγγύη *prima e dopo la legislazione del Solone nel diritto matrimoniale attico*, dans Rendiconti dell'Istituto Lombardo, Cl. di Lettere, 98, 1964, p. 121-161.

46. Démosthène, XXVIII (*C. Aphobos* II), 15-16; XXIX (*C. Aphobos* III), 43. A comparer avec la manière dont fut organisée l'institution de l'adoption-testament, selon la démonstration faite par L. Gernet, *La création du testament*, dans REG 33, 1920, p. 123-168 et 249-290; *La loi de Solon sur le «testament»*, dans Droit et société dans la Grèce ancienne, Paris 1955 (réimpr. 1964), p. 121-149.

dot, contrat écrit; cette dernière forme prévaudra à l'époque hellénistique[47].

Les législations poliades ayant ainsi unifié la procédure de la conclusion du mariage au profit du «mariage par don», les formes archaïques survivent encore en marge de la cité: on les retrouve dans les mariages de tyrans auxquels Louis Gernet avait consacré naguère une étude pleine de substance[48]. C'est ainsi que dans le récit romancé des noces d'Agaristé, Hérodote nous fait assister à un mariage par concours, procédure archaïque typiquement noble: la fille du tyran de Sicyone aura pour époux le vainqueur d'un curieux *agôn* institué par son père[49]. Ce mode matrimonial aurait sans doute suffi à fonder une union légitime si le gendre sélectionné (on ne voit d'ailleurs pas très bien pourquoi lui et non pas un autre), l'Alcméonide Mégaclès, venait s'installer chez son beau-père Clisthène[50]. Mais comme Agaristé doit aller vivre avec Mégaclès à Athènes, le seul concours, mode de conclusion de mariage que la loi athénienne ne reconnaît pas (ou ne reconnaît plus), ne suffit pas à faire de la Sicyonienne l'épouse légitime de l'Athénien: ce n'est qu'après l'échange de déclarations, à l'actif (ἐγγυᾶν) et au moyen (ἐγγυᾶσθαι), entre le père qui donne sa fille en mariage et l'homme à qui il la «confie selon les lois athéniennes», que le mariage de Mégaclès avec Agaristé a été «ratifié» (ἐκεκύρωτο)[51]. Autrement dit, Agaristé a été donnée en mariage deux fois à un même homme, suivant deux modes matrimoniaux différents: le concours, et l'*ekdosis* avec *engyê;* le premier appartient au passé, qui fut marqué par la diversité des procédures matrimoniales; le second s'inscrit dans le mouvement de la loi poliade, qui réduit cette diversité au profit d'un seul mode désormais reconnu comme pleinement légal.

4. La loi de Solon

Les noces d'Agaristé furent célébrées vers 575-570 avant notre ère[52]. Une vingtaine d'années plus tôt, la loi de Solon, à laquelle se réfère Clisthène de Sicyone dans le récit d'Hérodote, consacrait à Athènes la formalité désignée par

47. *Infra,* § 5.

48. L. Gernet, *Mariages de tyrans,* dans Hommage à Lucien Febvre, Paris 1954, p. 41-53 = Anthropologie de la Grèce ancienne, Paris 1968, p. 344-359.

49. Hérodote, VI, 126-130. Sur cette procédure dans les poèmes homériques, M.I. Finley, *Marriage* (*supra,* note 29), dans Seminar 12, 1954, p. 10.

50. J.-P. Vernant, *Mariage* (*supra,* note 4), La Parola del Passato, p. 65 note 45 = Mythe et société, p. 71-72 note 46.

51. Hérodote, VI, 130.

52. Pour la date voir, en dernier lieu, Edmond Lévy, *Notes sur la chronologie athénienne au* VIe *siècle,* dans Historia 27, 1978, p. 513-521, particulièrement p. 520.

le terme d'*engyê* comme condition de validité d'une union légitime. Reprenons le texte de cette loi tel qu'il nous est parvenu dans le corpus démosthénique[53]: Ἣν ἂν ἐγγυήσῃ ἐπὶ δικαίοις δάμαρτα εἶναι ἢ πατὴρ ἢ ἀδελφὸς ὁμοπάτωρ ἢ πάππος ὁ πρὸς πατρός, ἐκ ταύτης εἶναι παῖδας γνησίους. Ἐὰν δὲ μηδεὶς ᾖ τούτων, ἐὰν μὲν ἐπίκληρός τις ᾖ, τὸν κύριον ἔχειν, ἐὰν δὲ μὴ ᾖ, ὅτῳ ἂν <ὁ πατὴρ ?> ἐπιτρέψῃ, τοῦτον κύριον εἶναι.

Texte difficile, dont l'objet n'apparaît pas clairement au commentateur moderne. Est-ce une loi sur l'*engyê?* Pas exactement, car si le verbe ἐγγυήσῃ y figure, la loi règle aussi, et surtout, les conséquences de l'*engyê* en ce qui concerne la légitimité de l'épouse et des enfants. Est-ce donc une loi sur la légitimité [54]? Ou encore sur l'*engyê et* la légitimité [55]? Non plus, car le texte, dans sa partie finale, va au-delà du problème de la légitimité, qui apparaît ainsi comme l'un des éléments de ce même texte et non pas son objet premier. Pour nous, cet objet est le pouvoir exercé sur la femme dans la famille et la transmission de celui-ci d'un titulaire *(kyrios)* à l'autre; le mariage légitime n'est qu'une des hypothèses, sans doute très importante mais certainement pas la seule, envisagée sous cet angle par l'auteur de la loi.

Voici quelle paraît avoir été la démarche du législateur:

1. Une fille, dans la famille, reste normalement sous le pouvoir de son père qui est son *kyrios;* à ce titre, le père peut donner sa fille en mariage, en transférant à son gendre sa qualité de *kyrios* (sous des réserves dont il sera encore question): la fille a changé de *kyrios* en passant de la maison paternelle à sa nouvelle famille;

2. Le transfert de la qualité de *kyrios* à l'occasion du mariage implique une formalité désignée par le verbe ἐγγυᾶν: le père qui, en donnant sa fille à un mari la lui «confie» en même temps, assure à ladite fille la qualité d'épouse légitime (δάμαρ) et aux enfants qu'elle aura - celle d'enfants légitimes (γνήσιοι) [56]. Cela ne veut pas dire qu'il soit obligé de le faire: un père athénien peut fort bien donner sa fille à un homme sans qu'il y ait *engyê;* mais cet homme ne deviendra pas le *kyrios* de la fille, celle-ci n'aura pas la qualité de *damar* et les enfants issus

53. Démosthène, XLVI (*C. Stéphanos* II), 18; éd. L. Gernet, *Plaidoyers civils,* t. II, Paris 1957 (Coll. des Universités de France), p. 191 (cf. p. 183).

54. H.J. Wolff, dans ses études citées *supra,* notes 2 et 3: Traditio 2, 1944, p. 75 = Beiträge, p. 207, et Tijdschr. 20, 1952, p. 4 = Zur griech. Rechtsgesch., p. 623; il est suivi par E.J. Bickerman, *La conception* (*supra,* note 5), p. 15. Cf. A.R.W. Harrison (*supra,* note 6), p. 9 note 1.

55. Eb. Ruschenbusch, Σόλωνος Νόμοι, Wiesbaden 1966, p. 86. Notre texte y figure comme F 48*b.

56. La procréation d'enfants légitimes comme finalité du mariage reste l'élément essentiel de la formule de l'*engyê* à Athènes telle qu' elle est rapportée par Ménandre pour le tournant du IVe siècle av. n.è. et dans des textes tardifs qui s'en font l'écho: voir *infra,* note 115.

d'une telle union ne seront pas légitimes (tout en étant libres)[57]. Ainsi s'affirme le lien entre la légitimité — celle de l'épouse comme celle des enfants — et le transfert de la qualité de *kyrios*, dont la déclaration de «confier» la fille n'est que l'expression formelle; on voit bien que c'est cette qualité et son transfert qui forment l'axe de la loi, et non pas l'*engyê* qui en est la marque formelle, ni la légitimité qui en découle;

3. A défaut de père, l'acte de donner une fille en mariage en la «confiant» au mari peut être accompli par d'autres parents mâles du côté paternel, notamment le frère consanguin ou le grand-père (la liste n'est pas exhaustive dans le texte de la loi): c'est encore le transfert de la qualité de *kyrios* qui est en jeu, le mari en étant investi par un parent mâle du père absent, agissant comme son héritier ou son ayant droit;

4. Logiquement, la situation qui devait être envisagée aussitôt par le législateur est celle de la fille épiclère par rapport à l'*anchisteus* ayant droit, son *kyrios* potentiel: celui à qui la loi donne le droit de revendiquer la fille et l'héritage doit garder cette fille pour lui-même (τὸν κύριον ἔχειν) et ne peut en disposer comme le père et ses substituts éventuels; ici aussi l'objet de la loi est l'acquisition de la qualité de *kyrios* par un nouveau titulaire, l'épidicasie qui fait acquérir cette qualité au mari de l'épiclère produisant, en ce qui concerne la légitimité de l'épouse et des enfants, les mêmes effets que l'*ekdosis* accomplie par le père avec le transfert de son pouvoir de *kyrios* extériorisé par la déclaration d'ἐγγυᾶν[58];

5. Enfin, une dernière situation se présente à l'esprit du législateur: celle d'une orpheline qui n'a ni frère ni grand-père et qui n'est pas épiclère (supposons qu'un neveu, fils d'un frère consanguin prédécédé, a pris la succession)[58bis]. Qui sera le *kyrios* de cette fille? Elle se trouve en tutelle (ἐπιτρέπειν) et c'est son tuteur, désigné par le père dans son testament (hypothèse de L. Gernet)[59], qui la donnera éventuellement en mariage investissant le mari de la qualité de *kyrios* avec tout ce qui s'ensuit.

La loi de Solon aurait ainsi réglé le problème du mariage légitime sous l'angle de l'acquisition par le mari de la qualité de *kyrios* suivant diverses hypothèses

---

57. Isée, III *(La succession de Pyrrhos)*, 39. Cf. H.J. Wolff, *Marriage Law* (*supra*, note 2), p. 70 sq = Beiträge, p. 198 sq.

58. Cf. *supra*, note 39.

58 bis. Hypothèse envisagée par A.R.W. Harrison (*supra*, note 6), p. 20.

59. *Plaidoyers civils* (*supra*, note 53), p. 191. Cette hypothèse paraît justifiée par les données paléographiques, de sorte que «l'adjonction ὁ πατήρ est à peine une adjonction» (*ibid.*, note 2; cf. p. 184 note 1). Pour A.R.W. Harrison, *Law of Athens*, I (*supra*, note 6), p. 20, elle est «légèrement préférable» (slightly preferable) à d'autres conjectures (choix du tuteur par la femme elle-même ou par l'archonte).

que faisait naître la réalité quotidienne de la vie familiale. Elle a instauré une sorte de contrôle public sur la circulation des femmes dans la cité, faisant de la soumission de la femme la condition de la légitimité du mariage. Les éléments utilisés par le législateur prolongent visiblement des coutumes familiales plus anciennes appartenant, semble-t-il, à une tradition nobiliaire: le nom de l'épouse noble, δάμαρ, devenant celui de l'épouse légitime, l'archaïque institution de l'épiclérat, et sans doute aussi la déclaration d'ἐγγυᾶν peuvent en témoigner[60]. Mais ces éléments ont été soudés ensemble autour d'un facteur commun: l'exercice d'un pouvoir sur la femme, conçu comme la garantie de la légitimité du lien. Ceci paraît bien être une nouveauté. Ainsi s'expliquerait le fait que l'attention du législateur est centrée sur les modalités de transfert et d'acquisition de ce pouvoir; il faut que ces changements s'opèrent de manière régulière, comme cela a été prévu par la loi, pour que celle-ci produise ses effets: seules les femmes qui circulent sagement d'un *kyrios* à l'autre conformément à la loi poliade, sagesse récompensée par le titre d'«épouse honorable», donneront naissance à des enfants légitimes. La soumission de la femme au pouvoir du *kyrios* en tant que condition de légitimité du lien garantit aux fils à naître l'accès aux biens de famille et l'intégration dans le corps civique; elle permettra aux filles de prendre la relève de la mère dans un circuit désormais régularisé par la cité.

Les femmes qui s'unissent à des hommes pour une vie commune sans qu'il y ait eu à cette occasion un transfert de la qualité de *kyrios* à leur propos restent en dehors du circuit. Tel peut être de cas de la courtisane qui, comme Glycéra dans la *Perikeiromenê* de Ménandre, s'est donnée elle-même en mariage: bien que son compagnon la considère comme son épouse (γαμετὴν νενόμικα ταύτην), elle reste maîtresse (κυρία) de sa personne et peut aller où elle veut[61]. C'est aussi le cas de toutes ces femmes qu'un père ou un frère donnent en concubinage (ἐπὶ παλλακίᾳ) à un Athénien[62]; l'objectif de l'acte, ἐπὶ παλλακίᾳ, contraste avec celui qu'envisage la loi de Solon, ἐπὶ δικαίοις, et en éclaire le sens: une femme donnée en vue d'un concubinage est à l'opposé de celle qui fut donnée en vue d'un mariage légitime[63]. La loi protège le droit de l'Athénien sur la personne de la pallaque, comme elle le protège en ce qui concerne l'épouse honorable; mais elle refuse à celle-là le statut de celle-ci, comme elle refuse à ses enfants le statut

---

60. Sur *damar*, voir L. Gernet, *Notes de lexicologie juridique*, dans Annuaire de l'Inst. de philol. et hist. orient. et slaves, t. 5 = Mélanges E. Boisacq, Bruxelles 1937, p. 391-398: 2. Δάμαρ, p. 393-396.

61. Ménandre, *Perikeiromenê*, 238-249 (Kœrte); ligne 247: ἑαυτῆς ἐστ' ἐκείνη κυρία.

62. Isée, III, 39 (*supra*, note 57): οἱ ἐπὶ παλλακίᾳ διδόντες τὰς ἑαυτῶν.

63. Pour d'autres interprétations, voir E.J. Bickerman, *La conception* (*supra*, note 5), p. 8 et note 37.

d'enfants légitimes [64]. C'est à ce prix que la femme athénienne échappe à la soumission qu'elle doit subir comme épouse.

5. Les Grecs dans la *chôra* égyptienne

L'intervention macédonienne ne semble pas, quant à l'essentiel, avoir transformé le tableau que l'on vient de brosser pour Athènes. Les comédies de Ménandre montrent qu'à l'extrême fin du IVe siècle le système athénien fonctionne avec toutes ses pièces, y compris l'anachronique épiclérat [65]. Le droit matrimonial dans d'autres cités de la vieille Grèce se maintient probablement inchangé.

En revanche, les Grecs qui quittent leur patrie pour les pays nouvellement conquis se trouvent dans une situation inédite: plusieurs d'entre eux devront vivre en dehors du traditionnel cadre poliade. Leur droit familial s'en ressent. Certaines pièces du système matrimonial élaboré par la cité classique se modifient, l'essentiel étant conservé; d'autres disparaissent définitivement: ainsi l'épiclérat et l'*engyê* [66]. En tout cas, contrairement à ce qu'on pensait autrefois [67], il n'y a pas la moindre trace d'*engyê* dans les documents grecs d'Égypte enregistrant, sous des formes diverses, la conclusion du mariage considéré comme légitime par les intéressés et reconnu comme tel par la communauté des immigrants grecs. Cela est vrai dès la fin du IVe siècle avant notre ère, comme l'atteste en 310 le célèbre contrat de mariage d'Éléphantine [68].

Il n'est pas facile de déterminer la place exacte de ce document dans l'histoire du droit familial grec. Il peut apparaître en effet aussi bien comme le dernier maillon d'une chaîne dont tous les maillons antérieurs sont perdus pour

---

64. Démosthène, XXIII *(C. Aristocratès)*, 53 et 55. Il est évident que la loi protège le droit exercé par l'homme sur toutes les femmes se trouvant sous son contrôle, et non pas, comme le dit E.J. Bickerman avec la courtoisie qu'on lui connaît, «l'honneur d'une femme» (*l.c.*, p. 10). Voir aussi J.-P. Vernant, *Mariage* (*supra*, note 4), La Parola del Passato, p. 54 = Mythe et société, p. 60-61.

65. Voir E. Karabélias, *Une nouvelle source pour l'étude du droit attique: le «Bouclier» de Ménandre* (*P. Bodmer* XXVI), dans RHD 48, 1970, p. 357-389; Idem, *L'épiclérat dans la comédie nouvelle et dans les sources latines*, dans Symposion 1971, Cologne et Vienne 1975, p. 215-254.

66. Pour la disparition de l'épiclérat, voir E. Karabélias, article précité, RHD 1970, p. 388 note 66, et sa thèse de lettres citée plus haut (note 39), *Recherches*, etc., p. 99 sq.

67. Cf. H.J. Wolff, *Grundlagen* (*supra*, note 3), dans Tijdschr. v. Rg. 20, 1952, p. 168 note 129. Cette théorie périmée est encore suivie par Cl. Vatin, *Recherches sur le mariage et la condition de la femme mariée à l'époque hellénistique*, Paris 1970, p. 166 sq.

68. Liste dans l'article d'O. Montevecchi, *Ricerche di sociologia nei documenti dell'Egitto greco-romano*, II: *I contratti di matrimonio e gli atti di divorzio*, dans Aegyptus 16, 1936, p. 3-83, particulièrement p. 4-6, complétée par la même savante dans son manuel *La Papirologia*, Turin 1973, p. 204-205. Un nouveau complément serait utile, mais il ne peut être fait ici.

nous que comme le premier d'une série nouvelle, celle qui est constituée par les contrats matrimoniaux grecs d'Égypte[69].

Il est vrai que, toutes les personnes apparaissant dans cet acte — les jeunes mariés, les parents de l'épouse, les témoins (quatre témoins sur six) — étant originaires soit de Cos soit de Témnos, l'acte lui même ne révèle aucune trace du dialecte dorien (Cos) ni du dialecte éolien (Témnos)[70]. Mais un formulaire importé de Cos ou de Témnos n'a-t-il pu être transcrit en *koinê* par un rédacteur ne parlant aucun de ces dialectes?[71] Le formulaire a pu d'ailleurs être importé d'une autre région du monde grec et être utilisé par le couple du *P.Éléph.* 1, comme il a pu être forgé en Égypte, dans le milieu bigarré des premiers immigrants, à partir d'éléments appartenant à des traditions diverses. Dans ce cas il serait à la fois le témoignage de ce qu'il y avait de commun dans ces traditions et de ce qu'il y

---

69. *P. Éléph.* 1 = *M. Chr.* 283 = *Sel. Pap.* I 1 (et plusieurs rééditions). Depuis peu, ce contrat a cessé d'être le plus ancien document grec conservé par un papyrus d'Égypte: cette place revient désormais à un texte de Saqqarah édité récemment par E. G. Turner, *A Commander - in - Chief's Order from Saqqara,* dans JEA 60, 1974, p. 239-242, sorte de pancarte interdisant l'accès de la demeure d'un prêtre à Memphis; l'interprétation de ce texte étant sujette à débat (voir RHD 54, 1976, p. 118 et SDHI 43, 1977, p. 718), sa haute date — vers 330 av. n.è. — peut être considérée comme acquise. Le *P. Éléph.* 1 reste en revanche le plus ancien papyrus documentaire grec d'Égypte daté par une année de règne et un mois, comme il est le plus ancien contrat de mariage écrit en grec qui nous soit connu.

70. Le mari, Héracleidès, est originaire de Témnos et son *ethnikon* figure bien dans le deuxième exemplaire de ce contrat en double expédition (voir le commentaire d'O. Rubensohn, p. 19, note 1); à la ligne 2 du premier exemplaire la restitution Ἡρακλείδης <Τημνίτης> s'impose (cf. J. Bingen, Chr. d'Ég. 41, 1966, p. 403), mais elle n'a pas été faite par les éditeurs successifs de ce contrat. C'est cette négligence des éditeurs, depuis O. Rubensohn en 1907, qui a pu amener un savant comme Hans Julius Wolff à parler du *P. Éléph.* 1 comme étant un «Heiratsvertrag eines Herakleides, unbekannter Herkunft» (*Das Problem der Konkurrenz von Rechtsordnungen in der Antike,* Sitz.-Ber. Heidelb. Akad. d. Wiss., Philos.-hist. Kl., 1979/5, Heidelberg 1979, p. 50 *i.f.*). <Τημνίτης> est restitué par E.G. Turner dans son récent article, *Menander and the New Society of his Time,* Chron. d'Ég. 54, 1979, p. 106-126: voir p. 115 note 1.

71. Voir l'analyse de ce document par Claire Préaux, *Le statut de la femme à l'époque hellénistique, pricipalement en Égypte,* dans Rec. de la Soc. J. Bodin, t. XI: La Femme, Bruxelles 1959, p. 127-175, particulièrement p. 147-150. D'après la savante belge on peut supposer que ce contrat «nous donne l'état du droit de Cos au IVe siècle avant notre ère» (p. 148). Mais il ne faut pas écarter Témnos, la patrie du mari (voir note précédente). H.J. Wolff, *Grundlagen* (*supra,* note 3), dans Tijdschr. v. Rg. 20, 1952, p. 160 = Zur griech. Rechtsgesch., p. 650-651, pense que le droit familial de Cos pouvait ressembler à celui d'Athènes, en ce qui concerne le problème de la légitimité des enfants par rapport au droit de cité (argument tiré de l'inscription Paton-Hicks, *Inscriptions of Cos,* Oxford 1891, n° 10 a = Michel, *Recueil,* n° 642 = *SGDI* III 1, n° 3642, lignes 6-11). Mais nous ne savons pas si cette similitude présumée pouvait s'étendre à la forme de la conclusion du mariage. On ne trouvera pas de réponse à cette question dans la dernière étude d'ensemble sur Cos, Susan M. Sherwin-White, *Ancient Cos. An Historical Study from the Dorian Settlement to the Imperial Period* Göttingen 1978.

avait de nouveau dans le milieu des soldats d'Alexandre et de Ptolémée dont allait être issue la société grecque de l'Égypte lagide: d'une part, la «dation» (ἔκδοσις)[72] de la jeune fille comme fondement du mariage, et la remise d' une dot; d'autre part, le caractère personnel du lien conjugal[73]. La conclusion du mariage s'effectue par cette «dation», mais elle cesse, dès le départ, d'être une question que règlent entre eux les seuls chefs de famille et devient une affaire du couple lui-même. L'anacoluthe, qui laisse entendre la voix du couple (εἶναι δὲ ἡμᾶς, κτλ.)[74], marque à cet égard une nouveauté par rapport à la tradition de type athénien.

Démétria, la jeune épouse du *P. Éléph.* 1, n'a pas été «confiée» à son époux Héracleidès par son père Leptinès ni par sa mère Philôtis qui — autre nouveauté caractéristique — participe à l'opération de l' *ekdosis*[75]. Elle n'en est pas moins devenue épouse légitime, γυνὴ γνησία, tout comme le seront plus tard d'autres femmes grecques désignées nommément comme γυναῖκες γαμεταί dans leurs contrats de mariage[76]. Le contrat prend la relève des déclarations publiques qui, telle l' *engyê* athénienne, assuraient la qualité d'épouse légitime à une fille donnée en mariage et ayant à cette occasion changé de *kyrios* en passant du pouvoir du père à celui du mari. Désormais, les clauses contractuelles suffisent à produire ce

---

72. Le verbe ἐκδίδωμι n'apparaît pas dans le texte. Mais l'*ekdosis* est impliquée par le fait que le mari «prend» (λαμβάνει, ligne 2) la jeune fille pour épouse, la recevant de la part de son père et de sa mère (cf. *infra,* note 75).

73. H.J. Wolff, *Grundlagen* (*supra,* note 3), p. 166. Dans le même sens E.G. Turner, article précité (*supra,* note 70 *i.f.*) p. 115.

74. *P. Éléph.* 1, ligne 5.

75. A moins qu'il ne s'agisse d'une coutume dorienne conservée par le droit familial de Cos (?). W. Erdmann, *Die Rolle der Mutter bei der Verheiratung der Tochter nach griechischem Recht,* dans ZSS. RA 59, 1939, p. 544-546, a rapproché l'intervention de la mère dans ce contrat d'un passage de l'Iliade (XIX, 291) où Briséis parle de l'homme à qui «l'avaient donnée son père et sa digne mère». Dira-t-on alors que ce consentement de la mère au mariage de sa fille dans ce contrat de la fin du IVe s. av. n.è. «pourrait être une sequelle d'un état de choses ancien, attesté dans l'Iliade» (Cl. Préaux, article cité plus haut à la note 71, p. 148)? De son côté Cl. Vatin, *Recherches* (*supra,* note 67), p. 166, pense pouvoir expliquer la présence de la mère dans le *P. Éléph.* 1 par le fait qu' elle «garantit la naissance légitime de l'épouse»; mais cette conclusion se fonde sur une interprétation assez discutable du qualificatif γνησία à propos de Démétria (voir note suivante). Le plus simple serait sans doute de considérer que nous trouvons là un des traits qui marquent l'évolution de la condition de la femme grecque à l'époque hellénistique, et ceci dès le IVe siècle av. n.è., dans le sens d'une relative «égalisation» de la position de la mère par rapport aux droits du père, sans que pour autant il puisse être question d'une véritable «puissance maternelle». Cf. *infra,* notes 133-136.

76. Il faut traduire la tournure λαμβάνει Ἡρακλείδης <Τημνίτης> Δημητρίαν Κῴαν γυναῖκα γνησίαν par «Héracleidès, de Témnos, prend Démétria, de Cos, pour femme légitime» (dans ce sens, Cl. Préaux, *l.c.,* p. 148), et non pas «Héracleidès, de Témnos, prend pour épouse Démétria, de Cos, fille légitime de son père» (Cl. Vatin, *l.c.*). Pour γυνὴ γνησία = «épouse légitime», voir, par ex., Xénophon, *Cyropédie* 4,3,1 (γνησίαι γυναῖκες).

double effet avec toutes les conséquences qui en découlent pour le statut de la femme mariée comme pour celui des enfants à naître. A défaut de loi écrite, la coutume matrimoniale hellénistique protégera devant la société et, s'il le faut, devant les tribunaux, la légitimité de l'épouse et des enfants[77].

Désigné, dans son texte même, comme συγγραφὴ συνοικισίας, le *P. Éléph.* 1 enregistre, dans une stylisation objective (excepté l'anacoluthe mentionnée plus haut), l'*ekdosis* de la jeune fille et la remise de la dot au mari; à cela s'ajoutent des «clauses morales» qui précisent les devoirs réciproques des époux, ainsi que les clauses pénales qui sanctionnent ces devoirs. Ce type de document se maintient jusqu'à la fin du IIe siècle av. n.è., sinon jusqu'au milieu du Ier[78]. Dès la fin du IIIe siècle av. n.è. apparaît dans les papyrus un type nouveau: l'homologie dotale[79]. Le mari déclare, à la première personne du singulier, avoir reçu la dot, la confection d'un acte de mariage proprement dit étant repoussée à un moment ultérieur[80]. On finira par y renoncer en se contentant d'incorporer dans le reçu de dot les clauses morales concernant les devoirs des époux et précisant à cette occasion la qualité d'épouse légitime, γυνὴ γαμετή, de la femme; cette évolution est un fait accompli au début du Ier siècle avant notre ère[81]. Dès lors, l'*ekdosis* tend à n'être plus qu'une formalité. Les notaires d'Oxyrhynchos, plus conservateurs que les autres, continueront cependant à en faire état dans les contrats de mariage jusque dans la seconde moitié du IIIe siècle de notre ère[82]. Cette permanence de l'*ekdosis* est un facteur qui assure, dans la variété des formes documentaires, l'unité du fait matrimonial grec en Égypte; il semble bien en effet qu'il n'y ait eu dans la *chôra* égyptienne, sous les Lagides et aux trois premiers siècles de l'Empire, qu'un seul type de mariage parmi les Grecs: union

---

77. Dans le même sens, en dernier lieu, E.J. Bickerman, *La conception* (*supra,* note 5), p. 4-6, avec d'intéressantes remarques comparatives.

78. Pour le IIe siècle: *P. Giss.* I 2 (Crocodilopolis dans l'Arsinoïte, 173 av. n.è.); pour le milieu du Ier siècle: *BGU* VIII 1848 (Héracléopolite, vers 48-46 av. n.è.), ligne 6, mention d'une συγγραφὴ συνοικισίας. Sur l'évolution qui est résumée ici, voir surtout H.J. Wolff, *Grundlagen* (*supra,* note 3), Tijdschr. v. Rg. 20, 1952, p. 166 sq., particulièrement p. 172 sq.

79. Peut-être déjà dans *BGU* VI 1283 (Oxyrhynchite, 216/215 av. n.è.). Cf. H.J. Wolff, *l.c.*, p. 172-173.

80. Principal témoignage: *P. Par.* 13 = *M. Chr.* 280; Meyer, *Jur. Pap.* 20; Wilcken, *UPZ* I 123 (Memphis? vers 157/156 av. n.è.); une illustration de la situation qui a donné lieu à cette requête est sans doute fournie, une vingtaine d'années plus tôt, par les *P. Freib.* III 26, 29 et 30 (Philadelphie, 179/178 av. n.è.). Cf. H.J. Wolff, *l.c.*, p. 171; Cl. Préaux, *l.c.*, p. 151-152.

81. *P. Tebt.* I 104 = *M. Chr.* 285 = *Sel. Pap.* I 2 (Kerkéosiris, 92 av. n.è.). Cf. H.J. Wolff, *l.c.*, p. 173.

82. *P. Oxy.* X 1273 (260 de n.è.). Autre exemple — *P.Oxy.* XVII 2133 (fin du IIIe siècle de n.è.), requête au préfet d'Égypte émanant d'une femme qui «ayant atteint l'âge nubile fut donnée en mariage» (lignes 14-15): ἐν ὥρᾳ οὖν τοίνυν γενομένη γάμου ἐξεδόθην [...]ωνι δεκαδάρχῃ.

scellée par le passage de la jeune fille du foyer paternel à la maison et sous la tutelle du mari, en vue d'une vie commune durable[83].

Ainsi, aussi bien dans la Grèce classique que dans la pratique hellénistique attestée par les papyrus d'Égypte, l'*ekdosis* reste, pendant des siècles, un élément essentiel de l'institution matrimoniale; même réduite à l'état d'une formule contractuelle, elle demeure synonyme de la conclusion du mariage. Le cas des femmes qui accomplissent elles-mêmes leur propre *ekdosis* est particulièrement caractéristique à cet égard.

6. L'auto-ekdosis

Un tel cas nous est attesté en Égypte par un contrat de mariage passé en 173 avant notre ère dans le Fayoum entre la «Macédonienne» Olympias et l'«Athénien» Antaios[84]. Il est peu probable qu'Olympias se donne en mariage elle-même en application d'une coutume macédonienne; son comportement matrimonial s'expliquerait plutôt, pensons-nous, par l'évolution du droit familial grec à l'époque hellénistique[85]. Dans l'Athènes de Ménandre, une femme qui se donne elle-même en mariage ne devient pas une épouse légitime (γυνὴ γαμετή); son statut est celui d'une pallaque, comme dans le cas d'une fille donnée par son père à un homme sans lui être «confiée»[86]. On peut rappeler aussi, à ce propos, les filles lydiennes dont parle Hérodote: elles se constituent une dot (φερνή) en faisant le commerce de leurs charmes, puis se donnent elles-mêmes en mariage (ἐκδιδοῦσι δὲ αὐταὶ ἑωυτάς)[87]. Pour Hérodote, l'*auto-ekdosis* s'associe à la prostitution; pour Ménandre elle est encore le fait d'une courtisane. En revanche, notre Olympias est une femme parfaitement respectable et son *auto-ekdosis* lui fait acquérir le statut d'épouse légitime ([εἶναι] γυναῖκα γαμετήν)[88]. Assurément, les temps ont changé...

Le mariage d'Olympias est le seul exemple sûr d'une *ekdosis* accomplie par la femme elle-même qui nous vienne de l'Égypte grecque et romaine[89]. Mais

---

83. H.J. Wolff, *l.c.*, p. 170-171.
84. *P. Giss.* I 2, déjà cité plus haut (note 78).
85. Nous suivons H.J. Wolff, *l.c.*, p. 167-168.
86. Voir *supra*, § 4, *i.f.*
87. Hérodote I, 93.
88. *P. Giss.* I 2, ligne 11.
89. La restitution proposée par J. Partsch au *P. Freib.* III 29, ligne 6: [εἶναι γυναῖκα γαμετήν, ἐγδομένην ἑαυτὴν μετὰ κυρίου] τ[οῦ] αὐτῆς ἀδελφοῦ, κτλ. (*P. Freib.* III, p. 23, cf. p. 17), est pure conjecture; on ne doit pas, contrairement à ce que fait Cl. Vatin (*Recherches*, cité plus haut à la note 67, p. 170-171), citer ce document comme un premier témoin de cette «innovation capitale». Il

nous pouvons en rapprocher le cas de la dame Marcelline dans un document de Doura-Europos daté de 232 de n.è.: veuve, Marcelline se donne elle-même en mariage (παραδεδωκέναι ἑαυτὴν ἐκ χηρείας πρὸς γάμου κοινωνείαν) en présence de sa mère et de son frère[90]. Cette nouvelle union qui donne lieu à la confection d'une συγγραφὴ συνοικισίου est, à n'en point douter, un mariage légitime[91].

Il convient également d'évoquer ici le cas de la belle Callirhoé dans le roman de Chariton d'Aphrodisias, dont une nouvelle édition française vient de paraître dans la collection des Universités de France[92]. Déjà mariée une première fois, puis séparée de son mari dans des circonstances fort romantiques, Callirhoé contracte une nouvelle union dans un pays étranger se donnant elle-même en mariage (ἐκδομένην ἑαυτήν); son nouveau mari, Dionysios, décide de l'épouser ouvertement dans sa cité (Milet) et de considérer ce mariage comme tout à fait légitime: γυναῖκα ἐλευθέραν ἐπιδημήσασαν οὐκ οἶδ' ὅπως ἤκουσα· ἐκδομένην ἑαυτὴν ἐν τῇ πόλει φανερῶς κατὰ νόμους ἔγημα[93]. A ce moment-là, Dionysios ignore tout du précédent mariage de Callirhoé: elle a tout intérêt à ne pas lui dévoiler son passé puisqu'elle veut lui faire endosser la paternité de l'enfant qu'elle attend de son premier mari. Mais quand, un peu plus tard, Chairéas, le

---

en va de même pour le *P. Freib.* III 31 et pour les homologies dotales qui sont conclues entre époux sans que soit mentionnée une *ekdosis;* ainsi, par ex., *P. Tebt.* I 104 (*supra,* note 81) ou *BGU* VI 1463 (Éléphantine, 247/246 av. n.è.), où la Crétoise Philotéra, qui a, semble-t-il, l'intention de contracter un second mariage avec le Macédonien Akésandros, promet à celui-ci de lui verser une amende de 40 drachmes si elle le quitte pour se réconcilier avec son premier mari (lignes 2-3: ἐὰν ἐκπηδήσω παρὰ σοῦ ἢ καταλλαγῶ Πέρωνι), Akésandros se déclarant de son côté prêt à avoir Philotéra pour femme (ἕξειν σὲ γυναῖκα): nous avons ici une négociation préalable en vue d'un mariage qui est sur le point de se conclure, et non pas une «*ekdosis* de la femme par elle-même» (Cl. Vatin, *l.c.*, p. 171-172). En l'absence du verbe ἐκδίδωμι, il vaut mieux renoncer à de telles formules, qui sont équivoques. C' est pourquoi, si H.J. Wolff a parfaitement raison de constater qu'après le *P. Giss.* I 2 il n'y a plus d'*auto-ekdosis* dans les papyrus d'Égypte (*Grundlagen,* cité *supra,* note 3, Tijdschr. v. Rg. 20, p. 168 note 127: «Keine Selbstekdosis mehr»), cela ne veut pas dire qu'il y en a eu auparavant.

90. *P. Doura* 30 (inv. nº 74), lignes 10-11.

91. Ainsi notamment H.J. Wolff, *l.c.*, p. 168 et note 127. Pour l'équivalence de παραδιδόναι et ἐκδιδόναι, Idem, *Marriage Law* (*supra,* note 2), Traditio 2, 1944, p. 48 = Beiträge, p. 164.

92. Chariton, *Le roman de Chairéas et Callirhoé,* texte établit et traduit par Georges Molinié, Paris 1979. Le rapprochement a déjà été suggéré par R. Herzog à E. Kornemann, éditeur du *P. Giss.* 2: voir les *addenda* aux *P. Giss.*, t. III, p. 159.

93. *Chairéas et Callirhoé* III, 2, 8.-G. Molinié traduit p. 95: «elle consentit d'elle-même à se faire épouser et nous nous sommes mariés dans Milet, publiquement, de façon légale». Cela déforme, dans un esprit romano-canonique, le sens du texte grec qui ne parle pas de «consentement» et n'emploie pas de pluriel. La traduction de P. Grimal (*Romans grecs et latins,* Paris 1958, p. 424) n'est guère plus satisfaisante, encore qu'elle rende fidèlement le singulier de l'aoriste ἔγημα: «de son entier consentement, je l'ai épousée ouvertement, en ville, conformément aux lois». Cf. III, 3, 8: νόμῳ γαμηθεῖσαν.

premier mari de Callirhoé, se manifeste et réclame l'épouse qui lui avait été donnée par son père (πατὴρ ἐξέδωκεν), Dionysios n'hésite pas à opposer à cette *ekdosis* paternelle *l'auto-ekdosis* accomplie par Callirhoé elle-même (ἐμοὶ δὲ ἑαυτήν)[94]. A l'époque où fut rédigé le roman de Chariton, et qui semble être la seconde moitié du Ier siècle de notre ère ou le début du IIe, l' *auto-ekdosis* de la femme fonde un mariage régulier[95].

Au moment où elle épouse Dionysios, Callirhoé, seule en pays étranger, n'a auprès d'elle aucun parent mâle qui puisse la donner en mariage: son *auto-ekdosis* trouve dans cette circonstance une justification pratique. Il n'en va pas de même pour Olympias, dont le père est bien vivant et participe à l'acte en qualité de *kyrios* de sa fille, ni pour Marcelline qui semble bien avoir un frère adulte. Olympias serait-elle veuve, comme Marcelline? Rien ne permet de l'affirmer. Il serait par conséquent difficile de prétendre que la coutume matrimoniale hellénistique n'admettait l' *auto-ekdosis* qu'en cas de remariage ou d'absence d' un parent mâle capable de donner la fille en mariage. Son caractère exceptionnel n'en apparaît pas moins nettement à la lumière de nos sources[96].

Réhabilitation tardive de l'antique liberté, complémentaire de la violence, qui dans le schéma trifonctionnel concourent toutes les deux à définir le mariage du guerrier? Il n'est pas interdit de broder des hypothèses qui tendraient à retracer une telle évolution du «don de soi», parallèlement à celle qui, à Rome, est supposée conduire au marrriage *sine manu* comme mode matrimonial procédant de cette même liberté[97]. A s'en tenir aux textes, l' *auto-ekdosis* n'est qu'une *ekdosis* d'un type particulier, complétant non pas le «rapt» mais le «don» paternel et considérée comme une variante de celui-ci. Vue sous cet angle, elle nous aide à mettre en relief une donnée essentielle du mariage grec. Permettant à la femme, dans des conditions qu'il nous est difficile de préciser, de se donner elle-même en

94. Chairéas et Callirhoé V, 8,5.

95. Sur la date du roman voir G. Molinié, *op. cit.*, p. 1-2. L'éditeur français fait état des papyrus ayant conservé des fragments de ce texte, et dont les plus anciens interdisent une datation postérieure à 150 de n.è. (voir Pack² n°s 241-244). Un siècle plus tard, une ἔκδοσις faite à l'initiative d'une jeune fille (ἀφ' ἑαυτῆς) paraît encore à Clément d'Alexandrie aussi normale que celle qui est faite par les parents (παρὰ τῶν γονέων): voir *infra*, note 108. Cas semblable: Achille Tatius, *Leucippé et Clitophon*, V, 11 (δίδωσιν ἑαυτήν).

96. Dans le *P. Doura* 30, les deux époux sont *Aurelii*, citoyens romains de fraîche date (leur mariage est conclu vingt ans après la *Constitutio Antoniniana*); mais ce contrat relève de la tradition grecque et ne laisse apparaître aucune trace soit d'une pratique orientale soit du droit romain: voir le commentaire de C.B. Welles, p. 155-156, et son introduction aux *P. Doura*, p. 17, sur le mariage, et p. 20-21, sur les éléments orientaux, grecs et romains, dans les documents de Doura-Europos; cf. mon c.r. des *P.Doura* dans Iura 12, 1961, p. 294-303; sur le mariage de la veuve et de la femme divorcée en droit romain, M. Humbert, *Le remariage à Rome*, Milan, 1972 (qui ne cite pas ce texte).

97. G. Dumézil, *Mariages indo-européens* (*supra* note 9), p. 51 sq.

mariage, la coutume hellénistique a marqué un progrès par rapport à la loi poliade ancienne. Elle n'a pas effacé pour autant, sur ce point, l'inégalité foncière qui régit l'institution du mariage: même lorsqu'elle accomplit sa propre *ekdosis*, la femme reste l'objet d'une «dation».

7. Les cités nouvelles: exemple alexandrin

Dans les cités nouvellement fondées, le droit familial grec est solidaire de l'évolution que les papyrus d'Égypte nous permettent de suivre en ce qui concerne le mariage des Grecs établis dans la *chôra*. Il présente toutefois des traits particuliers liés à l'organisation du corps civique. La confrontation des données relatives au mariage grec dans la *chôra* avec celles que nous possédons pour Alexandrie est instructive à cet égard[98].

L'essentiel de notre documentation en la matière est constitué, on le sait, par un petit lot de conventions matrimoniales conclues sous forme de *synchôrêsis*, type de document issu de la transaction judiciaire telle que nous la connaissons, pour le milieu du IIe siècle avant notre ère, par le *P. Mert.* II 59; tous ces textes datent de l'époque d'Auguste[99]. Le détail intéressant vient de ce que ces conventions nous révèlent au sujet d'une double formalité que les Alexandrins accomplissaient pour la conclusion d'un mariage: après la rédaction d'une convention écrite, un second acte doit cimenter l'union conjugale par une cérémonie ou un accord à passer devant les hiérothytes, magistrats de la cité[100].

Cette clause énigmatique des *synchôrêseis* matrimoniales alexandrines a suscité de la part des historiens et des juristes bien des hypothèses. Aucune d'elles ne paraît entièrement satisfaisante. En particulier, on ne peut pas admettre l'explication, retenue en dernier lieu par P.M. Fraser dans son livre sur l'Alexandrie ptolémaïque, qui tend à distinguer dans le mariage alexandrin, un acte civil et un acte religieux, les hiérothytes étant chargés de la «cérémonie sacrale» qui mettrait

---

98. Voir surtout H.J. Wolff, *Grundlagen (supra*, note 3), p. 173-181. Plus récemment, Cl. Vatin, *Recherches (supra*, note 67), p. 173-178 et, dans une perspective différente, J.-P. Broudéhoux, *Mariage et famille chez Clément d'Alexandrie*, Paris 1970 (voir mes remarques dans RHD 51, 1973, p. 520-521 = SDHI 41, 1975, p. 595, et celles d'E. Volterra, *Matrimonio*, article cité plus haut, à la note 14, p. 741, note 30 *i.f.*).

99. *BGU* IV 1050 (= *M. Chr.* 286); 1051; 1052 (= *Sel. Pap.* I 3); 1098-1101, tous édités par W. Schubart. Sur la συγχώρησις en tant que type de document, voir H.J. Wolff, *Das Recht der griechischen Papyri Aegyptens*, II, Munich 1978, p. 91-95.

100. *BGU* IV 1050, lignes 24-30: θέσθαι [δ]ὲ αὐτοὺς καὶ τὴν ἐφ'ἱεροθυτῶν περὶ γάμου συγγραφὴν ἐν ἡμέραις χρηματιζούσαις πέντε, κτλ.; formule analogue dans *BGU* 1051, lignes 35 sq. (texte mutilé); 1098, lignes 41-44; 1101, lignes 19-23.

en exécution «l'intention de contracter le mariage» déclarée dans la *synchôrêsis*[101]. En fait, le mariage est déjà conclu au moment où les parties le portent à la connaissance du préposé au *katalogeion*. Le second contrat n'a pas pour objet la conclusion du mariage, mais des dispositions qui complètent celle-ci. Il correspond très probablement à une exigence légale imposée aux jeunes mariés afin que leur union produise des effets se situant au-delà du domaine familial proprement dit.

La nature de cette exigence et des effets qu'elle visait nous échappe. Plutôt que de les rechercher avec H.J. Wolff dans le droit de cité alexandrine, dont le second contrat assurerait l'acquisition aux fils à naître du mariage en question[102], il nous paraît possible de supposer que ce contrat à conclure devant les hiérothytes concernait la fortune des citoyens et la transmission des biens de famille sous le contrôle de la cité. L'absence occasionnelle de la clause relative au second contrat s'expliquerait mieux dans cette hypothèse que dans celle qui lie celui-ci au droit de cité[103]. Mais l'énigme du double contrat dans le mariage alexandrin n'en est pas résolue pour autant[104].

Ce point mis à part, le mariage alexandrin reflète à sa manière la personnalisation du lien conjugal qui est le trait principal de l'évolution du droit familial grec à l'époque hellénistique. Il n'est pas, à la différence du mariage athénien, une transaction entre deux *oikoi* représentés par leurs chefs respectifs, mais un accord qui procède de l'initiative des seuls époux et n'engage que ceux-ci[105]; sur

---

101. P.M. Fraser, *Ptolemaic Alexandria*, Oxford 1972, p. 72 et 96. Dans le même sens, conformément à la doctrine autrefois dominante, Cl. Vatin, *Recherches* (*supra*, note 67), p. 177: «c'est un mariage religieux, succédant au mariage civil»; atténuant ensuite cette formule, le même auteur aboutit à se poser la question si «le second mariage» ne serait pas «plutôt une sorte de luxe» dont «l'inutilité même» (?!) conférerait «un prestige social aux époux au même titre que le banquet de noces». — Critique de la théorie du double mariage «civil» puis «religieux»: W. Erdmann, *Die Eheschliessung im Rechte der gräko-ägyptischen Papyri von der Besetzung bis in die Kaiserzeit*, dans ZSS. RA 60, 1940, p. 151-184, particulièrement p. 171 sq.; sur sa propre théorie (simple dépôt du document aux archives publiques dépendant d'un temple), réserves de H.J. Wolff, *Grundlagen* (*supra*, note 3), p. 178-179.

102. H.J. Wolff, *l.c.*, p. 179-180. Réserves de Cl. Vatin, *l.c.*, p. 177, qui qualifie cette hypothèse de «hasardeuse».

103. La clause manque dans *BGU* 1052, 1099 (dont la fin est, il est vrai, très mutilée) et 1100 *(idem)*. Dans *BGU* 1051, elle paraît aberrante à H.J. Wolff (*l.c.*, p. 180, note 159), les époux n'étant pas citoyens d'Alexandrie; mais cette apparente anomalie disparaît si l'on admet qu'il s'agit de non-citoyens résidant dans la ville d'Alexandrie et y possédant des biens.

104. L'argument tiré du *P. Cattaoui*, à propos de la naissance légitime comme condition d'accès à la citoyenneté alexandrine (Wolff, p. 177 et 179), devrait être réexaminé à la suite des observations critiques sur ce texte faites par E. Volterra dans son article déjà cité (*supra*, note 14), *Matrimonio*, p. 783, note 132 *i.f.*

105. H.J. Wolff, *l.c.*, p. 180.

ce point, la pratique matrimoniale alexandrine s'écarte du modèle athénien, censé inspirer ailleurs les lois d'Alexandrie[106]. Ainsi s'explique le rôle subordonné de l'*ekdosis* dans les *synchôrêseis* alexandrines: elle n'est mentionnée que par un seul de ces documents, où elle est le fait des deux parents, en non pas du père seul[107]. Elle n'en continue pas moins à désigner la conclusion du lien conjugal: encore au tournant du IIe siècle de notre ère, le témoignage de Clément d'Alexandrie l'atteste de manière explicite[108].

8. La prérogative paternelle

Le père qui donne sa fille en mariage en transférant à son gendre son pouvoir sur celle-ci lui cède-t-il la totalité de ce pouvoir ou bien en retient-il une partie de sorte que la fille n'échappe jamais totalement à la maîtrise paternelle? On sait que la fille ne se sépare jamais définitivement de son foyer d'origine; veuve ou divorcée, elle y revient, si l'intérêt des enfants qu'elle a eus ne s'oppose pas à ce retour. Le verbe ἐκδίδωμι,qui est le terme technique de la conclusion du mariage, désigne, on le sait, une remise provisoire et non pas une séparation définitive qu'exprime ailleurs (aliénation, restitution) un autre composé du même groupe, ἀποδίδωμι[109]. Quelles sont, dans cette situation, les modalités et les limites éventuelles du transfert de la qualité de *kyrios* inhérent à la conclusion du mariage légitime[110]? La réponse à cette question découle des textes qui concernent le droit d'aphérèse, c'est-à-dire la faculté qui est donnée au père de reprendre sa fille mariée, même contre son gré, au mari auquel il l'a donnée pour femme.

L'existence de ce droit à Athènes, dans la deuxième moitié du IVe siècle

---

106. Sur cette question, voir J. Modrzejewski, *La règle de droit dans l'Égypte ptolémaïque*, dans Essays in honor of C. Bradford Welles, New Haven, Conn., 1966, p. 125-173, particulièrement p. 134 sq.; sur la législation à Alexandrie, Julie Vélissaropoulos, *Lois alexandrines*, Paris 1972, mémoire inédit, brièvement mentionné dans ma chronique SDHI 41, 1975, p. 577.

107. *BGU* IV 1100, ligne 7.

108. Frgt. 64 (éd. O. Staehlin, III, p. 228), rapporté par J.-P. Broudéhoux, *Mariage et famille chez Clément d'Alexandrie* (*supra*, note 98), p. 75: «Ce que l'on appelle corruption d'une vierge, ce n'est pas seulement la fornication, mais également le fait de la remettre avant le temps (ἡ πρὸ καιροῦ ἔκδοσις), lorsqu'elle a été remise (ἐκδοθῇ) à son mari avant la maturité pour ainsi dire, que cela soit dû à sa propre initiative (ἀφ' ἑαυτῆς) ou à l'action de ses parents (παρὰ τῶν γονέων)». J.-P. Broudéhoux note à ce propos (avec raison): «contrairement à ce que laissent entendre les documents alexandrins, il semble que l'ἔκδοσις joue encore, à l'époque de Clément, un rôle appréciable dans la conclusion du mariage» *(ibid)*.

109. Sur cette terminologie et sa signification juridique, voir H.J. Wolff, *Marriage Law* (*supra*, note 2), dans Traditio 2, 1944, p. 48 sq. = Beiträge, p. 163 sq.

110. Pour Athènes, voir A.R.W. Harrison (*supra*, note 6), p. 30-32, qui résume les discussions antérieures.

avant notre ère, est prouvée par des textes tels que le *Contre Spoudias*, le *Papyrus Didot* et les *Epitrepontes* de Ménandre[111]. Exercé par les rois à l'époque hellénistique[112], il apparaît à nouveau dans la pratique en Égypte sous l'Empire: la requête soumise, en 186 de notre ère, par la dame Dionysia au préfet d'Égypte Pomponius Faustinianus et conservée par le *P.Oxy.* 237, nous fait connaître plusieurs procès qui, depuis l'époque de Domitien, surgirent entre des femmes pérégrines et leurs pères prétendant exercer le droit d'aphérèse sur la personne de la fille en vertu de la coutume locale[113]. Ce droit finira par s'effriter sous les Antonins devant la justice provinciale[114].

L'analyse de ces sources nous suggère que l'exercice du droit d'aphérèse est subordonné à la finalité du mariage: la procréation d'enfants légitimes[115]. Comme l'épiclère mariée, qui ne peut être revendiquée avec succès par l' *anchisteus*

---

111. Démosthène, XLI, 1-3; *P. Didot* I, éd. H. Weil, Paris 1879 (Pack² 1319); Ménandre, *Epitrepontes*, éd. G. Lefebvre, Le Caire 1907 (Pack² 1301 et 1302). Sur ces témoignages et sur leurs échos latins, on pourra lire bientôt l'étude de N. Lewis, 'Αφαίρεσις *in Athenian Law and Custom*, à paraître dans Symposion 1977 (actes du 3e Colloque international d'histoire du droit grec et hellénistique, Chantilly, 31 mai - 3 juin 1977), à laquelle je renvoie pour l'analyse de ces textes.

112. Deuxième mariage de Cléopâtre Théa que son père Ptolémée IV Philométor enlève à son mari Alexandre Balas pour la donner en mariage au Séleucide Démétrios II; le cas est relaté au premier livre des Macchabées, 11, 8-12, où on lit (11, 12): καὶ ἀφελόμενος αὐτοῦ τὴν θυγατέρα ἔδωκεν αὐτὴν τῷ Δημητρίῳ. Voir Cl. Vatin, *Recherches* (*supra*, note 67), p. 95; plus récemment A. Swiderek, *Siedem Kleopatr* (Les sept Cléopâtres, en polonais), Varsovie 1978, p. 228 sq. (voir sur ce livre RHD 56, 1978, p. 509).

113. Analyse détaillée dans le mémoire inédit de Varvara Anagnostou, *Le procès de Dionysia*, Paris 1973 (cf. SDHI 43, 1977, p. 774).

114. Voir N. Lewis, *On Paternal Authority in Roman Egypt*, dans RIDA, 3e série, 17, 1970, p. 251-258.

115. Cette finalité est exprimée dans la formule de l'*engyê* athénienne par une métaphore qui assimile la procréation au labourage ou aux semailles. Nous la trouvons d'abord chez Ménandre, *Perikeiromenê* 435-436 (Koerte): ταύτην γν[ησίων] παίδων ἐπ' ἀρότῳ σοι δίδωμι, et *Dyskolos* 842-843: ἀλλ' ἐγγυῶ παίδων ἐπ' ἀρότῳ γνησίων τήν θυγατέρ' ἤδη. Clément d'Alexandrie, citant Ménandre, reproduit cette formule (παίδων ἐπ' ἀρότῳ γνησίων δίδωμί σοι 'γὼ τὴν ἐμαυτοῦ θυγατέρα), après l'avoir paraphrasée en remplaçant ἐπ' ἀρότῳ par ἐπὶ σπορᾷ (*Stromates* II, 23, 1 = Ménandre, frg. 682 [720] Koerte, sans doute *Fabula incerta*, après le vers 32); la variante ἐπὶ σπορᾷ se retrouve dans Ménandre, *Fabula incerta*, 29-30 (Koerte). Voir E.J. Bickerman, *La conception* (*supra*, note 4), p. 9 et note 42; J.-P. Broudéhoux, *op. cit.* (*supra*, note 98), p. 74-79, et particulièrement p. 76 note 16. La référence à la formule athénienne chez Clément n'est évidemment qu'une «allusion érudite lui permettant d'amener la citation du poète comique» (*ibid.*, p. 77). A comparer Chariton d'Aphrodisias (*supra*, note 92), III,2, 2: παίδων ἐπ' ἀρότῳ κατὰ νόμους Ἑλληνικούς, ou encore Lucien, *Timon*, 17: εἰ δέ τις ἔμπαλιν ἐλευθέραν γυναῖκα εἰς τὴν οἰκίαν νόμῳ παραλαβὼν ἐπ' ἀρότῳ παίδων γνησίων κτλ., cité par U.E. Paoli, *Altri studi* (voir la note suivante), p. 382 note 11. Les réminiscences de cette formule sont encore décelables dans un document tel que le contrat byzantin enregistrant un divorce *communi consensu* à Antinooupolis en 569 de n.è., *P. Flor.* I 93 = *M. Chr.* 297 (V. Arangio-Ruiz., *Negotia* 22), lignes 9-10:... πρὸς γάμου καὶ βίου κοινωνίαν ἐπὶ χρησταῖς ἐλπίσι καὶ τέκνων γνησίων ἀγαθῇ σπορᾷ, κτλ. (U.E. Paoli, *ibid.*, p. 382 note 10;

ayant droit si elle est mère d'un enfant dans une union régulièrement conclue avant qu'elle ne soit devenue épiclère, de même la fille qui n'est pas épiclère ne peut être revendiquée avec succès par son père si, une fois mariée, elle a donné naissance à des enfants légitimes[116]. Suivant un conjecture proposée par le regretté U.E. Paoli, qui paraît très convaincante, cette hypothèse pourrait trouver un appui direct dans le texte même des *Epitrepontes* de Ménandre[117]. Autrement dit, le transfert de la maîtrise sur la femme du *kyrios*-père au *kyrios*-mari serait révocable tant que le couple reste sans enfant; à la naissance du premier fils, sinon à la naissance du premier enfant quel que soit son sexe[118], il deviendrait définitif, le but du mariage ayant été atteint.

Nous ne savons pas si la même limite s'attache encore au droit d'aphérèse lorsque celui-ci renaît dans la pratique provinciale de l'Égypte romaine[119]. Dionysia ne parle pas de ses enfants; on ignore si elle en a jamais eu. L'argument avancé contre le droit d'aphérèse est tiré de son caractère «inhumain»; le juge romain y est sensible, en raison de la coïncidence qu'il y a sur ce point entre l'opposition des dames grecques d'Égypte à l'exercice d'une prérogative paternelle jugée exorbitante et l'évolution du droit romain lui-même[120]. L'aphérèse paternelle n'est, à cette époque, qu'un vestige d'un système en voie de décompo-

---

version française du document entier dans J. Gaudemet, *Le droit privé romain,* Paris 1974, p. 297-298).

116. Voir surtout U.E. Paoli, *La legittima aferesi dell'* ἐπίκληρος *in diritto attico,* dans Miscellanea Giovanni Mercati, t. V, Le Vatican 1946, p. 524-538, article repris dans ses *Altri studi di diritto greco e romano,* édités par A. Biscardi, Milan 1976, p. 363-376, et E. Karabélias, *L'épiclérat attique* (*supra,* note 39), 143-156.

117. U.E. Paoli, *Les limites juridiques de l'«aphérésis» paternelle dans le droit attique,* dans Recueil de l'Académie de Législation, t. II, Toulouse 1953, p. 3 sq. = Altri studi, volume précité, p. 385-391. La conjecture porte sur les vers 461-463 que le savant italien restitue comme suit, *exempli gratia:* ἐπεὶ τάδ[ε δοκεῖ μοι, παρ' ἀνδρὸς τὴν ἐμὴν] θυγατέρ' ἀ[φαιρεῖν, παιδίον γὰρ οὐδέπω] τέτοκε, κ[...; et il conclut: «Si c' est de cette façon que le texte de Ménandre doit être à peu près établi, on a ici la confirmation que la naissance d'un petit fils empêchait son grand-père d'exécuter l'*aphérésis* de sa mère» (*ibid.,* p. 391). Cette étude, tirée d'une communication présentée aux Journées internationales de la Société d'histoire du droit à Toulouse, en mai 1952, développe une note critique au texte de Ménandre, publiée dans Aegyptus 32, 1952, p. 283 et rééditée dans les mêmes Altri studi, p. 538.

118. Dans ce sens, pour l'aphérèse de l'épiclère, E. Karabélias, *op. cit.,* p. 153.

119. Elle n'a pas été respectée par Ptolémée IV lorsqu'il enleva Cléopâtre Théa, mère d'un jeune enfant, à son mari Balas (*supra,* note 112). Mais le roi est au-dessus des lois...

120. *P. Oxy.* II 237, col. VII, lignes 34-35: μὴ ἠκολουθηκέναι τῇ τοῦ νόμου ἀπανθρωπίᾳ. Il s'agit d'une sentence du préfet d'Égypte Fl. Titianus (col. VII, lignes 19-29), citée à l'occasion d'un procès ultérieur devant l'épistratège Paconius Félix (col. VII, lignes 29-38), qui décide en faveur de la demanderesse, comme son prédécesseur; voir mes remarques dans l'*Annuaire* 1975-1976 de la IVe Section de l'École pratique des Hautes Études, Paris, 1976, p. 330. Toute cette question sera reprise par Varvara Anagnostou dans sa thèse sur le thème «Juge et sentence dans l'Égypte romaine».

sition. Mais elle témoigne, par sa seule présence, d'une continuité dans laquelle toutes les pièces de ce système sont conservées, même si la logique de l'ensemble s'estompe et si les rouages du mécanisme se grippent de plus en plus après un trop long usage.

9. La dot

Dernier point: la dot[121]. Élément le plus durable de l'institution matrimoniale, elle subit une évolution quant à sa substance, qui se reflète dans le vocabulaire du droit dotal: tandis que s'opère le passage de l'*oikos* classique à la famille individuelle d'un type nouveau, la notion de *phernê*, jusqu'ici archaïque ou marginale, supplante celle de *proix*, terme technique de la dot dans la cité classique; il faudra attendre la conquête romaine pour que la *proix*, plus proche de la *dos* latine que la *phernê*, reprenne à nouveau sa place[122]. En même temps, des notions nouvelles surgissent: la *prosphora*, englobant les esclaves et les immeubles qui ne peuvent faire partie de la *phernê*; la *prosdosis* qui vient parfois augmenter la *phernê* ultérieurement à la constitution de celle-ci; les *parapherna* qui, dérivés des «Frauensachen» démotiques, concourent, à l'époque romaine, avec la *phernê* sans toutefois se confondre avec elle[123].

Il faudrait insister sur la fonction sociale de la dot. C'est elle en effet qui, mettant en mouvement la fortune des citoyens, puis celle des colons grecs dans la *chôra* égyptienne, confère au mariage sa valeur d'institution sociale. A cet égard la dot est en quelque sorte le symbole du lien conjugal, un mariage sans dot étant, dans une situation normale, pratiquement inimaginable. Juridiquement, elle est la base matérielle du mariage, quelle que soit la solution finale à donner à l'irritant problème de la propriété de la dot, dont P. Dimakis faisait récemment le point dans un article suggestif[124].

A ce titre, la dot fonctionne comme un facteur régulateur du lien conjugal.

---

121. Études de base: H.J. Wolff, art. Προίξ, dans PWRE XXIII (1), 1957, col. 133-170, et, pour le droit hellénistique, G. Häge, *Ehegüterrechtliche Verhältnisse in den griechischen Papyri Aegyptens bis Diokletian*, Cologne et Gratz, 1968; voir, à propos de cet ouvrage, J. Modrzejewski, *Zum hellenistischen Ehegüterrecht im griechischen und römischen Aegypten*, dans ZSS. RA 87, 1970, p. 50-84, et M. Talamanca, *Gli apporti patrimoniali della moglie nell'Egitto greco e romano*, dans Index 2, 1971, p. 240-282.

122. Sur cette évolution, J. Modrzejewski, article cité à la note précédente, p. 66 sq., 73, 78.

123. Pour tous les détails voir l'ouvrage de Häge et les deux articles cités ci-dessus, note 121.

124. P. Dimakis, *A propos du droit de propriété de la femme mariée sur les biens dotaux d'après le droit grec ancien*, dans Symposion 1974, Athènes et Milan 1978, p. 227-240 (et discussion, p. 240-243). Voir aussi la conférence de L. Gernet, citée *supra*, note 43.

Le témoignage des papyrus est particulièrement révélateur de ce rôle de la dot. On constate ainsi, dès le début de l'époque ptolémaïque, que la femme qui ne respecte pas les devoirs fixés par le contrat de mariage sera, en cas de divorce, «dépouillée» (στερέσθω) de sa dot: son mari peut la renvoyer ou la quitter en gardant les biens dotaux[125]. Dans l'hypothèse inverse, le mari qui ne respecte pas les clauses du contrat de mariage doit, en cas de rupture du lien, restituer immédiatement la dot augmentée d'une amende privée qui sanctionne ses torts: le double, attesté par le *P. Éléph.* 1, étant un cas isolé, l'amende est normalement de 50%, ce qui veut dire que la dot à restituer représente 1½ (ἡμιόλιον, σὺν ἡμιολίᾳ) de la dot reçue; cette sanction frappe notamment la répudiation de l'épouse sans motif valable, en violation de l'engagement de μὴ ἐκβάλλειν[126].

Dès le IIe siècle avant notre ère, nos contrats reconnaissent à la femme la faculté d'exercer l'initiative du divorce: l'*hêmiolion* reste encore la sanction d'une violation des devoirs maritaux en cas de divorce, mais si celui-ci se produit parce que la femme le désire, la dot lui est restituée au simple (ἁπλῆ) dans un délai qui va de dix à soixante jours; ce n'est que lorsque le mari n'a pas respecté ce délai qu'il doit payer l'*hêmiolion*[127]. Mais dès le début du Ier siècle avant notre ère, l'*hêmiolion* comme sanction de la violation des devoirs maritaux disparaît laissant la place au devoir d'une restitution immédiate du montant simple de la dot; seul subsiste l'*hêmiolion* sanctionnant, en cas de divorce sur l'initiative de la femme, le non-remboursement de la dot dans le délai prévu par le contrat[128]. Ce système se maintient, semble-t-il, sous l'Empire[129]; en même temps, nous trouvons à cette époque des contrats qui laissent au mari un délai pour la restitution de la dot en cas de divorce sur l'initiative de la femme, sans qu'il soit précisé que, passé ce délai, le mari qui n'aura pas restitué la dot subira la sanction de l'*hémiolion*[130].

---

125. Ainsi déjà dans le *P.Éléph.* 1, ligne 7. Sur cette sanction, voir G. Häge, *op. cit.* (*supra*, note 121), *p. 79 sq.*

126. G. Häge, *op. cit.*, p. 76 sq.

127. Ainsi, *M. Chr.* 284, lignes 7-9 et 12-14. Régime comparable à Alexandrie sous Auguste: il suffit de confronter les *synchôrêseis* matrimoniales citées plus haut (note 99), qui imposent la restitution de la dot σὺν ἡμιολίᾳ au mari n'ayant pas respecté les devoirs énumérés dans le contrat, avec celles qui enregistrent le divorce par consentement mutuel, la femme reconnaissant avoir reçu le montant simple de la dot restituée par le mari (*BGU* IV 1102 et 1103).

128. P. ex. *P. Tebt.* I 104 = *M. Chr.* 285 (92 av. n.è.), lignes 20-27 et 32-33 (cf. *supra*, note 81).

129. P. ex. *P. Oxy.* III 496 = *M. Chr.* 287 (127 de n.è.), lignes 9-10.

130. P. ex. *P. Ryl.* II 154 = *Sel. Pap.* I 4 (Bacchias, 66 de n.è.), lignes 24-33; *CPR* I 24 = *M. Chr.* 288 (Ptolémaïs Évergétis, 136 de n.è.), lignes 27-31; *CPR* I 27 = *M. Chr.* 289 (Ptolémaïs Évergétis, 190 de n.è.), lignes 16-21; *P. Oxy.* X 1273 = *Sel. Pap.* I 5 (260 de n.è.), lignes 25-33. Les

Cette évolution, qui consacre l'égalité des époux en ce qui concerne l'initiative du divorce, n'est pas plus favorable à la femme qu'au mari: il devait autrefois, pour rompre le lien avec une épouse irréprochable, rendre à celle-ci le double de la dot ou le montant de la dot majoré de 50%; il lui suffit désormais de restituer le montant simple immédiatement, et si c'est sa femme qui le quitte, il ne risque que l'exécution forcée de ce même montant simple s'il n'a pas préféré le restituer volontairement dans le délai fixé par le contrat. Le rôle de la dot en tant que régulateur du divorce n'en est pas moins évident[131].

10. La structure juridique du mariage grec

L'ensemble de ces observations peut être résumé dans un schéma tendant à proposer une définition de la structure juridique du mariage grec, considéré au moment de sa conclusion, à l'époque classique et dans le monde hellénistique:

Le mariage grec nous apparaît comme un rapport juridique résultant d'un *acte réel à finalité déterminée* (dation de la femme en vue de la procréation d'enfants légitimes), comportant un *transfert de la faculté de disposer* de la personne qui est l'objet de cet acte (la qualité de *kyrios*) et accompagné d'une *prestation matérielle* destinée à régler le fonctionnement du rapport (la dot).

Reprenons un à un les éléments de ce schéma dans la perspective de l'évolution historique.

1. **La dation.** — Contrairement au droit romain qui fonde l'union conjugale sur le consentement des époux *(consensus facit nuptias)*[132], le droit grec ne

---

contrats oxyrhynchites prévoient en revanche une prestation à la charge du mari si au moment du divorce la femme attend un enfant; ainsi, dans les contrats déjà cités, *P.Oxy.* III 496 ligne 10, et X 1273, lignes 33-34, ou encore *P. Oxy.* II 267 = *M. Chr.* 281 (36 de n.è.) lignes 18-21, et III 603 descr. publié en entier par C. Wessely, Stud. Pal. IV, 1905, p. 115 (169-176 de n.è.) ligne 24; il semble bien qu'une obligation analogue ait existé à Ptolémaïs où elle était fondée sur une loi de cette cité (*P. Fay.* 22 = *M. Chr.* 291 [1er s. de n.è.], lignes 20-29): voir sur cette question le mémoire de Sophie Adam, *Aspects juridiques et sociaux de la maternité dans la Grèce ancienne et dans l'Égypte gréco-romaine,* Paris 1977, p. 68-73 (cf. RHD 56, 1978, p. 522).

131. Bien entendu, le rôle juridique de la dot ne se limite pas au problème du divorce: c'est également la dot qui fonde l'obligation alimentaire du mari à l'égard de la femme. Cette fonction de la dot a été dégagée par Geneviève Chrétien-Vernicos dans son mémoire *L'obligation alimentaire en droit hellénistique,* Paris 1978, p. 41-78 (cf. RHD 56, 1978, p. 524).

132. Voir l'article d'Ed. Volterra, *Matrimonio* (*supra,* note 14), p. 732 sq., et le manuel de M. Kaser, *Das römische Privatrecht* I (*ibid.*), p. 74 et 311. Voir aussi les études de J. Gaudemet réunies dans son récent volue *Sociétés et mariage,* Strasbourg 1980, et en particulier la nouvelle synthèse qui clôt ce volume (et qui en porte le titre) et où le rôle du consensualisme est mis évidence (p. 425-453, particulièrement 427 sq.). Le consensualisme fut au centre d'un colloque sur la définition juridique du

s'attache qu'à la disposition par laquelle la personne qui en a la faculté légale donne une fille à l'homme qui va être son mari.

Dans la Grèce classique, l'*ekdosis* est réservée au père ou, à défaut, à un parent mâle du côté paternel. Cela change dans le monde hellénistique. Dès la fin du IVe siècle av. n.è., nous voyons la mère associée à l'*ekdosis* de sa fille qu'elle effectue conjointement avec le père[133]. Par la suite nous la verrons agir seule en ce qui concerne la dot[134], et elle deviendra, concurremment avec le père «donneur» – πατὴρ καὶ ἐκδότης[135] –, la «donneuse» légale – ἐκδότις – de sa fille[136]. On verra aussi la grand-mère associée à l'*ekdosis* de sa petite fille et lui apportant, à cette occasion, un beau cadeau à titre de προσφορά[137]. Ajoutons-y le cas de la femme effectuant sa propre *ekdosis* en vue d'une union légitime[138]. Autant de signes d'une «dégénérescence» progressive qui finira par réduire l'*ekdosis* à l'état d'une formalité que l'on pourra même ne pas mentionner dans l'acte. Mais aussi longtemps qu'elle subsiste, elle témoigne d'un trait essentiel du mariage grec: celui-ci est le résultat d'une *disposition à caractère réel* dont la femme demeure l'objet passif.

2. **La finalité de l'acte. —** Acte réel, la conclusion du mariage repose sur une «Zweckverfügung», une disposition à finalité déterminée. Ici, comme en matière d'obligations, la finalité de l'acte commande l'organisation du rapport juridique qui en résulte[140]. La procréation d'enfants légitimes, qui est le but du ma-

---

mariage romain qui s'est tenu à Rome en mars 1979 sous les auspices de l'Université pontificale du Latran; voir le c.r. de ce colloque par S. Di Salvo dans Labeo 25, 1979, p. 356-357.

133. *P. Éléph.* 1. (voir *supra,* note 75). Pour une *ekdosis* accomplie par les deux parents à Alexandrie sous Auguste, voir *BGU* IV 1100, lignes 7-9 (cf. *supra,* note 107).

134. Ainsi, dès la fin du IIIe siècle av. n.è., comme le montre *P.Tebt.* III/1 815 frg. 4 r°, lignes 1-10 (228-221 av. n.è.). Pour l'époque romaine, voir *CPR* I 24 = *M. Chr.* 288 (136 de n.è.).

135. Formule qu'on trouve dans *P. Oxy.* III 496 = *M. Chr.* 287 (127 de n.è.), lignes 2-3, et 497 (début du IIe s. de n.è.), ligne 15. Ailleurs, le père est dit ὁ ἐκδιδούς, la jeune mariée étant ἡ ἔκδοτος: *P. Oxy.* VI 905 (170 de n.è.), lignes 5 et 15.

136. *P. Oxy.* X 1273 = *Sel. Pap.* I 5 (260 de n.è.), lignes 5, 20, 26. Voir aussi *P. Oxy.* II 372 descr. (74/75 de n.è.), contrat de mariage commençant par ἐξέδοτο pour une mère qui marie sa fille.

137. *P. Oxy.* III 496 = *M. Chr.* 287 (127 de n.è.), lignes 4-5.

138. *Supra,* § 6.

139. Mais l'expression ἐκδιδόναι-ἐκδίδοσθαι πρὸς γάμον garde sa valeur technique pour désigner la conclusion d'un mariage. Ainsi, dans le dossier de Dionysia, *P. Oxy,* II 237. col. VII, lignes 28-29, dans la sentence du préfet d'Égypte T.Flavius Titianus (I) prononcée dans un procès qui eut lieu en 128 de n.è., et col. VIII, lignes 4 et 5· sous le calame du *nomikos* Ulpius Dionysodorus. Voir le mémoire de Varvara Anagnostou cité *supra,* note 113. Voir aussi la requête au préfet d'Égypte, *P. Oxy,* XVII, 2133, citée *supra,* note 82.

140. La notion de «Zweckverfügung» est, on le sait, un élément essentiel de la structure de l'obligation contractuelle en droit grec d'après la théorie de H.J. Wolff: voir son exposé, *La structure de l'obligation contractuelle en droit grec,* dans RHD 44, 1966, p. 569-583, où sont résumées les

riage, crée à la charge des époux des devoirs et leur confère des droits qui sont formulés dans les «clauses morales» des contrats écrits. Au passage de la cité classique à la monarchie hellénistique, la légitimité de la naissance change de sens: il ne s'agit plus, ou plus seulement, d'assurer l'intégration, dans la communauté des citoyens, de l'individu dont le statut est garanti par la naissance légitime; il s'agit à présent, avant tout, de maintenir la qualité d'Hellène face au Barbare conquis, c'est-à-dire de préserver l'identité culturelle et sociale du Grec en tant que membre du groupe dominant[141]. Les effets juridiques de la naissance continuent à se produire comme autrefois dans le domaine du droit privé, notamment en ce qui concerne la succession aux biens de famille.

3. **Le transfert de la faculté de disposer.** — Pour assurer la légitimité de l'union, donc la légitimité des enfants à naître, il faut, nous l'avons vu, que le «donneur» transfère au mari sa qualité de *kyrios;* ce transfert devient définitif, avons-nous admis, à la naissance du premier enfant[142]. Ici encore nous retrouvons un trait caractéristique du droit grec: «l'autorisation de disposer» («Verfügungsermächtigung»), dont Johannes Herrmann nous a bien montré à Rhéda l'importance dans la formation de l'acte juridique[143]. Ici encore l'évolution qui marque le passage de la cité classique à la monarchie hellénistique modifie le rôle de cet élément dans la structure juridique du mariage. Le *kyrios* perd ses droits de «maître et seigneur», investi d'un pouvoir effectif de disposer de la personne de la femme; il devient une sorte de tuteur[144]. On sait d'ailleurs que son assistance n'est pas toujours indispensable à la femme[145]; on sait aussi que celle-ci peut se voir reconnaître des droits de regard sur les biens du mari qui n'est donc plus le

---

positions de ses travaux antérieurs, en particulier celles de l'étude intitulée *Die Grundlagen des griechischen Vertragsrechts,* dans ZSS. RA 74, 1957, p. 26-72 = Zur griechischen Rechtsgeschichte (recueil cité *supra,* note 3), p. 483-533. Pour une interprétation différente, voir A. Biscardi et E. Cantarella, *Profilo*[2] (*supra,* note 6), p. 154 sq.

141. Je reviendrai ailleurs sur ces questions qui ont été reprises à mon séminaire de l'École pratique des Hautes Études en 1978/1979 et 1979/1980.

142. *Supra,* § 8.

143. J. Herrmann, *Verfügungsermächtigungen als Gestaltungselemente verschiedener griechischer Geschäftstypen,* dans Symposion 1971, Cologne et Vienne 1975, p. 321-332; dans un sens analogue, A. Kränzlein, *Bemerkungen zu den hellenistischen Vertragsurkunden auf Papyrus,* dans Festschrift f. W. Wilburg, Gratz 1975, p. 187-202 (cf. RHD 54, 1976, p. 459 = SDHI 43, 1977, p. 790).

144. H.J. Wolff, *Marriage Law* (*supra,* note 2), Traditio 2, 1944, p. 71-72 = Beiträge, p. 201-202; Idem, art. *Ptolemaïsches Recht,* dans Lexikon der Alten Welt, Zurich et Stuttgart 1965, col. 2532: «die Frauenkyrieia blieb, sank jedoch zu einer blossen Geschlechtsvormundschaft herab'.

145. Voir R. Taubenschlag, *La compétence du* κύριος *dans le droit gréco-égyptien,* dans AHDO 2, 1938, p. 293-314 = Opera minora, Varsovie 1959, t. II, p. 353-377; cf. Cl. Préaux, *Le statut de la femme* (*supra,* note 71), p. 140 sq. Voir aussi Cl. Vatin, *Recherches* (*supra,* note 67), p. 241 sq.

seul à disposer du patrimoine familial[146]. Cela ne change rien au fait que l'acquisition de la qualité de *kyrios* reste liée à la conclusion du mariage; elle reste en même temps le signe du caractère légitime de l'union. La permanence de cet élément ne peut être niée.

4. **Une prestation matérielle: la dot.** — Dernier élément du schéma qui résume la structure juridique du mariage grec, la dot est, dans cette structure, la pièce la plus résistante. L'évolution historique modifie le vocabulaire et les composants de la dot; elle n'en affecte pas le fond, c'est-à-dire sa fonction juridique et son rôle social. De même, la dot garde toujours son caractère, typiquement grec, d'une masse patrimoniale dont le statut légal ne peut s'exprimer abstraitement en termes de propriété privée, mais doit être analysé suivant des critères fonctionnels concernant la destination et la gestion des biens qui composent la dot.

*

* *

Dans l'ensemble on constate, pour toute la période étudiée, l'indéniable permanence du fait matrimonial grec envisagé comme une structure juridique. Sans doute cette structure subit-elle, dans chacun de ses éléments, une sorte d'érosion. Celle-ci correspond aux mutations politiques et sociales qui s'opèrent dans le passage du monde des cités à celui des monarchies hellénistiques. Que ce soit l'*ekdosis* de la fille, la qualité de *kyrios* ou la prérogative paternelle, cette érosion traduit l'affaiblissement progressif de la prépondérance masculine dans la famille; elle nous donne la mesure de l'émancipation relative de la femme grecque à l'époque hellénistique[147].

En revanche, la permanence qui caractérise la structure dans sa totalité et dans sa substance juridique nous fait sentir la continuité du fait matrimonial grec dans l'Antiquité, depuis la cité classique jusqu'au début de l'époque impériale[148].

---

146. Clause κυριεύουσα μετ'αὐτοῦ κοινῇ τῶν ὑπαρχόντων. Voir textes et analyse dans G. Häge, *Ehegüterrechtliche Verhältnisse* (*supra*, note 121), p. 65 sq. (cf. p. 152 sq. et 157 sq.).

147. Sur ce point, les résultats de notre enquête rejoignent et confirment les conclusions des travaux antérieurs, en particulier celles de L. Bringmann, *Die Frau im ptolemäisch-kaiserlichen Aegypten*, Bonn 1939, et I. Biezuńska, *Études sur la condition juridique et sociale de la femme grecque en Égypte gréco-romaine*, Lwow 1939, et *La condition juridique de la femme grecque d'après les sources papyrologiques* (en polonais), dans Przegląd historyczny 35, 1939, p. 1-19. Voir aussi Cl. Préaux, *Le statut de la femme* (*supra*, note 71), p. 175.

148. Je n'ai pas abordé dans cet article le problème des influences locales sur l'évolution du droit familial grec en milieu barbare. Certaines d'entre elles peuvent être admises de manière sûre; ainsi par exemple la filiation qu'on doit constater entre les «Frauensachen» et les *parapherna* (voir G. Häge, cité *supra* à la note 121, p. 211 sq.). Ailleurs, l'influence du milieu local se limite le plus souvent à

Ainsi apparaît l'intérêt scientifique d'une étude juridique du mariage dans une recherche concernant l'évolution de la condition féminine. Plus conservateur que d'autres éléments de la réalité sociale, le droit est, dans un monde qui change, le témoin de continuités qui accompagnent le changement. Il intervient comme un facteur d'équilibre dans la reconstruction du passé, nous aidant à saisir la réalité historique d'une façon plus nuancée et plus complète.

---

stimuler des transformations qui s'opèrent à l'intérieur du fonds grec lui-même; on se trouve alors, comme le dit Claire Préaux dans son étude sur *Le statut de la femme (supra,* note 71), p. 153, en présence d'une évolution qui peut avoir été «hâtée par l'exemple de la famille égyptienne», mais s'accomplissant dans des formes qui «la maintiennent dans le domaine du droit grec». La continuité historique du mariage grec comme structure juridique s'inscrit précisément dans ce cadre.

VI

Zum hellenistischen Ehegüterrecht im griechischen und römischen Ägypten*

Inhalt: Einleitung S. 50. — I. Die ehegüterrechtlichen Verhältnisse im griechischen und römischen Ägypten S. 52. 1. Die Problemstellung S. 52. 2. Die Pherne in ptolemäischer Zeit S. 52. 3. Die Pherne in römischer Zeit S. 62. 4. Die Parapherna, die Prosphora und die Prosdosis S. 67. II. Das hellenistische Ehegüterrecht in rechtshistorischer Perspektive S. 70. 1. Die Auflösung des Oikos S. 70. 2. Die Kontinuität des griechischen Rechts S. 74. 3. Zur Frage der ptolemäischen ‚Rechtsverschmelzung" S. 79. 4. Zum „Reichsrecht und Volksrecht" S. 81.

Eine Gesamtuntersuchung über das griechische Dotalrecht im griechischen und römischen Ägypten fehlte in der papyrologischen Fachliteratur[1]). Diese Lücke hat Günther Häge mit seiner Arbeit „Ehe-

*) Rezension von Günther Häge, Ehegüterrechtliche Verhältnisse in den griechischen Papyri Ägyptens bis Diokletian. Graezistische Abhandlungen herausgegeben von Hans Julius Wolff, Bd. 3. Böhlau-Verlag, Köln-Graz 1968. 318 S. (hier zitiert: Häge). Diese schon für den vorigen Band der SZ bestimmte Rezension konnte aus vom Rezensenten unabhängigen Gründen nicht rechtzeitig veröffentlicht werden; der Redaktion der Zeitschrift ist es zu danken, daß sie jetzt in der Form eines längeren Aufsatzes erscheinen kann. Für die gebrauchten Abkürzungen darf ich auf meine Artikel Zum Justizwesen der Ptolemäer, SZ 80 (1963) S. 42ff. u. Die Geschwisterehe in der hellenistischen Praxis und nach römischen Recht, ibid. 81 (1964) S. 52ff. verweisen. H. J. Wolff bin ich für die Durchsicht des Manuskripts sehr dankbar.

[1]) Wenig zu entnehmen ist dem Handbuch meines Lehrers R. Taubenschlag, The Law of Greco-Roman Egypt in the Light of the Papyri² (1955) (hier: Law²) S. 125ff.; nicht viel besser orientiert (für die ptolemäische Zeit) E. Seidl, Ptolemäische Rechtsgeschichte² (1962) (hier: Ptol. Rg.²), der zwar das ägyptische Ehegüterrecht ziemlich vollständig (S. 174—177) schildert, dem griechischen aber nur einige Zeilen (S. 184—185) widmet. Aus der von Häge verwerteten Literatur ist besonders auf den Artikel von H. J. Wolff, Προίξ, PWRE 23, 1 (1957) Sp. 134 bis 170, und auf die Arbeit von E. Gerner, Beiträge zum Recht der Parapherna (Münch. Beitr. 38) (1954) = PWRE Suppl. 8 Sp. 401ff. (dazu H. J. Wolff, SZ 72 [1955] S. 335ff.) hinzuweisen. An sonstiger Literatur wäre etwa zu erwähnen:

güterrechtliche Verhältnisse in den griechischen Papyri Ägyptens bis Diokletian" ausgefüllt, die im Jahre 1965 der Freiburger Rechts- und Staatswissenschaftlichen Fakultät als Dissertation vorgelegen hat[2]).

Der Verfasser, ein Schüler H. J. Wolffs, erörtert darin die Hauptfragen der ehegüterrechtlichen Praxis in Ägypten im Lichte der Papyrusurkunden aus der Zeit von dem Beginn der makedonischen Herrschaft bis auf Diokletian. Einem zugleich chronologischen und systematischen Plan folgend, zerfällt die Untersuchung in drei große Hauptteile. Der erste — ungefähr zwei Drittel des ganzen Buches umfassende — Teil ist dem Phernalsystem gewidmet, das den Kern des hellenistischen Dotalrechts bildet; darauf folgen zwei kürzere Abschnitte, in denen die anderen ehegüterrechtlichen Institutionen — die Parapherna, die Prosdosis und die Prosphora — behandelt werden. Diese Gliederung trägt der historischen Entwicklung des hellenistischen Ehegüterrechts Rechnung. Innerhalb jedes Teiles folgt sie einem Schema, das nach den jeweils auftauchenden Fragen rechtsstruktureller Natur angeordnet ist und so den Mechanismus jeder Institution zu fassen erlaubt. So ist diese gründliche, sachgemäß aufgebaute und auf genauer Kenntnis der Quellen beruhende Monographie ein sowohl rechtshistorisch wie rechtsdogmatisch kohärentes Gebilde.

Im Vergleich zu dem früheren Schrifttum bedeutet dieses Buch einen wesentlichen Fortschritt, und es kann dem Verfasser von vornherein das Lob zugebilligt werden, daß er dem Rechtshistoriker für ein bisher vernachlässigtes Gebiet ein nützliches Instrument an die Hand gegeben hat. Viele ältere Lehrmeinungen müssen auf Grund des von Häge zusammengestellten und analysierten Quellenmaterials einer kritischen Revision unterworfen werden. Darüber hinaus gibt sein Werk den Anlaß zu einigen Erwägungen, die außerhalb des engen Kreises von Fachpapyrologen für jeden Rechtshistoriker von Interesse sein könnten.

Es scheint daher angemessen, daß wir uns nicht mit einer Besprechung begnügen, die sich im Bericht wie in den Schlußfolgerungen auf bloße Andeutungen beschränken müßte.

Im folgenden soll nun zuerst (I.) über die Resultate des Werkes ein Überblick gegeben werden; zweitens (II.) soll versucht werden, diese

---

Cl. Préaux, Le statut de la femme à l'époque hellénistique, principalement en Egypte, Rec. Soc. J. Bodin 11 (1959) S. 127–175, insbes. 156–157. Zum altgriechischen Recht vgl. jetzt A. R. W. Harrison, The Law of Athens. [I] The Family and Property (1968) S. 45–60.

[2]) Kurze Zusammenfassung in SZ 82 (1965) S. 465–466.

Resultate in einen breiteren rechtsgeschichtlichen Rahmen einzuordnen, um so die Bedeutung des hellenistischen Ehegüterrechts für die Rechtsentwicklung des ptolemäischen und kaiserlichen Ägypten in ihrer Zusammenhängen mit dem altgriechischen, dem nationalägyptischen und dem römischen Recht so gut wie möglich zum Ausdruck zu bringen.

I. Die ehegüterrechtlichen Verhältnisse im griechischen und römischen Ägypten.

1. Den Ausgangspunkt für die Problemstellung bildet das Verhältnis zwischen den zwei Hauptbegriffen des griechischen Dotalrechts, *προίξ* und *φερνή*. Die ältere Lehre trennte anfänglich beide Begriffe voneinander. Diese begriffliche Trennung wurde aber später von Beauchet und anderen Gelehrten abgelehnt und die Synonymität beider Termini angenommen[3]). Erst H. J. Wolff hat wieder darauf hingewiesen, daß zwischen dem Proikal- und dem Phernalsystem Unterschiede bestehen, die ihre Ursachen in den jeweils geltenden Familienordnungen haben[4]). Ob und in wieweit sich diese Unterschiede in der Praxis des Mitgiftsrechts auswirkten, ist eine Frage, auf die nur eine genaue Analyse des Quellenmaterial eine Antwort geben kann.

Demgemäß sucht Häge aufzuzeigen, warum die Griechen Ägyptens in der ptolemäischen Zeit statt der aus Athen und anderen alten Poleis bekannten Bezeichnung der Mitgift als *προίξ* den im vorhellenistischen Sprachbereich nur vereinzelt vorkommenden Terminus *φερνή* verwendeten. Weitere Ausführungen betreffen die allmählich hinzugetretenen mitgiftsähnlichen Institutionen der Paraphera (*παράφερνα*) und der Prosphora (*προσφορά*), sowie die sog. Prosdosis (*πρόσδοσις*). Dem entspricht die schon erwähnte innere Gliederung des Werkes.

2. Der erste Teil der Untersuchung (S. 19—210) ist der Pherne in der ptolemäischen (A. S. 19—132) und in der römischen (B. S. 132—210) Zeit gewidmet. Er beginnt mit einer kurzen Darstellung des in Athen und anderen Polisgemeinden auf Grund der dortigen Familienverfassung herrschenden Proikalsystems. Die außerathenischen Quellen für Proix werden zusammen- und denjenigen, die von der Pherne berichten, gegenübergestellt. Dabei ergibt sich, daß die Herkunfts-

---

[3]) Näheres bei Häge, S. 12.

[4]) PWRE 23, 1 (o. Anm. 1) Sp. 167ff.

orte der Proix-Belege (Mykonos, Tenos, Amorgos, Naxos und Syros) eine der athenischen ähnliche, sich auf den einzelnen *οἶκοι* aufbauende Polisordnung besaßen. Ein anderes Bild gewinnt man bei der Betrachtung der außerägyptischen Pherne-Belege (Ilion, Ephesus). Hierzu kommt, daß griechische Autoren den Begriff *φερνή* nur auf nichtgriechische Verhältnisse anwenden. Es liegt auf der Hand, daß zwischen *προίξ* und *οἶκος* ein enger Zusammenhang besteht[5]).

Damit ist schon der Weg für die Betrachtung des eigentlichen Themas vorbereitet. Bekanntlich ist für die hellenistische Gesellschaftsordnung die Auflösung des altgriechischen Oikossystems charakteristisch; die Folgen dieser historischen Entwicklung sind in verschiedenen Bereichen des Familien- und Sachenrechts spürbar. Auch die Generalisierung der Pherne in der hellenistischen Praxis Ägyptens gehört zu den Konsequenzen der Umwandlung, die von der Oikosordnung der klassischen Poleis zu einer aus diesem Rahmen herausgelösten Rechtsordnung führte. Hierauf wird im zweiten Teil dieses Artikels noch einzugehen sein[6]).

a) Die juristische Struktur der Pherne zeigt sich im ptolemäischen Quellenmaterial (S. 19—132) schon an der Art ihrer Behandlung bei der Eheschließung und der Methode ihrer Bestellung.

Wie der Eheschluß so ist auch die Bestellung der Mitgift als Pherne (S. 23—36) eine Vereinbarung der Eheleute. Von Anfang an obliegt sie nicht mehr dem Kyrios der Braut; auch die Brautmutter und die Braut selbst können die Pherne bestellen. Bereits in dem ältesten griechischen Ehevertrag aus Ägypten wird, obwohl Vater und Mutter die Tochter in die Ehe geben, die Mitgift als von der Tochter eingebracht (*προσφερομένη*) angesehen[7]). Dem entsprechen auch die Bestimmungen über den Verlust und die Rückgabe der Pherne.

---

[5]) Dazu vor allem Wolff, PWRE 23,1 (o. Anm. 1) Sp. 167ff.; s. auch seine Artikel Die Grundlagen des griech. Eherechtes, Tijd. v. Rg. 20 (1952) S. 1—29 [= Zur griech. Rechtsgeschichte (1968) S. 620—654] u. 157—181, insbes. 167ff.; Eherecht und Familienverfassung in Athen, Beiträge zur Rechtsgeschichte Altgriechenlands und des hellenistisch-römischen Ägyptens (1961) (hier: Beiträge) S. 155 bis 242, insbes. 173ff. Siehe auch unten Anm. S. 78.

[6]) Unten S. 70ff.

[7]) P. Eleph. 1 (311 v. Chr.). Die vielzitierte Urkunde ist nach einem vermutlich aus dem Heimatland (Kos?) nach Ägypten gebrachten Formular abgefaßt; sie ist für die spätere Rechtsentwicklung in einem Teil der griechischen Welt maßgebend, dessen Familienrecht von dem uns aus Athen bekannten Bild abweicht (so mit Recht Cl. Préaux, Le statut de la femme [o. Anm. 1] S. 147ff.). Für die ptole-

Wenn diese Tendenz auch in den zeitlich nachfolgenden Papyri feststellbar ist, zeigt sich schon daran, daß die Pherne — anders als die attische Proix — kein Vermögenswert war, der den Kindern einen Anteil am Vermögen der Frauenfamilie sichern sollte und dazu von einem Oikos auf einen anderen übertragen und „für, in Hinblick auf“ die Braut (ἐπιδιδόναι) bestellt wurde. Vielmehr stand sie als wirtschaftlicher Beitrag für die Ehe in engerer Beziehung zu der Braut; diese scheint von den Eltern oder Elternteilen die Mitgift erhalten und selbst in die Ehe eingebracht zu haben[8]).

Konservative Vorstellungen bei Eheschließung und Mitgiftbestellung finden sich allerdings noch in den alexandrinischen Eheurkunden (συνχωρήσεις) der frühaugusteischen Zeit. In Alexandrien, wo sich die Griechen ihres Polisbürgertums lange bewußt blieben, scheint das Zeitwort προσφέρεσθαι regelmäßig für den Vater (seltener für die Eltern) der Braut als Mitgiftbesteller gebraucht worden zu sein[9]).

Insgesamt läßt sich feststellen, daß die Mitgiftbestellung durch die Braut, die Eltern oder Elternteile stets an den Ehemann (nur einmal auch an dessen Eltern)[10]) erfolgte. Eine unmittelbare Zuordnung der Mitgift zur Braut wird in einigen Urkunden deutlich[11]), während Mitgiftbestellungen „in Hinblick auf“ (ἐπί) die Braut nur zweimal und erst für die frühaugusteische Zeit belegt sind[12]). Nach dem Inhalt des Bestellungsaktes zu urteilen, hat die Pherne auch die Bedeutung einer persönlichen Ausstattung der Braut. Sie ist aber nicht, wie die Proix, ein familienrechtliches Institut.

b) Diesem persönlichen Charakter der Pherne entspricht der Inhalt des Mitgiftsguts (S. 36—62). Im Gegensatz zu der bisherigen Lehre, die uneingeschränkt Grundstücke, Sklaven, Geld und Gebrauchsgegenstände in den Kreis der Phernalgüter einbezog[13]), zeigt Häge, daß die

mäischen Verhältnisse könnte vor allem die Klausel charakteristisch sein, die sich auf das Privatschiedsgericht bezieht, wenn sie nicht auf das ursprüngliche Formular zurückgeht. Vgl. dazu Wolff, Das Justizwesen der Ptolemäer (1962) S. 56 und meinen oben (Anm.*) zit. Aufsatz, SZ 80 (1963) S. 68—69.

[8]) P. Giss. 2 (173 v. Chr.); vgl. P. Petr. III 19c (225 v. Chr.) u. P. Grenf. I 21 (126 v. Chr.).

[9]) BGU IV 1050—1052; 1098—1105.

[10]) BGU VIII 1848 (48—46 v. Chr.).

[11]) P. Tebt. III 815 fr. 4 R. I (228/221 v. Chr.); BGU VI 1283 (216/215 v. Chr.); P. Petr. III 19c (225 v. Chr.).

[12]) BGU IV 1102 u. 1105.

[13]) So noch Wolff, PWRE 23, 1 (o. Anm. 1) Sp. 168.

ptolemäische Pherne nur aus Geld und Gebrauchsgütern (Frauenkleidung, Schmuck und Hausgerät) bestand[14]). Letztere wurden in den Eheverträgen durchweg mit ihrem Schätzwert angegeben. Bei Gegenständen aus Edelmetall finden wir teils die Wertangabe in Geld (bis zum Beginn der Kaiserzeit), teils die Angabe des Metallgewichtes. Geldschätzung und Gewichtsangabe sind gleichwertig.

Typische Phernalgüter sind also Geld, Schmuck, Kleidung und Hausrat — gerade die Gegenstände, die in der athenischen Proix nicht enthalten waren —, während typische Proikalgüter — Grundstücke und Sklaven — nicht in die Pherne aufgenommen wurden[15]). Es besteht demnach auch hinsichtlich der Mitgiftgüter ein wesentlicher Unterschied zwischen den beiden Dotalrechtssystemen. Bezeichnenderweise gibt es für die Pherne keine *ὅροι* oder den Proikalregistern vergleichbare Inschriften[16]).

c) Hinsichtlich der rechtlichen Zuordnung der Mitgift (S. 62—74), erinnert Häge an die lange allgemein in der Literatur vertretene Meinung, die griechische Mitgift habe im Eigentum der Frau gestanden, dem Ehemann sei nur die Nutznießung und Verwaltung des Gutes zugekommen[17]). Dieser herkömmlichen Auffassung trat Wolff entgegen, der für das attische Recht den Nachweis erbrachte, daß dem Ehemann

---

[14]) Belege bei Häge, S. 37 Anm. 4–7.

[15]) Charakteristisch ist P. Giss. 2, wo die Braut eine Pherne im Wert von 95 Kupfertalenten und eine Sklavin in die Ehe einbringt: Mitgift und Sklavin sind bewußt getrennte Gütermassen. Wenn ausnahmsweise eine Sklavin der Mitgift zugerechnet wird, dann wird, wahrscheinlich in formalistischer Anknüpfung an das attische Vorbild, die Mitgift als Proix bezeichnet: P. Mert. II 59 (154 oder 143 v. Chr.). Von Grundstücken, die anläßlich der Eheschließung den Brautleuten gegeben wurden, berichten nur wenige Urkunden, darunter nur ein ptolemäischer Text (SB VI 8974 [1. Jh. v. Chr.]) und einige Papyri aus der frührömischen Zeit (BGU IV 1105 [10 v. Chr.]; P. Oxy. II 265 [81–95 n. Chr.]; PSI V 450 R. I Z. 1–24 [2. Jh. n. Chr.]; CPR I 24 [136 n. Chr.]; CPR I 22 u. 23 [2. Jh. n. Chr.]; PSI X 1115 [153 n. Chr.]). Auch hier ist die Trennung zwischen Pherne und Grundstücken ersichtlich (Einzelheiten bei Häge, S. 48–59).

[16]) Zur Frage jetzt L. R. F. Germain, La publicité des sûretés foncières dans la Grèce classique et hellénistique. Les inscriptions d'horoi (jur. Diss. Paris 1968).

[17]) So Taubenschlag, Law² (o. Anm. 1) S. 126–127 u. andere von Häge S. 62 Anm. 1 zit. Autoren; auch Cl. Préaux, Le statut de la femme (o. Anm. 1) S. 156 und Seidl, Ptol. Rg.² (ibid.) S. 182 meinen, die Mitgift bleibe während der Ehe im Eigentum der Frau. Zum Edikt des T. J. Alexander, auf das sich diese Auffassung überwiegend stützt, vgl. unten S. 63f.

als Kyrios des Oikos und als Empfänger der Proix das Recht an ihr zukam[18]). Ihm schließt sich Häge an.

Trotz der veränderten Verhältnisse im hellenistischen Ägypten, wo es keine Oikosverfassung mehr gibt und die Kyrieia des Ehemannes über seine Frau zur bloßen Geschlechtsvormundschaft herabsinkt, bleibt hinsichtlich der Pherne als wesentlicher Faktor bestehen, daß die Mitgift nach wie vor direkt dem Ehemann ausgehändigt wird. In der Übergabe der Mitgift an den Ehemann liegt der entscheidende Punkt für die rechtliche Zuordnung der Pherne: Sie wird dem Ehemann als Beitrag zu den Kosten des Hausstandes und zum Unterhalt der Frau ausgehändigt, womit er der „Sachherr" (*κύριος*) dieser Vermögenswerte wird.

In einigen ptolemäischen Eheverträgen zeigen sich Vereinbarungen, die die Verfügungsgewalt über das als *ὑπάρχοντα* bezeichnete Vermögen des Mannes einschließlich der ihm übergebenen Mitgift betreffen[19]). Freilich sprechen das der Ehefrau vertraglich eingeräumte Mitverfügungsrecht und die einseitige Verfügungsbeschränkung des Mannes dafür, daß ihm dort, wo nichts vereinbart war, die alleinige Sachherrschaft und Verfügungsgewalt zustanden, zumal er anscheinend weiterhin frei war, über die Hyparchonta zu verfügen, soweit dies der Frau nicht „zum Nachteil" (*ἐπ' ἀδικίᾳ*) gereichte[20]). Zugleich zeigt sich aber, daß in Ägypten, anders als im klassischen Athen, das Recht des Mannes nach dem Willen der beiden Ehepartner zugunsten der Frau eingeschränkt werden konnte.

Für die rechtliche Zuordnung der Pherne während der Ehe ist ferner von Bedeutung, daß die Rückstellung der Mitgift als Leistung geschuldet wurde (*ἀποδιδόναι*) und keine Rückgewähr fremder — d. h. der Frau gehörender — Sachen darstellte. Dementsprechend quittierte die Frau den Erhalt der Pherne mit *ἀπέχειν*, das hier als Empfang der Leistung dem *ἀποδιδόναι* begrifflich gegenübersteht. Auch der Gebrauch des Wortes *στέρεσθαι* („beraubt werden") hinsichtlich des Verlustes der Mitgift, wenn die Frau gegen die ehelichen Gebote verstieß, spricht nicht

---

[18]) Wolff, PWRE 23,1 (o. Anm. 1) Sp. 147f. und Beiträge (o. Anm. 5) S. 173ff. Ihm scheint jetzt Harrison, The Law of Athens (o. Anm. 1) S. 52f., grundsätzlich, wenn auch mit gewissen Bedenken, zu folgen.

[19]) P. Giss. 2 (173 v. Chr.); P. Tebt. III 974 (frühes 2. Jh. v. Chr.); P. Freib. III 30 (179? v. Chr.); P. Gen. 21 (2. Jh. v. Chr.); P. Tebt. I 104 (92 v. Chr.); P. Par. 13 (ca. 157 v. Chr.).

[20]) Zum Begriff vgl. meinen Artikel La notion d'injustice dans les papyrus grecs, Iura 10 (1959) S. 67—85.

dafür, daß die Frau während der Ehe eigentumsähnliche Rechte an der Pherne hatte. Vielmehr liegt diesem Wortgebrauch die griechische Vorstellung des Habens von fremdem Geld zugrunde, wie wir sie aus den attischen Gerichtsreden kennen.

d) Weiter tritt der Unterschied zwischen Proix und Pherne hervor in Bestimmungen über Rückgewähr und Verlust der Mitgift nach Scheidung (S. 75—91).

Anders als im attischen Recht, wo es für die Rückstellung der Proix nicht auf die Ursachen der Scheidung ankam[21]), konnte in Ägypten die Rückzahlung der Pherne vom Verhalten der Ehepartner in der Ehe abhängig gemacht werden[22]). Verstieß der Ehemann gegen die übernommenen Pflichten, die in unterschiedlicher Breite, aber inhaltlich übereinstimmend in den Eheverträgen der Ptolemäerzeit niedergelegt wurden, so hatte er in der überwiegenden Zahl der Fälle die Pherne mit einem 50%igen Bußzuschlag sofort zu erstatten. In ihrer Disposition waren jedoch die Parteien frei. Wie weit diese Freiheit ging, zeigen die Sanktionen, die die Ehefrau bei Eheverfehlungen treffen konnten: sie schwanken zwischen völligem Verlust der Pherne und einer nur verlängerten Rückzahlungsfrist zugunsten des Mannes.

Die rechtliche Grundlage der Rückforderung der Pherne sieht Häge nicht in einer der attischen *δικὴ προικός*[23]) verwandten Mitgiftsrestitutionsklage, sondern in der *πρᾶξις*-Klausel, die — mit einer einzigen Ausnahme[24]) — in allen erhaltenen Ehekontrakten vorkommt[25]). Eine be-

[21]) Wolff, PWRE 23,1 (o. Anm. 1) Sp. 151; jetzt auch Harrison, The Law of Athens (ibid.) S. 55.

[22]) Hierzu betont Häge (S. 75) mit Recht die Natur der Ehescheidung als privates Rechtsgeschäft und die rein deklaratorische Art der Urkunden, die über eine schon faktisch vollzogene Trennung ausgestellt wurden. Zu der von ihm beispielsweise angeführten BGU IV 1102 = CPJud. 144 vgl. meinen Artikel Les Juifs et le droit hellénistique: Divorce et égalité des époux (Note sur CPJud. 144), Iura 12 (1961) S. 162—193 (dazu R. Yaron, ibid. 13 [1962] S. 170—175; unbegründet sind die Bedenken von D. Piatelli, ibid. 18 [1967] S. 121—124, die ich in RHD 47 [1969] S. 567 widerlegt habe). Eine Zusammenstellung der Scheidungsurkunden gibt Cl. Préaux, Un acte de divorce du Brooklyn Museum (P. Brooklyn gr. 4 [= SB 9740]), Chron. d'Eg. 37 (1962) S. 323—333.

[23]) Vgl. jetzt Harrison, The Law of Athens (s. Anm. 1) S. 57ff.

[24]) P. Tebt. I 104 (92 v. Chr.).

[25]) Diese Auslegung stützt sich auf die Lehre Wolffs von der Funktion der *πρᾶξις*-Klausel. Näheres darüber zuletzt in meiner Rezension von H.-A. Rupprecht, Untersuchungen zum Darlehen im Recht der gräko-ägyptischen Papyri der Ptolemäerzeit (1967), SZ 85 (1968) S. 443—451, insbes. 448f.

sondere Mitgiftsklage habe es im hellenistischen Ägypten nicht gegeben, da sie die *πρᾶξις*-Klausel mit ihrer haftungsbegründenden Funktion überflüssig gemacht hätte[26]).

Im übrigen glaubt Häge die rechtliche Natur der Pherne in die von Wolff entwickelte Lehre von der Zweckverfügung einordnen zu können[26a]). Mit der Hingabe der Mitgift als Verfügung, die — obwohl theoretisch denkbar — in keinem der Eheverträge unerwähnt bleibt, ist demgemäß die Unterhaltsgewährung an die Ehefrau als Leistungspflicht des Mannes eng verknüpft. Verstieß der Ehemann gegen sie, so löste die „Zweckvereitelung" die Haftung des Mannes als Verfügungsgegners aus. Fehlte eine vertragliche *πρᾶξις*-Unterwerfung, so konnte die Rückzahlung der Pherne mit einer allgemeinen Schädigungsklage (*δίκη βλάβης*) betrieben werden[27]).

Die Rückzahlungsverpflichtung des Ehemannes erstreckt sich auf alle Mitgiftsgegenstände. Es konnten, mußten aber nicht, die ursprünglichen Gegenstände zurückgegeben, anderenfalls Wertersatz geleistet werden. Rückempfängerin der Pherne war stets die Ehefrau, auch wenn sie sie nicht bestellt hatte. Auch hier ist ein deutlicher Unterschied zum Proikalsystem zu beobachten.

---

[26]) Anders Wolff, Beiträge (o. Anm. 5) S. 116ff., 121f., nach dem die Vollstreckung der Pherne-Restitutionsansprüche auch dann möglich gewesen sein soll, wenn die Urkunde keine Vollstreckungsklausel enthalten habe. Die Überprüfung des ganzen Quellenmaterials gestattet Häge, Wolffs Schlußfolgerungen zu modifizieren. Man wird also für die Rückgewähr der Pherne eine von der königlichen Gesetzgebung diagrammatisch vorgesehene, ohne ausdrücklichen Unterwerfungsakt mögliche *πρᾶξις* ausschließen dürfen. Für die Griechenstädte könnten besondere Vorschriften in Frage kommen, wie es sich aus dem Ehescheidungsgesetz in P. Fay. 22 (1. Jh. v. Chr.?) — eher einem Psephisma der Stadt Ptolemais als einem königlichen Diagramma (nicht „Diatagma": Häge S. 80 Anm. 18) — ergibt, wo allerdings die *πρᾶξις*-Klausel erwähnt wird. In welchem Umfang solche Vorschriften die Freiheit der Politen, Klauseln betr. die Behandlung der Mitgift im Falle der Scheidung festzulegen, eingeschränkt haben, wissen wir nicht. Für die Rechtsverhältnisse der Chora sind sie jedenfalls nicht maßgebend.

[26a]) Siehe nur Die Grundlagen des griechischen Vertragsrechts, SZ 74 (1957) S. 26—72, und zuletzt La structure de l'obligation contractuelle en droit grec, RHD 44 (1966) S. 569—583.

[27]) So im Fall von P. Tebt. I 104, dem einzigen Ehekontrakt ohne *πρᾶξις*-Klausel (o. Anm. 24), wo bezeichnenderweise kein Strafzuschlag für den Ehemann vorgesehen ist. Zur *δίκη βλάβης* Wolff, Beiträge (o. Anm. 5) S. 91ff.; La structure de l'obligation contractuelle (o. Anm. 26a) S. 574ff.

e) Anders als bei der Ehescheidung gestaltet sich die rechtliche Lage der Pherne bei Eheauflösung durch Tod (S. 91—99). In diesem Fall fiel die Pherne regelmäßig an die Witwe oder an ihre blutsverwandten Erben zurück, obwohl die Mitgift nicht im Eigentum der Frau stand und es kein Ehegattenerbrecht gab. Obgleich im Eigentum des Mannes stehend und seinem Vermögen zugerechnet, war die Pherne nicht Teil seines Nachlasses. Bei seinem Tod, der den mit der Mitgiftbestellung erstrebten Zweck — Ehe und Unterhalt der Frau — unerreichbar macht, löst sich die Pherne aus seinem Vermögen.

In nur wenigen Eheverträgen der Ptolemäerzeit finden wir erbrechtliche Bestimmungen, in denen auch das Schicksal der Pherne geregelt wurde[28]). Diese Vereinbarungen unterlagen zwar der Vertragsfreiheit der Parteien, entsprachen jedoch derselben Tendenz, die Pherne an die Frauenfamilie zurückfallen zu lassen[29]).

Wieder zeigt sich der Unterschied zwischen der attischen Proix und der hellenistischen Pherne. Die Proix war ein Vermögensanteil am väterlichen Oikos der Frau mit den sich daraus ergebenden Aufgaben; die Pherne war hingegen auf die Person der Frau bezogen. Wurde die Ehe durch den Tod beendet, so war die Pherne ähnlich der Proix von dem Vermögen des Mannes zu trennen. Daß ihre Rückgabe aber im Fall eines Vorversterbens des Mannes bei unbeerbter Ehe an die Frau und nur dann an die nächsten Verwandten erfolgen sollte, wenn die Frau als erste starb, läßt die besondere Beziehung der Mitgift zur Frau erkennen. Die Witwe behält ihre Mitgift.

f) Über die Sicherung der Pherne (S. 99—104) ist dem ptolemäischen Urkundenmaterial nur wenig zu entnehmen. Obwohl zu erwarten ist, daß für den der Ehefrau zustehenden Anspruch auf Rückerstattung der Pherne in irgendeiner Form Sicherheit geleistet wurde, wie wir es aus Athen für die Proix kennen, sind im ptolemäischen Ägypten dingliche Sicherungsrechte der Frau am Mannesvermögen für die Rückforderung der Pherne nur einmal belegt[30]). Die durch Bürgschaften gesicherten

---

[28]) P. Gen. 21 (II. Jh. v. Chr.); P. Freib. III 26, 29 u. 30 (ca. 179 v. Chr.); SB VI 8974 (Anfang 1. Jh. v. Chr.).

[29]) So hat z. B. nach P. Gen. 21 im Fall der unbeerbten Ehe der Witwer die Pherne an seine Schwiegermutter, bei deren Tode an ihre nächsten Verwandten zurückzuerstatten. Dagegen soll in SB VI 8974 der Mann als Witwer nur einen Teil der Pherne restituieren.

[30]) SB VI 8974 (1. Jh. v. Chr.).

Phernai sind in einer ptolemäischen Urkunde und in zwei alexandrinischen Synchoreseis aus augusteischer Zeit überliefert[31]).

Vielleicht kann man mit Häge[32]) annehmen, daß die dingliche Sicherung der Pherne für die Parteien nicht in einem solchen Maß erforderlich war, wie es bei der Proix der Fall war, deren vermögensvermittelnde Funktion der Pherne nicht zukam. Für die Rückstellung der als bloßer Unterhaltsbeitrag und als persönliche Ausstattung der Frau gedachten Pherne konnten Bürgschaftserklärungen Dritter vollauf genügen. Dazu kommt noch, daß die vertraglich vorgesehenen Verfügungsgemeinschaften auf Grund des Einspruchrechts der Ehefrau wahrscheinlich eine pfandähnliche Verfangenschaft des Mannesvermögens zur Folge hatten.

g) Der letzte Abschnitt des ersten Teiles ist dem Verhältnis zwischen der hellenistischen Pherne und dem sog. ägyptischen Alimentationskapital gewidmet (S. 104—127). Tatsächlich finden sich in der Ptolemäerzeit einige Urkunden in griechischer Sprache, in denen das Wort *φερνή* im Zusammenhang mit Eheverträgen ägyptischen Rechts (*συγγραφαὶ τροφίτιδες*) gebraucht wird. Die Urkunden zeigen, daß mit *φερνή* die Geldsumme bezeichnet werden kann, die von der nach enchorischem Recht kontrahierenden Frau ihrem Ehemann eingebracht wurde. Diese Summe (*χρυσοῖ = Deben*) und der Unterhaltsanspruch der Frau sind dinglich gesichert[33]).

Gegen Seidl[34]) zeigt jedoch Häge, daß ägyptisches Alimentationskapital und hellenistische Pherne nicht einander entsprechen. Im Gegensatz zum Alimentationskapital, dessen begrifflicher Inhalt der Lebensunterhalt der Frau ist, hängt der Unterhaltsanspruch der nach griechischem Recht heiratenden Frau jedenfalls nicht von der Höhe der Pherne ab. Pherne bedeutet nur „Mitgift" und setzt keine festbestimmte Unterhaltsrente voraus; nach griechischem Recht hatte der Ehemann den Unterhalt der Frau nur nach Kräften seines (oder ihres gemeinsamen) Vermögens zu leisten.

Allerdings war auch im griechischen Recht die Bestellung einer Mitgift nicht ohne Bedeutung für den Unterhalt[35]). Ihre Hingabe eröffnete

---

31) BGU VIII 1848 (48–46 v. Chr.); BGU IV 1051 u. 1104 (ca. 15–5 v. Chr.). Vielleicht auch P. Ent. 23 = C. P. Jud. 128 (218 v. Chr.): s. unten Anm. 105.

32) S. 102.

33) P. Tebt. I 766 (frühes 2. Jh. v. Chr.).

34) Ptol. Rg.^{2} (o. Anm. 1) S. 173.

35) Das zeigt die Formulierung in BGU IV 1050.

als Zweckverfügung die Durchsetzbarkeit der Ansprüche der Frau; dementsprechend finden wir in den griechischen Quellen keine Ehe ohne Mitgiftbestellung. Doch tritt uns bei den griechischen Eheverträgen eine so stark auf das vermögensrechtliche Moment abgestellte Beurkundung wie bei den ägyptischen Ehetypen nicht entgegen. Hier sind die Belange der Ehegatten im materiellen wie ideellen Bereich gleichermaßen hinreichend berücksichtigt. Die demotischen Eheurkunden weisen dagegen starke Züge eines auf Kapitalbasis ruhenden Leibrentenvertrages auf.

Diese Unterschiede erklären, warum es für die Griechen schwierig war, einen geeigneten Ausdruck für den ägyptischen Begriff zu finden. Die Folge waren Formulierungen wie *δάνειον-φερνή*[36]), womit offenbar gesagt sein sollte, daß der Ehemann ein Kapital (einschließlich Kleidung) für die Ehedauer erhielt, aus dem er nach Höhe und Art fest bestimmte Leistungen zu erbringen hatte und das im Falle der Scheidung zurückzuzahlen war. Für die Griechen war ein derartiger Vertrag ein Ehekontrakt und ein Kreditgeschäft zugleich. Den ehe- und darlehensrechtlichen Zügen der Operation trugen sie mit den Wörtern *δάνειον* und *φερνή* Rechnung[37]). Auch der Gebrauch des Zeitworts *δανείζειν* (*δεδανεικέναι*)[38]) und die hybride Wendung *τροφίτιδος προίξ*[39]) dienen demselben Zweck, das Alimentationskapital von der Pherne zu unterscheiden.

Die Abgrenzung der Pherne vom Alimentationskapital, die sich in allen diesen Periphrasen (*δάνειον-φερνή*, *δεδανεικέναι*, *τροφίτιδος προίξ*) spiegelt, ist vom rechtsgeschichtlichen Standpunkt aus besonders bemerkenswert. Daß die Griechen die griechische Mitgift vom ägyptischen Unterhaltskapital zu trennen suchten, läßt erkennen, daß bezüglich des Dotalrechts im ptolemäischen Ägypten von einem „gemischten gräko-ägyptischen Recht“ ebenso wenig gesprochen werden kann wie in anderen Bereichen des Privatrechts[40]). Dies gilt auch für die spätere Zeit bei dem Recht der Parapherna, das ägyptisch-rechtliche Einflüsse in die

---

[36]) P. Tebt. II 386 (12. v. Chr.) – griechische Hypographe zu einem demotischen Ehevertrag.

[37]) Nach Rupprecht, Untersuchungen zum Darlehen (o. Anm. 25) S. 130f. beruht dagegen das *δάνειον* in P. Tebt. 386 auf einem Mißverständnis.

[38]) P. Tor. 13 (136 oder 83 v. Chr.) Z. 8.

[39]) BGU VIII 1849 (48–46 v. Chr.) u. SB VI 9065 (1. Jh. v. Chr.).

[40]) Dazu unten S. 79f.

griechische Begriffswelt einbezog und der griechischen Rechtserfahrung anpaßte[41]).

Zusammenfassend erweist sich also die ptolemäische Pherne als „ein der Frau zugeordneter, von der Frauenfamilie losgelöster, in persönlicher Ausstattung und (oder) Geld bestehender Vermögenswert, der für die Dauer der Ehe der Sachherrschaft und Verfügungsgewalt des Mannes untersteht und dem Unterhalt des ehelichen Haushaltes dienen soll"[42]).

3. Das für die ptolemäische Epoche geschilderte Bild ändert sich wenig bei der Untersuchung der Pherne in römischer Zeit (S. 132—210). Darin bewährt sich die Kontinuität der hellenistischen Rechtsentwicklung in der peregrinischen Praxis des kaiserlichen Ägyptens.

Die Analyse wird nach dem schon im vorangegangenen Abschnitt erprobten Schema verfolgt: Eheschließung und Bestellung der Pherne, Mitgift, rechtliche Zuordnung, Rückgewähr bei der Scheidung, Eheauflösung durch den Tod, Sicherung, Pherne und Alimentationskapital; ein Schlußparagraph wird dem Verhältnis zwischen der Pherne und dem jetzt wieder auftauchenden Begriff der Proix gewidmet.

a) Wie zuvor ist die Eheschließung und Bestellung der Pherne (S. 132—140) ein individualistischer Akt, an dem sich im Prinzip die interessierten Parteien direkt beteiligen. Auf Seiten der Braut erfolgt der Abschluß des Ehevertrages durch einen Elternteil oder durch die Braut selbst unter Mitwirkung ihres Kyrios als Geschlechtsvormund. Demgegenüber zeigt sich auf Seiten des Bräutigams ein ziemlich modifiziertes Bild: mit ihm und auch ohne ihn kontrahieren Elternteile oder Dritte, die auch den Pherneempfang quittieren[43]).

Die Pherne wird von der Braut oder einem Elternteil eingebracht. Von den oben erwähnten Ausnahmen abgesehen[44]), erhält sie regelmäßig der Ehemann, dem sie nun, anders als in der Ptolemäerzeit, „in Hinblick

[41]) Vgl. unten S. 67f.

[42]) Häge, S. 132.

[43]) PSI X 1116 + P. Mert. II 72 (162 n. Chr.): Die Mütter der Brautleute sind Vertragsparteien (keine Kinderehe). In PSI X 1117 (2. Jh. n. Chr.) kontrahieren Brautmutter und Bräutigamsvater. In P. Lips. 27 (123 n. Chr.) sind Vertragsparteien das Ehepaar, der Vater der Frau und ein Dritter auf Seiten des Mannes (weder Trapezit noch Mitgiftsbürge). Ähnlich in SB VI 9381 (139 n. Chr.): es kontrahieren das Ehepaar und je ein Elternteil.

[44]) In diesen aus Tebtynis stammenden Urkunden könnte es sich um eine Erscheinung handeln, die auf das ägyptische Ehe- und Ehegüterrecht zurückging.

auf" (ἐπί) die Braut bestellt wird. Nach Häge wäre dieser Ausdruckswandel im Lichte der Parapherna zu erklären, die zu Beginn des 1. Jh.s n. Chr. zur Pherne hinzutraten[45]).

b) Das Phernalgut (S. 141—144) besteht unverändert aus Geld, Kleidung, Schmuck und Hausrat. Grundstücke und Sklaven werden nicht in die Pherne einbezogen; sie stehen außerhalb des Phernalgutes und werden in der Form der Prosphora bestellt[46]).

Schätzwertangaben sind obligatorisch. Bei Schmuckstücken wird häufiger das Metallgewicht angegeben als der Geldwert.

c) Die rechtliche Zuordnung der Pherne (S. 145—160) folgt in der Kaiserzeit demselben Prinzip wie in der Ptolemäerzeit: nach wie vor stehen dem Ehemann Sachherrschaft und Verfügungsgewalt zu. Auch die Regelung des dinglichen Zugriffsrechts (*πρωτοπραξία*) der Frau gegen den Fiskus in dem bekannten Edikt des Präfekten Tiberius Julius Alexander ist in diesem Sinn zu interpretieren[47]).

Der fragliche Teil des Ediktes (Z. 25f.), in dem die ältere Lehre einen Beweis für das „Eigentum" der Frau an der Mitgift sah[48]), ist nur auf die wirtschaftliche Zugehörigkeit der Mitgift zur Frau zu beziehen. Diese Zugehörigkeit mag dem römischrechtlich denkenden Präfekten als Eigentum im Sinn des römischen Rechts erschienen sein, die Rechte des Mannes am Mitgiftsgut als Verwaltungs- und Nutzungsrechte. Aber gerade der Schutz der Frau durch Protopraxia ist mit deren von der herkömmlichen Lehre angenommenen „Eigentum" unvereinbar: als „Eigentümerin" der Mitgift hätte sie eines besonderen Zugriffrechts gegenüber dem Fiskus nicht bedurft; sie hätte einfach ihr Eigentum vindizieren können. So ist der Ausdruck *προῖκας ἀλλοτρίας οὔσας καὶ οὐ τῶν εἰληφότων ἀνδρῶν* nicht wörtlich im Sinne eines unmöglichen Eigentumsrechts der Frau an der Mitgift zu verstehen; vielmehr betont

---

[45]) S. 139–140. Vgl. unten, S. 68.

[46]) Dazu unten, S. 69.

[47]) Dieses Edikt ist jetzt in der musterhaften (von Häge leider nicht berücksichtigten) Neuedition zu zitieren, die wir G. Chalon verdanken: G. Chalon, L'Edit de Tiberius Julius Alexander. Etude historique et exégétique (1964); s. die Bespr. in dieser Zeitschrift von D. Nörr, SZ 83 (1966) S. 431–436. Zur Protopraxia jetzt auch H. Kupiszewski, Römisches Provinzialrecht in Ägypten, Studien z. Papyrologie u. antiken Wirtschaftsgeschichte. Festschr. Oertel (1964) S. 68–80, insbes. S. 77f.; ältere Lit. bei Häge S. 147 Anm. 15.

[48]) So noch Cl. Préaux, Le statut de la femme (o. Anm. 1) S. 156.

er nur die unleugbare Tatsache der wirtschaftlichen Zuordnung der Mitgift zur Person der Frau[49]).

Vertragliche Verfügungsgemeinschaften scheinen nicht mehr vereinbart zu werden; sie können auch nicht als stillschweigend akzeptiert oder *ipso iure* für jedes Eheverhältnis geltend angesehen werden. An ihrer Stelle finden wir Pfandrechte an Immobilien oder am gesamten Vermögen des Mannes, der insoweit in seiner Verfügungsgewalt beschränkt ist[50]). Übrigens ist damit zu rechnen, daß der Ehemann während der Dauer der Lebensgemeinschaft frei über das Phernalgut verfügen konnte[51]).

d) Mit Bezug auf die Rückgewähr der Pherne bei Scheidung (S. 160—171) ändert sich das Bild insoweit, als die uns aus der Ptolemäerzeit überlieferten ausführlichen Verpflichtungen der Brautleute, die sie bei Abschluß des Ehevertrages eingingen, nun auf eine kurze Formel reduziert sind. Zugleich gewinnt die Art der Eheauflösung eine größere Bedeutung für die Rückerstattung der Pherne. Zu unterscheiden ist zwischen einseitiger Verstoßung der Frau aus dem ehelichen Haus (*ἀποπομπή*) und ihrem freiwilligen Verlassen der Ehe (*ἑκουσία ἀπαλλαγή*). Im ersten Fall ist die Pherne sofort zu restituieren, im zweiten binnen einer Frist von 30 oder 60 Tagen. Wird Scheidung *communi consensu* vorgesehen, so können Fristen vereinbart oder es kann auf sie verzichtet werden.

In der Regel erhält die Frau selbst die Mitgift zurück. Haben aber die Eltern sie bestellt, so konnte sie nunmehr an diese zurückfallen: eine Änderung, die auf die Sitte der Bestellung von Parapherna zurückgeht, da diese jetzt die persönliche Ausstattung der Frau enthalten[52]).

Die Vollstreckung auf Grund der *πρᾶξις*-Klausel steht dem Restitutionsberechtigten zu. Zurückzugeben ist grundsätzlich das Phernalgut, doch kann der Berechtigte zwischen dem Gegenstand und seinem Wert

---

[49]) So schon Wolff, SZ 72 (1955) S. 343 Anm. 30 u. PWRE 23,1 Sp. 147f.; ihm folgend auch Chalon (o. Anm. 47) S. 140ff.; zustimmend Nörr (ibid.) S. 434 Anm. 18.

[50]) P. Oxy. II 265 (81–95 n. Chr.); III 496 (127 n. Chr.); 497 (2. Jh. n. Chr.); 603 descr. = Stud. Pal. IV S. 115 (169–175 n. Chr.); CPR I 237 (2. Jh. n. Chr.); PSI V 450 R. I Z. 1ff. (2. Jh. n. Chr.).

[51]) Dem freien Verfügungsrecht des Mannes entspricht die Rechtslage auf Seiten der Ehefrau: Eigenvermögen steht unter ihrer Sachherrschaft und Verfügungsgewalt und Prosphoragut kann es tun.

[52]) Unten S. 67f.

wählen. Eine besondere Mitgiftsrestitutionsklage gibt es auch jetzt nicht. Neu ist nur das schon oben[53]) erwähnte Recht zur Protopraxia, das jedoch an altgriechische Muster (wahrscheinlich an die attische *ἐνεπίσκηψις*) anknüpft[54]).

e) Die Folgen der Eheauflösung durch den Tod (S. 171—176) entsprechen im wesentlichen dem für die Ptolemäerzeit gefundenen Ergebnis[55]). Maßgeblich ist die von Anfang an dem Phernalsystem zugrunde liegende Vorstellung, daß die Pherne im wesentlichen ein als persönliche Ausstattung der Frau gedachter Vermögenswert war und trotz der dem Mann zustehenden Verfügungsgewalt mit deren Person eng verknüpft blieb. Beim Tode des Mannes fällt daher die Mitgift an die Frau zurück. Nach ihrem Tode soll sie ihren leiblichen Verwandten — in erster Linie den Kindern — erhalten bleiben[56]).

f) Das neue Recht der Protopraxie führte als solches nicht zur Sicherung der Ansprüche der Frau auf Mitgiftserstattung, sondern berechtigte sie nur zu einer bevorzugten Befriedigung gegenüber den Gläubigern des Mannes, einschließlich des Fiskus. Die Sicherung des Restitutionsanspruchs (S. 171—181) erfolgte nach wie vor durch Bürgschaft oder durch dingliche Verhaftung des Mannesvermögens.

Bei den Bürgschaften ist zwischen Drittbürgschaften und solchen zu unterscheiden, bei denen sich mehrere Mitgiftsempfänger — Eltern und Sohn — wechselseitig verbürgen. Dingliche Sicherungen der Phernalansprüche der Ehefrau sind nun im Gegensatz zu der Ptolemäerzeit mehrfach belegt. Dazu scheint vornehmlich der Einfluß des ägyptischen Rechts beigetragen zu haben, das eine summarische Verpfändung des Mannesvermögens kannte[57]). Dieser Einfluß scheint jedoch im griechischen Recht nur zur Verpfändung einzelner Vermögenswerte des Ehemannes geführt zu haben[58]).

---

[53]) S. 63.

[54]) So Wolff, SZ 82 (1965) S. 370 (Bespr. von Kupiszewski, zit. o. Anm. 47). Vgl. PWRE 23, 1 (o. Anm. 1) Sp. 150 u. Harrison, Law of Athens (ibid.) S. 54.

[55]) Oben S. 59.

[56]) Ausführlich berichtet hiervon P. Oxy. III 496 (127 n. Chr.). Vgl. P. Oxy. II 265 (81—95 n. Chr.); P. Oxy. III 497 (2. Jh. n. Chr.); PSI V 450 R. I Z. 1ff. (2. Jh. n. Chr.).

[57]) Seidl, Ptol. Rg^2. (o. Anm. 1) S. 171ff.

[58]) Die auf Grund des Ediktes des Mettius Rufus in P. Oxy. II 237 VIII Z. 34f. (89 n. Chr.) vermutete Generalhypothek der Ehefrau am Mannesvermögen wäre nach Häge (S. 181) auf nationalägyptisches Recht zu beziehen; darauf weise die

g) Die Ergebnisse, die bezüglich des Verhältnisses der Pherne zum ägyptischen Alimentationskapital aus den ptolemäischen Urkunden gewonnen wurden[59]), bestätigen sich im Lichte des Papyrusmaterials der Kaiserzeit (S. 181—208). Das Wort *φερνή* wird nicht mehr ohne Zusatz für das Alimentationskapital gebraucht. Neu sind Urkunden, in denen Pherne und Alimentationskapital nebeneinander genannt werden[60]). Die Gründe, aus denen sich die Parteien sowohl des Alimentationskapitals als auch der Pherne bedienen, sind in der Volkszugehörigkeit der Kontrahenten zu suchen. Eine Vermischung von griechischem und ägyptischem Ehegüterrecht ist aber auch für diese Epoche nicht anzunehmen. Pherne und Alimentationskapital bleiben getrennte Institute; nur rechtsunerhebliche Einflüsse sind feststellbar.

h) Charakteristisch für die römische Epoche ist die Tatsache, daß jetzt die Begriffe Pherne und Proix im Urkundenmaterial nebeneinander hervortreten (S. 209—210).

Die seit der Mitte des 1. Jh.s n. Chr. einsetzende Verbreitung des Wortes *προίξ*, das uns in den Papyri der früheren Zeit nur zweimal begegnete[61]), geht auf römische Einflüsse zurück. Ein Beispiel dafür bietet das schon erwähnte Edikt des Tiberius Julius Alexander, wo der römische Statthalter die in den Urkunden der peregrinischen Praxis in der Form der *φερνή* vorkommende Mitgift als *προίξ* bezeichnet[62]). Der Grund dafür ist wohl nicht nur, daß *προίξ* ein den Römern aus der klassischen Literatur bekannter Ausdruck war[63]), sondern vielmehr, daß die attische Proix der römischen *dos* mehr entsprach als die hellenistische Pherne.

Erwähnung des *ἐπιχώριος νόμος* hin, wie auch die Tatsache, daß eine der Frau an dem Vermögen des Mannes zustehende *κατοχή* in griechischen Eheverträgen nicht begegnet (S. 171). Doch könnte es sich für den römischen Präfekten um allerlei Rechte handeln, die der peregrinischen Frau an den Hyparchonta des Mannes zustehen können, also ebensogut um die summarische Verpfändung des ägyptischen Ehegüterrechts wie um die dingliche Sicherung an im einzelnen in den griechischen Urkunden bezeichneten Vermögenswerten des Mannes. Zum Unterschied zwischen der ägyptischen *κατοχή* und der griechischen *πρωτοπραξία* vgl. etwa P. W. Pestman, Marriage and Matrimonial Property in Ancient Egypt (1961) S. 140ff.

[59]) Oben S. 60ff.

[60]) So z. B. P. Mich. II 121 R II ii = SB III 7260 IIb Z. 1.

[61]) Nämlich in SB VI 9065 (1. Jh. v. Chr.), wo sich die *προίξ* als das Alimentationskapital einer durch eine *συγγραφή τροφῖτις* verheirateten Frau erweist, und in dem schon (o. Anm. 15) zitierten P. Mert. II 59 (154 oder 143 v. Chr.).

[62]) Z. 25f.; vgl. oben S. 63f.

[63]) So Wolff, PWRE 23, 1 (o. Anm. 1) Sp. 170.

Nach und nach übernahmen die Griechen von der römischen Verwaltung den Ausdruck *προίξ* und setzten ihn für den bislang bei ihnen gebräuchlichen Begriff *φερνή*. In manchen Eheurkunden werden beide Begriffe für ein und dieselbe Mitgift synonym gebraucht[64]). Mit Beginn des 4. Jh. n. Chr. verschwindet das Wort *φερνή* aus den griechischen Urkunden Ägyptens[65]).

4. Die wirtschaftliche Bedeutung der Pherne wird durch die im 1. Jh. n. Chr. aus den ägyptischen „Frauensachen" hervorgegangenen Paraphernа gemindert. Zugleich charakterisiert sich die Entwicklung des griechischen Dotalrechts im römischen Ägypten durch das Hervortreten zweier bislang nicht vorhanden gewesener Institute, der Prosphora und der Prosdosis. Diesen neuen Elementen des hellenistischen Ehegüterrechts der Kaiserzeit sind der zweite und der dritte Teil des Buches gewidmet.

a) Der herrschenden Meinung folgend[66]), betrachtet Häge die Parapherna (S. 211—249) als eine „Rezeption" aus dem ägyptischen Recht. Doch nimmt er mit Wolff[67]) einen nur „die Sitte betreffenden" Einfluß an; die juristische Konstruktion des Instituts ist griechisch. Die konsequente Umgestaltung der ägyptischen „Frauensachen" in die griechisch-rechtlichen Parapherna zeigt sich insbesondere darin, daß die Parapherna ausdrücklich als „ungeschätzt" bezeichnet werden, obwohl in manchen Verträgen ihr Metallgewicht bzw. Geldwert angegeben ist; die Wertangaben gehen auf den ägyptischen Brauch der „Frauensachen" zurück; der Zusatz „ungeschätzt" ist griechischen Urprungs[68]).

Als Paraphernalgegenstände[69]) kommen in Betracht Frauen-

---

[64]) BGU IV 1045 (154 n. Chr.) Z. 11, 24; P. Oxy. VI 907 (276 n. Chr.) Z. 14, 18; SB V 8013 (363 n. Chr.) Z. 5, 10, 11.

[65]) Dazu unten S. 83.

[66]) Gerner, Parapherna (o. Anm. 1) S. 39f. (mit ält. Lit.). Vgl. Seidl, Ptol. Rg.[2] (o. Anm. 1) S. 174ff.

[67]) SZ 72 (1955) S. 339f.

[68]) P. Mich. II 121 R. II ii. Vgl. Gerner, Parapherna, S. 36f.; Wolff, a. a. O. S. 340.

[69]) Der erste Beleg, PSI I 36a, stammt aus den Jahren 11—19 n. Chr.; der letzte, CPR I 21, aus dem Jahre 230 n. Chr. Eine örtliche Begrenzung der Parapherna auf Arsinoites, Oxyrhynchites und Hermopolites (so Wolff, a. a. O. 339) ist nicht feststellbar.

kleidung, Schmuck und Hausrat, nicht hingegen Bargeld[70]) und Grundstücke. Eine Schätzung des Paraphernalgutes unterblieb, wie gesagt, grundsätzlich. Die Schätzung der „Frauensachen" bezweckte die Rückgabe gleichartiger und gleichwertiger Artikel bei der Eheauflösung[71]). Da die Pherne ebenso behandelt wurde, mußten die Paropherna ungeschätzt sein. Wo jedoch mißbräuchlich eine Schätzung vorgenommen wurde (insbesonders bei Metallgegenständen), konnten die Gewichts- und Wertangaben als beweissichernde Gegenstandsbeschreibungen geduldet werden.

Zwei Drittel der Phernebelege enthalten Hinweise auf Paraphernabestellungen[72]). Der Besteller der Pherne gab auch die Parapherna[73]). Der Bestellungsakt, der dem der Pherne immer nachfolgt, unterscheidet sich von ihm formal insoweit, als Parapherna nicht „im Hinblick auf" (*ἐπί*) die Braut gegeben werden. Materiell-rechtlich bedeutet dieser Unterschied, daß die Parapherna kein dem Ehemann geleisteter Unkostenbeitrag sind. Die Empfangsbestätigung des Mannes macht ihn nicht zum Rückgabeschuldner.

Die Rückgewähr der Parapherna bei Eheauflösung folgt anderen Regeln als die der Pherne. Für den Fall der Ehescheidung haftet der Mann in vollem Umfang für die Phernalgüter, nicht aber für die Paraphernagegenstände: sie waren — anders als die demotischen „Frauensachen" — in ihrem jeweiligen Zustand herauszugeben. In der Regel durfte die geschiedene Frau die Parapherna sofort mitnehmen. Für den Fall der Eheauflösung durch Tod galt, daß die Manneserben der Witwe die Mitnahme des Gutes zu gestatten hatten; der Witwer mußte es den Kindern herausgeben, der kinderlose Witwer der Frauenfamilie.

Bürgschaften oder dingliche Sicherungen bezogen sich nicht auf die Herausgabe des Paraphernalgutes, da den Ehemann oder seine Erben keine Verpflichtung zum *ἀποδιδόναι* traf. Auch die rechtliche Zuordnung der Parapherna folgte den genannten Abweichungen vom Recht der Pherne: der Ehemann war nicht der Sachherr (*κύριος*) des

---

[70]) Anders Gerner, Parapherna (o. Anm. 1) S. 3, unter Berufung auf die ältere Lehre. Widersprechend Wolff, a. a. O. S. 336.

[71]) P. W. Pestman, Marriage and Matrinonial Property (o. Anm. 58) S. 100f.

[72]) Belege mit Einzelheiten bei Häge, S. 230ff. Anm. 1.

[73]) Sie werden bei Ehebeginn zusammen mit der Pherne eingebracht. Eine Ausnahme: P. Arch. f. Pap. IV S. 130ff. (168 n. Chr.), wo die Brauteltern für ihre Tochter Paraphernalgut bestellen (Col. II Z. 28ff.), das die Frau aber erst nach ihrem, der Eltern, Tod erhalten soll (Col. I Z. 39ff.; vgl. Col. II Z. 16).

Paraphernalgutes. Nur in einer Urkunde findet sich eine Praxisklausel bez. des Anspruchs auf Herausgabe der Paraphernal[74]). Entgegen Gerner[75]) will Häge diesen isolierten Fall nicht verallgemeinern und verweist vielmehr auf die generellen Bestimmungen über den Eigentumsschutz.

b) Zum Abschluß werden die Prosphora und die Prosdosis behandelt (S. 250—293). Diese beiden Begriffe wurden bisher in der Literatur mehr oder weniger als Synonyme angesehen[76]). Dem entgegen zeigt Häge, daß wir es hier mit zwei *termini technici* zu tun haben, die sich auf verschiedene Rechtserscheinungen beziehen[77]). Der Ausdruck „Prosdosis" bezeichnet nur die nachträgliche Erhöhung von Phernalgütern. Die Prosphora umfaßt dagegen Zuwendungen von Gegenständen, die nach den schon dargestellten Grundsätzen nicht zum Inhalt der Pherne gehören[78]).

Gegenstände der Prosphora sind Grundstücke und Sklaven (ohne Wertangabe), nicht aber Geld oder Kleidung und Schmuck. Prosphorageber sind in der Regel die Eltern, Großeltern oder andere Verwandte der Frau, die nicht immer auch die Pherne bestellen. Beim Bestellungsakt wird die Prosphora nicht dem Phernalgut gleichgestellt. Anders als bei der Pherne, vollzieht sich die Bestellung grundsätzlich nicht „im Hinblick auf" (ἐπί) die Frau. Die Prosphora ist eine Zuwendung an die Frau, die der Ehemann aber bestätigen kann; die tatsächliche Aushändigung des Prosphoragutes an den Mann scheint vom jeweiligen Gegenstand nach dessen wirtschaftlicher Bestimmung abhängig zu sein, obwohl in dieser Hinsicht keine strengen Regeln bestehen.

Auch die Zweckbestimmung und die rechtliche Zuordnung der Prosphora richten sich nach anderen Prinzipien als bei der Pherne. Je nach den Anordnungen, die die Urkunden über den Verwendungszweck der Prosphoragüter enthalten, sollen die Erträgnisse, die zu ziehen Aufgabe des Mannes ist, dem ehelichen Haushalt zugute kommen; wo Nutzungsanweisungen fehlen, scheinen sie der Ehefrau allein zugekommen zu sein. War die Prosphora aus dem Eigenvermögen der Frau

---

74) CPR I 27 (190 n. Chr.).

75) Parapherna (o. Anm. 1) S. 14 mit Anm. 5.

76) So z. B. Taubenschlag, Law² (o. Anm. 1) S. 126f.

77) Das zeigt schon P. Mich. V 340 R. I/II (45/46 n. Chr.), die erste Urkunde die uns über eine Prosdosis Auskunft gibt: sie enthält zugleich eine Prosphora und trennt beide Begriffe exakt voneinander.

78) Oben S. 54f., 63.

bestellt worden, so behielt sie die Sachherrschaft und Verfügungsgewalt. Beide Rechte konnten aber beim Prosphorabesteller bleiben, wenn er ein Dritter war; er konnte auch sich oder einem anderen Teilnutzungsrechte vorbehalten.

Bei der Eheauflösung behielt die Frau ihre Rechte am Prosphora-Eigenvermögen. War nur die Nutzung überlassen, so fiel die Prosphora an den Eigentümer zurück.

Die Herkunft der Prosphora wäre nach Häge dem Einfluß des ägyptischen Ehegüterrechtes zuzuschreiben. Wenig wahrscheinlich ist, daß die Griechen in Anlehnung an das Phernalrecht Grundstücke und Sklaven aus dem ägyptischen Alimentationskapital ausklammerten. Jedenfalls kam ihnen das Institut der Prosphora gelegen, da es ihnen die Möglichkeit eröffnete, Nichtphernalgüter in einer speziellen Form zu bestellen[79]).

II. Das hellenistische Ehegüterrecht in historischer Perspektive.

Wir haben, dem Gedankengang Häges folgend, die Ergebnisse seiner inhaltsreichen Arbeit möglichst treu und ausführlich zusammengefaßt. Im Anschluß an das oben dargestellte Bild seien nun einige Bemerkungen gestattet, welche die Bedeutung des hellenistischen Dotalrechts für die Rechtsentwicklung Ägyptens und ihrer Beziehungen zum altgriechischen, zum ägyptischen und zum römischen Recht betreffen.

1. Eine erste Bemerkung betrifft die Pherne als Beispiel des durch die Auflösung des Oikos charakterisierten Entwicklungsganges des griechischen Rechts im hellenistischen Ägypten.

Bekanntlich stützt sich das altgriechische Privatrecht — nämlich das attische Recht der klassischen Zeit — auf die der religiösen und politischen Ordnung der Polis zugrunde liegende Oikosverfassung. Nach den Interessen des Oikos als sakraler und wirtschaftlicher Einheit richten

[79]) In den zwanzig Urkunden, die über Prosphora-Zuwendungen (für die Zeit von 22 bis 190 n. Chr.) berichten, scheinen die Parteien überwiegend dem ägyptischen Milieu anzugehören. Jedoch läßt eine Betrachtung der von den Demotikern ermittelten Ehegütermassen die Hypothese von der ägyptischen Herkunft der Prosphora fraglich erscheinen. Die Klärung der Frage muß den Spezialisten überlassen werden.

sich insbesondere die wichtigsten Institutionen des Familienrechts. Die Ehe, die Adoption, die Erbfolge, das Testament, die Vormundschaft haben zur Funktion, die Perpetuierung des Oikos zu gewährleisten. Die Einzelheiten dieses Phänomens sind jedem Rechtshistoriker bekannt[80]).

In den hellenistischen Monarchien wird das Rechtsleben der Griechen aus dem Rahmen der Polis herausgelöst. Zugleich verschwindet der Zusammenhang zwischen dem Oikos und dem Familienrecht. Einen Oikos in dem alten Sinn des sakralen und wirtschaftlichen Hausverbands gibt es einfach nicht mehr. Daraus ergeben sich zahlreiche Konsequenzen für verschiedene ehemals nach den Interessen des Oikos geregelte Institutionen[81]).

a) Wenn wir uns dem Quellenmaterial zuwenden, so können wir feststellen, daß das Wort *οἶκος* durch Hunderte von Papyrustexten belegt ist. Es hat aber seine ehemalige, an die Spezifität der Polis gebundene rechtliche Bedeutung verloren. Oikos bedeutet jetzt nur noch „Haus" im Sinne von „Gebäude" oder „Ort", nicht mehr „Hausverband" als rechtlicher und sakraler Begriff. So kann es in einer *οἰκία* mehrere *οἶκοι* („Wohnungen") geben[82]). Eine Zahlung vollzieht sich *διὰ χειρὸς ἐξ οἴκου* — „von Hand zu Hand" — im Gegensatz zu einem Bankgiro. Eine Kornlieferung wird *εἰς οἶκον* — „in die Privatscheune" — gemacht, im Gegensatz zu *εἰς θησαυρόν* — „in den Staatsspeicher"[83]).

---

[80]) Vgl. etwa U. E. Paoli, Famiglia (Diritti di ...). Diritto attico, NDI 7 (1961) Sp. 35—42; A. Biscardi, Profilo di diritto greco antico (1961) S. 99ff.; H. J. Wolff, Recht (I. Griech.), Lexikon d. Alten Welt (1965) Sp. 2517—2530 insbes. 2522ff.; J. Gaudemet, Familie I (Familienrecht), Reallexikon f. Antike u. Christentum 7 (1967) Sp. 286—358, insbes. 313ff.

[81]) Ich stütze mich hier auf die Ergebnisse einer nicht veröffentlichten Untersuchung, die ich in einem Vortrag u. d. T. „Structures familiales et régime foncier dans l'Egypte ptolémaïque" dem in Paris im April 1967 von dem Centre d'Etudes d'Histoire de l'Antiquité (Sorbonne) und dem Centre de Recherches Comparées sur les Societés Anciennes (Ecole Pratique des Hautes Etudes, VIe Section) organisierten Oikos-Symposion vorgelegt habe. Auf Einzelheiten kann hier nicht eingegangen werden.

[82]) Zahlreiche Belege bei Preisigke-Kiessling, Wörterbuch d. Griechischen Papyrusurkunden, s. v. Zum Privathaus im griechischen Ägypten jetzt M. Nowicka, La maison privée dans l'Egypte ptolémaïque (1969), die auch die verschiedenen Bedeutungen von *οἶκος*, *οἰκία* und *οἴκημα* in diesem Zusammenhang untersucht.

[83]) Belege im Wörterbuch (o. Anm. 82).

Nimmt man mit Rostovtzeff an, daß das ganze ptolemäische Ägypten *οἶκος* oder *οἰκία* des Königs ist[84]), so bedeutet das nur eine metaphorische Ausdehnung des jetzt seines ursprünglichen Inhalts entleerten Begriffes. Da *οἶκος* kein Hausverband mehr ist und sich nicht mehr auf die der Sachherrschaft des Politen unterstellte Vermögensgemeinschaft bezieht, gebraucht man das Wort für die Bezeichnung eines Großgutes. Das mag für das patrimonial gedachte ptolemäische Königreich gelten, wie auch für die dem Dioiketen Apollonios zugewiesenen *δωρεαί*[85]); später in der römischen und noch mehr in der byzantinischen Zeit, wird *οἶκος* zum Synonym der *οὐσία* als Bezeichnung der Domänen der großen Landbesitzer[86]).

Freilich finden wir in den Papyri auch Texte, wo das Wort *οἶκος* das Haus als Ort bedeutet, wo mehrere Personen zusammenleben, die — in den meisten, aber nicht notwendig in allen Fällen — ein und derselben Familie angehören. Auch *οἰκία* wird in diesem Sinne gebraucht, wie z. B. im Fall der Freistellung von Liturgien, die derselben Familie angehörigen Personen (*ἐκ μιᾶς οἰκίας*) gewährt wird[87]). Aber auch hier hat das Wort mit der Familienverfassung so wenig zu tun wie die moderne Briefformel der „von Haus zu Haus" gesandten Grüße.

b) Wenn der Verfasser dieser Zeilen bei einer einstweilen nur provisorischen Wortuntersuchung keine wichtige Stelle übersehen hat, gibt es in dem ganzen Papyrusmaterial nur einen einzigen Beleg für den Gebrauch von *οἶκος* in einem familienrechtlichen Sinn. Es ist dies eine Urkunde aus dem 2. nachchristlichen Jahrhundert, in welcher man sich auf die Regel beruft, nach der Kinder aus zwei aufeinander folgenden Ehen den gleichen Erbteil erhalten, unabhängig von der Zahl der Kinder aus der zweiten Ehe: *κατ' οἶκον εἶναι τὴν διαίρεσιν τῶν κτημάτων καὶ μὴ κατὰ πρόσωπον*[88]). Hier handelt es sich aber nur um eine griechische Parallele zu einem römischen Begriffspaar: die *διαίρησις* des Nachlasses, die eher *κατ' οἶκον* als *κατὰ πρόσωπον* durchzuführen ist,

---

[84]) M. Rostovtzeff, Social and Economic History of the Hellenistic World (1941) S. 269 (= Gesellschaft und Wirtschaft der hellenistischen Welt [1955] S. 209) u. passim. Früher schon A Large Estate in the Third Century B. C. (1922) S. 127 bis 128.

[85]) Rostovtzeff, a. a. O., S. 227 (= 174).

[86]) Belege im Wörterbuch (o. Anm. 82).

[87]) Vgl. N. Lewis, Exemption from Liturgy in Roman Egypt, Atti dell' XI Congresso Intern. di Papirologia (1966) S. 508—541, insbes. 526ff.

[88]) P. Ryl. 76 (2. Jh. n. Chr.) Z. 10f.

ist der römischrechtlichen *divisio hereditatis in stirpes*, anstatt *in capita*, gegenüberzustellen, wie wir sie bei Gaius finden[89]). Die von dem römischen Juristen behandelte Frage entspricht nicht ganz genau dem in der zitierten Urkunde vorliegenden Rechtsfall[90]). Doch liegt auf der Hand, daß wir hier nur ein griechisches Äquivalent für die lateinischen Termini haben, das den Vergleich verdeutlichen soll; *stirps* und *οἶκος* stehen ungefähr so zueinander, wie *dos* und *προίξ* in dem Edikt des Tiberius Julius Alexander[91]); beide griechische Begriffe sind lediglich terminologische Reminiszenzen, die zur Konfrontierung hellenistischer Rechtspraxis mit römischen Rechtsinstituten verwendet werden. So wenig der Gebrauch von *προίξ* in einem von der römischen Behörde erlassenen Edikt das tatsächliche Wiederaufleben der herkömmlichen Institution bedeutet, so wenig ist die scheinbare „Resurrektion" des *οἶκος* ein Beweis für die Wiederherstellung des altgriechischen Hausverbandes im kaiserlichen Ägypten.

c) Die Konsequenzen der Auflösung des Oikossystems sind in verschiedenen Bereichen des hellenistischen Privatrechts — vornehmlich im Familien- und Erbrecht — spürbar. So wird vor allem die rechtliche Natur der Ehe, die im Recht der Polis in erster Linie der Erhaltung des Oikos diente, tief modifiziert. Die dem Wesen des Oikos gemäßen formalen Voraussetzungen der gültigen Ehe verlieren ihren Sinn: die Engye verschwindet, indem die Ekdosis jetzt praktisch einer Vereinbarung der beiden Nupturienten gleich steht und nicht mehr eine Angelegenheit der Kyrioi der beiden Oikoi ist[92]). Die Kyrieia über Frau und Kinder sinkt zu einer bloßen Vormundschaft herab[93]). Die Adoption dient nicht mehr der Perpetuierung des Oikos[94]), sondern wird zu einem rein individuali-

---

[89]) Gai. III 16 (cf. III 8): *visum est in capita, non in stirpes, hereditates dividi.*

[90]) Zur Frage H. Kreller, Erbrechtliche Untersuchungen auf Grund der gräco-ägyptischen Papyrusurkunden (1919) S. 412f.

[91]) Oben S. 66.

[92]) Grundlegend Wolff, Die Grundlagen des griech. Eherechts (o. Anm. 5) S. 157ff. Vgl. auch W. Erdmann, Die Eheschließung im Rechte der gräko-ägyptischen Papyri, SZ 60 (1940) S. 151–184; Taubenschlag, Law² (o. Anm. 1) 5. 113ff.; Préaux, Le statut de la femme (ibid.) S. 147ff.

[93]) Vgl. R. Taubenschlag, La compétence du *κύριος* dans le droit gréco-égyptien, AHDO 2 (1938) S. 239–314 (= Opera Minora 2 [1959] S. 353–377), dazu Préaux, a. a. O. S. 139ff.; Taubenschlag, Law² (o. Anm. 1) 130ff. Für das attische Recht, zuletzt Harrison, The Law of Athens (ibid.) S. 30ff., 70ff.

[94]) Harrison, a. a. O. S. 82ff.

stischen Privatakt[95]). Die Beschränkungen der Testierfreiheit im Interesse des Oikos[96]) und das spezifische Institut des Erbtochterrechts (Epiklerat)[97]) sind nicht mehr nachweisbar. Es gibt keinen *οἶκος ἔρημος* mehr[98]); der erblose Nachlaß fällt dem königlichen Fiskus anheim[99]).

d) Zu diesem Komplex von Umbildungen familienrechtlicher Institute, die ihre Ursache in der Auflösung des Oikos haben, gehört auch die Verbreitung des Phernalsystems im hellenistischen Ägypten. Auf den Zusammenhang zwischen Oikos und Proix wurde schon am Beginn dieses Artikels hingewiesen[100]). Jetzt wird klar, daß die Ersetzung der Proix durch die Pherne keineswegs ein isoliertes Phänomen bedeutet, sondern logisch mit einem umfassenden rechtsgeschichtlichen Vorgang zusammengehört. Anders als die Proix, ist die Pherne nicht ein vom Kyrios der Frau für sie und ihre Nachkommen abgezweigtes und daher ihrem jeweiligen Oikos zugewiesenes Kapital, sondern ein zwar gleichfalls dem Hausvermögen des Mannes rechtlich zugeordnetes, aber vorwiegend als persönliche Versorgung und Ausstattung der Frau und Beisteuer zu den Kosten des Haushalts gedachter Beitrag von Seiten der Familie der Frau. Wo es keinen Oikos mehr gibt, da ist auch für die Proix kein Platz mehr; an ihre Stelle tritt die den Interessen der individualistischen Kleinfamilie entsprechende Pherne.

2. Mit dem erwähnten Aspekt verknüpft sich eng ein anderer, der die Natur der Kontinuität des griechischen Rechts im griechischen und römischen Ägypten anbetrifft. Es ist bekanntlich ein Verdienst der jüngeren Forschung, den Inhalt und die Faktoren dieser Kontinuität in immer deutlicherem Umfang ins rechte Licht gesetzt zu haben; man

---

95) Vgl. unten S. 77f.

96) Harrison, a. a. O. S. 149ff.

97) A. o. O., S. 132ff.

98) D. Asheri, L'*οἶκος ἔρημος* nel diritto successorio attico, Arch. Giur. 159 (1960) S. 7–24.

99) Vgl. meine Artikel La dévolution à l'Etat des successions en déshérence dans le droit hellénistique, RIDA, 3e sér., 8 (1961) S. 81–113, und La dévolution au fisc des biens vacants d'après le Gnomon de l'Idiologue, Studi Volterra 6 (1970) S. 91–125.

100) Wolff, PWRE 22, 1 (o. Anm. 1) Sp. 168–169. Oben S. 53.

denke in erster Linie an die Studien von Cl. Préaux zum Thema „De la Grèce classique à l'Egypte hellénistique"[101]).

Eine gewisse Gefahr besteht aber für den Rechtshistoriker, wenn er glauben wollte, daß sich die Elemente dieser Kontinuität zu einer glatten Brücke zwischen dem Recht der alten Polis, wie wir es vor allem aus den attischen Quellen kennen, und demjenigen der hellenistischen Welt aufbauen lassen. Schon die eben kurz beschriebene Auflösung des Oikossystems schließt in dem Bereiche des Familienrechts die Möglichkeit einer solchen direkten und ununterbrochenen Fortwirkung aus. Der sozusagen „geradlinigen" Kontinuität ist hier — wie anderswo — eine „querlinige" oder „versetzte" Kontinuität gegenüberzustellen. Die Geschichte des Dotalrechts gibt uns den Anlaß, diesen Charakter der griechischen Rechtsentwicklung zu unterstreichen.

a) Ein gutes Beispiel zur Illustrierung der angedeuteten Problematik bieten die Formen der Eheschließung.

Wie H. J. Wolff gezeigt hat, kannte das attische Recht neben der offiziellen Form der Eheschließung durch *ἐγγύη* und *ἔκδοσις* von jeher auch eine formlose Verbindung, die einfach auf dem freien Zusammenleben gleichberechtigter Partner beruhte[102]). Dieser Dualismus geht auf die Anfänge der Polis zurück. In der vordemokratischen Zeit waren die beiden Arten des Zusammenlebens von Mann und Frau anscheinend weniger scharf geschieden als in der klassischen Epoche. Später wird die auf dem Solennitätsakt der *ἐγγύη* beruhende Form zum einzigen durch die Gesetze des Stadtstaates geschützten Typ der Ehe, während die

---

[101]) Cl. Préaux, De la Grèce classique à l'Egypte hellénistique: Note sur les contrats à clause exécutoire, Chron. d'Eg. 33 (1958) S. 102—112; La banque témoin, ibid., S. 243—255; Les formes de la vente d'immeuble, Chron. d'Eg. 36 (1961) S. 187—195; Les troupeaux „immortels" et les esclaves de Nicias, Chron. d'Eg. 41 (1966) S. 161—164; Le cautionnement mutuel, ibid. S. 354—360; *Ἐπερωτηθεὶς ὡμολόγησα* et l'„Alceste" d'Euripide, vers 1119, Chron. d'Eg. 42 (1967) S. 140—144 (dazu meine Bedenken in RHD 46 [1968] S. 166); s. auch ihre Artikel: Tradition et imagination dans la civilisation hellénistique d'Egypte, Bull. de la Classe des Lettres de l'Acad. royale de Belgique, 5e sér., 44 (1958) S. 199—217; Tradition und schöpferische Kräfte in der hellenistischen Zivilisation Ägyptens, Das Altertum 1 (1960) S. 152—159; Les continuités dans l'Egypte gréco-romaine, Actes du Xe Congrès intern. de Papyrologie (1964) S. 231—248; Réflexions sur l'entité hellénistique. Chron. d'Eg. 40 (1965) S. 129—139 = Les catégories sociales (Sammelband, hg, Ch. Perelman) (1969) S. 17—27.

[102]) Wolff, Eherecht und Familienverfassung, Beiträge (o. Anm. 5) S. 191ff. Vgl. Harrison, The Law of Athens (o. Anm. 1) S. 13ff.

formlose Vereinigung in eine untergeordnete, derjenigen des römischen Konkubinats vergleichbare Stellung hinabsinkt, obwohl sie noch immer gewisse Folgen zeitigt, die sie als ein von der Rechtsordnung immerhin nicht ganz übersehenes Verhältnis erkennen lassen[103]).

Die hellenistische Entwicklung besteht in einer völligen Umkehrung dieses Dualismus[104]). Mit dem Untergang des Oikos verschwinden auch Engye und Ekdosis als Vorbedingungen einer vollgültigen Ehe[105]). Die formlose, auf die bloße Tatsache des dauernden Zusammenlebens ge-

---

[103]) Wolff, a. a. O.

[104]) Wolff, Grundlagen (o. Anm. 5) S. 157ff.; Written and Unwritten Marriages in Hellenistic and Roman Post-Classical Law (1939) S. 12f. und passim.

[105]) In den griechischen Papyri Ägyptens finden wir die eherechtliche Engye nicht mehr. Die von Bozza (Aegyptus 1 [1934] S. 212ff.) auf Grund von P. Ent. 23 = C. P. Jud. 128 (218 v. Chr.) vermutete Erwähnung der ἐγγύη in dieser Urkunde beruht auf einer falschen Lesung: Im Text steht (Z. 2—3) συνγραψα [μένου] γὰρ αὐτοῦ μοι εχ[— —] und nicht εγ[— —]; damit ist die Ergänzung Bozzas ἐγ[γύησιν καὶ φερνήν —] oder ἐγ[γυήσεως καὶ φερνῆς ὁμολογίαν—] erledigt (s. den Kommentar zu C. P. Jud. 128, S. 238). Dem Stand des Textes entspricht besser die von Wolff (Written and Unwritten Marriages [o. Anm. 104] S. 24 Anm. 86) vorgeschlagene Ergänzung: ἔχ[οντα τὴν προσενεχθεῖσαν ἐπ' ἐμοὶ φερνήν κτλ.]. So wäre auch die Formel περὶ φερνῆς καὶ εγγ[—] im Verso derselben Urkunde nicht auf eine eherechtliche ἐγγύη (ἐγγύησις), sondern auf eine bürgschaftsrechtliche ἐγγύησις zur Sicherung der Mitgift zu beziehen (vgl. Wolff, Grundlagen S. 168 Anm. 128).

Was die Ekdosis anbelangt, so besteht zwar das Wort (Preisigke-Kießling, Wörterbuch, s. v. ἐκδίδωμι 8 u. ἔκδοσις 2) und ein den Beginn des tatsächlichen Zusammenlebens bezeichnender Akt weiter, nicht aber der ursprüngliche rechtliche Inhalt des Geschäftes. Schon in P. Eleph. 1 (o. Anm. 7), wo Vater und Mutter die Tochter in die Ehe geben und der Bräutigam sie als seine Frau annimmt, soll die Frau selbst im Fall der Scheidung infolge ihres eigenen Verschuldens die Mitgift verlustig gehen oder bei Verschulden des Mannes selbst gegen diesen vollstrecken. Sie ist also nicht, wie in Athen, ein bloßes Objekt des die Ehe begründenden Aktes. Wie P. Giss. 2 (173 v. Chr.) zeigt, ist spätestens zu Anfang des 2. vorchristlichen Jh.s auch die Selbstekdosis des Mädchens möglich (kein makedonischer Einfluß: s. Wolff, Grundlagen S. 167f. mit Anm. 127). Übrigens zeigen sogar die alexandrinischen Synchoreseis, in welchem Maße die Eheschließung in der hellenistischen Zeit nicht mehr auf einer Vereinbarung zwischen dem Hausvater und dem Ehemann als Vertreter zweier Oikoi, sondern auf dem Konsens der Nupturienten beruht. Zu bemerken ist, daß nur in einer dieser Urkunden, BGU 1100, einem Vertrag zwischen den beiden Eltern der Braut und dem Bräutigam, die Ekdosis erwähnt wird (Wolff, a. a. O., S. 177ff.). In der späteren Entwicklung ist die Ekdosis für die Schließung der hellenistischen Ehe nicht mehr maßgebend; nur in den Urkunden des immer konservativen Notariates von Oxyrhynchos bleibt sie als eine rein formalistische Anknüpfung an das klassische Vorbild bis in die Kaiserzeit in Gebrauch.

gründete Verbindung ist zum Rang einer offiziellen Einrichtung erhoben. Das Wesentliche der hellenistischen Ehe ist die tatsächliche Lebensgemeinschaft; auch wenn sie nicht von der altgriechischen Pallakie, sondern von der echten Ehe ihren Ausgang nimmt, ist jetzt ihre einzige Voraussetzung, genau wie bei der formlosen Verbindung des alten Rechts, der Zusammenschluß des Paares zu einem gemeinschaftlichen Hausstand[106]). Das „Marginale" wird verallgemeinert und institutionalisiert; das ehemals Typische ist aufgegeben. Hier möchte man von einer „versetzten Kontinuität" sprechen.

b) Noch ein anderes Beispiel kann angeführt werden. Neben der auf die Sicherung der Fortdauer des Oikos bestimmten Eispoiesis[107]) kennt das altgriechische Recht eine „freie" Adoption, die sich außerhalb des Oikos vollzieht und nur den Interessen des Adoptionskindes dient[108]). So begründet die mythologische Adoption des Herakles durch Hera nur ein persönliches Verhältnis zwischen der Göttin und dem Helden zum Schutz des letzteren; da Hera keinen Oikos hat, kann der Adoptierte nicht aus seinem angestammten Oikos in den des Adoptanten übertreten, wie es die normale Folge der offiziellen Eispoiesis ist[109]). Mit diesem mythologischen Bild ist die Adoption von Freigelassenen zu vergleichen, die wir aus einer Inschrift aus Dodona (Epirus) und aus zwei anderen Inschriften aus Delphi kennen[110]). Da Freigelassene den Oikos nicht perpetuieren können, handelt es sich auch hier um ein atypisches, außerhalb des Oikos abgeschlossenes Geschäft.

---

[106]) Es kann heute als gesichert gelten, daß die hellenistischen Eheverträge keinen konstitutiven Wert haben und sich nur auf die Regelung der ehegüterrechtlichen Verhältnisse einer schon durch faktisches Zusammenleben begründeten Verbindung beziehen. Auch die zu Beginn der Kaiserzeit auftauchende schriftlose eheliche Vereinigung des *ἀγράφως συνεῖναι* ist gemäß diesem Prinzip eine Vollehe; in Hinsicht auf die familien- und ehegüterrechtlichen Folgen unterscheidet sie sich nicht von der schriftlich bestätigten Lebensgemeinschaft. Näheres bei Wolff, Written and Unwritten Marriages (o. Anm. 104); Grundlagen (o. Anm. 5) S. 170ff. Eine Zusammenfassung älterer Diskussionen gibt E. Schönbauer, Untersuchungen zum Publizitätsrechte im ptolemäischen und römischen Ägypten, Arch. f. Pap. 13 (1939) S. 33–60.

[107]) Harrison, The Law of Athens (o. Anm. 1) S. 82ff.; Wolff, Lex. d. Alten Welt (o. Anm. 80) Sp. 2523.

[108]) A. Babakos, Adoption von Freigelassenen im altgriechischen Recht, Synteleia Arangio-Ruiz (1964) S. 515–520.

[109]) Diodor von Sizilien IV, 39. Vgl. Babakos, a. a. O. S. 517.

[110]) SGDI II 1348; 1803; 1935. Abgedruckt und erörtert von Babakos, a. a. O.

Wenn wir uns nun den Papyri zuwenden, finden wir dieses rein vertragliche den Interessen des Adoptivkindes — und nicht demjenigen des Oikos — dienende Geschäft als eine wahrscheinlich allgemeine Erscheinung der hellenistischen Rechtsentwicklung[111]). Es handelt sich wieder um eine „versetzte" Kontinuität: das marginale (Epirus!) Phänomen der Adoption *ἐκτὸς οἴκου* verdrängt die klassische Eispoiesis und wird als regelmäßige Einrichtung des hellenistischen Rechts institutionalisiert.

c) Ganz ähnlich steht es mit der Pherne. Auch sie ist ein marginales Phänomen, worauf schon die Tatsache weist, daß wir sie in Gegenden mit einem großen Anteil nichtgriechischer Bevölkerung — Ilion, Ephesos — finden[112]). Für ein anderes Randgebiet des Hellenismus, Lydien, berichtet Herodot von *φερναί*, die die lydischen Mädchen sich selbst verdienten[113]). Der mit der Oikosverfassung der klassischen Polis zusammenhängenden Proix steht die Pherne als ein atypisches und sekundäres Element des altgriechischen Dotalrechts gegenüber. Ihre Alleinherrschaft im ptolemäischen Ägypten bedeutet wieder eine totale Umkehrung der ursprünglichen Situation. Die Institutionalisierung der sekundären Mitgiftsform ist auch hier als eine „versetzte Kontinuität" zu bezeichnen.

---

[111]) So vielleicht schon im 3. Jh. v. Chr., wie es die Erwähnung von *συγγραφαὶ τεκνοθεσιῶν* in P. Col. Zen. I 38 Z. 9 beweisen mag. Spätere Quellen (und Literatur) bei Babakos, a. a. O., S. 518ff.

[112]) Dittenberger, OGIS I 218 (3. Jh. v. Chr.); dazu Häge S. 22; seine Lokalisierung von Ilion in Epirus ist freilich unrichtig, es liegt in der Troas.

[113]) Herodot I 93; vgl. Häge S. 23. Anders steht es mit Plutarch, Solon 20, 6, der von einem solonischen Gesetz spricht, das die als *φερνή* bezeichnete Mitgift auf drei Kleider und etlichen Hausrat beschränkt habe [E. Ruschenbusch, *Σόλωνος Νόμοι* (1966) S. 95, F 71a]. Nach Häge (S. 22 Anm. 27) würde sich die Erwähnung der *φερνή* bei Plutarch daraus erklären, daß „sich für ihn damit die überkommene Vorstellung einer mehr auf die persönliche Ausstattung einer Frau ausgerichteten Mitgift verband". Es ist aber durchaus möglich, daß in diesem Gesetz wirklich von *φερνή* gesprochen wurde, und zwar als von einer von dem Institut der klassischen *προίξ* abzutrennenden Brautgabe der adeligen *γένη*; die Einschränkung der Brautgabe in diesem Gesetz entspricht der Einschränkung des Aufwands beim Begräbnis (Cicero. de leg. 2, 63; 2, 59; Plutarch, Solon 21, 5 = E. Ruschenbusch, a. a. O., S. 95–97, F 72a–c), die sich auf ähnliche Tatbestände bezieht. So, in einer Häge nicht bekannten Studie, L. Gernet, Notes de lexicologie juridique, 3. *Φερνή*, Annuaire de l'Institut de Philologie et d'Histoire orientales et slaves 5. Mélanges E. Boisacq (1937) S. 395–398.

3. Diesen Betrachtungen über die Entwicklung des griechischen Familienrechts in der hellenistischen Zeit sind nun noch einige Bemerkungen anzufügen, die das Verhältnis zwischen dem griechischen und dem ägyptischen Recht im ptolemäischen und im römischen Ägypten betreffen.

Der Verfasser dieser Zeilen hatte schon einmal Gelegenheit, in dieser Zeitschrift zu der Frage der Beziehungen zwischen den beiden Rechtssphären Stellung zu nehmen und dem irreführenden Konzept eines durch die „Verschmelzung" der ihnen zugehörigen Elemente entstandenen „griechisch-ägyptischen Rechts" entgegenzutreten[114]). Er glaubt heute feststellen zu können, daß die Ergebnisse des Werkes von Häge diesen kritischen Standpunkt für das Gebiet des Ehegüterrechts völlig bestätigen.

a) Freilich sind reziproke Berührungen nicht vollständig auszuschließen: das konnten wir bei der Kontamination von Pherne und ägyptischem Alimentationskapital[115]) und bei der Rolle der demotischen „Frauensachen" für die Gestaltung der Parapherna beobachten[116]). Von einem griechisch-ägyptischen „Mischrecht" kann jedoch nicht gesprochen werden. Vielmehr zeigen die Unterschiede zwischen der Pherne und dem Alimentationskapital, daß es hier — wie auf den anderen Gebieten des Privatrechts — zu einer Verschmelzung griechischen und ägyptischen Rechtsgutes in ein einheitliches ptolemäisches Recht nicht gekommen ist. Dies gilt auch für die römische Zeit, für die sich aus unseren Urkunden ergibt, daß beide Institute nicht ineinander verfließen, sondern weiter selbständig nebeneinander stehen.

Dies erklärt sich aus den grundsätzlichen Unterschieden beider Einrichtungen bezüglich der Unterhaltspflicht des Ehemannes, die sich nach griechischem Recht nach der Vermögenslage bestimmt, während nach einheimischem Recht die Alimentation der Frau in (vorher festgelegten) Einzelleistungen zu erbringen ist. Daß im Recht der Parapherna ägyptische Vorbilder in die juristische Begriffswelt der Griechen einbezogen und ihrem Rechtsgefühl angepaßt wurden, ist eine weitere Tatsache, die

---

[114]) Zum Justizwesen der Ptolemäer (o. Anm.*) S. 75ff. Dazu jetzt meine Artikel Réflexions sur le „droit ptolemaïque", Iura 15 (1964) S. 32–56 (zu Seidls Ptol. Rg.[2]), insbes. S. 42ff., 48ff., und La règle de droit dans l'Egypte ptolémaïque, Essays in honor of C. B. Welles (1966) S. 125–173, insbes. S. 157ff.

[115]) Oben S. 60ff., 66.

[116]) Oben S. 67ff.

zwar einen gewissen Einfluß der einen auf die andere Rechtssphäre beweist, sich aber wieder der Idee der „Vermischung" entgegensetzt[117]).

b) Diese Vorbehalte gegenüber der Doktrin der Verschmelzung möchte man auf den ganzen Bereich des Privatrechts ausdehnen. Einzeluntersuchungen werden noch zeigen, wie weit die gegenseitigen Einflüsse und Anlehnungen zwischen den beiden Rechtssphären reichen. Daß sie nie zur Bildung eines „Mischrechts" geführt haben, wird man schon jetzt für sicher halten dürfen.

Wenn man unbedingt aber von einer „verschmelzenden Tendenz" sprechen will, so wäre diese allenfalls in der königlichen Gesetzgebung auf dem Gebiete des Verwaltungs-, Fiskal- und Strafrechts zu suchen[118]). Um ein Beispiel zu nennen, zeigt das kürzlich edierte Prostagma des Ptolemaios X. Alexander I. und seiner Frau Berenike III. über den Schutz der heiligen Fische, daß die Gesetzgebung der Lagiden, deren Formen und legislatorische Technik griechisch sind, ägyptischen Anliegen Rechnung trug, indem sie in einen so mit der nationalen Tradition verbundenen Bereich eingriff, wie es die mit dem Flusse zusammenhängenden Tätigkeiten waren[119]). Das Familienrecht und andere Zweige des Privatrechts, die den ägyptischen Realien entfernt bleiben, nehmen dagegen eine doppelte, je nach den beiden ethnisch-sozialen Gruppen verschiedene Entwicklung[120]).

---

[117]) Zu anderen Einflüssen dieser Art s. meine Réflexions (o. Anm. 114) S. 51–52 u. Règle de droit dans l'Egypte ptolémaïque (ibid.) S. 161 Anm. 146–148.

[118]) Vgl. Règle de droit dans l'Egypte ptolémaïque (o. Anm. 114) S. 152.

[119]) P. Yale 56 (100 v. Chr.); vgl. RHD 47 (1969) S. 90–91.

[120]) So auch F. Pringsheim, The Greek Law of Sale (1950) S. 8f. Anm. 3, und Wolff, Faktoren der Rechtsbildung im hellenistisch-römischen Ägypten, SZ 70 (1953) S. 20–57, insbes. S. 47ff.; Plurality of Laws in Ptolemaic Egypt, RIDA, 3e sér., 7 (1960) S. 191–223; Law in Ptolemaic Egypt, Essays in honor of C. B. Welles (1966) S. 67–77. Der Dualismus im Privatrecht entspricht der dualistischen Natur, die die hellenistische Zivilisation Ägyptens kennzeichnet; hierzu darf auf die neueren Studien von Historikern wie Cl. Préaux und W. Peremans verwiesen werden (o. Anm. 101 und weitere Zitate in meinen oben Anm. 114 angeführten Artikeln). In einem Vortrag, den er im April 1969 gelegentlich eines von der Universität Caen organisierten Symposions über die Frage der „Sozialgruppen, Stände und Klassen in der griechisch-römischen Antike" gehalten hat, zeigte W. Peremans, daß sogar auf dem Gebiete der Onomastik die Trennung zwischen den griechischen und ägyptischen Elementen sich bis zum Ende der ptolemäischen Epoche dort behauptete, wo man bis jetzt für das 2. und das 1. Jh. v. Chr. die Eigennamen als kein für die ethnische Zugehörigkeit ihrer Träger maßgebendes Kriterium zu behandeln pflegte.

4. Zum Abschluß scheint es möglich, noch einige Bemerkungen zum Problem des Verhältnisses des hellenistischen zum römischen Recht in bezug auf das behandelte Thema zu formulieren. Auf diese Frage ist Häge nicht eingegangen. Er beschränkt sich sachlich und zeitlich auf das hellenistische Recht. Die Ausbreitung des römischen Rechts in Ägypten, Einwirkung auf das Ehegüterrecht der peregrinischen Bevölkerung und eventuelle Einflüsse der volksrechtlichen Bildungen auf die Entwicklung des römischen Reichsrechts bedürfen besonderer Untersuchung[121]).

Es ist selbstverständlich nicht Aufgabe dieses Artikels, eine solche Untersuchung zu unternehmen. Wohl aber darf man einige Richtlinien vorschlagen.

a) Einmal ist es sicher, daß das ganze aus der Ptolemäerzeit überlieferte System des hellenistischen Dotalrechts im Laufe der ersten Jahrhunderte der römischen Herrschaft grundsätzlich unverändert bestehen blieb. Die Neuerscheinungen der römischen Epoche — die Parapherna, die Prosphora und die Prosdosis — gehören zu der inneren Entwicklung dieses Systems, teilweise unter Einwirkung ägyptischer Vorbilder; mit einem eventuellen Einfluß des römischen Rechts haben sie nichts zu tun. Ein analoges Fortbestehen wird man auch für das Ehegüterrecht der ägyptischen Bevölkerung annehmen können[122]).

Vom Standpunkt der römischen Behörden aus bedeutete das Fortleben der beiden Rechte lediglich eine faktische Kontinuität landesüblicher Rechtsbräuche[123]). Von „Geltung" im strengen Sinn des Wortes kann keine Rede sein. Das betrifft insbesondere die Chora, die jeder politischen Struktur entbehrte, an die die Existenz einer als peregrinisches *ius civile* anerkannten Rechtsordnung hätte anknüpfen

---

[121]) Häge, S. 17.

[122]) Nach dem Absterben der typischen demotischen Rechtsurkunden zu Beginn der Kaiserzeit kann das Fortleben der enchorischen Rechtsinstitute im Gewohnheitsrecht angenommen werden, das sich besonders in der Tradition der zwar griechisch amtierenden, aber der ägyptischen Bevölkerungsschicht angehörigen Notare erhalten haben könnte. So z. B. A. Steinwerter, Zum Problem der Kontinuität zwischen antiken und mittelalterlichen Rechtsordnungen, Iura 2 (1951) S. 15—43, insbes. S. 25.

[123]) Näheres in meiner Studie La règle de droit dans l'Egypte romaine, Proc. of the XIIth Intern. Congr. of Papyrology (1970) S. 317—375. An früherer Lit. vgl. etwa H. J. Wolff, Zur Romanisierung des Vertragsrechts der Papyri, SZ 73 (1956) S. 1—28, insbes. S. 2—5 mit Anm.

können: wo es keine Polis gibt, da ist auch für eine peregrinische Rechts- und Gerichtsautonomie (*suis legibus uti*) kein Platz. Die Grundlage des Weiterbestehens der lokalen Rechte ist bloße Duldung von seiten der römischen Behörden.

Wenn es somit keine Bindung der Provinzialregierung an das landesübliche Recht gibt, so stört es doch die Römer nicht, die volksrechtlichen Gebräuche nicht nur zu tolerieren, sondern sie auch im Rahmen der grundsätzlich unbeschränkten Ermessensfreiheit der Provinzialrichter gerichtlich zu schützen[124]). Gelegentlich allerdings greift die römische Behörde in die Gestaltung der peregrinischen Praxis durch normative Akte des Provinzialrechts ein[125]). Ein Beispiel dafür bietet auf dem Gebiete des Dotalrechts die Regelung der Publizität enchorischer Mitgiftssicherungen in dem bekannten Edikt des Präfekten Mettius Rufus[126]).

Allerdings bedeuten dererlei Eingriffe noch keine substantielle Umbildung des volksrechtlichen Komplexes. Auch wenn manchmal enchorische Prinzipien beiseite geschoben und römische Grundsätze durch einfache praktische Anwendung zur Geltung gebracht werden, bleibt es dabei, daß in der Mehrzahl der Fälle die überkommenen Gebräuche und Rechtsvorstellungen unberührt weiter bestehen. Für unser Thema wird diese Feststellung durch das Quellenmaterial der früheren Kaiserzeit völlig bestätigt.

b) Die *Constitutio Antoniniana* vom Frühjahr 212[127]) bricht keineswegs die tatsächliche Kontinuität der volksrechtlichen Entwicklung. Doch ergibt sich vom Standpunkt des Verhältnisses zwischen römischem und peregrinischem Recht im Vergleich zu der vorantoninischen Zeit ein Unterschied insofern, als die bisherigen Lokalrechte in den Rang von

---

124) Vgl. M. Humbert, La juridiction du préfet d'Egypte d'Auguste à Dioclétien, Aspects de l'Empire romain (1964) S. 95–144 (dazu Wolff, SZ 82 [1965] S. 376–378).

125) Darunter ist das von römischen Behörden formell durch Kaiserkonstitutionen und Statthalteredikte verordnete, wenn auch materiellrechtlich oft an lokale Einrichtungen anknüpfende Recht zu verstehen. Grundlegend E. Schönbauer, Reichsrecht, Volksrecht und Provinzialrecht, SZ 57 (1937) S. 309–355, insbes. S. 351ff., der aber irrig in diesen Komplex auch das enchorische Recht als „partikulares Provinzialrecht" einschließt (ibid. S. 352; auch Arch. f. Pap. 13 [1939] S. 59; wohl begründete Bedenken bei Wolff, Romanisierung [o. Anm. 123] S. 4 Anm. 10). S. auch Kupiszewski, Römisches Provinzialrecht in Aegypten (o. Anm. 47) und meine Règle de droit dans l'Egypte romaine (o. Anm. 123) S. 337ff.

126) P. Oxy. II 237 Col. VIII Z. 27–43 (89 n. Chr.); vgl. o. Anm. 58.

127) Zum Datum letztens RHD 47 (1969) S. 570–571.

Ortsgewohnheiten erhoben werden, die sich als *consuetudines regionum* in die römische Rechtsordnung eingliedern[128]). Das gilt auch für das in den Papyrusurkunden der Zeit nach 212 fortlebende Ehegüterrecht hellenistischer Herkunft. Dieses ist jetzt als subsidiäres, örtlich begrenztes und der Priorität des offiziellen Reichsrechts untergeordnetes partikuläres Gewohnheitsrecht der ägyptischen Neubürger zu betrachten[129]).

Auf diesem Gebiet — wie auch in anderen Bereichen des Privatrechts[130]) — scheint der römische Einfluß zuerst nur langsam und oberflächlich einzudringen. Er besteht vornehmlich in einer rein äußerlichen Angleichung volksrechtlicher Tradition an römische Konzepte. Erst in der nachdiokletianischen Zeit scheint es zu tieferen Änderungen gekommen zu sein, die den Inhalt der Institutionen nach römischen Prinzipien umgestalten. Wenn zu Beginn der Kaiserzeit der römische Statthalter die hellenistische Pherne mit dem seiner Denkweise näher stehenden Wort *προίξ* umschreibt[131]), so scheinen im 4. Jh. die Fortschritte der Romanisierung so weit gediehen zu sein, daß die nun im Urkundenmaterial alleinherrschende *προίξ* einfach der römischen *dos* gleichgestellt wird[132]).

Daß aber die Romanisierung sogar in der Spätzeit die volksrechtliche Tradition nicht vollständig verdrängt hat, bezeugt eine Kaiserkonstitution aus dem Ende des 4. Jh.s[133]). Hier wird eine auf hellenistische Praxis zurückgehende Bürgenbestellung für die Rückgabe der Mitgift abgeschafft. Der Text beweist den oben angedeuteten Zusammenhang von *consuetudo* (Ortsgewohnheit) und auf die hellenistische Praxis zurückgehender Lokaltradition des römischen Ostens. Zugleich zeigt die Konstitution, daß die in den Papyri für den Beginn der Kaiserzeit belegte

---

[128]) Zur Begründung dieser Formulierung meine oben Anmerkung 123 zit. Studie, S. 353ff.

[129]) A. a. O., mit quellenmäßigen Argumenten zum Verhältnis zwischen *consuetudo* und Lokalrecht. So etwa schon M. Kaser, Römisches Privatrecht I (1955) S. 194; J. Gaudemet, Institutions de l'Antiquité (1967) S. 731; jetzt auch D. Nörr, Zur Entstehung der gewohnheitsrechtlichen Theorie, Festschrift Felgenträger (1969) S. 353–366.

[130]) Wolff, Romanisierung (o. Anm. 123). Weiteres in meiner Studie La règle de droit dans l'Egypte romaine (ibid.) S. 344ff.

[131]) Oben S. 66.

[132]) Häge, S. 16–17; 209–210.

[133]) C. J. 5, 20, 1 (381 n. Chr.); dazu G. Stühff, Vulgarrecht im Kaiserrecht (1966) S. 65–67.

Bürgschaft zur Sicherung der Mitgiftrückgabe bis zum späten 4. Jh. weiterlebt[134]).

c) Schließlich ist noch an den hellenistischen Einfluß auf die Gestaltung des römischen Dotalrechts der Spätzeit zu erinnern. Bekanntlich wird er von den meisten Romanisten für das Recht der Parapherna als eines neben der *dos* in die Ehe eingebrachten und regelmäßig aus persönlichen Ausstattungsstücken bestehenden Gutes angenommen[135]). Den schon von Ulpian „rechtsvergleichend" erwähnten Begriff[136]) finden wir in einigen nachklassischen Texten[137]), wo er teils die *res extra dotem* in ihrer Gesamtheit, teils solche *res extra dotem* bezeichnet, die aus Anlaß der Ehe von dem Mann verwaltet werden, während sie im Eigentum der Frau verbleiben[138]).

Das Vorkommen der Parapherna in den griechischen Urkunden aus Nessana in Südpalästina[139]) könnte die Vermutung begründen, daß wir hier mit einer nicht nur auf Ägypten beschränkten, sondern dem ganzen hellenisierten Osten bekannten volksrechtlichen Einrichtung zu tun haben, die für die späte Entwicklung des Reichsrechts das Vorbild abgegeben hat[140]).

Der obige Bericht über die Resultate der besprochenen Arbeit und die ihm angeschlossenen Erwägungen zeigen, daß Häge eine recht erfreuliche Monographie gelungen ist, die für die Rechtsgeschichte der Antike manche interessanten Perspektiven öffnet. Wir dürfen sein Buch als einen förderlichen Beitrag begrüßen, der zu den besten Hoffnungen für die künftige wissenschaftliche Produktion des jungen Autors berechtigt.

---

[134]) Stühff, a. a. O.

[135]) Gerner, Parapherna (o. Anm. 1); Wolff, Zum Recht der Parapherna (ibid.); Kaser, Römisches Privatrecht II (1959) S. 75 u. 141.

[136]) D. 23, 9, 3. Zum Text demnächst H. Kupiszewski, Vocabula Graeca dans le Digeste (in Vorbereitung).

[137]) C. J. 5, 14, 8 (450 n. Chr.); 5, 14, 11 pr. (530 n. Chr.). Nov. 97, 5 (539 n. Chr.); Ed. Just. IX, 5. Vgl. Kaser, a. a. O., S. 141 mit ält. Lit.

[138]) Gerner, a. a. O. S. 56ff. Alles Frauengut außer *dos* bezeichnet Parapherna vielleicht ausnahmsweise in Nov. 97, 5, dagegen offenbar nicht in C. J. 5, 14, 8; vgl. Wolff, a. a. O., S. 345.

[139]) P. Ness. III 18 (537 n. Chr.); 20 (558 n. Chr.); 33 (6. Jh. n. Chr.).

[140]) Weniger realistisch scheint die Vermutung Häges (S. 211), daß das Institut der Parapherna von Ägypten nach Nessana gelangt und von dort in die römischen Rechtsquellen aufgenommen worden sei. Zu anderen hellenistischen Einflüssen im spätrömischen Privatrecht s. meine Règle de droit dans l'Egypte romaine (o. Anm. 123) S. 365ff.

VII

Die Geschwisterehe in der hellenistischen Praxis und nach römischem Recht

Inhalt: Einleitung S. 52. — I. Die hellenistische Praxis und das Reichsrecht (Gegenüberstellung): 1. Der Ursprung der Geschwisterehe im hellenistisch-römischen Ägypten S. 54; 2. Die Eheverbote auf Grund von Familienbindungen im römischen Recht der Prinzipatszeit S. 62. — II. Die rechtliche Natur des Konflikts (Erklärungsversuch): 1. Die Geschwisterehe als provinziale Gewohnheit außerhalb des Anwendungsbereiches der römischen Rechtsordnung S. 69; 2. Die Geschwisterehe als verbotener lokaler Brauch in den östlichen Provinzen des Kaiserreichs nach der CA S. 73. — Zusammenfassung der Ergebnisse S. 80.

Die vorliegende Abhandlung[1]) wurde durch eine Untersuchung über die Verwandtenehen im hellenistischen und römischen Ägypten angeregt. Dieses unter Papyrologen und Althistorikern vielumstrittene Problem hat ein deutscher Forscher, H. Thierfelder, in seinem 1960 erschienenen Buch über „Die Geschwister-

---

[1]) Diese Abhandlung enthält den um einige Anmerkungen erweiterten Wortlaut eines Vortrags, den ich im Juni 1964 an den Universitäten Hamburg, Köln und Münster gehalten habe; sie stützt sich auf eine knappere Mitteilung über „Mariage et inceste dans l'Empire romain", die im Mai 1963 an den „Journées internationales de la Société d'Histoire du Droit" in Nancy vorgelegt wurde (Zusammenfassung in RHD 41 [1963] 686 und in Iura 14 [1963] 215).

Für die deutsche Übersetzung bin ich Herrn Professor Max Kaser zu verbindlichstem Dank verpflichtet. Auf die hier einstweilen nur skizzenhaft dargestellten Fragen hoffe ich in einer ausführlicheren Studie in französischer Sprache zurückzukommen.

Für die gebrauchten Abkürzungen möchte ich auf meinen Artikel im vorigen Band dieser Zeitschrift hinweisen (SZ 80 [1963] 42 Anm.*). Zur Ergänzung gebe ich an: Acme = Acme. Annali della Facoltà di Filosofia e

ehe im hellenistisch-römischen Ägypten" erneut bearbeitet[2]. Seine Studie beschränkt sich jedoch auf die Frage nach dem Ursprung der Geschwisterehe in der Praxis der gräko-ägyptischen Bevölkerung in der römischen Zeit. Ich hatte mich mit derselben Frage in einem 1956 erschienenen Aufsatz über das Familienrecht im Licht der griechischen Privatbriefe aus Ägypten auseinandergesetzt[3], auf den ich am Beginn des ersten Teils meiner vorliegenden Abhandlung noch zurückkommen werde.

Lettere dell'Università Statale di Milano; Anz. f. Alt. = Anzeiger für die Altertumswissenschaft, herausgegeben von der Österreichischen Humanistischen Gesellschaft; Anz. Österr. Ak. = Anzeiger der philologisch-historischen Klasse der Österreichischen Akademie der Wissenschaften; Ant. Class. = L'Antiquité Classique; Bull. Inst. Eg. = Bulletin de l'Institut d'Egypte; Class. Rev. = Classical Review; Class. World = Classical World; CRAI = Comptes-rendus de l'Académie des Inscriptiones et Belles-Lettres; Czasop. Praw. Hist. = Czasopismo Prawno-Historyczne (Rechtshistorische Zeitschrift; polnisch); LQR = The Law Quarterly Review; REA = Revue des Etudes Anciennes; REG = Revue des Etudes Grecques; Rend. Ist. Lomb. = Rendiconti dell' Istituto Lombardo, Classe di lettere, scienze morali e storiche; Seminar = Seminar. An Annual Extraordinary Number of „The Jurist"; ZDMG = Zeitschrift der Deutschen Morgenländischen Gesellschaft.

[2]) H. Thierfelder, Die Geschwisterehe im hellenistisch-römischen Ägypten (Aschendorff, Münster 1960) 102 S. (hier zitiert: Thierfelder) [„Fontes et Commentationes": Schriftenreihe des Instituts für Epigraphik an der Universität Münster, hg. von H. E. Stier]. Früheres Schrifttum daselbst 4—24 („Stand der Forschung"): nützliche Literaturübersicht, wenn auch keine vollständige Bibliographie. Außer den hier in den folgenden Anmerkungen angeführten neueren Arbeiten sind aus den älteren Werken hinzuzufügen: M. Hombert — Cl. Préaux, Recherches sur le recensement dans l'Egypte romaine (1952) [P. Lugd. Bat. V] (erweiterte Fassung des von Thierfelder S. 19 Anm. 46 erwähnten und hier zitierten Artikels: Les mariages consanguins dans l'Egypte romaine, Hommages à J. Bidez et F. Cumont [1949] 135—142), und H. Henne, Du mariage entre frère et soeur dans l'Antiquité (unveröffentlichter Vortrag, gehalten am 16. 1. 1953 im Pariser „Institut de Droit Romain"; Zusammenfassung in RHD 32 [1954] 469—470). Dazu kommen noch die zahlreichen Erwähnungen der Verwandten- und Geschwisterehe in der Praxis der Ostprovinzen in der romanistischen Literatur, die Thierfelder als Nichtjurist nicht berücksichtigt (mit Ausnahme der unten Anm. 29 zitierten Studie von E. Weiß).

[3]) J. Modrzejewski, Le droit de la famille dans les lettres privées grecques d'Egypte, JJP 9—10 (1956) 339—363: II. Les mariages entre frère et soeur S. 342—348.

An diese gräko-ägyptische Praxis der Geschwisterehen knüpft sich jedoch noch ein weiteres und für die Juristen wichtigeres Problem als das ihres Ursprungs, nämlich die Frage: Wie erklärt sich ihre erstaunliche Ausbreitung in einer römischen Provinz angesichts der Vorschriften des römischen Reichsrechts, die die Ehe zwischen Verwandten und Verschwägerten verbieten? Mit diesem Problem will ich mich im ersten Teil meiner Abhandlung befassen und versuchen, den Brauch der Verwandtenehen in den hellenisierten Ostprovinzen den auf Familienbindungen beruhenden römischen Eheverboten gegenüberzustellen.

Diese Konfrontierung soll uns dann dazu verhelfen, für die rechtliche Natur des Konflikts zwischen der römischen Exogamie und der hellenistischen Endogamie eine Erklärung zu finden. (Ich bezeichne als Exogamie die Ehe mit familienfremden Personen, als Endogamie die mit familieneigenen und verwende die beiden Begriffe hier in ihrer allgemeinen, ebenso juristischen wie ethnologischen Bedeutung[4].) Die Erklärung dieses Konflikts ist, wie ich glaube, im Verhältnis zwischen Regeln zu suchen, die auf verschiedenen Ebenen liegen. Dieser Gedanke soll dann im zweiten Teil meiner Untersuchung näher ausgeführt werden und mir zugleich ermöglichen, meine Studie in den Rahmen der alten Diskussion um das Verhältnis von „Reichsrecht und Volksrecht" einzuordnen.

I. Die hellenistische Praxis und das Reichsrecht (Gegenüberstellung).

1. Nach einer Meinung, die noch vor etwa zehn Jahren unter den Papyrologen allgemein als gesichert galt, waren die Ehen zwischen Bruder und Schwester in Ägypten eine Erscheinung lokalen Ursprungs[5]. Die Papyrologen sahen diesen Brauch bei der ange-

---

[4]) Dazu nur H. Lévy-Bruhl, Ethnologie juridique, demnächst in Encyclopédie de la Pléiade, II. „Le mariage" (mit Zusammenfassung der wichtigsten Theorien über Inzest, Endogamie und Exogamie).

[5]) Darstellung bei Thierfelder S. 7ff. Als Ausdruck dieser traditionellen Lehre vgl. z. B. H. Bouché-Leclercq, Histoire des Lagides IV (Paris 1907; Nachdruck Brüssel 1963) 80ff. Sie stützt sich hauptsächlich

stammten Bevölkerung Ägyptens als eine gesicherte Tatsache an und glaubten, darauf die Äußerungen beziehen zu dürfen, die sich im privaten Briefwechsel unter den Einwanderern von griechischer Sprache und Kultur finden[6]). Der Gebrauch der Worte *ἀδελφός* und *ἀδελφή*, „Bruder" und „Schwester", in Briefen, aus deren Inhalt hervorgeht, daß sie zwischen Ehegatten ausgetauscht wurden, soll, wie man annahm, auf ein wirkliches Geschwisterpaar hinweisen. Dieses Indiz allein wäre jedoch zu schwach, um eine sichere Grundlage für die Feststellung von Ehen zwischen Voll- oder Halbgeschwistern abzugeben. Als Ausdrücke der Zuneigung beziehen sich *ἀδελφός* und *ἀδελφή* ebenso wie andere Bezeichnungen für nahe Familienmitglieder nicht notwendig auf eine wirkliche Verwandtschaft. In einer bloß bildlichen Verwendung, wie sie der alten ägyptischen Tradition entspricht[7]), bedeuten diese Worte in den griechischen Briefen einfach „Mann" und „Frau". Gewiß können Ehegatten, die sich diese Namen geben, in besonderen Fällen Kinder derselben Eltern sein. In Ermangelung anderer sicherer Gründe haben wir keinen Anlaß anzunehmen, daß zwischen ihnen ein anderes Familienband bestand als allein die Ehe. Bei der Mehrdeutigkeit, die der Verwendung der Worte *ἀδελφός* und *ἀδελφή* zukommt[8]), bleibt der Nachweis der angeblichen Geschwisterehen aus diesen brieflichen Zeugnissen mithin fragwürdig.

---

auf das Zeugnis Diodors (I, 27, 1): *νομοθετῆσαι δέ φασιν τοὺς Αἰγυπτίους παρὰ τὸ κοινὸν ἔθος τῶν ἀνθρώπων γαμεῖν ἀδελφάς.* — Im Lichte der neueren Forschung (vgl. unten Anm. 9) wird man diesen (wahrscheinlich auf Hekatäus aus Abdera zurückgehenden) Satz Diodors nur auf die ägyptische Wurzel der ehelichen Verbindungen zwischen Geschwistern im Königshaus der Ptolemäer beziehen wollen (Zusammenstellung bei Thierfelder S. 10 Anm. 20). Der von E. Kornemann vermutete persische Ursprung dieses dynastischen Brauches (Näheres bei Thierfelder S. 12ff.) wird heute meistens abgelehnt (dazu nur Hombert-Préaux [oben Anm. 2] S. 137). Die mit den Ehebräuchen der herrschenden Dynastien zusammenhängenden Fragen interessieren hier nicht.

[6]) Zum Folgenden näher mein oben (Anm. 3) zitierter Artikel.

[7]) Vgl. die Literatur bei P. W. Pestman, Marriage and Matrimonial Property in Ancient Egypt (1961) [P. Lugd. Bat. IX.] S. 4 Anm. 5.

[8]) Vgl. jetzt die *ἀδελφοί* — „Kampfgenossen" des jüdischen Aufstandführers Bar Kochba: B. Lifschitz, The Greek Documents from Naḥal Ṣeelim and Naḥal Mishmar, Isr. Explor. Journ. 11 (1961) 53—62.

Die gleiche Ungewißheit lastet indes auch auf ihrem lokalen Ursprung. Eine erschöpfende Untersuchung der ägyptischen Quellen hat Jaroslav Černy 1954 durchgeführt und dabei gezeigt, daß dieser für sicher gehaltene Ursprung vielleicht nur eine Illusion der Gelehrten ist[9]). Die Geschwisterehe sei selbst in den Familien der Pharaonen seltener, als man bisher annahm, und sie komme in der ägyptischen Bevölkerung zwischen Stiefgeschwistern nur äußerst selten, unter Vollgeschwistern überhaupt nicht vor. Sie konnte daher auch den nach Ägypten eingewanderten Griechen nicht als Vorbild dienen, ist doch der ägyptische Einfluß nur beweisbar für die Verwendung der Worte Bruder und Schwester für Mann und Frau, ein Brauch, der freilich, soviel wir wissen, im klassischen Griechenland unbekannt war[10]).

So scheinen wir denn vor einem Paradoxon zu stehen: Die Ehe zwischen Bruder und Schwester hat es im Ägypten der Pharaonen und Lagiden außerhalb der königlichen Familie scheinbar nicht gegeben; mit Sicherheit ist sie nur für das Ägypten der römischen Kaiserzeit bezeugt, also gerade unter der Herrschaft der streng exogamen Römer. Dieser Stand der Dinge regt dazu an, das schon viel erörterte Problem erneut zu prüfen.

Thierfelder, der sich dieser Aufgabe energisch unterzogen hat, schlägt eine neue Lösung vor: Nach ihm ist das plötzliche Auftauchen der Geschwisterehen im römischen Ägypten ein bloßes Trugbild unserer Quellen, geeignet, die Gelehrten zu täuschen. In Wahrheit hätten solche Ehen schon in der vorigen Periode bestanden, trotz des Schweigens oder der außerordentlichen Unsicherheit der Quellen. Doch habe die ptolemäische Verwaltung keine so genauen Angaben über die Abstammung der Ehegatten

---

[9]) J. Černy, Consanguineous Marriages in Pharaonic Egypt, JEA 40 (1954) 23—29; zustimmend jetzt Pestman (oben Anm. 7) 3—4, mit den wichtigsten Belegen zur Verwandtenehe S. 4 Anm. 2—5. Dazu kommt noch ein unveröffentlichter demotischer Papyrus aus der Hamburger Sammlung: W. Erichsen, Ein neuer Typ einer demotischen ehegüterrechtlichen Urkunde, Proc. IX. Intern. Congr. of Papyrology [Oslo 1958] (1961, erschienen 1962) 320—327, insbesondere 326 (1. Jh. v. C.).

[10]) Siehe nur P. Chantraine, Les noms du mari et de la femme, du père et de la mère en grec, REG 59—60 (1946—1947) 219—250 (zum Gebrauch von ἀνήρ und γυνή als Termini für Ehegatten).

gefordert wie die Verwaltung der Kaiserzeit. Erst nach der römischen Eroberung habe die indiskrete Neugierde des Fiskus bei den Steuererklärungen die Geschwisterehen der gräko-ägyptischen Bevölkerung ans Tageslicht gebracht. So erkläre es sich, daß man in der Tat die Bezeichnung *ὁμοπάτριοι* (= Stiefgeschwister von der Vaterseite) oder *ὁμομήτριοι* (= Stiefgeschwister von der Mutterseite) oder gleichzeitig beide Bezeichnungen (Vollgeschwister) im Zusammenhang mit den Namen der Ehegatten treffen kann[11]).

Diese Schlußfolgerung ist jedoch nicht einwandfrei. Thierfelder überschätzt in seinem Optimismus die Unergiebigkeit der ptolemäischen Quellen. Die Mehrdeutigkeit der erwähnten brieflichen Äußerungen ist keineswegs einem völligen Schweigen gleichzusetzen. Die Worte *ἀδελφός* und *ἀδελφή* bezeichnen, wie gesagt, die Ehegatten bildlich, ohne daß sie wirklich notwendig und in allen Fällen durch Verwandtschaft verbunden sein müssen. Man darf jedoch nicht vergessen, daß es dieselben Worte sind, die diese Verwandtschaft ausdrücken. Ihre Verwendung in einem Briefwechsel unter Ehegatten läßt darum Zweifel offen. Diese Briefe bleiben ein unsicheres Argument; sie beweisen sicherlich nicht das Vorhandensein, aber auch nicht die Abwesenheit von Geschwisterehen in der Praxis der ptolemäischen Epoche. Bevor man sich also auf Spekulationen aus den erhöhten Anforderungen der römischen Verwaltung einläßt, müßte man sich zunächst Sicherheit verschafft haben, daß es in den Papyri der Ptolemäerzeit keinerlei Texte gibt, die außerhalb der königlichen Familie Geschwisterehen unmittelbar und sicher zu bezeugen vermögen. Finden sich nämlich solche Belege, dann ließe sich danach auch das briefliche Material in einem Sinn auslegen, der der traditionellen und vielleicht etwas zu voreilig beiseite geschobenen papyrologischen Lehre näherkommt.

Soweit ich sehe, besitzen wir mindestens einen griechischen Text dieser Art, der jedoch der Aufmerksamkeit der Papyrologen einschließlich Thierfelders und seiner Rezensenten[12]) augen-

---

[11]) So etwa die „Schlußbetrachtung" S. 90—96.

[12]) L. H. Feldman, Class. World 54 (1961) 130; F. Gschnitzer, Anz. f. Alt. 14 (1961) 238; H. Kupiszewski, Czasop. Praw. Hist. 13, 1 (1961) 187—190; B. R. Rees, Class. Rev. N. S. 11 (1961) 295—296; M. Th. Len-

scheinlich entgangen ist. Es handelt sich um eine Anweisung aus Tebtynis vom Jahre 136 v. C., gerichtet an einen Bankier von einem seiner Kunden; sie enthält den Auftrag, eine Steuer (*ἀπόμοιρα*) für die Frau des Kunden zu bezahlen, die, wie es ausdrücklich heißt, zugleich seine Schwester ist[13]). Diese Urkunde bietet mit Sicherheit den Beweis für eine Ehe zwischen Bruder und Schwester in der Lagidenzeit. Wir wissen nur nicht, ob es sich um vollbürtige oder bloß halbbürtige Geschwister handelt. Trotz dieser Ungenauigkeit verdient aber die Ausdrucksweise unseres Textes, die offensichtlich jedes Mißverständnis über die Identität der Schuldnerin verhüten will, ebenso großes Vertrauen wie die Informationen, die uns Steuererklärungen und andere Urkunden aus der römischen Zeit liefern.

Wir schließen uns daher Thierfelder deshalb an, weil wir auf Grund von Quellen und nicht aus bloßen Spekulationen die Geschwisterehe im römischen Ägypten als die Fortsetzung eines in der Ptolemäerzeit bestehenden Brauchs erkennen können. Weitere Untersuchungen werden vielleicht noch andere griechische Urkunden aus der Lagidenzeit zugunsten dieser These zutage bringen. Auch die demotischen Papyri, die Thierfelder ganz beiseite gelassen hat, könnten nach der Meinung der Spezialisten diese Feststellungen bestätigen: „Die Forschung nach den Geschwisterehen darin", bemerkte hierzu Seidl, „hat noch nicht begonnen, es ist aber heute schon sicher, daß sie darin nicht so häufig vorkommen können wie im Material der Prinzipatszeit"[14]).

---

ger, Ant. Class. 31 (1962) 466—467; C. B. Welles, Class. Philol. 57 (1962) 198—200; Cl. Préaux, Chron. d'Eg. 38 (1963) 193—194 und Latomus 22 (1963) 342—343; S. Morenz, ZDMG 113 (1963) 207—209; E. Boswinkel, Mnemosyne 4. Ser. 16 (1963) 448—449.

[13]) P. Tebt. III (1) 766, Z. 4—8: ... *ἠξίωσα δὲ διαγράψαι ὑπὲρ Εὐτέρπης Διονυ(σίου) τῆς ἀδελφῆς μου καὶ γυναικὸς εἰς τὴν ἀπόμο⟨ι⟩ραν κτλ* (angeführt schon in meinem oben Anm. 3 zitiertem Art. S. 346 Anm. 62).

[14]) Juristische Papyruskunde: 14. Bericht, SDHI 27 (1961) 500—501. In dieser Besprechung des Buches von Thierfelder wird übrigens betont, daß der Verfasser den Papyri der Ptolemäerzeit fernsteht: Er hätte die zahlreichen Archive nicht berücksichtigt, die uns genaue Stammbäume für ptolemäische Familien aufzustellen gestatten (dazu jetzt Pestman [oben Anm. 7] 83—86). Dasselbe gilt leider auch für die römische Epoche: vgl. unten Anm. 25. Zu den demotischen Quellen s. schon oben Anm. 9.

Erscheint der ägyptische Ursprung den Ägyptologen zweifelhaft[15]), so könnte die ptolemäische Praxis der Geschwisterehen ebenso gut auf griechischem Einfluß beruhen. Gewiß verweigert das griechische Recht die Anerkennung einer Ehe und der legitimen Vaterschaft im Fall des Ödipus: im alten Griechenland wie in der hellenistischen Welt schließt die Verwandtschaft in gerader Linie eine Ehe aus[16]). Aber die Ehen unter Seitenverwandten werden, obwohl von den Philosophen mißbilligt[17]), in den griechischen Stadtstaaten als vollkommen gültig anerkannt[18]). L. Gernet hat in einer noch unveröffentlichten Studie geradezu eine Tendenz zur Endogamie nachgewiesen[19]). Sie liegt klar zutage in der Überlieferung der Sagen, besteht aber auch noch in geschichtlicher Zeit in der Einrichtung des Epiklerats fort. Diese Tendenz beherrscht auch die Homerische Gesellschaftsordnung. Obwohl sie an der ungewollten Blutschande des Ödipus Anstoß nimmt, urteilt sie doch mit Wohlwollen über die sechs Geschwisterfamilien im Palast des Äolus[20]).

Später zeigen sich jedoch Beschränkungen. In den Stadtstaaten der klassischen Periode werden die Ehen unter Vollgeschwistern allgemein verboten; zugelassen werden sie nur unter Stiefgeschwistern bald von der Vaterseite, wie in Athen, bald von der Mutter-

---

[15]) Vgl. oben Anm. 9.

[16]) Zum Folgenden grundlegend G. Glotz, Art. Incestum, Incestus (Grèce), in Daremberg-Saglio, Dictionnaire des Antiquités grecques et romaines III, 1 (1900) 449—455, mit sämtlichen Quellen. Auf diese Arbeit stützt sich die spätere Forschung. Gute Darstellung bei W. Erdmann, Die Ehe im Alten Griechenland (1934) [Münch. Beitr. 20] 179—189: Endogamie und Exogamie, Ehehindernisse wegen Gradesnähe, Verwandtenehe.

[17]) Zum Beispiel Plato, Leg. VIII 838 A—D; dazu Glotz, a. a. O. 454; Erdmann, a. a. O. 180 (mit weiteren Belegen S. 180 Anm. 2).

[18]) Besonders zwischen Onkel und Nichte, Tante und Neffe: Belege bei Glotz, a. a. O. 449 Anm. 4 und Erdmann, a. a. O. 182 Anm. 10. So neuerdings auch J. Imbert, Le droit grec, in Monier-Cardascia-Imbert, Histoire des institutions et des faits sociaux (1956) 123.

[19]) L. Gernet, Observations sur le mariage en Grèce (Vortrag gehalten am 17. 4. 1953 im Pariser „Institut de Droit Romain"; kurze Zusammenfassung in RHD 32 [1954] 472—473).

[20]) Od. X, 5—12. Vgl. Glotz (oben Anm. 16) 449 Anm. 25—30.

seite, wie in Sparta[21]). Es hat genügt, wie ich glaube, daß diese beiden Regeln nebeneinander auftraten, um zu bewirken, daß in der Rechtskoiné der hellenistischen Epoche die eine Beschränkung die andere aufhob. Die hellenistischen Monarchien, die das Festhalten an den nationalen Rechtstraditionen (den *νόμοι πολιτικοί*) proklamierten[22]), haben ebenso die Regeln des athenischen wie des spartanischen Typus bestätigt. Waren die Ehen zwischen väterlichen ebenso wie mütterlichen Stiefgeschwistern anerkannt, so wurden damit auch die unter vollbürtigen Geschwistern zulässig[23]). Alle diese drei Erscheinungsformen der Geschwisterehen treffen wir in den gräko-ägyptischen Quellen an. Sie finden sich in gleicher Weise auch außerhalb Ägyptens, mindestens für die väterlichen Stiefgeschwister in den Inschriften der griechischen Kolonie von Dura-Europos im 1. Jh. n. C.[24]).

Die griechisch-hellenistische Praxis der Ehe zwischen Bruder und Schwester erfuhr im römischen Ägypten eine bemerkenswerte Ausweitung. Wir können hier nicht alle die zahlreichen und glücklichen Geschwisterehen aufzählen, von denen uns die Papyri

---

[21]) Hauptquelle: Philo De spec. leg. 3, 4; bestätigt durch Schol. ad Aristoph. Nub. 1371—1372 und Corn. Nep. Cimon 1, 2. Dazu Glotz, a. a. O. 450ff.; Erdmann, a. a. O. 181ff. (mit weiteren Belegen).

[22]) Auf diese Frage werde ich an anderer Stelle näher eingehen. Siehe einstweilen H. J. Wolff, Die Faktoren der Rechtsbildung im hellenistisch-römischen Ägypten, SZ 70 (1953) 38ff. und meinen oben (Anm. 1) zitierten Artikel Zum Justizwesen der Ptolemäer, SZ 80 (1963) 77—78 und Anm. 140.

[23]) In diesem Sinn kann man die Berechtigung des Zeugnisses von Minucius Felix Oct. 31, 3 (*Aegyptiis et Athenis cum sororibus legitima matrimonia*) bei Seneca Apocol. 8 (*Athenis dimidium licet, Alexandriae totum*) interpretieren.

[24]) F. Cumont, Les unions entre proches à Doura et chez les Perses, CRAI 1924, 53—62: zwei Fälle von Geschwisterehen (Stiefgeschwister von der Vaterseite) aus d. J. 32—33 und 36—37 n. C. Nach einer brieflichen Mitteilung von C. B. Welles (18. 6. 1963) steht eine Gesamtausgabe der Inschriften aus Dura-Europos in Vorbereitung. Sie soll den 2. Teil des „Final Report V." der „Excavations at Dura-Europos conducted by Yale University and the French Academy of Inscriptions and Letters" bilden. (Zu den als Final Report V, 1 veröffentlichten „Parchments and Papyri" [P. Dura — Welles] s. H. J. Wolff, SZ 78 [1960] 444—447 und meine Besprechung in Iura 12 [1961] 294—303.)

der römischen Epoche berichten[25]). War das eine Modeströmung? Einige Gelehrte glaubten es[26]). Andere suchen diese Ausbreitung mit dem Spiel der wirtschaftlichen Kräfte zu erklären: die Geschwisterehe schützt vor der Vermögensteilung, die in einer individualistischen Erbfolgeordnung eine unerwünschte Zersplitterung des Grundbesitzes herbeizuführen droht[27]). Die Häufigkeit der Geschwisterehen im römischen Ägypten dürfte hiernach eher auf der agrarischen Struktur beruhen als auf bloßer Mode.

---

[25]) Die schon von H. I. Bell (Brother and Sister Marriage in Greco-Roman Egypt, RIDA 2 = Mélanges F. De Visscher 1 [1949] 83—92) und Hombert-Préaux (oben Anm. 2) S. 139 zusammengestellten Belege werden jetzt bei Thierfelder (leider mit sehr vielen Druckfehlern!) in zwei Gruppen abgedruckt: „Unsichere" (S. 24—66) und „sichere Zeugnisse" (S. 66 bis 89). Das als „eine Sammlung der wichtigsten und charakteristischsten Quellenzeugnisse über die Geschwisterehe" (S. 3) gedachte Buch geht nicht über die den Papyrologen bereits längst bekannten Quellen hinaus. Dagegen fehlen darin manche wichtigen Zeugnisse, und besonders die „sicheren" (Vollgeschwister): die Gruppe der Londoner Papyri (unten Anm. 78); die Zensusdeklarationen aus d. J. 174 n. C. im P. Brux. inv. E 7616 (Recherches sur le recensement [oben Anm. 2]; erste Erwähnung in 1930, bei M. Hombert, Une famille nombreuse en Egypte au IIe s., Mélanges P. Thomas, 440—450); schließlich die Ehe von Kronion (II) und Taorsenouphis (II) in den Archiven der Harmiysis-Familie (P. Mil. Vogl. 85 [138 p. C.] Z. 5—6: . . . *αὐτοῦ γυνή, οὖσα δὲ καὶ ὁμοπάτριο(ς) καὶ ὁμομήτριος ἀδελφή*; Erstausgabe: G. Flore, Un atto di divorzio, Studi P. De Francisci I [1956] 395—399; ein anderer Beleg für dasselbe Ehepaar: C. Carrarra, Dei papiri dell'Università di Milano, Acme 11 [1958] 270—272, worauf schon Kupiszewski in seiner Besprechung [oben Anm. 12] S. 187—188 mit Recht hinweist). Aus späteren Publikationen ist P. Vindob. Sijpesteijn 25: Zensusdeklaration aus d. J. 188—189 zu nennen („unsicheres" Zeugnis: Z. 9—10 u. Komm. S. 113). Übrigens ergibt sich aus den von J. Schwartz, En marge du dossier d'Apollonios le stratège, Chron. d'Eg. 37 (1962) 348ff. veröffentlichten Gießener Fragmenten (Inv. 224 u. 226), daß die Ehe des Strategen Apollonios (Thierfelder 34ff.) keine Geschwisterehe (weder eine „sichere" noch eine „unsichere") ist.

[26]) So etwa Thierfelder 93—94.

[27]) So z. B. Hombert-Préaux (oben Anm. 2) 140; neuerdings auch Kupiszewski in seiner Besprechung (oben Anm. 12) 188—189 (mit weit. Lit. S. 188 Anm. 5). Im gleichen Sinn für das alte Griechenland Imbert (oben Anm. 18).

2. Nach alldem wenden wir uns nun dem Konflikt zwischen der provinzialen Praxis zu, die die endogamen Ehen institutionalisiert hat, und den Verboten bestimmter Verwandtenehen, wie sie vom römischen Recht aufgestellt wurden[28]).

Ich brauche mich hier nicht auf die Rätsel der Sagengeschichte Roms einzulassen, in der sich anscheinend Spuren einer primitiven Endogamie ebenso wie die ihrer Ablehnung finden lassen[29]). Wo immer man die Ursprünge des exogamen Systems der Römer zu suchen haben mag, im republikanischen Zeitalter der Punischen Kriege erweist es sich bereits als fest gesichert. Wie andere antike Völker[30]) verbieten die Römer die Ehe unter Verwandten in gerader Linie, also zwischen Aszendenten und Deszendenten jeden Grades. In der Seitenlinie reicht das Verbot nach den Historikern (Plutarch, Livius, Tacitus) bis zum sechsten Verwandtschaftsgrad (den Geschwisterenkeln) einschließlich, also so weit, wie eine Verwandschaft im juristischen Sinn überhaupt anerkannt ist[31]).

Diese Grenze wird jedoch im Lauf der Entwicklung allmählich zurückgenommen und führt in der Prinzipatszeit schließlich nur noch zu einem gemäßigten System der Exogamie. Wir kennen die Einzelheiten aus den römischen Juristen, besonders aus dem ersten Buch der Institutionen des Gaius[32]): Unbegrenztes Eheverbot zwischen Aszendenten und Deszendenten, wie in der Vergangenheit und auch noch heute in unseren modernen Gesetz-

---

[28]) Übersicht bei Th. Mommsen, Römisches Strafrecht (1899) [hier zit.: Strafr.] 685ff.; W. Kunkel, Art. Matrimonium, PWRE 14 (1930) 2259—2286, zur Frage: 2266—2267 (Ehehindernisse aus Verwandtschaft und Schwägerschaft); A. Guarino, Studi sull'"incestum" SZ 63 (1943) 175—267 (m. Lit. zum Begriff des *incestum* 177 Anm. 1; dazu neuerdings U. Brasiello, Art. Incesto, NDI 8 [1962] 499—500); J. Gaudemet, Justum Matrimonium, RIDA 2 = Mélanges F. De Visscher 1 (1949) 309—366; M. Kaser, Das römische Privatrecht I (1955) [hier zit.: RPR I] 268—270 und in anderen romanistischen Handbüchern und Einzelwerken, die hier nicht ausgewertet werden können.

[29]) Siehe etwa E. Weiß, Endogamie und Exogamie im römischen Kaiserreich, SZ 29 (1908) 340—369, zur Frage: 353ff.

[30]) Vgl. oben Anm. 16 u. unten Anm. 56.

[31]) Dazu näher Kunkel (oben Anm. 28); vgl. R. Monier in Monier-Cardascia-Imbert (oben Anm. 18) 467.

[32]) Gai. 1, 58—64.

büchern[33]); Verbot bis zum dritten Verwandtschaftsgrad in der Seitenlinie[34]), mit einer Ausnahme seit Claudius für die Ehe zwischen der Nichte und dem väterlichen Onkel[35]), aber mit Erweiterungen bis zum vierten und fünften Grad für Personen, die den Eltern gleichstehen (*parentum loco sunt*)[36]); ein Verbot für Adoptivverwandte, das in gerader Linie bestehenbleibt, im übrigen aber wegfällt, wenn die Adoption wieder aufgehoben wird[37]);

---

[33]) Gai. 1, 59. Vgl. Ulp. reg. 5, 6 (= coll. 6, 2, 1); Paul. sent. 2, 19, 3 (= coll. 6, 3, 1); Gai. epit. 1, 4, 1; Inst. 1, 10, 1. Das Verbot gilt auch bei der außerehelichen Verwandtschaft (Paul. D. 23, 2, 14, 2: *nec vulgo quaesitam filiam pater naturalis potest uxorem ducere*) und bei der *cognatio servilis* (Paul. ibid.; Pomp. D. 23, 2, 8).

[34]) Halb- und Vollgeschwister: Gai. 1, 61. Vgl. Paul. D. 45, 1, 35, 1; Inst. 1, 10, 2. Auch die außereheliche Verwandtschaft (Scaev. D. 23, 2, 54) und die *cognatio servilis* (Paul. D. 23, 2, 14, 2; Pomp. D. 23, 2, 8) kommen in Betracht.

Onkel und Nichte, Tante und Neffe (mit Ausnahme der Bruderstochter): Gai. 1, 62 u. 63. Vgl. Ulp. reg. 5, 6 (= coll. 6, 2, 1); Paul. sent. 2, 19, 3 u. 5 (= coll. 6, 3, 1 u. 3); Gai. epit. 1, 4, 4; Inst. 1, 10, 3 u. 5. Nach Ulp. D. 23, 2, 56 gilt das Verbot auch für den Konkubinat zwischen Onkel und Nichte (Schwestertochter). Zu Gnom. § 23 s. unten Anm. 65.

[35]) Gai. 1, 62; Ulp. reg. 5, 6 (*tantum fratris filiam*). Vgl. Suet. Claud. 26,3; Tacit. ann. 12, 5—7; Dio Cass. 60, 31. Zur Aufhebung des SC von 49 s. unten Anm. 92.

[36]) Inst. 1, 10, 3 (Großneffe, Großnichte); Paul. D. 23, 2, 39 pr. (Urgroßneffe, Urgroßnichte), vgl. Paul. sent. 2, 19, 3 (= coll. 6, 3, 1).

[37]) Allgemeine Formulierung des Prinzips in der späteren Schuldoktrin: Paul. sent. 2, 19, 4. Bei den Klassikern nur beispielsweise, und zwar für Adoptivverwandte in gerader Linie: Gai. 1, 59 in fine (= Inst. 1, 10, 1); id. D. 23, 2, 55 pr.; Paul. D. 23, 2, 14 pr. u. 1. Vgl. Gai. epit. 1, 4, 1 — für Adoptivverwandte in der Seitenlinie: Gai. 1, 61 (= Inst. 1, 10, 2); id. D. 23, 2, 17; 23, 2, 55, 1 (dazu weiter); Paul. D. 1, 7, 23 in fine. Vgl. Gai. epit. 1,4, 2. In Gai. D. 23, 2, 55, 1 ist *patris adoptivi mei sororem* anstatt *matrem* zu lesen: Albertario, In tema di adozione, Studi di dir. rom. I (1935) 133—136 (abweichend jedoch Gaudemet [oben Anm. 28], der annimmt [S. 325 Anm. 56], daß „le mariage est possible, après l'émancipation, avec la mère ou la tante du père adoptif"). Vereinzelt steht die Meinung Ulpians D. 23, 2, 12, 4: *adoptivae sororis filiam* und (ibid. in fine) *pari ratione et sororem patris mei adoptivi possum ducere* (mit der Ausnahme: *si non fuit eodem patre nata*), die allen eben angeführten Klassikerfragmenten widerspricht, indem sie das Verbot auf den zweiten Grad der Adoptivverwandtschaft beschränkt.

schließlich ein Eheverbot unter Stiefverwandten und Verschwägerten (*adfines*) in gerader Linie[38]).

Diese auf den Familienbindungen beruhenden Eheverbote gliedern sich in das weitere System ein, das die Romanisten im Rahmen der Theorie der Ehehindernisse vielfältig untersucht haben[39]). Mit dieser Einordnung wird jedoch in das römische Recht die Auffassung des Ehebandes als eines Vertrages hineingetragen, die das klassische Altertum niemals gekannt hat[40]). J. Gaudemet hat den Begriff des *iustum matrimonium* auf die Sanktionen hin untersucht, die die unerlaubten Ehen treffen, und gezeigt, daß die kanonistische und die moderne Theorie der Ehehindernisse mit ihren Begriffen der absoluten oder relativen Nich-

---

[38]) Gai. 1, 63 (vgl. Paul. D. 23, 2, 14, 4 itp.). Danach betrifft das Verbot grundsätzlich ehemalige *adfines* („*quondam*"; dazu A. Guarino, Adfinitas [1939] 77ff.); *manente matrimonio* könnte es wegen der Lehre von der Bigamie (vgl. etwa E. Volterra, Per la storia del reato di bigamia in dir. rom., Studi Ratti [1933] 387ff.) nur *adulterium cum incesto* geben (vgl. unten Anm. 72). Weitere Texte: Pap. D. 23, 2, 15 (vgl. D. 12, 7, 5, 1); Pomp. D. 23, 2, 40; Ulp. D. 23, 2, 12, 3; Mod. D. 38, 10, 4, 7; auch die spätere Doktrin: Ulp. reg. 5, 6 (= coll. 6, 2, 3); Paul. sent. 2, 19, 5 (= coll. 6, 3, 3); Gai. epit. 1, 4, 5; Inst. 1, 10, 6 u. 7. Aus ähnlichen Gründen ist die Ehe mit der Konkubine (Alex. Sev. CJ 5, 4, 4 [228]; Ulp. D. 25, 7, 1, 3) oder der Braut des Vaters (Ulp. D. 23, 2, 12, 1) und mit der Braut des Sohnes (ibid. 2) verboten, obwohl in diesen Fällen keine *adfinitas* im rechtlichen Sinn vorkommt (vgl. Mod. D. 38, 10, 4, 3). — Zugelassen ist die Ehe zwischen Verschwägerten und Stiefverwandten in der Seitenlinie: Pap. D. 3, 2, 34, 2; zu späteren Beschränkungen s. unten Anm. 93.

[39]) „Empêchements": z. B. Monier (oben Anm. 31) 467ff. „Ehehindernisse" noch bei Kunkel (oben Anm. 28) 2266 und Jörs-Kunkel, Römisches Privatrecht³ (1949) 273ff. Dagegen „Voraussetzungen der Ehe" bei Kaser, RPR I, 268. Zu *impedimentum* und *impedire* im Zusammenhang mit den Eheverboten (kein technischer Ausdruck) Gaudemet (oben Anm. 28) 313 (u. Anm. 20 für andere Gebiete). Zu den Ehehindernissen nach kanonischem Recht vgl. unten Anm. 103.

[40]) Siehe etwa E. Volterra, Art. Matrimonio [Dir. rom.], NDI [bisher nur im Sonderdruck] insbesondere § 2: Concezione giuridica del matrimonio nel periodo classico (mit Textangaben und wichtiger Lit.). Zur vertraglichen Konzeption im kanonischen Eherecht etwa G. Le Bras, Art. Mariage III. La doctrine du mariage chez les théologiens et les canonistes depuis l'an mille, Dict. Théol. Cath. 9 (1927) 2123—2317, insbesondere 2182ff. („doctrine classique") und 2288ff. („doctrine moderne").

tigkeit für den römischen Bereich ungenau und anachronistisch ist[41]). Er schlägt vor, sie zu ersetzen durch die Unterscheidung zweier Aspekte — die mehr von den Romanisten als von den Römern selbst als Verschiedenheiten empfunden werden[42]) —, nämlich zwischen der Ehe als Tatsache und den vom positiven Recht für sie aufgestellten Erfordernissen. Im Sinn der ersten Anschauungsweise bewirkt das Fehlen der ehelichen Lebensgemeinschaft und der Willensübereinstimmung, die die Grundlage der Ehe bilden, daß überhaupt kein *matrimonium contractum* vorliegt. Im Sinn der zweiten Beziehung dagegen, wenn es an den Erfordernissen des positiven Rechts mangelt, besteht kein *matrimonium legitimum*[43]).

Zwischen diesen beiden Gruppen nehmen die Eheverbote auf Grund von Familienbindungen eine Mittelstellung ein. Abgesehen von der Strafdrohung, von der wir später noch sprechen werden, sind einer blutschänderischen Verbindung die rechtlichen Wirkungen stets versagt. Sie erzeugt nicht die der Ehe wesentlichen Rechtsbeziehungen, weder zwischen Mann und Frau noch gegenüber den Kindern[44]). Aber die privatrechtlichen Sanktionen gegen solche Verbindungen lassen sich in der Tat von zwei Seiten her

---

[41]) A. a. O. (oben Anm. 28). Wie dem römischen ist auch dem griechischen Recht das gesamte moderne System der Ehehindernisse aus Verwandtschaftsbeziehungen vollkommen fremd (so mit Recht Erdmann [oben Anm. 16] 188).

[42]) Zur Gruppierung dieser Erfordernisse, ihrer Einteilung in der späteren Schuldoktrin (Ulp. reg. 5, 2) und der von Gaudemet postulierten Aufgliederung vgl. Kaser, RPR I, 268 (§ 74, I).

[43]) Gaudemet (oben Anm. 28) 316ff. Früher ebenso etwa Mommsen, Strafrecht 687.

[44]) Die Frau ist nicht *uxor* (Gai. 1, 64) und kann dem Mann keine gültige Mitgift mitbringen (Paul. D. 23, 2, 52; gegen die von G. Beseler, SZ 45 [1925] 469 vermutete Itp. wendet sich mit Recht Gaudemet [oben Anm. 28] 326 Anm. 63; vgl. CJ 5, 5, 4 u. 6 pr.). Die Kinder sind illegitim: *vulgo quaesiti (concepti)* oder *spurii* (Gai. ibid.; Ulp. reg. 5, 7 in fine); dazu letztens G. Crifò, Adulterini ed incestuosi (figli) [dir. rom.], Enc. del Dir. I (1958) 608—610 (m. Lit.); zur späteren Entwicklung H. J. Wolff, The Background of the Post-Classical Legislation on Illegitimacy, Seminar 3 (1945) 24ff. Zu *spurius* (*vocabulum sordidum* und nicht ein juristischer Terminus) vgl. M. David - H. L. W. Nelson, Gai Institut., Kommentar (1954) ad h. l. S. 86—87.

betrachten: Sie beruhen sowohl auf dem bloßen Nichtbestand einer Ehe als Tatsache wie auch auf ihrer juristischen Unzulässigkeit. Dieser Dualismus in der Grundlage der Sanktionen entspricht der Doppelnatur dieser Eheverbote zwischen Verwandten und Verschwägerten; gründen sie sich doch ebenso auf das Recht wie auf die Sitte[45]).

In der Zeit der Republik hat das Verbot der Blutschande mehr einen religiösen und moralischen als einen juristischen Charakter. Es stützt sich auf die von den Juristen und Historikern erwähnten *veteres mores*[46]) und gleichzeitig auf das Sakralrecht: Der Ausdruck *nefariae et incestae nuptiae*[47]), der als technischer Begriff gebraucht wird, schließt ein *nefas*[48]) ein, die Verletzung eines göttlichen Tabu, nämlich des Tabu der Blutschande. Als später die Grenzen des exogamen Systems verkürzt werden, tritt uns diese Entwicklung nicht so sehr als Folge gesetzgeberischer Maßnahmen entgegen, sondern als die einer langsamen Umformung der römischen *mores* selbst. Der Rückgang der Sitten der republikanischen Zeit bewirkt, daß die Ehen unter entfernteren Verwandten aus der sittlichen und religiösen Mißbilligung ausscheiden. Das Recht dringt jetzt in die vom Tabu der Blutschande frei-

---

[45]) Die Anspielungen auf *mores, pudor, fas* und *ius naturale* sind zusammengestellt bei Gaudemet (oben Anm. 28) 323—324 u. Anm. 51.

[46]) Vgl. Liv. epit. 20 (Mommsen, Ges. Schr. 7 [1909] 163ff.) und die unten Anm. 58 zitierten Klassikerfragmente.

[47]) Gai. 1, 59 (Inst. 1, 10, 1) und 64. Vgl. Gai. epit. 1, 4, 8 (*incestas vel nefarias);* Diocl. coll. 6, 4, 1 (*nefarie incesteque commissa*). Für den technischen Charakter dieses Ausdrucks spricht CJ 1, 3, 44, 3, wo er wortgetreu ins Griechische transponiert wird: *ἐξ ἰγκέστων ἢ νεφαρίων γάμων* (dazu Gaudemet [oben Anm. 28] 323—324 Anm. 51 u. 361 Anm. 164). — Zum sakralen Ursprung des Inzestverbots und zur Übernahme der Eheverbote auf Grund der Familienverbindungen aus dem Sakral- in das Zivilrecht durch die Gesetzgebung des Augustus siehe A. Guarino (ibid.) 182ff. (mit der Auffassung des *incestum* als einer qualifizierten Form von *stuprum*).

[48]) *Nefas* im allgemeinen: Ulp. D. 3, 2, 13, 4 (*quam uxorem ducere vel non potest vel fas non est);* Paul. D. 28, 2, 9, 3 (*ea, quam nefas sit ducere);* Marci. D. 48, 18, 5 (*cognatam violavit contra fas*). Für Adoptivverwandte in gerader Linie: Gai. D. 23, 2, 55 pr. (*nefas existimatur*). *Adfinitatis causa:* Mod. D. 38, 10, 4, 7. Vgl. *nefariae et incestae nuptiae* (oben Anm. 47); *nefariae nuptiae* in coll. 6, 5, 1; *nefaria coniunctio* (mit der Konkubine des Vaters) in Ulp. D. 25, 7, 1, 3 und bei Diocl. coll. 6, 4, 3.

gegebene Zone ein: Es erlaubt Verbindungen, die die Moral nicht mehr mißbilligt. So kommt es zur Ausbildung des dargestellten klassischen Systems. Unter der absoluten Monarchie dagegen vollzieht sich eine entsprechende Entwicklung in rückläufigem Sinn: Der Einfluß christlicher Ideen erweitert von neuem das Wirkungsgebiet der sittlichen Mißbilligung auf solche Ehen, die bisher als zulässig galten; das Recht folgt dieser Entwicklung dann allmählich mit neuen Verbotsnormen nach.

Die Prinzipatszeit, die uns hier interessiert, bezeichnet hiernach gegenüber der Strenge, die die Verbote der Verwandtenehe unter der Republik und in der Spätzeit kennzeichnet, einen Tiefpunkt. Sollten wir glauben, daß die Römer am Anfang der Kaiserzeit die provinziale Praxis der Verwandtenehen als etwas Erlaubtes hinnahmen? Gewiß nicht. Diese Praktiken mußten die Römer anstößig finden. Äußerstenfalls hätten sie die Ehen zwischen entfernteren Verwandten tolerieren können; zwischen Onkel und Nichte, Neffe und Tante. Die Ehe des Claudius[49]) und das Reskript der *divi fratres*[50]) zeigen, daß man in diesen Fällen das Verbot der Blutschande bisweilen durch eine gesetzgeberische Maßnahme oder einen kaiserlichen Dispens aufgehoben hat.

Nicht das gleiche gilt jedoch für die Blutschande im strengen Sinn, d. h. zwischen nahen Verwandten. Die nahe Verwandtschaft, die an die Grundlagen der Ehe rührt, schließt in den Augen der Römer eine gültige Ehe ebenso aus wie das physische Unvermögen und das Fehlen des Konsenses[51]). Hierher gehört nicht nur die als *incestum iure gentium*[52]) bezeichnete Ehe zwischen Ver-

---

[49]) Vgl. oben Anm. 35.

[50]) Zitiert bei Marci. D. 23, 2, 57a. Fraglich ist, ob man mit R. Taubenschlag, The Law of Greco-Roman Egypt in the Light of the Papyri, 2. Aufl. (1955) [hier zit.: Law²] 111—112 dieses Reskript auf die ägyptische Praxis beziehen soll. Für Weiß (oben Anm. 29), auf dessen Arbeit sich diese Behauptung stützt, besteht nur „eine gewisse Wahrscheinlichkeit, daß die an diesem Reskripte beteiligten Personen den Ostprovinzen angehörten" (S. 360). Zur Deutung des Reskripts jetzt auch Gaudemet (oben Anm. 28) 327 Anm. 64.

[51]) Vgl. Gaudemet (oben Anm. 28) 322ff.

[52]) Die Echtheit des Ausdrucks bezweifeln Guarino (oben Anm. 28) 232ff. und G. Lombardi, Ricerche in tema di ius gentium (1946) 3ff.,

wandten[53]) und Verschwägerten[54]) in gerader Linie, die von den Griechen[55]) und der Mehrzahl der orientalischen Völker[56]) mißbilligt wird, sondern auch die unter Seitenverwandten des zweiten Grades, Bruder und Schwester, die das hellenistische Recht institutionalisiert hat. Eine analoge Stellung vertritt heute das sowjetische Recht: Es verbietet nur die Ehen zwischen Aszendenten und Deszendenten und zwischen Bruder und Schwester als der sozialistischen Moral widersprechend[57]). Die großzügigere grie-

---

jetzt auch Brasiello (oben Anm. 28) 499; seinen klassischen Ursprung nehmen an Kaser, Gaius und die Klassiker, SZ 70 (1953) 153f. (früher schon in seiner Besprechung von Lombardi, in BIDR 12—13 N.S. [1948] 426 bis 427) und Gaudemet, a. a. O. 324ff.

[53]) Paul. D. 23, 2, 68; Pap. 48, 5, 39, 2.

[54]) Pap. D. 12, 7, 5, 1.

[55]) Vgl. oben Anm. 16.

[56]) Im babylonischen Recht sind die Geschlechtsbeziehungen zwischen Verwandten und Verschwägerten in gerader Linie streng verboten: CH §§ 154 bis 158; vgl. G. R. Driver — J. C. Miles, The Babylonian Laws, 1. Legal Commentary² (1956) 318ff.; zur Sanktion (Todesstrafe für Mutter und Sohn [§ 157], Schwiegervater und Schwiegertochter [§ 155]) E. Szlechter, La peine capitale en droit babylonien, Studi E. Betti IV (1962) 156. — Die hettitischen Gesetze verbieten ausdrücklich die Ehe zwischen Verwandten (§ 189) und Verschwägerten (§ 190) in gerader Linie; vgl. E. Neufeld, The Hittite Laws (1951) 188ff. (zum Verbot der Geschwisterehe in hettitischen Staatsverträgen vgl. V. Korošec, Ehe, Real-Lex. d. Ass. 2 [1938] 293). — Bei den Juden wird bekanntlich nach dem Exil die primitive Endogamie (Num. 36, 7 u. 8) verboten und durch gemilderte Exogamie ersetzt (Lev. 18, 6—18: Ausgangspunkt der späteren kanonistischen Doktrin von den Ehehindernissen); dazu neuestens Z. W. Falk, Endogamie im jüdischen Recht (hebräisch), Tarbiz 32 (1962) 19—34. — Nur bei den Persern scheint die Ehe mit der Mutter oder mit der Tochter zugelassen gewesen zu sein, vielleicht auch außerhalb der königlichen Familie (dazu näher Cumont, oben Anm. 24); die Hauptquellen bieten dafür der schon oben Anm. 23 zitierte Minucius Felix, Oct. 31: *ius est apud Persas misceri cum matribus* und Bardesanes, bei Müller, Fragm. hist. Graec. V, 5 (S. 83): *παρὰ Πέρσαις νόμος ἦν γαμεῖν τὰς θυγατέρας καὶ τὰς ἀδελφὰς καὶ τὰς μητέρας κτλ* (dazu Weiß [oben Anm. 29] 348). (Weitere Belege bei Cumont, a. a. O. und Glotz [oben Anm. 16] 449 Anm. 9.)

[57]) Familiengesetzbuch der Russ. Soz. Föd. Sowj.-Rep. (1926) Art. 6. So auch in anderen sozialistischen Ländern: vgl. z. B. das Polnische Familiengesetzbuch (1950) Art. 8 § 1. Unter Verschwägerten und Stiefverwandten besteht das Eheverbot nur in gerader Linie.

chische Moral dagegen ließ die Geschwisterehe zu, während sie nach Auffassung der Römer von den *mores*[58]) verboten wird.

So häufig die Geschwisterehen in der Praxis des römischen Ägyptens vorkamen, fallen sie hiernach doch unter ein Verbot des „ordre public", bedroht mit der Folge des Nichtbestandes des ehelichen Bandes und mit strengen Strafmaßnahmen. In der Tat ein schwerer Konflikt!

II. Die rechtliche Natur des Konflikts (Erklärungsversuch).

1. Wie sollen wir es uns erklären, daß die Römer trotz dieses auf der öffentlichen Ordnung beruhenden Verbotes die Ehe zwischen Bruder und Schwester, wie sie uns in den Papyri entgegentritt, zugelassen haben? Diese Frage scheint die Gelehrten bisher wenig beschäftigt zu haben; sie wurde nur in einer schon weit zurückliegenden Studie von Egon Weiß behandelt, deren Ergebnisse mir jedoch wenig befriedigend erscheinen[59]). Wir wollen darum eine neue Lösung versuchen, bei der wir zunächst die privatrechtliche Sanktion und danach die Strafmaßnahmen betrachten.

Zum ersten Punkt fällt die Stellungnahme verhältnismäßig leicht. Die privatrechtlichen Sanktionen gegen blutschänderische Verbindungen treffen ausschließlich Ehen römischer Bürger. Sie berühren nicht die Peregrinen, deren Ehen keine *matrimonia legitima* sind[60]). Die Gültigkeit ihrer Ehen richtet sich einem Aus-

---

58) Pomp. D. 23, 2, 8; Paul. 45, 1, 35, 1, vgl. 23, 2, 39, 1. Die von Lombardi (oben Anm. 52) 30 Anm. 6 bestrittene Echtheit dieser Texte verteidigt mit soliden Argumenten Gaudemet (oben Anm. 28) 323 Anm. 50.

59) Siehe oben Anm. 29. Zur Erklärung des Konflikts begnügt sich der Verf. mit der Bemerkung (S. 361), daß „die Eheverbote vermöge der Lehre vom *incestus iuris civilis* strafrechtlich so gut wie gar nicht geschützt waren"; für die Ägypter habe „wohl eine Tracht Peitschenhiebe oder Stockstreiche" die Sache geregelt (ibid.). Damit ist selbstverständlich die hier gestellte Frage noch nicht beantwortet.

60) Sie heißen *matrimonium non legitimum* bei Call. D. 50, 1, 37, 2; *iniustum matrimonium* bei Ulp. D. 38, 11, 1 pr. (vgl. *iniusti filii* in Ulp. fr. Vat. 194). Unrömisch und irreführend ist der bei modernen Romanisten übliche Ausdruck *matrimonium iuris gentium*, den schon Mommsen (Strafr. 693 Anm. 3; vgl. Corbett, LQR 44 [1928] 305—313) als eine contradictio in adiecto ab-

druck des Gaius zufolge nach den peregrinischen Gesetzen und Sitten (*secundum leges moresque peregrinorum*)[61]. Diese „Gesetze und Sitten", im gegebenen Fall die des hellenistischen Ägypten, verbieten aber nur die Ehen zwischen Aszendenten und Deszendenten als die einzigen, die die griechische Tradition als blutschänderisch auffaßt[62]. Ein Papyrus des 2. Jh.s — der Prozeß der Dionysia — bezeugt den Fortbestand dieser Tradition im römischen Ägypten. Er erwähnt eine verbotene Ehe zwischen Vater und Tochter, und der Ausdruck *θυγατρομιξία*[63], der für sie gebraucht wird und der der technische griechische Name für Blutschande gewesen zu sein scheint[64], beschränkt das Verbot auf Verwandte in gerader Linie. Das hellenistische Recht deckt sich darin mit dem römischen. Doch steht es den ägyptischen Griechen ihren peregrinenrechtlichen Regeln zufolge frei, nach Belieben ihre Schwestern zu heiraten. Insoweit beschränkt sich das Inzestverbot, obschon es auf der öffentlichen Ordnung beruht, auf Sanktionen gegen römische Bürger.

Der Gnomon des Idioslogos gibt uns darüber Sicherheit: In seinem § 23 erinnert er die in Ägypten lebenden Römer daran, daß es ihnen verboten ist, eine Schwester oder Nichte zu heiraten, ausgenommen die Tochter des Bruders (Senatusconsultum von 49). Wir erfahren bei dieser Gelegenheit, daß ein römisches Paar, das

---

lehnt. (Bekanntlich ist für die Gültigkeit der Ehe — in der Antike wie noch im modernen internationalen Privatrecht — immer nur eine bestimmte nationale Rechtsordnung maßgebend.) Die Ehe der Peregrinen und die zwischen Römern und Peregrinen interessieren die Juristen (z. B. Gai. 1, 75ff.; Ulp. D. 50, 1, 1, 2) und die Provinzialverwaltung (z. B. Gnom. §§ 38, 45—52, 57) hauptsächlich wegen des *status* der Kinder von Eltern *disparis condicionis* (dazu, für Ägypten, Taubenschlag, Law² [oben Anm. 50] 106 Anm. 15 mit Quellen u. Lit.).

[61]) Gai. 1, 92. Vgl. Ulp. D. 24, 1, 3, 1: *matrimonium moribus legibusque nostris constat.* Zur Frage neuestens Volterra, Matrimonio (oben Anm. 40) § 6.

[62]) Vgl. oben Anm. 16. Zum Verbot der Ehe mit der Stiefmutter s. J. Dauvillier, Le droit du mariage dans les cités grecques et hellénistiques d'après les écrits de St. Paul, RIDA 7 (1960) 149—164.

[63]) P. Oxy. 237, VII Z. 26.

[64]) Vgl. Euseb. praep. evang. 301 A; Greg. Nyss. de fato I 402 B, 910 A. Vgl. *μητρομιξία* bei Sext. Emp. adv. eth. XI, 191. Zur Terminologie (kein griechisches Äquivalent von *incestum*) s. Glotz (oben Anm. 16) 449 Anm. 7.

eine blutschänderische Ehe nach dem örtlichen Brauch eingehen wollte, von dem Idioslogos Pardelas mit Beschlagnahme seines Vermögens bestraft wurde[65]). In den zahlreichen Fällen gräko-ägyptischer Geschwisterehen dagegen, die der Gnomon nicht erwähnt, sind solche Maßnahmen mit Sicherheit niemals ergriffen worden.

Es bleibt nun noch die strafrechtliche Seite zu betrachten. Die Blutschande ist ein Verbrechen, das das römische Gesetz mit Verbannung auf eine Insel (*relegatio in insulam*) und mit Geldbußen bestraft. Die Einzelheiten dieser Maßnahmen in ihrer geschichtlichen Entwicklung, wie sie bekanntlich A. Guarino studiert hat, interessieren hier nicht[66]). Der einzige Punkt, der unsere Aufmerksamkeit beansprucht, ist die Frage, ob die Strafdrohung auf Peregrine unter römischer Herrschaft angewandt worden ist. Mögen die Peregrinen der privatrechtlichen Sanktionen, die nur die verbotswidrigen Ehen römischer Bürger betreffen, nicht unterliegen, so folgt daraus keineswegs, daß sie auch den Strafmaßnahmen gegen Verbindungen unter nahen Verwandten entzogen sind. Wenn sie solchen Strafen nicht unterworfen sind, so kann der Grund dafür nur in der spezifischen Auffassung der Römer von der Blutschande liegen.

Die Blutschande als Verbrechen besteht nicht in der bloßen Geschlechtsbeziehung. Damit das Verbrechen vollendet sei, muß die Geschlechtsgemeinschaft eingekleidet sein in die Form der Ehe[67]). Die Klassikertexte über die Blutschande betreffen sämtliche Fälle

---

[65]) Zur Interpretation s. die bei S. Riccobono jr., Il Gnomon dell'Idios Logos (1950) 145ff. u. Anm. 3 zusammengestellte Literatur. Die Schwierigkeit liegt bei der Doppelsinnigkeit des Adverbs *μέντοι*, die ich hier mit „tatsächlich" (*certo*, *plane*) und nicht mit „jedoch" (*tamen*, *vero*) übersetzen möchte. Hiernach bezieht sich die erwähnte Strafmaßnahme auf eine Geschwisterehe und nicht auf die Ehe zwischen Onkel und Nichte, nämlich die Bruderstochter, von der früher die Rede ist. Sonst müßte man annehmen, daß das SC von 49 für die Römer in Ägypten in Hadrianischer Zeit (zur Datierung s. G. Plaumann, Art. *Ἴδιος λόγος*, PWRE 9 [1914] 902) nicht galt, was sehr unwahrscheinlich ist.

[66]) A. a. O. (oben Anm. 28), insbes. 243ff.

[67]) Anders Mommsen, Strafr. 687 und Guarino, a. a. O. 186, 219 u. Anm. 17.

einer ehelichen Verbindung: *incestae nuptiae* sagen Gaius[68]), Ulpian[69]) und Paulus[70]) und *matrimonium incestum* lesen wir in einem späteren Text der *regulae Ulpiani*[71]). Von diesem Fall abgesehen, ist eine blutschänderische Handlung, das heißt eine Geschlechtsbeziehung unter Verwandten, noch kein Verbrechen, sondern nur ein erschwerender Grund für andere illegale Handlungen wie Ehebruch (*adulterium cum incesto* in zahlreichen Klassikertexten)[72]) oder verbotene Soldatenehe (der Fall des *miles qui sororis filiam in contubernio habuit* in einem Text Papinians)[73]).

Man könnte nun darin eine Unschärfe finden, daß die Ehe ein Tatbestandselement des Verbrechens der Blutschande bilden soll, mindestens in den schweren Fällen, zu denen die Verbindungen unter Geschwistern zählen. In diesen Fällen gilt ja die Ehe, wie wir sahen, als nicht bestehend. Die formelle Logik sträubt sich zwar dagegen, die nicht bestehende Ehe dennoch als Tatbestandselement eines Verbrechens aufzufassen. Aber die Logik der Juristen ist feiner: Sie gestattet es, eine den Sitten und dem Gesetz widerstreitende Ehe gleichzeitig als nicht bestehend und als strafbar zu betrachten. Mann und Frau, die diese Eheverbote mißachten, setzen sich einer doppelten Gefahr aus: Ihre Ehe hat keine Rechtswirkung, und überdies begehen sie ein Verbrechen. Eine berühmte Wendung des Paulus stellt dies fest: *Si quis ex his, quas moribus prohibemur uxores ducere, duxerit, incestum dicitur committere*[74]). Die Blutschande ist mithin nichts anderes

---

[68]) Gai. 1, 59 und 64.

[69]) D. 23, 2, 12 pr.

[70]) D. 23, 2, 52.

[71]) 5, 7. Vgl. oben Anm. 47 u. 48; dazu noch die *incestae nuptiae* in einem bei Pap. D. 48, 5, 39, 6 zitierten Kaiserreskript und die Titel *De incestis nuptiis*, coll. 6; C. Th. 3, 12 (Brev.); *De incestis et inutilibus nuptiis*, CJ 5, 5. Nicht zustimmen kann ich daher Guarino (oben Anm. 28), der diese Terminologie (*matrimonium incestum, nuptiae incestae*) für „unrein" hält (S. 224).

[72]) *Adulterium cum incesto:* D. 48, 5, 39pr.; *crimen incesti coniunctum adulterio:* D. 48, 5, 40, 5; *per adulterium incestum contractum:* D. 48, 5, 40, 8; *incestum et adulterium:* D. 48, 18, 5. Dazu Guarino, a. a. O. 209ff.

[73]) D. 48, 5, 12, 1; vgl. Guarino, a. a. O. 193—195.

[74]) D. 23, 2, 39, 1. Vgl. Ulp. reg. 5, 7: *si quis eam quam non licet uxorem duxerit, incestum matrimonium contrahit.*

als die Verletzung der auf die Familienbande gegründeten Eheverbote, wie sie den römischen Bürgern ihr sittliches Bewußtsein, bekräftigt von der Gesetzesnorm, vorschreibt[75]).

Bei den Peregrinen aber ist demzufolge eine Ehe unter nahen Seitenverwandten nach römischem Reichsrecht niemals blutschänderisch. Sie bedeutet keine Verletzung der nur auf die römischen Bürger bezüglichen Verbote. Die Gräko-Ägypter stehen außerhalb dieser Regelung. Sie dürfen ohne Furcht vor Strafe ihre Schwestern heiraten und auf diese Verbindungen die Provinzialbehörden in den Steuer-*apographai* hinweisen. Ihre endogame Praxis läßt sich im Verhältnis zur römischen Exogamie als „metajuristisch" bezeichnen.

2. Gegenüber dem bisher beschriebenen Zustand führte jedoch die *constitutio Antoniniana* von 212 einen radikalen Wechsel herbei. Die hellenisierten Bewohner der Ostprovinzen, die jetzt römische Bürger wurden, fielen mit einem Schlag unter die römische Regelung der Eheverbote. Sinngemäß mußten sie jetzt die auf Verwandtschaft und Schwägerschaft gegründeten Verbotsvorschriften einhalten, sollten ihre Ehen nicht die Eigenschaft von *legitimae nuptiae* verlieren. Ja, jede Verletzung dieser Verbote setzte sie außerdem der Bestrafung wegen Blutschande aus.

Nach einer von E. Schönbauer[76]) und R. Taubenschlag[77]) geäußerten Hypothese könnte es gleichwohl anders gewesen sein.

---

[75]) Dazu bemerkt mit Recht A. Berger, Art. *Incestus* (*incestum*), Encyclopedic Dictionary of Roman Law (1953) 497: „Later legislation (scil. unter dem Prinzipat) was concerned only with the prohibition of marriages between persons closely related by blood (*nuptiae incestae*), without taking into account as a specific crime sexual intercourse outside a marital union."

[76]) E. Schönbauer, Das römische Recht nach 212 in ausschließlicher Geltung? Anz. Öst. Ak. 1949, No. 17, 369—389 (hauptsächlich Polemik gegen Arangio-Ruiz, unten Anm. 80), zur Frage: 381—382; auch in seinem Art. Deditizier, Doppelbürgerschaft und Personalitätsprinzip, JJP 6 (1952) 60 u. Anm. 150, im Anschluß an die unten (Anm. 77) zitierte Arbeit Taubenschlags.

[77]) R. Taubenschlag, Die römischen Behörden und das Volksrecht vor und nach der CA, Opera minora I (1959) 477—504 (= SZ 69 [1952] 102 bis 127), zur Frage: 503 u. Anm. 106; auch JJP 5 (1951) 140 (englische Fassung derselben Abhandlung).

Diese Gelehrten nehmen an, daß die Ehe zwischen Bruder und Schwester in Ägypten auch nach 212 als eine lokale Einrichtung fortbestand, die nicht nur in der Praxis beibehalten, sondern auch von den römischen Autoritäten anerkannt wurde.

Eine Gruppe von Papyri der Londoner Sammlung erwähnt noch einige Jahre nach dem Edikt des Caracalla ein Ehepaar von Neubürgern, die vollbürtige Geschwister sind[78]). Aber nach dem Alter dieser Ehegatten, die beide über fünfzig Jahre alt sind, ist anzunehmen, daß sie ihre Ehe schon vor der Verkündung des Edikts geschlossen haben[79]). Ihre Ehe wurde also zwar 212 verbotswidrig, sie war es aber etliche dreißig Jahre zuvor noch nicht, als die beiden noch Peregrinen waren. Es ist recht bezeichnend, daß sie, worauf V. Arangio-Ruiz hingewiesen hat, ihre Ehe dadurch zu verheimlichen suchten, daß sie getrennte Steuererklärungen abgaben[80]). Wir können diesen Fall daher nicht als Beweis dafür ansehen, daß die Verwandtenehen in Ägypten nach der *constitutio Antoniniana* von den römischen Autoritäten offiziell anerkannt worden seien[81]). Vielmehr möchte man annehmen, daß sie die verbotswidrigen Ehen nur vorübergehend geduldet haben, soweit sie von Peregrinen vor dem Edikt geschlossen worden waren. In der Tat liefe es der Reichspolitik zuwider, hätte man die Wohltätigkeit der Bürgerrechtsverleihung mit Familientragödien verknüpft.

Läßt man diesen in Wahrheit vereinzelten Fall beiseite, so findet sich keine weitere Spur der hellenistischen Endogamie in den ägyptischen Papyri aus der Zeit nach 212[82]). Das will freilich nicht

---

[78]) P. Lond. 935, 936, 943, 945, 946. Die späteste dieser Urkunden (P. Lond. 946) stammt aus d. J. 231, mit Sicherheit ist die Ehe jedoch nur bis 217 belegt (P. Lond. 936, S. 30).

[79]) So schon Hombert-Préaux (oben Anm. 2) 141 Anm. 2.

[80]) V. Arangio-Ruiz, L'application du droit romain en Egypte après la Constitution Antoninienne, Bull. Inst.. Eg. 29 (1946—1947, erschienen 1949) 83—130; zur Frage: 102—103.

[81]) So Taubenschlag (oben Anm. 77).

[82]) Das gibt trotz seiner eben erwähnten Theorie auch mein Lehrer Taubenschlag zu, indem er feststellt (Law² 112), daß „after the III cent. A. D. all vestiges of endogamy disappear" (scil. in Ägypten). „Unsichere" Zeugnisse aus dem 3. und 4. Jh. bei Thierfelder (der die Londoner Gruppe nicht berücksichtigt) 43ff.

heißen, daß die Praxis der Verbindungen unter nahen Verwandten in den Ostprovinzen des Reiches völlig verschwunden wäre. Sie bestanden vielmehr sicherlich in Gestalt einer illegalen Praxis fort. Einen Anklang daran finden wir noch in den Kaisergesetzen der absoluten Monarchie[83]).

Hier drängt sich nun eine bedeutsame Beobachtung auf. Es ist heute beinahe sicher, daß der Erlaß des Caracalla eine Schutzklausel enthielt, die den Bewohnern der provinziellen *civitates*, die jetzt „Aurelier" wurden, die Aufrechterhaltung ihrer nationalen Gesetze und Rechtsgewohnheiten versprach. Den Beweis dafür gibt eine lateinische Inschrift, die im Juli 1957 in Banasa in Marokko aufgefunden wurde. Wir erfahren aus ihr, daß Mark Aurel und Commodus das römische Bürgerrecht einem Stammeshäuptling der Berber verliehen habe *salvo iure gentis*[84]). Hält man diesen Text zusammen mit dem Wortlaut des Edikts des Caracalla, wie er uns in griechischer Übersetzung auf dem P. Gießen I 40 erhalten geblieben ist[85]), so scheint die Inschrift von Banasa die These zu stützen, wonach das Edikt eine Klausel enthielt, in der die Aufrechterhaltung aller Rechte und Gewohnheiten der *civitates* (*πολιτεύματα*) garantiert wurde[86]). Da der Text

---

[83]) Dazu unten S. 77ff.

[84]) S. W. Seston—M. Euzennat, La citoyenneté romaine au temps de Marc-Aurèle et Commode d'après la *tabula banasitana*, CRAI 1961, 317 bis 324; ausführlicher W. Seston in seinem (unveröffentlichten) am 1. 3. 1963 im Pariser „Institut de Droit Romain" gehaltenen Vortrag über „La citoyenneté romaine d'après l'inscription de Banasa".

[85]) Nach Sestons Vorschlag (oben Anm. 84) wäre die berühmte *μένοντος*-Klausel in P. Giss. 40 I folgendermaßen zu ergänzen (Z. 7—9): *Δίδωμι τοί[ν]υν* usw. *π[ολιτ]είαν Ῥωμαίων, [μ]ένοντος* || *[τοῦ δικαίου τῶν πολιτευμ]άτων χωρ[ὶς] τῶν [δε]δειτικίων*; lateinisch: *do omnibus, qui sunt in orbe terrarum civitatem Romanam salvo iure civitatum praeter dediticiorum.* Diese Konjektur nähert sich der von H. J. Wolff, Eos 48 (Symbolae R. Taubenschlag) 1 (1956) 371 vorgeschlagenen Ergänzung. Für andere Ergänzungsvorschläge s. Ch. Sasse, Die Constitutio Antoniniana (1958) 12ff. Eine gute Orientierung in dem ungeheuer angewachsenen Schrifttum zu der CA-Frage gibt ders., Literaturübersicht zur CA (I), JJP 14 (1962) 109—149 (vorgesehen ist ein 2. Teil für die nach 1940 erschienenen Arbeiten; s. einstweilen H. J. Wolff, Arch. f. Pap. 17 [1962] 201ff. und meine „Chronique" in RHD 40 [1962] 103; 41 [1963] 138—139; 42 [1964] 161).

[86]) So Seston in seinen oben (Anm. 84) zitierten Vorträgen, mit der Schlußfolgerung (CRAI zit. S. 321—322): „Une citoyenneté, la romaine,

der Inschrift von Banasa noch nicht veröffentlicht wurde, müssen wir auf alle Spekulationen über diesen Zusammenhang verzichten[87]). Wohl aber können wir schon heute einen Vorbehalt formulieren, den man bei der zu erwartenden Diskussion um den Fund von Banasa wird berücksichtigen müssen. Wenn das Edikt des Caracalla eine solche Schutzklausel enthalten hat, darf man ihr jedenfalls keine absolute Bedeutung beilegen. Eine solche Maßnahme setzt vielmehr eine Einschränkung gegenüber denjenigen peregrinischen Einrichtungen voraus, die der öffentlichen Ordnung der Römer zuwiderliefen. Soweit die lokalen Praktiken harmlos waren, konnte man ihre Beachtung den Neubürgern neben dem jetzt allgemein verbindlich gewordenen römischen Recht gewiß zugestehen. Das war aber ausgeschlossen, wo es um wesentliche Prinzipien der öffentlichen Ordnung des römischen Staates ging; und die Eheverbote zwischen nahen Verwandten gehörten jedenfalls zu diesen Prinzipien[88]). Der Praxis der Verwandtenehe, die in den ägyptischen μητροπόλεις (*civitates* seit 202) weit verbreitet war[89]), wurde zwar von der Tradition der peregrinischen Städte des Ostens sanktioniert. Sie wurde aber weder im Edikt des Caracalla noch in einer sonstigen gesetzgeberischen Maßnahme anerkannt, und eine solche Anerkennung war auch völlig undenkbar.

---

mais, conformément à la CA, en droit comme en pratique, autant de *leges* et de *iura* qu'il y a de communautés politiques, cités de toutes les traditions et peuples de toutes les coutumes — tel paraît être le statut de tous les habitants libres de l'Empire après Caracalla". Vgl. auch ders., Le décret de Digne et la fin de l'autonomie municipale, REA 64 (1962) 314—325, insbesondere S. 324: „Il est, en effet, aujourd'hui quasi certain que la Constitution Antonine contenait une clause garantissant les droits des communautés politiques, qu'il s'agisse de tribus de toutes les coutumes ou des cités de toutes les traditions".

[87]) Siehe jedoch bereits E. Schönbauer, Eine neue wichtige Inschrift zum Problem der Constitutio Antoniniana, Iura 14 (1963) 71—108.

[88]) So im allgemeinen z. B. schon R. Monier (oben Anm. 31) 423 Anm. 34. Für die hier behandelte Frage ähnlich V. Arangio-Ruiz, Storia del diritto romano[7] (1957) 339, gegen die Anerkennung oder Duldung von „alcuni istituti" — darunter die Geschwisterehe — „che certe province orientali praticavano e che ai romani ripugnavano moralmente o giuridicamente". Ungefähr so auch Kaser, RPR I, 194.

[89]) Vgl. Hombert-Préaux (oben Anm. 2) 140.

Für diese Überlegungen sprechen auch die Kaisergesetze[90]). Die darin enthaltene Rechtsetzung entwickelt das klassische System der Eheverbote aus nahen Familienbeziehungen weiter[91]). Sie beseitigt die Ausnahme, die das Senatusconsultum von 49 für die Ehe zwischen Nichte und Onkel von der Vaterseite zugelassen hatte[92]). Und sie erweitert die alten Eheverbote zwischen Verschwägerten in der Seitenlinie (Schwager und Schwägerin)[93]), vorübergehend auch zwischen dem Vetter und der vollbürtigen Kusine[94]). Justinian fügt das Eheverbot der geistlichen Verwandtschaft zwischen dem Taufpaten und dem weiblichen Patenkind

---

[90]) Zum Folgenden Guarino (oben Anm. 28) 228ff.; Gaudemet (ibid.) 344ff.; M. Kaser, Das römische Privatrecht II [hier zit. RPR II] (1960) 113—114.

[91]) Fortbestehen der klassischen Verbote: Ulp. reg. 5, 6—7 (= coll. 6, 2); Paul. sent. 2, 19, 3—5 (= coll. 6, 3); Gai. epit. 1, 4. Bestätigung durch Diokletian: coll. 6, 4 (295); vgl. 6, 6 (287) u. 6, 5 (291); dazu Gaudemet (oben Anm. 28) 345ff.

[92]) Vgl. oben Anm. 35. Aufhebung: CTh. 3, 12, 1 (342), vgl. CTh. 3, 12, 3 (396). Danach *fratris quoque et sororis filiam ducere non licet* in Gai. epit. 1, 4, 3 (vgl. Gai. 1, 62: *fratris filiam uxorem ducere licet*) u. die Itp. in der oben (Anm. 91) zitierten Konstitution Diokletians coll. 6, 4, 5 bei Justinian CJ 5, 4, 17: *praeterea fratris filia et ex ea nepte.* Siehe auch CJ 5, 8, 2 (Zeno): *fratris sororisve filiae.*

[93]) Das wahrscheinlich von den Söhnen Konstantins (CTh. 3, 12, 2 [355]) eingeführte und durch spätere Kaiser bestätigte (CJ 5, 5, 5 [393]; CTh. 3, 12, 3 = CJ 5, 5, 6 [396]; CTh. 3, 12, 4 [415]; vgl. Gai. epit. 1, 4, 7) Verbot wird in zwei Konstitutionen des Kaisers Zeno ausdrücklich wiederholt: CJ 5, 5, 8 (475) und 9 (476—484). Zur Frage B. Biondi, Il diritto romano cristiano 3 (1954) 95; neuerdings auch R. Yaron, Duabus sororibus coniunctio, RIDA 10 (1963) 115—136) (röm. Recht: 132ff.).

[94]) Verboten durch eine uns nicht direkt überlieferte Konstitution Theodosius I.: Ambros. Ep. 60 (ad Paternum) *nam Theodosius imperator etiam patrueles fratres et consobrinos vetuit se coniugii convenire nomine.* Das Verbot wird bestätigt von Arcadius (CTh. 3, 12, 3 [396]: *incestae nuptiae consobrinae suae*), dann von demselben Kaiser aufgehoben (CJ 5, 4, 19 [405]), wohl aber nur für den Osten, da es im Westen besteht (Gai. epit. 1, 4, 6) und von Honorius anerkannt wird (CTh. 3, 10, 1 [409]). Abwesend im Justinianischen Recht (Inst. 1, 10, 4; itp. in CJ 5, 5, 6 = CTh. 3, 12, 3 und CJ 5, 8, 1 = CTh. 3, 10, 1), wird das Verbot der Ehe von *consobrini* im späteren byzantinischen Recht wieder eingeführt (s. Zachariae von Lingenthal, Geschichte des griech.-röm. Rechts [1877, Nachdruck 1955] 43). Zur Frage s. die bei Kaser, RPR II, 113 Anm. 27 u. 28 angeführte Literatur.

hinzu[95]). Eine systematische Übersicht dieser ganzen Regelung versucht er in der kurzen Abhandlung *De nuptiis* im ersten Buch seiner Institutionen[96]).

Mit diesen neuen Verboten vermehrt die Kaisergesetzgebung die Strafsanktionen, die neben den privatrechtlichen Rechtsnachteilen stehen. Trotzdem hat, wie A. Guarino gezeigt[97]), die Strafverfolgung wegen Blutschande in der Spätzeit keine grundlegenden Veränderungen gegenüber der klassischen Ordnung erfahren. Während Konstantin die Sanktionen verschärft hat, werden sie unter seinen Nachfolgern bis Justinian wieder gemildert. Mit der Todesstrafe wurde die Blutschande offenbar niemals bestraft; die *capitalis sententia*, die ein Gesetz der Söhne Konstantins erwähnt, betrifft wahrscheinlich nur die Verbannung auf eine Insel (*deportatio in insulam*)[98]).

Im ganzen beweisen die nachklassischen Gesetze eine oft überraschende Milde gegenüber der östlichen Praxis der Verwandtenehen. Die Kaiser von Diokletian bis Justinian begnügen sich oft damit, Strafen und privatrechtliche Nachteile nur gegen die künftigen Ehen anzudrohen, sie nehmen aber die bereits bestehenden aus. Justinian, dem es mehr um die Interessen des Staatsschatzes zu tun ist als um die Bewahrung der Exogamie, erlaubt beispielsweise den blutschänderischen Ehegatten von Tyros, gegen Zahlung einer Geldstrafe von 10 Pfund Gold ihr Vermögen ihren Kindern zu hinterlassen und ihre Ehegatten zu behalten[99]). Strenger verfährt er gegen die Bewohner von Meso-

---

95) CJ 5, 4, 26, 2 (530).

96) Inst. 1, 10, 2—11.

97) A. a. O. (oben Anm. 28) 254ff.

98) CTh. 3, 12, 1 (342); dazu Guarino, a. a. O. 259. Todesstrafe bei Brasiello, La repressione penale in diritto romano (1937) 525—526, jetzt aber (Incesto [oben Anm. 28] 500) „pena gravissima della *deportatio in insulam*". Zu erwähnen ist hier BGU 1024, ein Papyruskodex aus dem Ende des 4. Jh.s: in dieser Sammlung von Statthalterurteilen handelt es sich u. a. (Z. 8—25) um einen (übrigens sehr dunklen) Fall von Inzest zwischen Verwandten in gerader Linie (mit der Mutter und mit der Tochter), der mit zwei Jahren Deportation bestraft wurde; dazu L. Wenger, Die Quellen des römischen Rechts (1953) 422—423 u. 835 Anm. 1130; R. Taubenschlag, Law² (oben Anm. 50) 478 u. Anm. 309.

99) Nov. 139.

potamien und Osroëne, denen er Strafsanktionen für zukünftige blutschänderische Verbindungen androht, während er allerdings die schon vorher geschlossenen verbotswidrigen Ehen bestätigt[100]).

Diese Maßnahmen, die zugleich streng und milde sind und die sich mit den fiskalischen Amnestien vergleichen lassen, verraten eine gewisse Verlegenheit des Gesetzgebers. Sie bezeugen seine Schwäche gegenüber dem Widerstand der östlichen Provinzbevölkerung, die sich den Grundsätzen der römischen Exogamie widersetzt. Der Gesetzgeber läßt sich von der östlichen Praxis der Verwandtenehen beeindrucken und sucht ihr durch widerspruchsvolle Maßnahmen zu begegnen. Gebilligt freilich hat er sie in keinem Augenblick; im Gegenteil, er verfolgt sie noch im Recht der Novellen. Damit bleibt die weder offiziell anerkannte noch auch einfach tolerierte hellenistische Endogamie eine verbotene Praxis.

Noch eines letzten Faktors müssen wir gedenken, der das Schicksal der hellenistischen Verwandtenehe mitbestimmt hat. Diese Verbindungen werden nicht nur von der weltlichen Macht verboten, sie widerstreiten auch den Geboten der Kirche. Die Rechtsetzung der Konzilien und die Lehren der Kirchenväter sind sich darin einig, sie nachdrücklich zu verdammen[101]). Beide stimmen insoweit mit den Verboten der weltlichen Gesetzgebung überein, ja, sie haben deren Entwicklung manchmal angeregt. Die christlichen Apologeten unterstützen diese Richtung. Sie weisen die Anschuldigungen ihrer Gegner zurück, die dem Christentum die Begünstigung blutschänderischer Praktiken vorwerfen. Ich nenne hier nur die besonders eindrucksvolle Schrift des Minucius Felix[102]). Später

---

[100]) Nov. 154. Zu diesen beiden Novellen s. Gaudemet (oben Anm. 28) 360ff.

[101]) Dazu näher C. Castello, Osservazioni sui divieti di matrimonio fra parenti ed affini. Raffronti fra concili della Chiesa e diritto romano, Rend. Ist. Lomb. 1939; vgl. B. Biondi, (oben Anm. 93) 83ff, und J. Gaudemet, L'Eglise dans l'Empire romain (1958) 524—528. Quellenübersicht bei G. Rotondi, Scritti giuridici I (1922) 508—509.

[102]) Oben Anm. 23. Charakteristisch ist Oct. 31, 1: *Et de incesto convivio fabulam grandem adversum nos daemonum coitio mentita est.* Weitere Quellen bei Glotz (oben Anm. 16) 449 Anm. 11; dazu noch Theoph. Antioch., hg. von G. Bardy u. übers. von J. Sender, Trois livres à Autolycus (Paris 1948) [Sources chrétiennes 20.] S. 213: *ἔτι μὴν καὶ ταῖς ἰδίαις ἀδελφαῖς συμμιγνῦσθαι.*

im kanonischen Recht führt bekanntlich der Abscheu der Kirche gegenüber Ehen unter nahen Verwandten zu einem System außerordentlich strenger und weitreichender Eheverbote[103]). Diese Unterdrückung ist nicht bloß eine Art natürlichen Instinkts[104]); sie hat wahrscheinlich auch einen apologetischen Ursprung[105]).

Die Verwandtenehen stehen nach alldem nicht nur mit der öffentlichen Ordnung der Römer, sondern auch mit dem Gesetz und der Moral des Christentums im Widerspruch, das sich gerade in diesem Punkt wegen der erwähnten Anschuldigungen, wie uns die Apologeten bezeugen, als besonders empfindlich erweist. So verblieb diesen Ehen keine Aussicht, im christlichen Kaiserreich auf legale Weise fortzuleben.

Zusammenfassung der Ergebnisse.

Zum Abschluß fragen wir uns nach der Nutzanwendung für die Rechtsgeschichte, die wir aus dem Schicksal dieser Ehepraxis im Lauf ihrer Wandlungen von den Lagiden bis zur spätrömischen Monarchie gewinnen können.

In der hellenistischen Monarchie der Lagiden gehörten die Ehen unter nahen Seitenverwandten zu der hellenistischen Rechtskoiné. Sie stammen aus der griechischen Tradition, werden gefördert durch die Vorbilder aus der königlichen Familie und bilden schließlich eine Einrichtung des Eherechts. In den hellenisierten Provinzen des römischen Kaiserreichs leben sie fort und breiten sich, mindestens in Ägypten, unter dem Einfluß wirtschaftlicher Faktoren weiter aus. In dieser Periode ist die Verwandtenehe, vom römischen Standpunkt aus betrachtet, aber nichts weiter als eine provinziale Gewohnheit außerhalb des Anwendungs-

---

[103]) Siehe etwa A. Esmein, Le mariage en droit canonique, II² (bearb. von R. Génestal u. J. Dauvillier) (1935) 93—97 und 227ff., 370ff. Dazu auch E. Valton, Art. Empêchements de mariage, Dict. Théol. Cath. 4 (1920) 2440—2499.

[104]) So Esmein, a. a. O.: „une sorte de répulsion instinctive" (S. 94).

[105]) Vgl. etwa G. Bardy, Apologetik, Reallex. f. Ant. u. Christentum 1 (1950) 533—543, insbesondere 541.

bereichs der offiziellen Rechtsordnung[106]). Sie entgeht damit den privatrechtlichen und strafrechtlichen Sanktionen, von denen die verbotenen Verwandtenehen unter römischen Bürgern betroffen werden. Die *constitutio Antoniniana* setzt jedoch dem friedlichen und ungestörten Fortleben dieser Praxis ein Ende. Da die Verwandtenehe ebenso der römischen öffentlichen Ordnung wie den Geboten der Kirche widerspricht, kann sie weder als eine offiziell anerkannte noch als eine bloß geduldete provinziale Einrichtung fortbestehen. Sie wird jetzt herabgedrückt auf das Niveau eines unerlaubten örtlichen Brauchs, dessen Befolgung die Kaisergesetze unterdrücken.

So stehen wir vor der fortschreitenden Degradierung einer Erscheinung des sozialen Lebens: Eine Einrichtung des hellenistischen Eherechts sinkt herab zu einer von den Römern nur geduldeten provinzialen Gewohnheit und schließlich zu einem von der Kaisergesetzgebung verbotenen lokalen Brauch. Den Mechanismus, der dieser Entwicklung zugrunde liegt, finden wir im Verhältnis zwischen Regelungen von verschiedener Stärke. Die römische Exogamie und die peregrinenrechtliche Endogamie erscheinen zunächst als Regelungen von gleichem Rang, sie gehören getrennten Rechtsordnungen ohne Berührungspunkte an. Dieses Gleichgewicht verschwindet zwar unter der römischen Herrschaft über die alten Monarchien des hellenisierten Ostens. Die römische Exogamie als Regelung höherer Ordnung schließt jedoch die hellenistische Endogamie, die nun eine provinziale Gewohnheit wird, nicht aus. Die beiden Regelungen stehen ohne Gefahr eines Konflikts auf verschiedenen Ebenen. Diese Ebenen werden aber einander angeglichen unter dem Einfluß der *constitutio Antoniniana*, und damit kommt der Konflikt zum Ausbruch. Das Reichsrecht besiegt das Volksrecht. Nur ein lokaler Brauch, den die späteren Gesetze verurteilen, bewahrt die Spuren einer jetzt ungesetzlich gewordenen alten Ehepraxis.

---

[106]) Zu den Lokalrechten, betrachtet als provinziale Gewohnheiten (*mores regionum*), Kaser, RPR I, 194; neuestens ebenso auch J. Gaudemet, La loi et la coutume — manifestations d'autorité et sources d'enseignement à Rome, Etudes de droit contemporain N. S. (Travaux et Recherches de l'Institut de Droit Comparé de l'Univ de Paris 23) (1963) 35—57, insbesondere 51—52.

Ich bilde mir gewiß nicht ein, mit der hier angewandten „juristischen Geometrie“ eine Methode gefunden zu haben, mit der sich alle die außerordentlich komplexen rechtshistorischen Probleme der römischen Kaiserzeit lösen ließen, Probleme, die der Zusammenstoß des römischen Rechts mit den örtlichen Traditionen der Provinzen hervorgerufen hat. Immerhin hoffe ich, mit dem hier gewählten Beispiel einen Weg gezeigt zu haben, auf dem sich, wie mir scheint, befriedigende Lösungen für einige der Fragen finden lassen, die die Rechtshistoriker des Altertums beschäftigen, über die ihre Meinungen aufeinanderprallen und an denen ihre Diskussionen immer neue Nahrung finden. Ich stelle diesen Lösungsvorschlag nun dem Urteil der Rechtshistoriker anheim.

VIII

DRYTON LE CRÉTOIS ET SA FAMILLE
ou
LES MARIAGES MIXTES DANS L'ÉGYPTE HELLÉNISTIQUE*

Tout mariage est « mixte » par définition : l'essence même du mariage n'est-elle pas de créer, à l'aide de rites consacrés par la convention sociale, un cadre dans laquelle s'accomplit l'union, le « mélange », de deux (monogamie) ou plusieurs (polygamie, polyandrie) individus de sexes opposés, dans le but, généralement plutôt agréable, d'assurer la reproduction de l'espèce? Mais l'on sait que la société n'accepte pas comme mariage toute union entre un homme et une femme (retenons, pour simplifier, l'hypothèse monogame) : par ses coutumes et lois, et avec le concours de contraintes morales et religieuses, elle opère un double choix en la matière, qui donne au mariage sa valeur d'institution sociale. D'une part, elle entend choisir, entre divers modes matrimoniaux, les procédures auxquelles elle reconnaît, à l'exception des autres, la faculté de fonder un mariage légitime. D'autre part, elle impose aux candidats au mariage une sélection préalable en fonction des liens familiaux, ethniques, religieux, et politiques qui les rapprochent ou dont l'absence les éloigne. C'est là que la notion de « mixité » en matière de mariage prend un sens.

Les procédures matrimoniales reconnues ne peuvent produire leurs effets qu'entre partenaires remplissant les conditions de cette sélection. Ces conditions diffèrent suivant les époques et les lieux, mais elles obéissent à une logique commune : une trop grande proximité est un obstacle aussi grave qu'un trop grand éloignement. Proximité et éloignement sont comme des barrières qui délimitent l'espace à l'intérieur duquel le mariage est réalisable ; deçà-delà, le tabou de l'inceste et l'hostilité envers l'étranger étalent la zone interdite de l'agamie.

La distance entre ces barrières est sujette à des fluctuations qui modifient l'espace optimal du mariage licite soit en l'élargissant, soit en le reserrant,

(*) L'expérience matrimoniale du Crétois Dryton, fils de Pamphilos, et celle de ses filles me fournissent le prétexte grâce auquel une contribution papyrologique peut se glisser dans un volume consacré aux mondes créto-mycénien et grec archaïque ; par gratitude, je fais figurer le nom de Dryton dans le titre de cet article. Je suis parfaitement conscient de l'artifice. Mais j'espère que le dédicataire voudra bien me le pardonner : ce fut pour moi l'unique moyen de joindre à ces « Mélanges » un témoignage d'amitié et d'estime que je tenais tant à lui apporter.

soit enfin en le déplaçant vers le sujet concerné ou en sens inverse. L'étude de ces mouvements est fort instructive. Dans le domaine grec, elle conduit à tracer le parallèle entre la propulsion à l'endogamie familiale et la réticence à l'égard du mariage avec l'étranger. J'ai eu l'occasion de montrer ailleurs comment les penchants endogames de la tradition grecque s'épanouissent dans l'Égypte hellénistique et culminent sous le Haut-Empire dans la pratique provinciale qui institutionnalise le mariage entre frère et sœur, réduisant la prohibition de l'inceste aux seules unions entre proches parents en ligne directe, mère et fils, père et fille ; essayons d'esquisser ici, dans la même perspective historique, l'évolution des règles et des comportements matrimoniaux qui dessinent la frontière extérieure du mariage licite : mariage « mixte » avec l'étranger[1].

1. — *L'expérience poliade: agamie politique.*

Dans l'expérience de la cité grecque, on peut observer, en ce qui concerne le mariage avec l'étranger, une succession chronologique de deux tendances. La première, que l'on pourrait qualifier d'« aristocratique », est favorable à ce mariage, du moins tant qu'il s'agit d'individus appartenant au même milieu social. Il en est ainsi déjà des alliances nobiliaires dont parlent les poèmes homériques ; il en va de même, à l'aube de la cité, des mariages des tyrans qui prolongent partiellement ces pratiques anciennes[2]. Cette tendance se maintient dans la cité classique parmi les membres des groupes dirigeants. Ainsi, vers 575-570 avant n. è., l'Alcméonide Mégaclès, Athénien, épouse Agaristé, fille du tyran de Sicyone, « conformément

(1) L'esquisse que je propose ici est issue de mon séminaire de Papyrologie et d'histoire des droits de l'Antiquité fait en 1978/1979 à la IVe Section de l'École pratique des Hautes Études ; elle reprend, dans une version entièrement remaniée, la substance d'un exposé présenté au colloque sur « Le couple interdit », qui s'est tenu en mai 1977 au Centre culturel international de Cerisy-la-Salle, et publié dans les actes de ce colloque, peu accessibles aux hellénistes (« Un aspect du couple interdit dans l'Antiquité : les mariages mixtes dans l'Égypte hellénistique », *Le couple interdit. Entretiens sur le racisme*, ouvrage publié sous la direction de Léon Poliakov, Paris-La Haye-New York 1980 [É.H.É.S.S., « Le savoir historique » 13], p. 53-73) ; cet exposé et le présent article utilisent les éléments du rapport destiné à paraître dans l'*Annuaire* de la Section et resté inédit du fait de la réforme de celui-ci (il n'y aura plus de rapports réguliers sur les conférences, dans la forme pratiquée antérieurement, à commencer précisément par les conférences de l'année 1978/1979). Quant aux mariages endogames, je me permets de renvoyer à mon étude « Die Geschwisterehe in der hellenistischen Praxis und nach römischen Recht », *ZSS. RA* 81, 1964, p. 52-82 ; j'espère pouvoir revenir un jour sur cette question qui m'intéresse depuis quelque trente ans (cf. J. Modrzejewski, « Les mariages entre frère et sœur dans l'Égypte grecque et romaine », *Meander* 10, 1955, p. 432-437 [en polonais] ; « Le droit de la famille dans les lettres privées grecques d'Égypte », *JJP* 9/10, 1956, p. 339-363, en particulier p. 342-348).

(2) Voir, par ex., W. K. Lacey, *The Family in Classical Greece*, Londres 1968 (réimpr. 1972), p. 39 sq., 66 sq. Sur les mariages de tyrans, on relira toujours avec profit les pages de Louis Gernet, « Mariages de tyrans », *Hommages à Lucien Febvre*, Paris 1954, p. 41-53 = *Anthropologie de la Grèce antique*, Paris 1968, p. 344-359.

aux lois athéniennes »[3]. Agaristé est étrangère, mais Grecque. En revanche, Hégésipyle, épouse de Miltiade et mère de Cimon est la fille d'un prince thrace[4]. Il en va de même pour Thémistocle dont la mère fut Thrace ou Carienne[5] ; Thucydide et Antisthène passent aussi pour avoir eu des mères thraces.

A cet « internationalisme » matrimonial des grands, qui règne à Athènes jusqu'au milieu du ve siècle av. n. è., s'oppose la tendance « nationaliste » de la démocratie radicale, hostile aux mariages avec les étrangers. Elle est manifeste dans la loi de Périclès de 451/450 qui, sans interdire directement ces unions, les rend impraticables, puisqu'elle refuse aux fils qui en seraient issus la faculté d'exercer les pleins droits civiques (μὴ μετέχειν τῆς πόλεως)[6]. Ces fils, les *nothoi* politiques, se trouvent « à mi-chemin entre citoyens et métèques » ou, si l'on préfère, se classent parmi les « citoyens en puissance », dans un réservoir où l'on puise parfois, au gré de circonstances historiques, des contingents pour augmenter un corps civique trop anémique[7].

Abrogée par les oligarques, la loi de Périclès fut remise en vigueur au lendemain de la guerre du Péloponnèse[8]. D'après Aristote, le régime qu'elle avait introduit à Athènes y appliquait une règle générale, suivant laquelle la qualité de citoyen suppose que l'on soit né de deux parents citoyens : ἐξ ἀμφοτέρων πολιτῶν[9] ; mais le Stagirite signale des exceptions à cette règle[10], et la confrontation de ses allégations avec les données historiques connues par ailleurs incite à beaucoup de circonspection en la matière[11]. Nous connaissons grâce au *Contre Nééra* du corpus démosthénique le durcissement de ce régime à Athènes : vers 350 av. n. è., les

(3) Hérodote VI, 126-130. Cf. L. Gernet, *Anthropologie* (cité à la note précédente), p. 356-357. Pour la date, voir É. Lévy, « Notes sur la chronologie athénienne au vi^e siècle », *Historia* 27, 1978, p. 513-521, particulièrement p. 520, et Audrey Griffin, *Sikyon*, Oxford 1982, p. 44. Sur la combinaison de deux modes matrimoniaux dans ce mariage, mon article « La structure juridique du mariage grec », *Scritti in onore di Orsolina Montevecchi*, Bologne 1981, p. 231-268, particulièrement p. 242-243 = *Symposion 1979*, Athènes 1981, p. 39-71, particulièrement, p. 49.

(4) Hérodote, VI, 39.

(5) Plutarque, *Thémistocle* 1, 1-2.

(6) Aristote, *Constitution d'Athènes*, 26, 4 (cf. 42, 1) ; Plutarque, *Périclès* 37, 3-4. Voir P. J. Rhodes, *A Commentary on the Aristotelian « Athenaion Politeia »*, Oxford 1981, p. 331 sq., 496 sq.

(7) D. Lotze, « Zwischen Politen und Metöken. Passivbürger im klassischen Athen ? », *Klio* 63, 1981, p. 159-178, pour la première formule, É. Lévy, « Cité et citoyen dans la Politique d'Aristote », *Ktema* 5, 1980, p. 223-248, particulièrement p. 237 et n. 181, pour la seconde. L'enquête faite à mon séminaire des Hautes Études en 1978/1979 (cf. *supra*, note 1) aboutissait déjà à des résultats analogues.

(8) Loi d'Aristophon sous l'archontat d'Euclide, 403 av. n. è. (Athénée, XIII, 577 b-c) ; amendement de Nicoménès (*F. Gr. H.*, 77 F 2).

(9) Aristote, *Politique* 1275 b, 21-22.

(10) *Politique*, 1278 a, 26-34 ; 1319 b, 6-11.

(11) Voir Jean-Marie Hannick, « Droit de cité et mariages mixtes dans la Grèce classique. A propos de quelques textes d'Aristote », *L'Antiquité classique* 45, 1976, p. 133-148.

unions mixtes sont non seulement privées d'effets juridiques quant aux droits civiques des enfants, mais directement prohibées sous la menace de sanctions très sévères[12]. Il est vrai que l'interprétation de ces décrets xénophobes reste sujette à débat[13].

Quoi qu'il en soit, il semble que la tendance nationaliste ait prévalu dans les cités grecques en faveur de la règle de la « double ascendance civique » comme condition d'accès à l'exercice des droits civiques ; elle n'aurait connu des exceptions, si l'on en croit Aristote, qu'en cas de pénurie d'hommes[14]. Mais dès le début du IVe siècle av. n. è., les traités interpoliades permettent un dépassement de ces restrictions en associant à l'isopolitie le privilège d'épigamie que les États signataires garantissent réciproquement à leurs ressortissants[15]. Le régime libéral des anciens usages aristocratiques est ainsi en quelque sorte restauré, et même élargi. Toutefois, cet élargissement ne profite qu'aux Grecs seuls ; le « véritable » étranger, le barbare, est tenu à l'écart. À plus forte raison, le mariage reste impossible avec cet étranger par excellence qu'est l'esclave dans la cité grecque[16].

2. — *Les mariages mixtes dans les* poleis *d'Égypte.*

Comment l'expérience de la cité ancienne que l'on vient de résumer a-t-elle orienté, dans les monarchies hellénistiques, le comportement matrimonial des Grecs en ce qui concerne les mariages mixtes? L'exemple de l'Égypte lagide nous aide à répondre à cette question.

Commençons par les cités grecques d'Égypte, et d'abord Naucratis, établissement grec remontant aux temps des rois saïtes, Psammétique Ier ou Amasis, mais qui ne fut érigé en cité, semble-t-il, qu'après l'arrivée d'Alexandre le Grand en Égypte[17]. Une notice d'Hermeias (auteur inconnu par ailleurs), recueillie par Athénée, lui-même originaire de Naucratis, mentionne un γαμικὸς νόμος de cette cité[18]. Il semble bien que cette loi ait consacré l'interdiction du mariage avec les Égyptiens en le privant

(12) Dém. LIX, 16 et 52.

(13) Voir A. R. W. Harrison, *The Law of Athens*, I : *The Family and Property*, Oxford 1968, p. 26 sq.

(14) *Politique*, 1278 a, 30-32.

(15) La liste de ces traités a été donnée par Anastasios P. Christophilopoulos dans les *Travaux de l'Académie d'Athènes* 1951, t. 17/2, étude reprise dans le recueil Δίκαιον καὶ ἱστορία, Athènes 1973, p. 68-85, particulièrement p. 71-73. On trouvera dans ce travail une bonne vue d'ensemble du problème des mariages mixtes dans la perspective du droit grec ancien.

(16) Cette impossibilité ne concerne que « l'esclavage-marchandise » ; elle peut être surmontée lorsqu'il s'agit de dépendants de type hilotique, comme dans la loi de Gortyne qui admet le mariage d'une femme libre et d'un *dôlos* (col. VI, 56-col. VII, 10) : voir, en dernier lieu, Y. Garlan, *Les esclaves en Grèce ancienne*, Paris 1982, p. 114 ; pour la terminologie : H. van Effenterre, « Terminologie et formes de dépendance en Crète », *Rayonnement grec. Hommages à Charles Delvoye*, Bruxelles 1982, p. 33-44.

(17) A. Bresson, « Rhodes, l'Hellénion et le statut de Naucratis (VIe-IVe s. a. C.) », *DHA* 6, 1980, p. 291-349 (cf. *RHD* 59, 1981, p. 496).

(18) Athénée, IV, 149 d.

d'effets juridiques. C'est du moins ce que suggère la confrontation de cette mention avec un papyrus du IIe siècle de n. è. qui nous apprend que les habitants d'Antinooupolis, fondation d'Hadrien, avaient reçu comme privilège, par faveur impériale, le droit de se marier avec les Égyptiens (ἐπιγαμία πρὸς Αἰγυπτίους), ce droit n'étant pas reconnu aux Naucratites dont les Antinoïtes, disent-ils, utilisent les lois[19].

Il y a tout lieu de croire que ce *nomos* de Naucratis adoptait la règle de la double ascendance civique, dont Aristote proclame le caractère général dans le monde grec[20]. La comparaison avec Cyrène, dont la situation rappelle celle de Naucratis, est instructive à cet égard. La célèbre « constitution » de Cyrène (vers 321 av. n. è.?) réserve la *politeia* aux hommes nés de père cyrénéen et de mère cyrénéenne, et l'étend ensuite, de manière limitative, aux enfants issus des mères libyennes originaires de la région située entre Katabathmos et Autamalax[21]. La règle de la double ascendance civique (ἐξ ἀμφοτέρων πολιτῶν) est ici complétée par une disposition reconnaissant la qualité de citoyen à des μητρόξενοι d'une espèce déterminée ; à défaut d'un traité possible, l'*epigamia* découle d'une norme fixée par la loi de la cité. La loi de Naucratis semble au contraire avoir limité aux seuls fils nés de deux parents naucratites l'accès à la *politeia* sans l'étendre aux enfants nés de père naucratite et de mère égyptienne. Les unions mixtes devenant ainsi impossibles à Naucratis, il n'est pas nécessaire de supposer qu'elles aient été menacées de sanctions semblables à celles qu'on trouve dans les décrets xénophobes d'Athènes rapportés par le *Contre Nééra* : leur rigueur excessive paraît constituer une particularité propre à Athènes, sans parallèle dans le reste du monde grec[22].

(19) *P. Reinach*, éd. Seymour de Ricci, *CRAI 1905*, Paris 1905, p. 160-168 ; réédition critique dans U. Wilcken, *Chrestomathie*, n° 27, lignes 17-23 : ἡ ἐπιγαμία ἐδόθη ἡμεῖν πρὸς Αἰγυπ[τί]ου[ς] ... ἥνπερ οὐκ ἔχουσι Ναυκρατεῖται, ὧν τοῖς νόμοις χρώμεθα, κτλ. Voir H. Braunert, « Griechische und römische Komponenten im Stadtrecht von Antinoopolis » *JJP* 14, 1962, p. 73-88, particulièrement p. 77 = *Politik, Recht und Gesellschaft in der griechisch-römischen Antike*, Stuttgart 1980, p. 328-341, particulièrement p. 331-332 ; H. Kupiszewski, « Römisches Provinzialrecht in Aegypten», *Festschrift F. Oertel*, Bonn, 1964, p. 68-80, particulièrement p. 79 sq. Ce privilège confère le droit de cité antinoïte, non seulement aux enfants d'un père antinoïte marié à une femme non-antinoïte, ce qui est conforme à la tradition grecque, mais aussi lorsque la mère est antinoïte et le père fait partie de « ceux qui possèdent le droit d'épigamie envers une femme antinoïte » : τῶν τὴν ἐπιγαμίαν ἔχοντων πρὸς 'Αντινοΐδα ; c'est la formule qu'on lit dans le *P. Ien.*, inv. 59 (*SB* VIII, 9897), récemment réédité et commenté par N. Lewis (« A Restudy of SB VIII, 9897 », *Arch. f. Pap.* 28, 1982, p. 31-38), et qui confirme les renseignements fournis par les *P. Vindob. Bosw.* 2 et *P. Fam. Tebt.* 42, ligne 25. Il semble bien qu'il s'agisse de notables des métropoles.

(20) *Supra*, note 9.

(21) Éd. S. Ferri avec la collaboration de U. von Wilamowitz-Moellendorff et G. Klaffenbach, *Abhandl. Akad. Berlin*, 1925, 5, p. 3-19, n° 1 ; édition améliorée : G. Oliverio, *Rivista di filologia classica* 6 (56), 1928, p. 183-222 (*SEG* IX, 1, 1), lignes 1-6.

(22) *Supra*, notes 12 et 13. — L'on doit mentionner à ce propos une épitaphe conservée au Musée du Caire (*Journal d'entrée*, n° 890477), publiée pour la première fois par J. Schwartz, « Épitaphes grecques d'Égypte », *Ann. Serv. Ant. de l'Égypte* 50,

Des doutes pèsent aussi sur les lois des deux autres cités nouvellement fondées, Alexandrie et Ptolémaïs. Nous savons que Ptolémaïs avait légiféré sur le mariage et le divorce[23]. Cette législation comportait-elle des mesures défavorables aux unions mixtes?

Dryton, fils de Pamphilos, Crétois d'origine, devenu citoyen de Ptolémaïs et membre de son dème Philôtéris, épouse en premières noces une certaine Sarapias, fille d'Esthladas, petite-fille de Théon[24]. Elle est ἀστή[25]. Si ce mot désigne ici, comme le pensait le regretté V. Arangio-Ruiz[26], une Alexandrine, nous aurions là la preuve que la cité de Ptolémaïs admettait le mariage de ses citoyens avec les Alexandrins, peut-être à titre de réciprocité. Le

1950, p. 401-410, n° 1 (p. 402-406), et reprise par É. Bernand, *Inscriptions métriques de l'Égypte gréco-romaine*, Paris 1969, n° 33, p. 164-173 (qui indique les rééditions intermédiaires). Le texte, qui selon É. Bernand est peut-être du IIe s. av. n. è., en tout cas sûrement de la basse époque hellénistique, nous fait connaître une femme naucratite morte en couches, Ammonia, fille de Ménélas et épouse d'Harmodios ; le premier éditeur supposait (p. 405) qu'elle « avait peut-être une mère égyptienne (d'où son nom), car nous savons que les Naucratites avaient le connubium avec les indigènes » ; cette opinion est reproduite sans aucun commentaire par R. Taubenschlag, *JJP* 6, 1952, p. 310. Il s'agit d'un double malentendu. D'une part, comme le remarque avec raison É. Bernand (p. 170), « le nom de la disparue ne précise d'aucune manière l'origine de cette dernière » ; ce nom « pourrait se trouver dans n'importe quelle ville de la Grèce, sans contact avec les indigènes d'Égypte, et, par exemple, à Athènes » (J. et L. Robert, « Bull. épigr. 1952 », *REG* 65, 1952, n° 181, p. 197) ; mieux, « il convient bien à une femme originaire de Naucratis, dont le grand dieu était Zeus thébain, assimilé à Amon » (É. Bernand, *l.c.*). D'autre part, le texte cité plus haut, à la note 19, constate explicitement que les Naucratites n'avaient pas de *conubium* avec les Égyptiens : la règle est donc exactement le contraire de ce que l'on lit dans le commentaire de J. Schwartz. Ce malentendu, déjà relevé par H. Braunert (article cité *supra*, à la note 19, p. 77, n. 20 = *Politik, Recht u. Gesellschaft*, p. 334, dont É. Bernand ne tient pas compte), étant définitivement dissipé, le cas d'Ammonia ne fait aucune exception au principe qui interdisait le mariage entre citoyens de Naucratis et indigènes d'Égypte.

(23) *P. Fay.* I, 22, dans l'édition de L. Mitteis, *Chrestomathie*, n° 291 (Ier s. de n. è ?).

(24) *P. Grenf.* I, 21, dans l'édition de L. Mitteis, *Chrestomathie*, n° 302 (126 av. n. è.) ; texte traduit en appendice, ci-dessous. Sur les « archives » de Dryton, voir Jean Krzysztof Winnicki, « Ein ptolemäischer Offizier in Thebais », *Eos* 60, 1972, p. 343-353 ; plus récemment, Gabriella Messeri Savorelli, « Lista degli agoranomi di età tolemaica », *Miscellanea Papyrologica*, recueil publié sous la direction de R. Pintaudi, Florence 1980, p. 185-271, particulièrement p. 186 (bibliographie du dossier) et 197, note 3. A la liste des documents qui composent ces « archives », donnée par J. K. Winnicki, p. 343, note 3, et déjà complétée par G. Messeri Savorelli, on joindra la réédition, due à la même savante, du *P. Grenf.* I, 19, complété par un fragment de Londres et un *P. Amh.* jusqu'ici seulement décrit : G. Messeri, « P. Grenf. I, 19+P. Amh. II, 166 », *ZPE* 47, 1982, p. 275-280 et pl. XV, contrat de prêt de 129 av. n. è. (cf. *RHD* 61, 1983, p. 163). Dryton est recensé dans la *Prosop. Ptolemaica* II, nos 2206, 2884 et IV, n° 11343. Sur ses mariages voir l'*addendum*, ci-dessous p. 374.

(25) *P. Grenf.* I, 21 = *M. Chr.* 302, ligne 4.

(26) V. Arangio-Ruiz, « Intorno agli ἀστοί dell'Egitto greco-romano », *RIDA* 4 (*Mélanges Fernand De Visscher* 3), 1950, p. 7-20 = *Studi epigrafici e papirologici*, Naples 1974, p. 345-354, en particulier p. 12 = *Studi*, p. 348.

mariage de Dryton avec Sarapias est en effet parfaitement légal (κατὰ νόμους) et le fils issu de cette union est citoyen à Ptolémaïs[27].

Mais cette hypothèse est fragile. Il semblerait plutôt que Sarapias soit Crétoise par son père, Esthladas, fils de Théon, et que sa qualité d'*asté* concerne son statut à Ptolémaïs, et non pas à Alexandrie[28]. Lui vient-elle de son père ? Cela n'est pas impossible : rien ne nous interdit de penser que le Crétois Esthladas ait acquis le droit de cité à Ptolémaïs comme le Crétois Dryton, son gendre ; le mariage de Dryton avec Sarapias représenterait alors le cas banal d'une union entre ressortissants d'une même cité. Mais il est également possible que la Crétoise Sarapias ne soit devenue *asté* à Ptolémaïs que par son mariage avec Dryton. Cela reviendrait à dire que la loi de Ptolémaïs autorisait, au IIe siècle av. n.è , et sans doute depuis la fondation de cette cité, le mariage entre citoyens de Ptolémaïs et Hellènes d'Égypte, immigrants capables de se prévaloir d'un *ethnikon* grec. Il est moins sûr qu'elle ait admis aussi le mariage entre citoyens de Ptolémaïs et Égyptiens de souche ; le rôle de Ptolémaïs, qui devait être un bastion de l'hellénisme dans la Thébaïde, tend en tout cas à écarter cette idée. Mais la question est difficile à trancher faute de témoignage explicite[29].

La même question se pose pour Alexandrie. Parmi les lois alexandrines qui nous sont parvenues, aucune n'y apporte de réponse directe[30]. Pour P. M. Fraser, les citoyens d'Alexandrie étant peu enclins au mariage avec les Égyptiens, sauf dans les basses classes de la population « où le sang grec commença à se mêler avec le sang égyptien », le produit d'une telle union resterait en dehors du corps civique[31]. Cela revient à postuler l'existence à Alexandrie, dès la fondation de la cité, d'une règle de droit public interdisant ou rendant impraticable le mariage avec les autochtones. L'auteur britannique insiste à ce propos sur le fait que nous n'avons pas, au IIIe siècle av. n. è., un seul exemple sûr d'un mariage entre Grecs

(27) *P. Caire*, inv. 10388, ligne 27 (*Arch. f. Pap.* 1, 1901, p. 63-65).

(28) Je retiens l'interprétation donnée par J. K. Winnicki dans son article cité plus haut (note 24), p. 348.

(29) Les mariages entre citoyens de Ptolémaïs et Grecs de la *chôra* sont attestés sous l'Empire : voir, par ex., *P. Oxy.* II, 268 (58 de n. è.). Mais le droit provincial romain d'Égypte est hostile aux mariages entre pérégrins citoyens (*astoi*) et pérégrins non-citoyens ; voir les art. 38, 45-50, 57 du *Gnomon de l'Idiologue* (réédition avec traduction et commentaire par le soussigné, *Les lois des Romains*, Camerino 1978, p. 520-558) : ces unions ne sont pas vraiment impossibles, mais elles sont découragées par des sanctions civiles menaçant les enfants, soit en ce qui concerne leur statut (*deterior condicio*, art. 38 et 57), soit sous forme de déchéances successorales (art. 45). Ce n'est donc pas seulement par rapport aux lois de Naucratis, mais aussi à l'égard du droit provincial romain que le droit d'intermariage avec les « Égyptiens » (en fait : pérégrins hellénophones non-citoyens), accordé par Hadrien aux Antinoïtes, revêt la forme d'un privilège (κατ' ἐξαίρετον : *W. Chr.* 27, ligne 19 ; cf. *supra*, note 19). Tout cela ne nous permet cependant pas de reconstituer le régime originel à Ptolémaïs sous les Lagides.

(30) Voir Julie Vélissaropoulos, Ἀλεξανδρινοί νόμοι. Πολιτική αὐτονομία καί νομική αὐτοτέλεια τῆς πτολεμαϊκῆς Ἀλεξάνδρειας, Athènes 1981 (cf. *RHD* 60, 1982, p. 492).

(31) P. M. Fraser, *Ptolemaic Alexandria*, Oxford 1972, t. 1, p. 71-73.

et Égyptiens à Alexandrie[32]. Il oublie de préciser que nous n'avons pas non plus, pour autant que l'on sache, un seul exemple d'un mariage qui eût été conclu à cette même époque entre citoyens d'Alexandrie et femmes grecques de la *chôra*. Ce silence des sources laisse ouverte la question de savoir quel était le véritable régime des mariages mixtes dans la législation alexandrine. Le rétrécissement constant du corps civique plaiderait cependant en faveur d'un régime restrictif[33].

Quelle que soit la situation juridique au point de départ, on admettra volontiers que dans la pratique, les *politai* de Naucratis, comme ceux d'Alexandrie et de Ptolémaïs, s'abstenaient, tant sous les Lagides que sous le Haut-Empire, d'entrer dans des alliances matrimoniales avec les Égyptiens de souche, alors qu'ils ne devaient pas dédaigner le mariage avec les Hellènes de la *chôra*. En un sens cela est vrai aussi pour les citoyens d'Antinooupolis : les « Égyptiens » avec qui Hadrien leur permet de se marier sont en fait, en premier lieu, des notables hellénophones appartenant aux groupes privilégiés des « métropolites » (ceux avec qui le mariage était interdit à Naucratis étaient au contraire d'authentiques indigènes)[34]. Telle semble avoir été la situation de fait. A cet égard, le tableau que nous offrent les cités grecques d'Égypte ne diffère pas spécialement, si nos conclusions sont justes, de ce que l'on voit se passer dans le reste du pays.

3. — *Les Grecs dans la* chôra.

Dans la *chôra* en effet, les choses sont plus claires. Une certitude d'abord : les mariages entre Grecs d'origines diverses sont légalement possibles et réellement fréquents.

Dans le plus ancien contrat de mariage grec d'Égypte actuellement connu, que nous conserve le *P. Éléph.* 1 (311 av. n.è.), un Grec de Témnos épouse une fille grecque de Cos[35]. Par la suite, nous rencontrons un Macédonien qui épouse une Crétoise[36] ; un Salaminien de l'épigoné qui épouse la fille

(32) *Op. cit.*, p. 73.

(33) Ce qui évidemment ne veut pas dire que « la loi de Périclès était valable aussi pour Alexandrie » : *sic* V. Tcherikover, *CPJud.* II, 1960, p. 32, commentaire du n° 151 (*BGU* IV, 1140), ligne 3, en accordant un crédit excessif à la théorie de la réception des lois athéniennes à Alexandrie ; pour une critique de cette théorie voir mon mémoire, « La règle de droit dans l'Égypte ptolémaïque », *Essays in honor of C. B. Welles*, New Haven 1966, p. 125-175, particulièrement p. 134-135, et J. Vélissaropoulos, *op. cit.* (*supra*, note 30), p. 145 ; pour une meilleure interprétation du texte commenté par Tcherikover, A. Kasher, « The Jewish Attitude to the Alexandrian Gymnasium in the First Century A.D. », *Amer. Journ. Anc. Hist.* 1, 1976, p. 148-161, particulièrement p. 149-150.

(34) *Supra*, note 29.

(35) L'ethnique d'Héracleidès, le jeune marié, figure dans le deuxième exemplaire de ce contrat et devrait être restitué à la ligne 2 du premier : Ἡρακλείδης <Τημνίτης>. Voir mon article sur « La structure juridique du mariage grec » (*supra*, note 3), *Studi Montevecchi*, p. 248-249 = *Symposion* 1979, p. 54, note 70.

(36) *BGU* VI, 1463 (247/246 av. n. è.).

d'une Cyrénéenne[37] ; un Athénien qui épouse une Macédonienne[38]. Ce ne sont là que quelques exemples. Mais ils montrent assez comment se sont effondrées les barrières que les cités grecques dressaient autrefois devant les candidats au mariage mixte.

Nous ne savons pas, il est vrai, ce que les lois de Témnos et de Cos prévoyaient à ce propos. Mais l'Athénien Antaios, à qui la Macédonienne Olympias se donne elle-même en mariage, n'a pas l'air de tenir compte de la législation de sa patrie d'origine, si hostile au mariage avec une étrangère[39]. La vieille loi de Périclès lui importe fort peu : il est Athénien par référence à la citoyenneté de ses ancêtres, et cela compte beaucoup pour lui, car c'est de cette manière qu'il peut bénéficier de son statut d'« Hellène » en Égypte ; en revanche, le fait que ses fils ne pourraient pas, aux termes de cette loi, exercer de droits civiques à Athènes, est le cadet de ses soucis ; les lois xénophobes du IVe siècle ne l'impressionnent pas davantage (si seulement il connaît leur existence). Son mariage est parfaitement légal et sa femme Olympias acquiert la qualité d'épouse légitime que lui garantit le contrat de mariage[40].

On constate ainsi, une nouvelle fois, combien il est vain d'imaginer que les lois des cités d'origine aient jamais pu s'appliquer effectivement aux immigrants grecs en Égypte[41]. On constate en même temps, sur ce point, l'élargissement de l'horizon grec dans la *chôra* d'Égypte : la communauté des Hellènes, qui englobe tous les immigrants de langue et de culture grecques, est devenue le vaste groupe à l'intérieur duquel l'union conjugale est reconnue comme acceptable sur le plan social et réputée légale en vertu de la coutume matrimoniale hellénistique[42].

(37) *P. Tebt.* III/1, 815, frg. 4, r°, col. I, lignes 1-11 (228-221 av. n. è.).

(38) *P. Giss.* I, 2 (173 av. n. è.).

(39) *Supra*, notes 6 et suivantes. — Sur l'*auto-ekdosis* de la femme, voir mon article « La structure juridique du mariage grec » (*supra*, note 3), *Scritti Montevecchi*, p. 252-255 = *Symposion* 1979, p. 57-60. Un cas nouveau (le deuxième pour l'Égypte grecque et romaine) : *P. Oxy.* XLIX, 3500 (IIIe s. de n. è.).

(40) Ligne 11 : [εἶναι] γυναῖκα γαμετήν, κτλ. Comme je le suggère ailleurs (article cité *infra*, note 42, n. 29), il est possible que les lois xénophobes rapportées par le *Contre Néèra* (*supra*, notes 12 et 13) aient été aménagées après 322, du moins pour ce qui est des mariages entre Athéniens et Macédoniens ; dans cette hypothèse, l'union d'Antaios et d'Olympias deviendrait légale du point de vue athénien. En revanche cette union reste irrégulière dans sa forme, l'*auto-ekdosis* de la femme ne pouvant pas fonder un mariage légitime dans l'Athènes hellénistique; tel est du moins l'état du droit athénien vers l'an 300 av. n. è., d'après le témoignage de Ménandre : voir mon article précité (*supra*, note 3), *Scritti Montevecchi*, p. 252 = *Symposion* 1979, p. 57.

(41) Mise au point dans ma contribution au volume dédié à la mémoire de G. A. Pétropoulos, « Droit et justice dans le monde hellénistique au IIIe siècle avant notre ère : expérience lagide », Athènes 1984 (sous presse), et dans l'article cité à la note suivante ; voir déjà *RHD* 58, 1980, p. 517-518.

(42) Voir mon étude « Le statut des Hellènes dans l'Égypte lagide : bilan et perspectives de recherches », dans la *Rev. étud. gr.* 1983, p. 241-268.

4. — *Grecs et Égyptiens.*

Le problème des mariages mixtes entre Hellènes et Égyptiens est plus délicat. Les opinions des savants divergent en cette matière de façon déconcertante. Pour les partisans d'une « civilisation mixte » et d'un « droit mixte », les unions entre Grecs et Égyptiens sont une évidence allant de soi ; elles leur apparaissent comme l'un des facteurs, et un facteur de poids, du rapprochement progressif entre conquérants et conquis. Ainsi, pour V. Ehrenberg, les mariages de Grecs avec des femmes indigènes (il n'envisage pas l'hypothèse inverse) auraient produit « une population gréco-égyptienne mixte, dont le mode de vie combinait des éléments empruntés aux deux cultures »[43] ; pour mon regretté maître R. Taubenschlag, ces mariages seraient la principale raison de la formation d'un droit « gréco-égyptien » composé d'éléments grecs et locaux[44]. Pour d'autres au contraire, et je pense ici surtout aux travaux de W. Peremans, les mariages mixtes représentent un phénomène limité, aussi bien dans le temps (exceptionnel au IIIe siècle av. n. è., ce phénomène ne devient réellement saisissable dans les sources qu'à partir du IIe siècle), que dans l'espace (il est plus fréquent dans le Sud que dans le reste du pays) et sur le plan social (il ne serait sensible qu'au « bas de l'échelle sociale »)[45]. Il n'est pas question, cela va de soi, de leur attribuer, dans l'histoire de la civilisation en général et dans l'histoire du droit en particulier, le rôle unificateur que leur confèrent les tenants du syncrétisme hellénistique.

Les notions de « civilisation mixte » et de « droit mixte » paraissent aujourd'hui passablement contestables à beaucoup d'historiens[46]. Devons-nous pour cette raison contester aussi l'importance possible du phénomène matrimonial en question? La réponse n'est pas aisée. L'existence même de ces unions ne saurait être niée. Ce qui reste à déterminer, c'est la véritable ampleur du phénomène ainsi que sa signification sociale et institutionnelle[47].

(43) Victor Ehrenberg, *L'État grec*, Paris 1976, p. 254. N'oublions pas qu'il s'agit d'un ouvrage qui, dans sa première version allemande, remonte à 1932 (*Der griechische und der hellenistische Staat*, dans Gercke-Norden, *Einleitung in die Altertumswissenschaft*³, t. III, 3).

(44) Raphaël Taubenschlag, *The Law of Greco-Roman Egypt in the Light of the Papyri*, 2e éd., Varsovie 1955, p. 104-108. La première édition remonte à 1944, mais elle reflète, comme Ehrenberg, la doctrine des années trente.

(45) Willy Peremans, *Vreemdelingen en Egyptenaren in Vroeg-Ptolemaeisch Egypte*, Louvain 1937, p. 227-230; Idem, « Les mariages mixtes dans l'Égypte des Lagides », *Scritti O. Montevecchi*, Bologne 1981, p. 273-281.

(46) Je me borne à citer la regrettée Claire Préaux, dans son manuel *Le monde hellénistique. La Grèce et l'Orient* (323-146 *av. J.-C.*), Paris 1978 (coll. « Nouvelle Clio », 6 et 6 *bis*), t. II, p. 543-679 : « La culture : critique de l'idée de civilisation mixte » ; pour le droit, voir p. 587 sq., en particulier p. 598-599 (« pas de droit mixte gréco-égyptien »).

(47) Pour illustrer les incertitudes de la doctrine actuelle, il suffit d'ouvrir à la page 561 le manuel de Claire Préaux, cité à la note précédente : la « cohabitation provoque... des mariages mixtes entre Grecs et indigènes », mais (quelques lignes plus loin) « il y a relativement peu de cas bien attestés de mariages mixtes »...

Les éléments dont nous disposons pour juger du caractère « mixte » (gréco-égyptien) d'une union sont loin de fournir des critères sûrs. En effet, il s'agit essentiellement d'anthroponymie, souvent trompeuse et insuffisamment éclairée par d'autres facteurs, comme les indications relatives à l'appartenance ethnique des époux et à leur comportement culturel. C'est seulement lorsque tous ces éléments sont réunis, que nous sommes pratiquement certains d'avoir devant nous un couple mixte.

Tel est, parmi les rares cas, celui du Cyrénéen Démétrios et de l'Égyptienne Thasis, révélé par une inscription de Crocodilopolis datable entre 244 et 221 avant n.è., premier couple gréco-égyptien qui soit attesté de manière sûre par un document grec d'Égypte ; il s'agit d'une dédicace à la gracieuse déesse Thoéris, femelle hippopotame gravide avec une tête de crocodile, symbole de fécondité[48]. Les deux filles de Démétrios portent chacune un nom grec et un nom égyptien[49]. Le caractère mixte du mariage étant ainsi parfaitement assuré par l'*ethnikon* du père, les données religieuses et l'onomastique, les filles de Démétrios suivent le statut de leur père et se disent « Cyrénéennes » (Κυρηναῖαι). C'est la règle : la « nationalité » du père est transmissible aux enfants, quelle que soit l'origine de la mère. On notera au passage que cette transmission de l'*ethnikon* paternel n'est pas très conforme au *diagramma* de Cyrène qui accordait, on s'en souvient, la qualité de Cyrénéens aux enfants de Cyrénéens et de certaines Libyennes, mais non pas aux enfants issus du mariage d'un Cyrénéen avec une Égyptienne[50]. Les Cyrénéens venus en Égypte n'attachent pas aux lois de leur cité ancestrale plus d'importance que les autres immigrants hellénophones.

Nous ne connaissons pas le contrat de mariage de ce couple mixte de Crocodilopolis. Les contrats de mariage (et de divorce) rédigés en grec ne contiennent, dans l'état actuel de notre documentation, aucune référence à une éventuelle mixité entre Égyptiens et Grecs[50]. Nous avons bien dans les papyrus, on l'a vu, un contrat grec contenant le mariage d'un Athénien avec une Macédonienne[51] ; on chercherait en vain un document analogue qui mentionnerait un mariage entre un Athénien et une Égyptienne ou un Égyptien et une Athénienne[52]. En revanche, quelques documents démotiques font état de couples dans lesquels le mari est qualifié de « Grec », *Wjnn*, ou plus exactement « Grec né en Égypte », *Wjnn ms n Kmj*[53]. Certains savants ont cru y voir des témoignages sûrs

(48) Inscription publiée par G. LEFEBVRE, *Annales du Service des Antiquités* 9, 1908, p. 231-233 (U. WILCKEN, *Chrestomathie*, n° 51 et *SB* I, 1567), dans l'édition d'Étienne BERNAND, *Inscriptions grecques du Fayoum*, t. I, Leyde 1975, n° 2 (p. 19-22).

(49) Lignes 8-13 : Εἰρήνη [κα]ὶ Θεοξένα Δημητρίου Κυρηναῖαι ἐκ Θασῖτος αἷς καὶ Αἰγύπτια ὀνόματά ἐστιν Νεφερσοῦχος καὶ Θαῦῆς.

(50) Listes dans O. MONTEVECCHI, « Ricerche di sociologia nei documenti dell'Egitto greco-romano, II : I contratti di matrimonio e gli atti di divorzio », *Aegyptus* 16, 1936, p. 3-83, particulièrement p. 4-6 (mariage) et p. 20 (divorce), complétées dans le manuel de la même savante *La papirologia*, Turin 1973, p. 204-206.

(51) *Supra*, note 25.

(52) O. MONTEVECCHI, article précité (*supra*, note 50), p. 32.

(53) Voir les textes dans E. LÜDDECKENS, *Aegyptische Eheverträge*, Wiesbaden 1960, compte tenu des précisions apportées par P. W. PESTMAN, *Marriage and Matrimonial Property in Ancient Egypt*, Leyde 1961 : *P.BM* 10394 (*Ehevertr.*, n° 18 ; Pestman,

du mariage mixte[54]. Mais « Grec » (littéralement : « Ionien ») « né en Égypte » n'est en fait que l'équivalent démotique de « Perse de l'épigonè », notion dont le sens est discuté, mais qui pourrait bien, dès la fin du IIIe siècle av. n. è., fonctionner comme une fiction permettant à des Égyptiens indigènes d'accéder, dans des conditions qui restent à élucider, au statut grec[55]. Dans ce cas, tous ces « Ioniens nés en Égypte » seraient des Égyptiens hellénisés ou hellénisants. La mixité de leurs unions avec des femmes égyptiennes paraît donc, c'est le moins que l'on puisse dire, très relative. Les documents dans lesquels ils se manifestent montrent au contraire que le poids de la tradition nationale, s'exprimant dans le choix du droit et de la langue du pays natal au moment de la conclusion du mariage, peut être plus fort que l'attrait des avantages qui s'attachent au statut grec.

Nous ne tiendrons donc pas pour « mixte » le mariage d'Andronikos, « Ionien né en Égypte », fils d'Androsthénès et de Thanakhthis, avec Renpénofré, fille de Hôros et de Naamsésis, connu par un petit dossier démotique de 212/211 av. n.è.[56] Plutôt qu'« un exemple très intéressant d'égyptianisation progressive »[57], nous verrions là un exemple de l'hellénisation qui, dès le IIIe siècle avant n.è., affecte certains milieux de notables égyptiens[58]. Il en va de même pour le « Ionien » Mélas, fils d'Apollonios et de Mati, qui en 226 av. n. è. épousa Sénobastis, fille de Ptolémaïos et de Senmînis[59]. Pour la

nº A 19), Thèbes, 226 av. n. è. ; *P. Caire dém.* 30688, fragment (cité par Lüddeckens, mais n'ayant pas de numéro dans son recueil ; Pestman, nº A 36), Gebelen (?), 147/146 av. n. è. (?); *P. Ryl. dém.* 27 (*Eheverlr.*, nº 42 ; Pestman, nº A 44), Gebelen, 107-101 av. n. è. ; *P. Strasb. dém.* 43 (*Eheverlr.*, nº 45 ; Pestman, nº A 45), Gebelen, 99 av. n. è. ; *P. Heid. dém.* 762+770+774 (acte de divorce ; Pestman, nº Z 9), Gebelen, 100 av. n. è. Dans le premier de ces documents, le *P.BM* 10394, le mari est dit *Wjnn* (« Ionien ») tout court, et non pas *Wjnn ms n Kmj* (« Ionien né en Égypte »), comme dans les autres textes (le *P. Ryl. dém.* 27, n'est pas clair sur ce point) ; mais il pourrait s'agir d'une simple omission du scribe (*sic* E. Lüddeckens, *op. cit.*, p. 199, note 222 a).

(54) P. ex. W. Peremans, « Mariages mixtes », article précité (*supra*, note 45), *Scritti O. Montevecchi*, p. 276-277, qui considère le terme *Wjnn*, « Grec », comme un « ethnique » (cf. *infra*, note 59).

(55) Mise au point dans mon article sur « Le statut des Hellènes », signalé ci-dessus (note 42). Pour l'équivalence *Wjnn ms n Kmj* = « Perse de l'épigonè », voir le commentaire d'E. Lüddeckens, p. 237-238, et l'article d'Edda Bresciani, « Annotazioni demotiche ai Πέρσαι τῆς ἐπιγονῆς », *La Parola del Passato*, 142/144, 1972, p. 123-128.

(56) *P. Hauswaldt dém.* 18. Cf. P. W. Pestman, *Marriage* (*supra*, note 53), p. 41.

(57) Claude Vatin, *Recherches sur le mariage et la condition de la femme mariée à l'époque hellénistique*, Paris 1970, p. 133.

(58) Je m'écarte sur ce point de W. Peremans, « Mariages mixtes » (*supra*, note 45), p. 276-277, qui suit Cl. Vatin. Cf. *infra*, note 110.

(59) *P. BM dém.* 10.394 (Eheverträge, nº 18 ; Pestman, nº A 19), repris dans P. W. Pestman, J. Quaegebeur et R. L. Vos, *Recueils de textes démotiques et bilingues*, Leyde 1977, nº 7 (avec traduction en français et commentaire). W. Peremans, « Mariages mixtes », *Scritti O. Montevecchi* (*supra*, note 45), p. 277, se range à l'avis de ses collègues démotisants « qui attribuent à l'ethnique de Melas toute sa valeur » et tient par conséquent ce mariage pour mixte ; mais « Grec » *(Wjnn)* n'est pas un ethnique ! Il est vrai que parmi les textes démotiques qui mentionnent les mariages des « Ioniens » celui-ci est le seul où l'on trouve un « Ionien » qui ne soit pas « né en Égypte » *(ms-n-Kmj)*. Mais l'on a déjà vu qu'il pourrait s'agir d'une omission du scribe (*supra*, note 53).

même raison, il ne faudrait pas trop exagérer l'importance des mariages présumés mixtes dans un dossier comme celui de la famille de Pétéharsemtheus fils de Panebkhounis, à Pathyris (Haute-Égypte), dans la deuxième moitié du IIe siècle avant n.è. et au début du Ier, en suivant l'interprétation de P. W. Pestman qui semble surestimer le rôle de l'élément grec et de l'élément militaire dans ce milieu en considérant les « Perses de l'épigone » comme des « soldats grecs »[60].

Cela ne veut pas dire, bien entendu, qu'il faille écarter l'idée d'un certain accroissement des mariages mixtes en Égypte depuis la fin du IIIe siècle av. n.è. Le cas du Cyrénéen Démétrios, sous Ptolémée III, nous a paru exceptionnel[61]. Celui de la famille de Dryton, un siècle plus tard, l'est sans doute beaucoup moins. Crétois d'origine, Dryton fils de Pamphilos, héros éponyme de cette étude, est né vers 195 av. n.è. ; ayant reçu une éducation grecque au gymnase de Ptolémaïs, il fit une belle carrière militaire et mourut octogénaire, entre 113 et 111 av. n.è., père de six enfants — un fils et cinq filles[62]. Le Grec Dryton a été marié deux fois. Nous avons déjà rencontré sa première épouse, Sarapias, fille d'Esthladas, Crétoise par son père[63]. Sa deuxième femme, Apollonia *alias* Senmônthis, fille de Ptolémaïos *alias* Pamenôs, vient d'une famille cyrénéenne « égyptianisée », qui n'est pas sans nous rappeler celle de Démétrios. Comme les filles de celui-ci, elle est qualifiée de « Cyrénéenne », elle-même, ainsi que ses trois sœurs[64]. L'une d'elles, Ammonia *alias* Senmînis, est dite « dame grecque », γυνὴ Ἑλληνίς[65], et Apollonia a droit à la même épithète dans la version démotique de celle-ci, *shm.t Wjnn*[66]. Nom double, recours aux deux langues (nous en reparlerons dans quelques instants), mais peut-on parler d'un « mélange de cultures » ? En tout cas, ce n'est pas ce à quoi aspirent Apollonia et ses sœurs : citées devant les laocrites, les filles de Ptolémaïos *alias* Pamenôs récusent auprès de l'épistratège Boêthos la compétence de ce tribunal institué pour les autochtones[67]. Elles ne veulent pas être Égyptiennes!

Le deuxième mariage de Dryton n'est donc que très modérément mixte : un grain de sel égyptien dans un plat grec... Les cinq filles qu'il avait eues avec Apollonia *alias* Senmônthis sont peut-être allées plus loin. Comme leur mère et comme leurs tantes, elles portent toutes des noms doubles, grecs et égyptiens ; cela est parfaitement compatible,

(60) P. W. PESTMAN, « Les archives privées de Pathyris à l'époque ptolémaïque : la famille de Pétéharsemtheus, fils de Panebkhounis », *Studia papyrologica varia* (Pap. Lugd.-Bat., 14), Leyde 1965, p. 47-105 ; réserves de J. BINGEN, *Chron. d'Ég.* 41, 1966, p. 209. Voir aussi E. BOSWINKEL et P. W. PESTMAN, *Les archives privées de Dionysios, fils de Képhalas*, Leyde 1982 (Pap. Lugd.-Bat., 22), où est reprise l'interprétation militaire des Perses de l'épigonè : ce terme serait « une désignation générale pour tous ceux qui, par leur descendance, comme ' fils de soldat ', viennent en considération pour une carrière militaire » (p. 60). Je reviens sur cette question dans mon article sur « Le statut des Hellènes » (*supra*, note 42).

(61) *Supra*, note 48.

(62) Voir l'étude de J. K. WINNICKI, citée plus haut (note 24), p. 345 sq.

(63) *Supra*, p. 358 sq.

(64) *SB* I 4638, lignes 1-3 ; *P. Grenf.* I, 18-20.

(65) *P. Giss.* I, 36, ligne 10.

(66) *P. Heid. dém.* 779 a, ligne 5.

(67) *SB* I, 4638, lignes 33-35 (d'après le commentaire de G. A. Gerhard).

on l'a vu, avec leur qualité de Crétoises, qui leur vient théoriquement de leur père, sinon même avec celle d'*astai* à Ptolémaïs. Deux d'entre elles épousent néanmoins des soldats égyptiens ; les actes démotiques concernant ces mariages attestent le recours au droit local et la mixité de ces unions[68]. Précisons qu'il s'agit d'actes de divorce (ce qui évidemment ne signifie pas que toute union mixte soit fatalement vouée à l'échec).

5. — *Les incertitudes de l'anthroponymie.*

La valeur des renseignements que l'on peut tirer des documents tels que ceux dont on vient de parler, est, on le sent bien, limitée. Compte tenu du hasard des trouvailles, ces textes reflètent des situations particulières, d'une portée locale et ne concernant que des périodes déterminées. Il serait imprudent de fonder sur eux des conclusions globales. Nous devons donc essayer de compléter ces éléments par d'autres qu'il est possible de dégager de nos sources ; ils ont trait à l'onomastique et au bilinguisme.

Sur le premier point, trois séries de données méritent notre attention : les noms des époux, la filiation dite « anormale », les noms doubles. Le mari portant un nom grec, la femme portant un nom égyptien, ou vice versa, encore que ce soit là une hypothèse moins vraisemblable, on soupçonne aussitôt un couple mixte. Seulement il ne faut pas oublier que c'est là un critère d'une extrême fragilité. Au IIIe siècle avant n. è., quand le nom de personne correspond, en règle générale, à l'appartenance ethnique d'un individu, l'on peut bien considérer comme mixte — citons un exemple récent — l'union d'un Hérôdès avec une Tenês fille de Marrês[69]. En revanche, l'on est moins sûr du caractère mixte gréco-égyptien du mariage d'un Dionysodôros avec une Sénamounis, le mari pouvant bien être un autochtone qui porte un nom égyptien peut-être grécisé (Pétosiris)[70] ; même doute pour le muletier Pyrrhos, époux de la dame Amamôs, hapax tiré d'une lecture non assurée et qui par-dessus le marché semble assez peu égyptien[71].

Au IIe siècle avant n. è. et au Ier, ces incertitudes grandissent et se généralisent. Sans doute les travaux de W. Peremans ont-ils montré qu'à cette époque, le critère onomastique garde, dans l'ensemble, une certaine valeur « nationale »[72]. Mais cette valeur n'est saisissable que pour des

(68) *P. Bad. dém.* 7 et 8.

(69) *P. Vindob. Barbara* 9 (2e moitié du IIIe s. av. n. è.), éd. G. Bastianini, « Un abozzo di enteuxis », *ZPE* 44, 1981, p. 147-152.

(70) *SB* IV, 7402 (c. 250 av. n. è.), ligne 25. Voir Victor Martin, « L'onomastique comme indice des rapports entre indigènes et occupants dans l'Égypte gréco-romaine », *Akten d.* VIII. *intern. Kongresses für Papyrologie*, Vienne 1956, p. 85-90, suivi par Cl. Vatin, *Recherches sur le mariage* (*supra*, note 57), p. 132-133, n. 4, où l'on corrigera seulement la référence du papyrus.

(71) *P. Caire Zénon* II, 59292 (250 av. n. è.), lignes 300-303 ; cf. T. Reekmans, *La sitométrie dans les archives de Zénon*, Bruxelles 1966, p. 25-27, no 9 de la prosopographie ; sur la lecture du nom, voir le commentaire de C. C. Edgar à la ligne 300.

(72) Willy Peremans, « Noms de personne et nationalité dans l'Égypte ptolémaïque », *Museon* 59 *(Mélanges L. Th. Lefort)*, Louvain 1946, p. 241-252 ; *De nationale factor in de geschiedenis van Ptolemaeisch Egypte*, Bruxelles 1962 (Mededel. van de

groupes socioprofessionnels que ce savant étudie les uns après les autres d'après les données réunies dans l'inestimable *Prosopographia Ptolemaica*. C'est ainsi que l'anthroponymie peut nous confirmer, par exemple, le caractère éminemment grec du culte d'Alexandre et des Lagides divinisés (pas un nom égyptien parmi les prêtres éponymes, ni au IIIe siècle, ni aux IIe et Ier siècles)[73], ou souligner l'opposition entre conquérants et conquis dans le domaine agricole (majorité écrasante des noms égyptiens parmi les « paysans royaux », très peu parmi les clérouques)[74]. Mais elle ne nous est plus d'un grand secours à propos de couples isolés où mari et femme portent des noms qui semblent être l'un grec et l'autre égyptien : la valeur du critère onomastique pour la définition de l'appartenance ethnique d'un individu s'étant un tantinet émoussée, nous ne pouvons plus avoir la certitude qu'il s'agit là d'authentiques couples mixtes et non pas de personnes portant des noms empruntés au patrimoine onomastique du groupe opposé.

Cela vaut aussi largement pour la filiation dite « anormale » ; entendons par là, suivant la formule de W. Peremans, la situation où un nom étranger (grec) et un nom égyptien constituent les éléments d'une seule filiation : Glaukos fils de Psenchônsis ou Pasis fils d'Aretiôn[75]. Le nombre des cas connus est très modeste : entre 130 et 140 sur un total des filiations attestées qui dépasse certainement 5 000[76]. Cette proportion ne sera pas sensiblement modifiée si nous y ajoutons les cas d'une filiation « présumée anormale », à savoir ceux où, le nom du père n'étant pas connu, nous avons devant nous deux frères, ou une sœur et un frère, qui portent l'un un nom grec l'autre un nom égyptien. Ainsi, les frères Héracleidès et Paapis, porchers de Zénon : la filiation pourrait être « anormale » pour l'un d'eux, mais nous ne savons pas lequel[77].

Même si, dans tous ces cas, nous devions admettre l'hypothèse du mariage mixte pour expliquer ces filiations « anormales », cela nous

Koninkl. Vlaamse Acad., Kl. d. Letteren, Jg. 24, 1962/4) ; « Ethnies et classes dans l'Égypte ptolémaïque », *Recherches sur les structures sociales dans l'Antiquité classique* (Colloque de Caen, avril 1969), Paris 1970, p. 213-223 ; articles dans *Ancient Society* I, 1970, p. 25-38 ; 2, 1971, p. 33-45 (et complément : 10, 1979, p. 139-149) ; 3, 1972, p. 67-76 (et compléments : 8, 1977, p. 175-185 et 9, 1978, p. 83-100) ; 4, 1973, p. 59-69 ; 5, 1974, p. 127-135 ; 6, 1975, p. 61-69 ; 7, 1976, p. 167-176.

(73) W. Peremans, « Égyptiens et étrangers dans le clergé, le notariat et les tribunaux de l'Égypte ptolémaïque », *Ancient Society* 4, 1973, p. 59-69.

(74) W. Peremans, « Égyptiens et étrangers dans l'agriculture et l'élevage en Égypte ptolémaïque », *Anc. Soc.* 5, 1971, p. 127-135.

(75) *SB* VI, 9416 (243 ou 218 av. n. è.), ligne 4, et *P. Tebt.* III, 798 (IIe s. av. n. è.), lignes 8-10 : *Pros. Ptol.* V, nos 13400 et 13464. Voir W. Peremans, « Ethnies et classes » (*supra*, note 72), et « Sur l'identification des Égyptiens et des étrangers dans l'Égypte des Lagides », *Anc. Soc.* 1, 1970, p. 25-38.

(76) W. Peremans, articles précités, « Ethnies et classes », p. 219 et « Sur l'identification », p. 27.

(77) *PSI* IV, 384 (248/247 av. n. è.). En faveur de l'hypothèse du mariage mixte, voir Anna Świderek, « La société indigène en Égypte au IIIe s. av. n. è. d'après les archives de Zénon », *JJP* 7/8, 1954, p. 231-284, particulièrement, p. 259 (article incorporé dans son livre polonais, *W « państwie » Apolloniosa*, Varsovie 1959 : voir p. 180).

conduirait seulement, en raison du nombre très limité de celles-ci, à constater la faible extension du phénomène matrimonial en question. Simple logique. En fait, l'hypothèse envisagée ne se vérifie pas toujours. Par exemple, les deux frères que l'on vient de mentionner sont probablement issus d'une famille tout à fait égyptienne, comme le suggère leur métier typiquement indigène, le nom d'Héracleidès étant un nom peut-être grécisé[78]. L'exemple des Égyptiens donnant à leurs enfants des noms dynastiques ou théophores grecs, de préférence les plus répandus, comme Ptolémaïos et Théon, est banal dès le IIIe siècle avant n. è. Cela n'implique pas un mariage mixte dans chaque cas, mais témoigne seulement d'un désir croissant d'hellénisation dans certains milieux autochtones. La présomption en faveur du mariage mixte est plus forte dans la situation inverse, père au nom grec, fils au nom égyptien ; mais ici aussi, d'autres facteurs encore peuvent jouer : le retour à l'onomastique traditionnelle chez un Égyptien qui avait reçu un nom grec d'un père plus hellénisant que lui-même, ou la sonorité agréable d'un nom égyptien qui aura séduit des parents grecs.

Reste le double nom.

L'exemple le plus ancien de l'usage du double nom dans les sources papyrologiques est de quelques années postérieur à celui que les inscriptions d'Égypte nous livrent pour les filles du Cyrénéen Démétrios ; il concerne un Juif dont il est question dans un testament ptolémaïque, rédigé en 238/237 avant notre ère[79]. Son nom hébraïque, Yehonathan, grécisé en Ἰωναθᾶς, est doublé d'un nom grec, Apoll[onios] — ou plutôt, pensons-nous, Apollo[dotos], ce qui donne une traduction approximative de la forme hébraïque du premier nom (« Le SEIGNEUR-a-donné » = « Apollon-a-donné »)[80]. Le procédé est le même que celui qui d'un Pétosiris permet de faire un Dionysodôros ou d'un Chaiyris un Apollophanès[81]. On peut citer un parallèle féminin : Iôanna (Yohannah, « Le SEIGNEUR-a-fait-grâce ») *alias* Euphrosyné (« Grâce », « Joie »)[82], et rappeler les noms théophores Dosithéos et Théodôros qui, très fréquents chez les Juifs d'Égypte, traduisent, d'une manière un peu moins choquante pour nous qu'Apollodotos (don d'une divinité païenne !), les divers « Dieudonné » hébraïques — Yehonathan, Nathanaël, Mathathyahou[83].

Apollodotos-Iônathas est-il issu du mariage mixte d'un couple judéo-grec ou gréco-judaïque? La chose n'est pas impossible en soi dans le

(78) *Sic* W. PEREMANS, « Les mariages mixtes », *Scritti Montevecchi* (*supra*, note 45), p. 277-278.

(79) *P. Petr.* III, 7 = *C. P. Jud.* I, 126.

(80) Voir mon article « Servitude pour dettes ou legs de créance. Note sur le CPJud. 126 », *Rech. Pap.* 2, 1962, p. 75-98.

(81) Il y a là « comme une équation sous forme de traduction » : la formule est de Victor MARTIN, cité plus haut (*supra*, note 70), p. 86.

(82) *C. Inscr. Jud.* II, 1429 (*SB* I, 457, *CPJud.* III, p. 139), épitaphe de la nécropole alexandrine d'El-Ibrahimiyyé (IIIe s. av. n. è.).

(83) Voir V. TCHERIKOVER, *Prolegomena*, *CPJud.* I, 1957, p. 28 sq. Cf. ma « mini-histoire » des Juifs d'Égypte dans l'Antiquité : « Splendeurs grecques et misères romaines », dans *Juifs du Nil*, textes réunis et présentés par Jacques HASSOUN, Paris 1981, p. 15-49 (et bibliographie, p. 237-245), particulièrement p. 23 sq.

contexte de l'Égypte hellénistique, mais l'hypothèse est gratuite dans le cas précis[84]. Elle est également gratuite dans la plupart des cas où la présence d'un double nom, grec et égyptien, est interprétée comme le signe d'une hybridation entre Grecs et Égyptiens. Les filles du Cyrénéen Démétrios, portant chacune un nom grec et un nom égyptien, étaient effectivement issues d'une union mixte[85]. La longue formule qu'utilise à leur propos la dédicace de Crocodilopolis (αἷς καὶ Αἰγύπτια ὀνόματά ἐστιν) montre, comme l'avait déjà noté Wilcken, que l'usage du nom double en Égypte n'en était alors qu'à ses débuts ; la tournure employée par la dédicace traduit un fait inhabituel pour la tradition onomastique grecque[86]. Par la suite, les formules indiquant le double nom se multiplient suivant plusieurs stéréotypes (Rita Calderini en a inventorié une douzaine)[87]. La plus ancienne est ὃς καὶ ... καλεῖται. Elle est employée vers 227/226 av. n. è. à propos du trapézite Semtheus *alias* Hérakléodôros, fils de Teôs[88]. Faut-il penser que celui-ci est également le produit d'une union mixte? Peut-être. Mais, on l'a vu, la même formule était déjà utilisée dix ans plus tôt à propos du Juif Apollodotos-Iônathas pour noter une sorte d'équivalence onomastique qui n'impliquait pas nécessairement une origine hybride.

Autrement dit, l'usage du double nom dans l'Égypte hellénistique ne doit pas être trop mécaniquement lié au phénomène de la « mixogamie ». Sa rapide extension, dès la fin du IIIe siècle av. n. è., qui va de pair avec la multiplication des formules qui s'y rattachent, ne signifie pas l'accroissement parallèle d'unions mixtes de toute sorte. Que dirait-on alors d'individus portant deux noms d'une même origine — grecque, égyptienne ou juive, éventuellement sous une forme grécisée — à la manière de nos Jean-Paul et de nos Anne-Marie? Aucun rapport avec l'origine hybride, cela va de soi[89]. Et même dans un milieu comme celui d'Apollonia *alias* Senmônthis, où le port du double nom relève d'une tradition familiale, continuée à travers au moins cinq générations, le seul fait de porter un nom double ne signifie nullement qu'il y ait eu à chaque génération un mariage entre un Grec et une Égyptienne ou un Égyptien et une Grecque[90]. L'usage du nom double, qui ressuscite peut-être une vieille tradition

(84) Voir mon article « Les Juifs et le droit hellénistique. Divorce et égalité des époux (*CPJud.* 144) », *Iura* 12, 1961, p. 162-193, particulièrement p. 168, n. 23, et *Juifs du Nil*, ouvrage cité à la note précédente, p. 31 sq. Cf. Z. W. FALK, *Introduction to the Jewish Law of the Second Commonwealth*, t. 2, Leyde 1978, p. 269-275.

(85) *Supra*, notes 48 et 49.

(86) U. WILCKEN, *Chrestomathie*, 1912, p. 75.

(87) Rita CALDERINI, « Ricerche sul doppio nome personale nell'Egitto greco-romano », *Aegyptus* 21, 1941, p. 221-260 et 22, 1942, p. 3-45.

(88) *P. Grad.* 4 (*SB* I, 5680) ; voir *Pros. Ptol.* I, no 1274.

(89) Exemple : Théodôros, fils de Théodôros, dit aussi Samaêlos, témoin dans un contrat de prêt conclu par deux Juifs d'Égypte, *P. Tebt.* III, 818 = *CPJud*, I, 24 (174 av. n. è.), ligne 25 — deux noms juifs, l'un d'eux sous une forme grécisée.

(90) Voir l'arbre généalogique de la famille Dryton dans l'article de J. K. WINNICKI (cité plus haut, note 24), p. 353 ; il est reproduit ci-dessous en appendice, avec quelques retouches.

égyptienne en l'amplifiant rapidement à l'extrême[91], est, dans l'étude du phénomène des mariages mixtes, un indice peu significatif et à la limite aussi trompeur que les noms des époux et la filiation « anormale ». En l'absence d'autres données, l'onomastique ne fournit pas une base solide pour l'enquête. Toutes les hypothèses anciennes fondées sur ses données sont susceptibles de révision.

6. — *Le bilinguisme.*

Et le bilinguisme? N'est-il pas le plus souvent l'indice d'un brassage qui dote l'hybride de deux langues, l'une paternelle, l'autre maternelle? Le témoignage de deux lettres privées grecques d'époque ptolémaïque nous montrera avec quelle circonspection il convient de traiter ce postulat pour une enquête comme celle dont il s'agit ici[92].

La première fut adressée par un Grec, Ptolémaïos, à un autre Grec, Achilleus, dans la deuxième moitié du IIIe siècle av. n. è., en 244 ou en 220 : il s'agit d'un songe qui concerne deux filles portant des noms égyptiens, mais dont l'une a un père portant un nom grec, Ptolémaïos, comme l'auteur de la lettre[93]. Le songe lui-même est relaté en égyptien par celui-ci. Pour Wilcken, les deux correspondants grecs, sachant lire et écrire l'égyptien, seraient les témoins de la formation d'une « race mixte » (« eine gräko-ägyptische Mischrasse »), résultant de mariages entre colons grecs et femmes égyptiennes[94]. En fait, ces notions de « Mischrasse » et de « Mischfamilie »[95] à propos de ce texte ne peuvent être admises qu'avec un certain effort d'imagination. A s'en tenir au texte lui-même, on constatera, plus prosaïquement, l'attrait que l'oniromancie égyptienne exerçait sur certains Grecs, les incitant à apprendre la langue du pays pour accéder à l'interprétation traditionnelle des songes et pouvoir en parler dans cette même langue.

La deuxième lettre, de date incertaine (IIe siècle av. n. è. ?) et dont plusieurs éléments demeurent mystérieux, est adressée par une femme à un homme qui apprend l'égyptien, grâce à quoi il pourra assurer son avenir en remplissant des fonctions d'enseignement auprès d'un médecin égyptien spécialisé dans l'art de guérir les maladies par l'administration de clystères[96]. Nous adopterons volontiers pour ce texte l'explication qu'en avait donnée

(91) Conclusion de Rita CALDERINI, citée *supra*, note 87, suivie par O. MONTEVECCHI, *La papirologia*, Turin 1973, p. 100.

(92) Sur le bilinguisme dans l'Égypte ptolémaïque, voir surtout les travaux de W. PREMANS, « Over tweetaligheid in Ptolemaeisch Egypte », *L'Antiquité classique* 4, 1935, p. 403-417, et « Ueber die Zweisprachikeit im ptolemäischen Aegypten », *Festschrift Fr. Oertel*, Bonn 1964, p. 49-60 ; plus récemment : « Sur le bilinguisme dans l'Égypte des Lagides », *Studia Paulo Naster oblata*, II (Orient. Lovan. Analecta, 13), Louvain 1982, p. 143-154, début d'une nouvelle étude, qui ne concerne pour l'instant que le roi et son entourage.

(93) *P. Caire Goodsp.* 3+*P. Caire dém.* 30961 (U. WILCKEN, *Chrestomathie*, nº 50).

(94) U. WILCKEN, *Chrestomathie*, p. 74.

(95) *Ibid.*, p. 75, note à la ligne 14.

(96) *P. Lond.* I, 43, p. 48 (U. WILCKEN, *Chrestomathie*, nº 136), dans l'édition de WILCKEN, *UPZ* I, 148.

en 1964 Roger Rémondon[97], à un détail près : cette lettre n'est pas écrite, comme le pensait notre regretté prédécesseur, par une femme à son mari ; elle émanerait plutôt d'une mère pour un fils terminant ses études, comme l'admettent la plupart des éditeurs et des commentateurs[98], ou encore d'une amie ou d'une parente (par exemple une sœur qui écrit à son jeune frère) : on imagine mal une femme se réjouissant de ce que son époux va acquérir un viatique pour *ses* vieux jours, sans qu'elle y soit associée. Mais il est fort probable que, comme le suggère R. Rémondon, le destinataire de la lettre, qui est Grec, ait appris l'égyptien pour enseigner cette langue à de jeunes esclaves grecs destinés à être spécialisés dans la médecine égyptienne[99]. Il n'y a donc, dans ce texte, aucune trace d'un « mélange de cultures » qui inquiétait Wilcken, parce qu'en « élevant l'Orient il faisait sombrer l'hellénisme »[100], mais tout simplement, comme le souligne Rémondon, un désir intéressé d'accéder aux « merveilles égyptiennes », en l'occurrence la participation à l'apprentissage de la médecine qui exige la connaissance de la langue.

Pas plus que le nom double, le bilinguisme ne saurait donc être considéré comme le résultat d'un brassage s'opérant par la pratique de la mixogamie entre Grecs et Égyptiens. Il obéit à des préoccupations d'ordre pratique. Pour les Égyptiens, la connaissance de la langue grecque est une condition d'accès à des postes dans l'administration royale, puis dans l'administration provinciale de l'Égypte romaine qui utilisent le grec comme langue officielle ; elle leur est profitable dans leurs rapports avec les représentants du pouvoir[101]. Pour les Grecs, savoir l'égyptien représente la possibilité d'accéder à des connaissances utiles, comme c'est le cas de l'oniromancie et de la médecine, pour lesquelles la primauté égyptienne est traditionnellement reconnue. D'un côté comme de l'autre, le bilinguisme n'est pas le trait qui puisse témoigner de la recherche d'un véritable rapprochement[102].

7. — *Agamie culturelle.*

Dans l'ensemble, les mariages entre Grecs et Égyptiens dans l'Égypte hellénistique paraissent avoir été beaucoup plus rares que ne l'admettent des historiens comme V. Ehrenberg ou des juristes comme R. Tauben-

(97) R. Rémondon, « Problèmes du bilinguisme dans l'Égypte lagide (U.P.Z. I, 148) », *Chron. d'Ég.* 39, 1964, p. 126-146.

(98) P. ex., J. Hengstl, *Griechische Papyri aus Aegypten*, Munich 1978, p. 243 (n° 99).

(99) R. Rémondon, article précité, p. 135-138. Hypothèse adoptée notamment par I. Bieżuńska-Małowist, *L'esclavage dans l'Égypte gréco-romaine*, t. I, Varsovie 1974, p. 80.

(100) *UPZ* I, p. 635.

(101) Il faut aussi rappeler, à ce propos, le rôle des traducteurs, pour l'étude duquel les principaux éléments ont été réunis par mon maître R. Taubenschlag, « The Interpreters in the Papyri », *Charisteria Th. Sinko*, Varsovie-Wroclaw 1951, p. 361-363 = *Opera minora*, t. II, Varsovie 1959, p. 167-170.

(102) Conclusion de Rémondon, article précité (*supra*, note 97), p. 143 sq. ; dans un sens analogue, déjà, W. Peremans, dans ses articles cités *supra*, note 92.

schlag[103]. Au IIIe siècle avant notre ère, il s'agit, semble-t-il, de faits sporadiques ; le système de cantonnement pratiqué par les premiers Lagides n'a pas soulevé une vague d'alliances matrimoniales entre soldats grecs et femmes égyptiennes[104]. Plus tard, dans des milieux comme celui de Pathyris, une certaine promiscuité s'installe entre les franges des deux populations pour des raisons contingentes qui tiennent à une nouvelle forme d'organisation militaire, utilisant le recrutement local parmi les Hellènes et les élites égyptiennes ; la famille de Dryton en est une excellente illustration[105]. Mais c'est là un phénomène de portée limitée. On est très loin du brassage ethnique qu'imaginaient les pionniers de la papyrologie séduits par le concept droysenien d'une civilisation mixte gréco-égyptienne. A cet égard, nos conclusions rejoignent, en gros, celles de W. Peremans.

Nos chemins se séparent cependant quand il s'agit d'apprécier la signification sociale de ces alliances. Il me paraît difficile en effet de dire qu'elles se situent de préférence « au bas de l'échelle sociale ». Dans une société, risquons l'anachronisme, coloniale, comme celle de l'Égypte ptolémaïque, les notions de « haut » et de « bas » n'ont pas le même sens sur le plan social pour les conquérants et pour les conquis. Le « bas » grec se situe à peu près au même niveau que le « haut » égyptien[106]. C'est là précisément qu'une rencontre est possible. Nos « Crétois » et nos « Cyrénéens » ne fréquentent pas n'importe qui. Nous voyons en face d'eux des représentants des élites indigènes : soldats et officiers (nous sommes après Raphia), prêtres supérieurs — protostolistes de Souchos et de Hathor —, Perses de l'épigonè qui sont, on l'a rappelé, des autochtones hellénisés ou hellénisants. On chercherait en vain un paysan ordinaire parmi les partenaires qui s'engagent dans ces liens. Les unions mixtes scellent les alliances entre une partie des immigrants, celle qui a choisi le mode de vie villageois, et une partie des notables indigènes. L'égyptianisation qui les accompagne

(103) Voir *supra*, notes 43 et 44.

(104) Hypothèse admise par certains savants, p. ex. Cl. Préaux (citée *supra*, note 47), mais qui demeure gratuite. En tout cas elle n'est pas confirmée par la législation de Ptolémée II Philadelphe sur les *stathmoi* dont les éléments disponibles sont réunis par M.-Th. Lenger dans son *C. Ord. Ptol.* 5-10 et All. 2 (avec un complément All 6$^{2-3}$: *P. Sorb.* I, 13, dans la nouvelle édition de 1980, p. 385). Voir à présent, J. K. Winnicki, *Ptolemäerarmee in Thebais*, Wroclaw 1978.

(105) Cf. W. Peremans, « Sur l'identification » (*supra*, note 75), p. 32; Ed. Van 't Dack, « Sur l'évolution des institutions militaires lagides », *Armées et fiscalité dans le monde antique* (Colloque du Centre Glotz, octobre 1976), Paris 1977, p. 77-105, p. 92 sq. Dans mon étude sur « Le statut des Hellènes » (*supra*, note 42), je souligne ce point qui me paraît fondamental pour une approche plus équilibrée des contacts entre Grecs et indigènes dans l'Égypte ptolémaïque.

(106) Le schéma donné par Fr. Oertel dans son compte rendu de Peremans, *Vreemdelingen en Egyptenaren* (cité *supra*, note 45), *ZSS.RA* 59, 1939, p. 606-612, particulièrement p. 612 = *Kleine Schriften zur Wirtschafts- und Sozialgeschichte des Altertums*, Bonn 1975, p. 270, tend à mettre en relief les seules proportions de la répartition socioprofessionnelle par rapport au clivage ethnique. Il devrait être modifié de manière à laisser apparaître le décalage entre dominants et dominés.

est très relative. Elle n'entraîne pas, du point de vue grec, « l'échec » du conquérant[107].

La licéité de ces unions ne fait pas l'ombre d'un doute : elles sont parfaitement valables aussi bien d'après les règles du droit hellénistique qu'à l'égard de la tradition égyptienne[108]. Cela vaut autant pour le mariage d'un Hellène avec une fille égyptienne que pour celui d'un Égyptien avec une fille qui, aussi égyptianisée qu'elle soit pour s'engager dans une telle union, relève formellement du statut grec (que l'on songe aux filles du Crétois Dryton, citoyen de Ptolémaïs !). Cette possibilité juridique n'entraîne pas la formation d'un « droit mixte » gréco-égyptien en matière de mariage : le droit grec *ou* le droit égyptien entrent en jeu suivant la langue du contrat de mariage (ou de l'acte de divorce)[109]. Le clivage linguistique perpétue la séparation des deux droits.

Pas de « droit mixte », pas de « statut mixte » : un Hellène d'Égypte qui épouse une Égyptienne ne produira pas des enfants « gréco-égyptiens » ; il transmettra à ses descendants son *ethnikon* qui assurera leur maintien dans le statut grec : ils seront « Crétois » ou « Cyrénéens », comme leur père. Si son fils suit l'exemple paternel et épouse une Égyptienne à son tour, ses enfants ne seront pas « aux trois quarts égyptiens »[110] ; ils resteront « Crétois » ou « Cyrénéens » à part entière. Mais si l'une de ses filles épouse un Égyptien, ses enfants seront Égyptiens à part entière, et non pas à moitié ou aux trois quarts. Le statut personnel en Égypte ne se divise ni ne s'additionne : l'Égypte ptolémaïque n'est pas la France de Vichy où il fallait compter le nombre de vos grands-parents « aryens » pour savoir à quel genre de discrimination vous alliez être soumis[111]. Dans la monarchie des Lagides, on est Égyptien ou Hellène — accessoirement aussi Libyen ou Noir d'Afrique : Blemmye, Nubien ou Trogôdyte[112] — mais l'on ne

(107) Éd. Will, *Le monde grec et l'Orient*, t. II : *Le IVe siècle et l'époque hellénistique*, Paris 1975, p. 507.

(108) Voir seulement Schafik Allam, art. « Ehe », *Lexikon der Ägyptologie* I, 1975, col. 1162-1181, particulièrement col. 1165.

(109) On trouvera quelques précisions à ce sujet dans ma contribution au volume dédié à la mémoire de G. A. Pétropoulos (cf. *supra*, note 41).

(110) *Sic* Claude Vatin, *Recherches* (*supra*, note 57), p. 133, à propos d'Androsthénès et de son fils Andronikos dans le dossier du *P. Hauswaldt dém.* (*supra*, note 56). En fait, Andronikos est « Perse » et ses descendants mâles continueront à être « Perses de l'épigonè » s'ils reproduisent le comportement matrimonial de l'aïeul. Il leur arrivera peut-être un jour de recourir à un formulaire grec pour un mariage, comme dans le *P. Tebt.* I, 104 (92 av. n. è.), qui nous fait connaître l'union de Philiskos, fils d'Apollonios, Πέρσης τῆς ἐπιγονῆς, et d'Apollonia *alias* Kellauthis, fille d'Hérakleidès, Περσίνη τῆς ἐπιγονῆς (le contrat est une homologie dotale grecque). Les calculs envisagés à propos du *P. Hauswaldt dém.* 18, n'autorisent donc pas la conclusion pessimiste selon laquelle « quelques Grecs ont dû se perdre ainsi » (= par le jeu des mariages mixtes successifs) « dans la masse de la population autochtone ».

(111) Mise au point récente : Roger Erera, « La législation antisémite de Vichy », *Yod. Revue des études hébraïques et juives modernes et contemporaines*, n° 15/16, 1982 : *Les Juifs de France et d'Algérie pendant la seconde guerre mondiale*, p. 31-50.

(112) Voir mon étude sur « Le statut des Hellènes » (*supra*, note 42), note 111.

devient pas « Égypto-Grec » ou « Gréco-Égyptien », notions dont les savants modernes usent et abusent à volonté mais qui ne signifient pas grand-chose sur le plan institutionnel[113].

Dépassant les contraintes de l'agamie politique propre à la tradition de la cité classique, la monarchie hellénistique favorise les alliances matrimoniales entre Grecs d'origines diverses. En même temps, en l'absence de barrières juridiques, une sorte d'agamie culturelle s'installe entre les immigrants hellénophones et la population autochtone. Elle n'est que l'un des aspects du fossé qui sépare les conquérants des conquis. Le débat sur la nature de la civilisation hellénistique va certainement se poursuivre. Espérons qu'à cette occasion il sortira de l'alternative trop étroite qui l'entrave : syncrétisme ou dualité. Mais l'on ne devra plus invoquer, du moins pour l'Égypte des Lagides, l'argument fallacieux du mariage mixte pour tenter d'accréditer l'idée d'un brassage de populations conduisant à un mélange de cultures.

(113) La situation va changer après la conquête romaine, mais la nouvelle définition du statut personnel tiendra compte de l'opposition entre Hellènes et indigènes : je consacre à cette question une étude, actuellement en voie d'élaboration, dont j'ai exposé les principaux résultats au Ve Colloque d'histoire du droit grec et hellénistique qui s'est tenu à Santander en septembre 1982 (cf. *RHD* 60, 1982, p. 548-549) ; à paraître dans les *Scritti in onore di C. Sanfilippo* en 1984.

Addendum

Cet essai étant sous presse, Naphtali Lewis a publié dans *Chron. d'Ég.* 57, 1982 [paru fin 1983], p. 317-322, un bref article intitulé « Dryton's Wives : Two or Three ? ». Selon ce savant, Dryton aurait pu être marié une première fois vers 176/175 av. n. è. (date de son premier testament : voir *infra*, p. 375, n. 4), avec une femme dont nous ignorons le nom et avec laquelle il n'aurait pas eu d'enfants ; puis, il aurait épousé Sarapias vers 160, et Apollonia *alias* Senmônthis en 152/151. Cette hypothèse — à laquelle l'a. lui-même est prêt à substituer une autre explication des données qui l'ont inspirée (p. 318, n. 4) — ne change rien à nos réflexions sur la « mixité » des mariages de Dryton. Son fils Esthladas aurait lui aussi épousé une femme portant un double nom, grec et égyptien, Zoïs *alias* Onkhâsis (*P. Lond.* III 889 a, dans l'interprétation de N. Lewis, art. précité, p. 320-321) ; je complète dans ce sens le tableau ci-dessous, p. 377.

Appendice

A. — Le 3e testament de Dryton, fils de Pamphilos (126 av. n. è.)

L'an 44, le 9 du mois de Payni, à Pathyris[1], devant Asclépiadès, l'agoranome. Dryton, fils de Pamphilos, Crétois, un des « diadoques »[2] et appartenant à la réserve, hipparque commandant les hommes, étant en bonne santé, conscient et sain d'esprit, a fait les dispositions testamentaires qui suivent.

Qu'il me soit donné d'être le maître de mes biens, mais si le destin humain me frappe, je lègue et je donne mes biens, meubles et immeubles, bétail et toutes les autres choses que je pourrai encore acquérir — et d'abord, mon cheval de bataille et tout mon équipement militaire à Esthladas, mon fils que j'ai eu de Sarapias, fille d'Esthladas, fils de Théon, citadine, qui fut ma femme (,) selon le droit[3] et conformément au testament qui avait été rédigé par le bureau de Diospolis-la-Petite, devant Dionysios l'agoranome, dans la 6e année du règne de Philométor[4], lequel testament, parmi d'autres dispositions qu'il comportait, désignait comme son tuteur (?)... un parent; — et quant aux esclaves domestiques, je lui en donne quatre, à savoir une esclave nommée Myrsinè et ses trois enfants (?) ; mais les deux autres esclaves femelles, qui s'appellent Eirénè et Ampelion, je les donne à Apollonia et à ses sœurs, mes cinq filles, de même que le vignoble qui m'appartient à ..., dans le nome pathyrite, ainsi que les puits en brique cuite qui s'y trouvent et d'autres dépendances, et le chariot avec harnais, et le colombier, ainsi qu'un autre terminé à moitié, et la cour, dont les limites sont constituées, au sud par les terrains vagues dudit Esthladas, au nord par la maison voûtée d'Apollonia la Jeune, à l'est par le terrain vague de Petras (...), fils d'Esthladas, à l'ouest par le terrain vague d'Esthladas, jusqu'à la porte qui donne sur l'ouest. — Les autres bâtiments et étables et ... et le terrain vague affecté au colombier au-dessous de la porte d'Esthladas et à l'ouest de la maison voûtée, je les donne à Apollonia et à Aristô et

(1) 26 juin 126 av. n. è. (44e année du règne de Ptolémée VIII Évergète II).

(2) Titre honorifique.

(3) L'expression « selon le droit » (κατὰ νόμους, ligne 5) pourrait bien concerner le mariage de Dryton et souligner ainsi la qualité d'« épouse légitime » de sa première femme (on trouve à la ligne 13 une expression analogue à propos de sa seconde femme) ; la conjonction « et » (καί), qui suit cette formule et qui incite à la considérer, avec la mention du premier testament, comme qualifiant la disposition en faveur du fils, serait alors due à une maladresse du rédacteur de ce texte. En tout, cette formule n'autorise pas l'hypothèse d'une « vocation légale » du fils à hériter de l'équipement militaire du père.

(4) 176/175 av. n. è. : premier testament de Dryton.

à Aphrodisia et à Nikarion et à Apollonia la Jeune, les cinq filles que j'ai eues d'Apollonia, dite aussi Senmônthis, mon épouse légitime; elles auront aussi deux esclaves femelles et la vache, en parts égales, selon la division que j'ai faite. — Esthladas cédera (à ses sœurs ?), sur le terrain à lui donné en face de la porte qui s'ouvre sur l'ouest, quatre coudées carrées pour l'emplacement d'un four. Quant aux autres immeubles et terrains vagues à Diospolis-la-Grande, dans le quartier du temple d'Ammon et dans le quartier des Potiers, Esthladas en aura la moitié et Apollonia ainsi que ses sœurs l'autre moitié ; ils partageront dans les mêmes proportions le reste de ma fortune en créances de blé et d'argent et tous les meubles. — Esthladas et Apollonia avec ses sœurs[5] fourniront ensemble les fonds pour la construction du colombier dans l'emplacement affecté à celui-ci, jusqu'à l'achèvement des travaux ; et à ma femme Apollonia, dite aussi Senmônthis, si elle reste à la maison et vit de manière irréprochable, ils donneront chaque mois, pendant quatre ans, pour sa subsistance et pour celle de ses deux filles, 2 et 1/2 artabes de blé, 1/12 de croton, et 200 drachmes de cuivre ; et après 4 ans, ils donneront ensemble ces mêmes montants aux deux plus jeunes filles, pendant onze ans. Ils donneront à Tachratis[6], pour sa dot, 12 talents en monnaie de cuivre sur les fonds communs. — Tous les biens possédés par Senmônthis, qu'elle aura manifestement acquis pour elle-même pendant la durée de son mariage avec Dryton, resteront sa propriété, et quiconque pour cette raison intenterait des poursuites contre elle (sera débouté).

L'an 44, le 9 du mois de Payni.

P. Grenfell I 21
(d'après L. Mitteis, *Chrestomathie*, Leipzig 1912, n° 302, p. 341-343)[7].

(5) Sans doute seulement les deux « grandes », Aristô et Aphrodisia, puisque les deux cadettes demeurent avec leur mère.

(6) Nom égyptien d'Aphrodisia, la troisième fille.

(7) Une autre copie de ce testament a été publiée par P. W. Pestman comme *P. Lugd.-Bat.*, XIX, 4. Le premier testament de Dryton remonte à 176/175 av. n. è. (*supra*, p. 375 n. 4), sinon à 156/155 (N. Lewis, *Chron. d'Ég.* 57, 1982, p. 318 n. 4) ; un deuxième testament (*SB*, I, 4637+*P. Grenf.* I, 12 ; *P. Bad.* II, 5) aurait été rédigé par notre homme vers 152/151, après son mariage avec Apollonia *alias* Senmônthis (art. précité, p. 319).

IX

La dévolution à l'Etat des successions en déshérence dans le droit hellénistique

(Note sur P. Doura-Welles 12) (*)

La récente publication du Ve volume des « Excavations at Dura-Europos » par M. C. Bradford Welles et ses collaborateurs (1), est un événement dans notre discipline : grecs par leur langue, romains parce que provenant d'une province de l'Em-

(*) Cette étude a fait l'objet, le 29 septembre 1960, d'une communication à la XVe Session Internationale de la Société d'Histoire des Droits de l'Antiquité, à Dijon ; l'article que nous publions ici, muni de références bibliographiques et de renvois aux sources, développe cet exposé.

Les abréviations des titres d'ouvrages sont indiquées toutes les fois à la première référence ; pour les revues, nous avons employé les abréviations usuelles : *Amer. Journ. Phil.* = *American Journal of Philology* ; *Arch. Idiot. Dik.* = Ἀρχεῖον Ἰδιωτικοῦ Δικαίου ; *Arch. f. Pap.* = *Archiv für Papyrusforschung* ; *Bull. Corr. Hell.* = *Bulletin de Correspondance Hellénique* ; *Class. Phil.* = *Classical Philology* ; *Etud. de Pap.* = *Etudes de Papyrologie* ; *JEA* = *Journal of Egyptian Archaeology* ; *JJP* = *Journal of Juristic Papyrology* ; *Rev. Etud. Gr.* = *Revue des Etudes Grecques* ; *RHD* = *Revue Historique de Droit français et étranger* ; *RIDA* = *Revue Internationale des Droits de l'Antiquité* ; *SDHI* = *Studia et Documenta Historiae et Iuris* ; *ZSS* = *Zeitschrift der Savigny-Stiftung für Rechtsgeschichte, Romanistische Abteilung*.

(1) C.B. Welles - R.O. Fink - J.F. Gilliam, *The Parchments and Papyri. With an Account of the Three Iranian Fragments by W.B. Henning. The Excavations at Dura-Europos, Final Report*, V, *Part* I, New Haven, Yale Univ. Press, 1959 (nos références aux commentaires faits dans ce volume seront abrégées : *Dura Report*, V). Une introduction détaillée initie le lecteur aux problèmes posés par les textes ; le chapitre consacré par Mr. Welles aux questions de nature juridique (III : « Legal Matters », p. 11-21) est un essai de synthèse instructif qui sera particulièrement apprécié par les historiens du droit du monde classique. Voir les comptes rendus du recueil par H.J. Wolff, *ZSS*, 77, 1960, 444-447 et J. Modrzejewski, *IVRA*, 12, 1961 (sous presse).

pire, mésopotamiens par leur lieu d'origine, les papyrus et parchemins juridiques de Doura constituent pour l'étude des Droits de l'Antiquité un recueil de sources de très haute importance. Ce beau livre invite de nouveau à élargir vers l'Orient nos recherches sur le droit hellénistique, trop exclusivement axées sur l'Egypte ; c'est dans ce contexte que se situent les observations qui vont suivre (2).

Nous avons choisi un des parchemins de Doura qui présente, croyons-nous, un intérêt particulier ; tout d'abord, parce qu'il reflète un phénomène juridique curieux dont l'interprétation a soulevé des difficultés, résolues de manières diverses, voire contradictoires : une mise au point s'impose donc ; ensuite, parce qu'il ouvre la voie à certaines réflexions sur un problème important : le rôle des institutions hellénistiques dans l'histoire juridique du monde gréco-romain.

I.

1. Dès sa première édition, en 1923 (3), le parchemin — n° 12 du nouveau recueil — a attiré l'attention des savants. Orientalistes et hellénistes lui ont consacré des pages entières : nous

(2) Nous revenons sur l'ensemble du problème dans une notice consacrée au droit de la période hellénistique que nous préparons actuellement pour l'« Introduction bibliographique à l'histoire générale du droit et des institutions » (ouvrage collectif sous les auspices du Centre d'Histoire et d'Ethnologie juridiques de l'Université de Bruxelles).

(3) B. Haussoullier, *Une loi grecque inédite sur les successions « ab intestat »*, in *RHD*, 4e sér., 2, 1923, 515-553 (et non, comme le signale R. Taubenschlag [*The Law of Greco-Roman Egypt in the Light of the Papyri*, 2e éd., Varsovie, 1955, 186, nt. 8], in « Tijdschrift v. Rechtsges. »). La révision du texte par D. Pappoulias, Συμβολὴ εἰς τὴν ἱστορίαν τῆς ἐξ ἀδιαθέτου κληρονομικῆς διαδοχῆς ἐν τῷ Ἑλληνικῷ δικαίῳ (Ἀκαδημία Ἀθηνῶν, Συνεδρία, 4, 1929, 418-429) a permis de supprimer une « *crux juris* » résultant de la prétendue lecture du mot νόννος (ligne 6 = ligne 8 de l'édition américaine ; cf. B. Haussoullier, *op. laud.*, 522-523) : voyez, à ce propos, P. Koschaker, *Zu den griech. Rechtsurkunden aus Dura in Mesopotamien*, *ZSS*, 46, 1926, 299 sq. ; idem, *Über einige griech. Rechtsurkunden aus den östlichen Randgebieten des Hellenismus* (*Abh. d. phil.-hist. Klasse d. Sächs. Akad. d. Wiss.*, Bd. 42, No. 1, Leipzig, 1931, p. 2-3) et *ZSS*, 51, 1931, 427.

croyons avec M. Welles qu'il serait vain d'énumérer les innombrables travaux dans lesquels ce texte a été utilisé ou mentionné (4).

Ce n'est pas notre dessein d'ajouter à ces études un commentaire nouveau. Nous nous bornerons à un seul des problèmes posés par ce document. Le texte comporte une loi en langue grecque relative aux successions *ab intestat* (5) ; dans l'ordre

(4) *Dura Report*, V, 78, nt. 20. La bibliographie essentielle est rassemblée par Mr. Welles ; antérieurement, elle l'avait été par notre Maître R. Taubenschlag, dans son catalogue *Papyri and Parchments from the Eastern Provinces of the Roman Empire outside Egypt*, in *JJP*, 3, 1949, 49-61 (réimprimé in *Opera Minora*, 2, Varsovie, 1959, 29-43) : notre texte y figure comme « P. Dura No. 5 » (*JJP*, 3, 56 = *Opera Minora*, 2, 38). Tout récemment, le texte a fait l'objet d'un chapitre dans l'étude de Mlle L. Lepri, *Sui rapporti di parentela in diritto attico, Saggi terminologici* (Quaderni di « Studi Senesi », N. 3, Milan, Giuffrè, 1959 ; cité dorénavant : *Rapporti di parentela*) 15-20. Comme elle le souligne ellemême (p. 17), Mlle Lepri n'avait pas l'intention d'examiner « les divergences de fond entre Doura et le droit attique » ce qui, dans le cadre des successions en déshérence, est l'objectif de notre étude ; elle a concentré toute son attention sur l'usage linguistique qui se reflète dans notre document, et qui diffère de la langue athénienne des Ve et IVe siècles (ibid.).

(5) Le texte de la loi a souvent été reproduit : par exemple par F. Cumont, *Fouilles de Doura-Europos (1922-1923)*, (*Haut-Commissariat de la République Française en Syrie et au Liban, Serv. des Antiquités et des Beaux-Arts, Bibliothèque archéologique et historique*, t. IX), Paris, Geuthner, 1926 (cité plus loin : *Fouilles de Doura-Europos*), 309-314 ; ensuite, par P. Koschaker, *ZSS*, 46, 1926, 297 ; W. Uxkull-Gyllenband, *Der Gnomon des Idios Logos* (*Aegypt. Urkunden*, V. Bd., 2. Heft), Berlin, 1934, 18 ; E. Bikerman, *Institutions des Séleucides* (t. XXVII de la « Bibliothèque arch. et hist. », mentionnée plus haut), Paris, Geuthner, 1938 (cité dorénavant : *Institutions des Séleucides*), 162, note 3 ; L. Wenger, *Die Quellen des römischen Rechts*, Vienne, 1953, 828, note 1060 ; L. Lepri, *Rapporti di parentela*, 15, note 1 (avec une traduction italienne). Pour permettre au lecteur de suivre plus facilement notre interprétation du document, nous le reproduisons une fois encore, selon la nouvelle édition de Mr. Welles :

Περὶ κ̣[ληρονο]μ̣..[.].[.... ν]ό̣μον χ̣ρε | οφ̣υ[λακ]ε̣ί̣ου. | Τῶν δὲ τελευ̣[τη]σ̣άντω[ν τ]ὰς κληρονο̣|μείας ἀποδίδοσ̣[θ]ε τοῖς [ἄγ]χιστα γένους, | (5) ἀγχιστε͂ς δὲ οἵδε· ἐὰν μὴ [τέ]κ̣να λείπῃ | ἢ υἱοποιήσητε κατὰ τὸν νόμον, | πατὴρ ἢ μήτηρ, μὴ ἄλλῳ ἀνδρὶ συν|οικοῦσα· ἐὰν δὲ μηθεὶς τούτων ᾖ | ἀδελφοὶ ὁμ[οπ]άτριοι· ἐὰν δὲ μηδὲ | (10) οὗτοι ὦσιν, ἀδελφὲ

successoral, un droit est reconnu au roi Séleucide : nous tâcherons de définir la nature de ce droit.

Le parchemin date de la première moitié du IIIe siècle de notre ère : 225-250 selon l'éditeur américain. Mais nous faisons nôtre l'avis quasi unanime des commentateurs qui font remonter les prescriptions rapportées par le texte à une époque beaucoup plus ancienne (6). Doura était une possession romaine au cours du IIe et du IIIe siècles de notre ère : la plupart des trouvailles datent de cette période. Mais avant la conquête romaine, la ville, restée durant plus de deux siècles sous la domination des Parthes, était une fondation séleucide (7). Les normes énoncées dans

ὁμοπάτριοι· ἐ | ὰν δὲ μηθὶς τούτων ᾖ, πατρὸς δὲ | πατὴρ ἢ πατρὸς μήτηρ ἢ ἀνέψιος | ἀπὸ πατρὸς γεγεννημυένος, τού | των ἡ κληρονομία ἔστω. ἐὰν δὲ | (15) μηθὶς τούτων ὑπάρχῃ, βασιλικὴ ἡ | οὐσία ἔστω. κατὰ δὲ ταῦτα ἔστωσαν καὶ | αἱ ἀγχιστίαι.

On trouvera une traduction française de ce texte dans le rapport de F. Cumont, cité plus haut, au début de cette note, ainsi que dans l'article de M. H. Lewald, *Conflits de loi dans le monde grec et romain*, in *Labeo*, 5, 1959, 345-346 (il s'agit d'une récente réimpression de cette étude, parue pour la première fois dans *Arch. Idiot. Dik.* 13, 1946, 30-77).

(6) Selon B. Haussoullier, *op. laud.* (supra, note 3) 529, la loi pourrait même dater du temps d'Alexandre le Grand. D'autres auteurs sont plus prudents ; ils admettent son ancienneté sans toutefois préciser la date : celle-ci se situerait, probablement, pendant le règne de Séleucos 1er : W. Uxkull-Gyllenband, *op. laud.* (supra, note 5) 18 ; M. Rostovtzeff, *Gesellschafts- und Wirtschaftsgeschichte der hellenistischen Welt* (traduction allemande de sa « Social and Economic History of the Hellenistic World », Darmstadt, Wissenschaftl. Buchgesellschaft, 1955 ; nos références seront faites à cette traduction, citée dorénavant : *Gesellschaft u. Wirtschaft*) 1, 381 ; W.W. Tarn - G.T. Griffith, *Hellenistic Civilization*, 3e éd. (réimpression), Londres, Arnold, 1953 (cité plus loin : *Hellenistic Civilization*), 149. M. Welles résume l'opinion commune (*Dura Report*, V, p. 11, A) : « While this parchment was written in the third century, the formulation of the text is in the style of Greek civic laws and the provisions are consonant with Greek practice, and there is every reason to suppose that the law itself goes back to the early days of Dura ». Cf., en dernier lieu, L. Lepri, *Rapporti di parentela, op. laud.* (supra, note 4), 16.

(7) Sur le problème chronologique, voir C.B. Welles, *The Chronology of Dura-Europos*, in *Symbolae R. Taubenschlag*, 3 (= *Eos*, 48, fasc. 3), 1957, 467-474. Sur l'histoire de Doura en général, voir F. Cumont, *Fouilles de Doura-Europos, op. laud.* (supra, note 5), « Introduction historique »,

notre document paraissent contemporaines des origines de Doura, établie sur la rive droite de l'Euphrate vers l'an 300 avant J.-C. (8).

C'est donc à juste titre que certains auteurs ont voulu voir là une « loi royale » (9). Rostovtzeff supposait, par exemple, que nous sommes en présence de l'un des *prostagmata* ou *diagrammata*, édictés par les Séleucides pour l'ensemble du royaume (10). Or, c'est le terme νόμος qui apparaît dans la première ligne déchiffrée par M. Welles. Ce terme évoque la discussion autour de l'expression *basilikos nomos* dans la fameuse inscription des astynomes de Pergame : dans les deux cas, nous aurions affaire

p. XI-LXIV, et le chapitre II de l'introduction au recueil, C.B. WELLES, *The History of Dura as Preserved in the Parchments and Papyri* (*Dura Report*, V, p. 5-10). Il sera intéressant de consulter aussi une étude en langue russe publiée par Mme I.A. ŠIŠOVA, sous le titre « *Doura-Europos — une forteresse dans le royaume parthe* », dans l'ouvrage collectif intitulé « De l'histoire de l'Antiquité et du Moyen Age » (*Iz istorii drevnego mira i srednikh vekov*), n° 192 de la revue périodique de l'Université de Leningrad (*Učenye zapiski Leningradskogo Gosudarstvennogo Universiteta*), Série des sciences historiques, 21, Leningrad, 1956, p. 107-125.

(8) Selon F. CUMONT, *Fouilles de Doura-Europos, op. laud.* (supra, note 5), il pourrait s'agir d'une « charte octroyée à Europos lors de sa fondation » (p. 311). Cette opinion a été suivie par L. WENGER, *Arch. f. Pap.* 10, 1932, 130, qui voit dans notre texte « ein Stück des Gründungsgesetzes der Kolonie », puis par F. PRINGSHEIM, *Geltungsbereich und Wirkung des altgriechischen Rechts*, in *Arch. Idiot. Dik.*, 15 = *Mélanges Triantaphyllopoulos*, 1952 (cité plus loin : *Geltungsbereich*), 75 : « ... das Erbrecht, das offenbar sofort bei der Gründung eingeführt wurde, vermutlich durch neues Recht der Polis ».

Le géographe Isidore de Charax, contemporain de Strabon et d'Auguste, attribue la fondation de Doura à l'officier macédonien Nicanor (*Mansiones Parthicae*, éd. MÜLLER, *Geographi Graeci minores*, 1882, I, p. 248) ; cependant, c'était le roi Séleucos 1er que l'on considérait comme le vrai fondateur de la ville ; voir M. ROSTOVTZEFF, *The Foundation of Dura on the Euphrates, Annales de l'Institut Kondakov*, 10, 1938, 99-106, et l'article de M. WELLES, cité à la note précédente, 467.

(9) Voir, par exemple, P. KOSCHAKER, *ZSS*, 46, 1926, 309 ; L. WENGER, *Arch. f. Pap.*, 10, 1932, 130.

(10) M. ROSTOVTZEFF, *Gesellschaft u. Wirtschaft*, 381 : « Wir können es als eines jener allgemeinen Gesetze und Verordnungen (προστάγματα oder διαγράμματα) betrachten, durch die die Seleukiden das Leben der neuen Siedler in ihrem Reiche regelten ».

à une loi royale maintenue en vigueur sous l'Empire romain ([11]). En fait, il ne s'agit pas d'un *nomos basilikos* mais d'un *nomos chréophylakeiou*, c'est-à-dire d'un règlement destiné à l'usage de l'administration de l'enregistrement ([12]). Quoi qu'il en soit, c'est dans le cadre de la législation des rois Séleucides que doivent être situées les règles consacrées par notre parchemin.

La comparaison de l'ordre des successions dans le texte de Doura avec le droit de Gortyne ou d'Athènes ([13]) nous met en

(11) Voir J.H. Oliver, *Amer. Journ. Philol.* 72, 1951, 200 (c.r. de D. Magie, *Roman Rule in Asia Minor to the End of the Third Century after Chr.*, 1950) ; J. et L. Robert, *Bulletin épigraphique 1952* (*Rev. Etud. Gr.* 65, 1952, p. 171, n° 137) ; G. Klaffenbach, *Die Astynomeninschrift von Pergamon* (*Abh. d. Deutschen Akad. d. Wiss. zu Berlin, Kl. f. Spr., Lit. u. Kunst*, 1953, n° 6, Berlin 1954), 19-25. Cf. aussi M. Amelotti, *L'epigrafe di Pergamo sugli astynomoi e il problema della recezione di leggi stranieri nell'ordinamento giuridico romano*, in *SDHI*, 24, 1958, 80-111. Notons seulement ici que les papyrus d'Egypte attestent l'emploi du terme νόμος aussi bien pour les décrets royaux que pour les constitutions d'empereurs romains : cf. R. Taubenschlag, Νόμος *in the Papyri*, in *JJP*, 2, 1948, réimprimé in *Opera Minora*, 2, Varsovie, 1959, 107-114. Voir encore ci-dessous, note 95.

(12) Voyez le commentaire de M. Welles, *Dura Report*, V, 79. Le χρεοφυλάκιον était « une institution d'Etat, où on conservait une copie vérifiée ou au moins un résumé des contrats enregistrés » (E. Bikerman, *Instit. des Séleucides, op. laud.* 209). Rappelons, à ce sujet, l'étude de R. Dareste, *Le* χρεοφυλάκιον *dans les villes grecques, Bull. Corr. Hell.*, 6, 1882, 241-245 ; cf. E. Weiss, *Griechisches Privatrecht*, 1, Leipzig, 1923, 355-425. Sur les γραμματοφυλάκια et χρεοφυλάκια dans les villes d'Asie mineure, voir encore L. Robert, *Etudes anatoliennes*, Paris, De Boccard, 1937, 453. Une liste des références concernant les χρεοφυλάκια dans les documents de Doura est établie par M. Welles dans son chapitre juridique de l'introduction au recueil (cité plus haut, à la note 1), p. 13.

(13) On verra la loi de Gortyne (1er code : col. V, ligne 9-28) dans l'édition de M. Guarducci, *Inscriptiones Creticae* IV : *Tituli Gortynii*, Rome, 1950 (n° 72). Il existe une vieille thèse allemande sur ce sujet : W. Rönnberg, *Das Erbrecht von Gortyn*, Diss. Rostock, Berlin 1888 ; voir ensuite H. Kreller, *Erbrechtliche Untersuchungen auf Grund der graecoaegyptischen Papyrusurkunden*, Leipzig-Berlin, Teubner, 1919 (cité plus loin : *Erbrechtl. Untersuchungen*), 139 sq., et le commentaire latin de M. Guarducci, *op. laud.*, p. 159-160.

La loi athénienne sur les successions nous est connue grâce aux plaidoyers civils d'orateurs grecs, en particulier ceux d'Isée et de Démosthène.

présence d'un fait juridique grec (14). Combinant le principe des parentèles avec le privilège de masculinité, le système que nous trouvons à Doura se rapproche davantage du droit de la Grèce classique que le régime successoral de l'Egypte lagide (15).

En effet, la part qui revient à la tradition hellénique dans la vie juridique des cités grecques et des colonies militaires d'Orient devait être considérable (16). Souvent le monarque se

La bibliographie du sujet est très abondante ; rappelons d'abord les études de E. Caillemer, *Le Droit de succession légitime à Athènes* (*Etudes sur les antiquités juridiques d'Athènes*), Paris, Thorin — Caen, Blanc et Hardet, 1879, et L. Beauchet, *Histoire du droit privé de la République athénienne*, III, Paris, Marescq, 1897, 423 sq. ; voir ensuite J.H. Lipsius, *Das attische Recht und Rechtsverfahren*, Leipzig, 1905-1915, 537-61, et L. Mitteis, *Reichsrecht und Volksrecht in den östlichen Provinzen des römischen Kaiserreichs*, Leipzig, Teubner, 1891, 314 sq. (comparaison du droit successoral grec et hellénistique avec le système adopté par le Coutumier Syro-Romain). Une brève mise au point a été faite dernièrement par J.W. Jones, *The Law and Legal Theory of the Greeks, An Introduction*, Oxford, Clarendon Press, 1956 (cité plus loin : *Law of the Greeks*), 189 sq. Voyez encore ci-dessous, note 27.

(14) Cf. M. Rostovtzeff, *Gesellschaft und Wirtschaft*, 832 : « ... das rein griechische Intestat-Erbrecht » ; dans le même sens, F. Pringsheim, *Geltungsbereich*, 75 sq.

(15) Cf. H. Lewald, *op. laud.* (supra, note 5), 346. Pour les détails, voir P. Koschaker, *ZSS*, 46, 1926, 297 sq. (avec des schémas graphiques, p. 298) et l'article de D. Pappoulias, cité supra, à la note 3.

Sur le droit gréco-égyptien, voir V. Arangio-Ruiz, *Osservazioni sul sistema della successione legitima nel diritto dei papiri*, in *Studi econ.-giur. dell'Univ. di Cagliari*, 4, 1re partie, 1912, 69-93 = *Rariora*, Rome, 1946, 123-148 ; H. Kreller, *Erbrechtl. Untersuchungen*, *op. laud.* (supra, note 13) 137-200, et particulièrement p. 141 sq. ; R. Taubenschlag, *Die Geschichte der Rezeption des griech. Privatrechts in Aegypten*, in *Atti del IV. Congr. intern. di Papirologia* (*Firenze*) = *Opera Minora*, 1, Varsovie, 1959, 595 sq. et *The Law of Greco-Roman Egypt in the Light of the Papyri*, 2e éd., Varsovie, 1955 (cité plus loin : *Law*2), 186 sq.

Nous n'avons pas, pour l'Egypte, de texte analogue à la loi de Doura ; le papyrus BGU 1185 (60-59 av. n. è.), réglant l'ordre des successions *ab intestat*, concerne un cas particulier : cette ordonnance royale étend aux clérouques hérakléopolites le privilège de successibilité dont jouissaient ceux du nome arsinoïte. Sur la succession aux *kleroi* en Egypte ptolémaïque, voir plus bas, note 56.

(16) Sur les éléments grecs dans le droit des villes hellénistiques d'Asie, voir F. Pringsheim, *Geltungsbereich* (article cité supra, note 8) ;

contentait de confirmer les lois ancestrales d'une *polis* conquise ; de même, en fondant une ville nouvelle il ne pouvait négliger les coutumes anciennes des colons grecs et macédoniens. Mais la suprématie de la volonté législative du roi était érigée en principe ; pour avoir force de loi, les règles juridiques grecques transplantées en Asie devaient répondre à un impératif nouveau : l'intérêt royal. La confirmation du statut d'une ville était, comme l'a démontré M. Bickermann ([17]), un acte de bienveillance, un privilège révocable. A plus forte raison, l'intervention du roi marquait de son empreinte la vie juridique des fondations nouvelles. « A première vue une cité coloniale n'est qu'une copie d'une *polis* grecque reproduite dans le pays barbare » ([18]) ; mais établie sur le sol « conquis à la pointe de la lance », la colonie, création directe de la volonté du roi, reste sous l'emprise royale plus directement encore que la *polis* alliée quasi autonome ([19]).

M. Pringsheim a repris les mêmes idées dans une autre étude : *Ausbreitung und Einfluss des griechischen Rechts*, *Sitz.-Ber. d. Heidelbg. Akad. d. Wiss., phil.-hist. Kl.*, Jhg. 1952, 1 Abh., 1-19.

Tout récemment, Mlle Claire Préaux a développé ce thème dans une conférence, faite le 2 décembre 1960, à l'Institut de Droit Romain de Paris, sur « *La résistance du droit grec en milieu oriental à l'époque hellénistique* ». On trouvera des précisions bibliographiques dans notre notice annoncée plus haut, à la note 2.

(17) *Institutions des Séleucides, op. laud.* (supra, note 5) 133 sq.

(18) E. Bikerman, *op. laud.*, 157.

(19) Nous ne pouvons pas entrer dans le détail de la discussion sur les rapports entre les villes et le roi à l'époque hellénistique ; nous nous permettons de renvoyer à l'exposé de Mlle Cl. Préaux, dans les *Recueils de la Société J. Bodin*, VII : *La Ville*, 1re partie : *Institutions administratives et judiciaires*, Bruxelles, 1954, 69-134, et particulièrement p. 89 sq. Le problème controversé est celui du degré de souveraineté : des conceptions parfois diamétralement opposées ont été formulées à ce sujet (comme celle de A. Heuss, *Stadt und Herrscher des Hellenismus in ihren Staats- und Völkerrechtlichen Beziehungen, Klio Beiheft* 37, Leipzig, 1937, d'une part, et celle de M. Bickermann, *La Cité grecque dans les monarchies hellénistiques, Revue de Philologie*, 1939, 335 sq., d'autre part). De très nombreux travaux sont consacrés aux institutions des villes grecques d'Orient : ceux de M. Louis Robert doivent être nommés en premier lieu (*Etudes anatoliennes, op. laud.*, supra, note 12 ; *Villes d'Asie Mineure*, Paris, De Boccard, 1935 ; *Etudes épigraphiques et philologiques*, Paris,

C'est pourquoi une disposition légale faisant entrer en jeu l'intérêt du souverain semble, dans la loi d'une fondation, émaner directement du législateur suprême lui-même. Dans le document étudié, il s'agit du droit du monarque sur les successions restées vacantes en l'absence d'héritiers réguliers au quatrième degré, c'est-à-dire ceux de la parentèle des grands-parents du côté paternel et des cousins paternels. Le parchemin rapporte la règle selon laquelle « à défaut d'aucuns de ceux-ci, c'est au roi que sont dévolus les biens » (lignes 14-16) : ἐὰν δὲ μηθὶς τούτων ὑπάρχῃ, βασιλικὴ ἡ οὐσία ἔστω. Que faut-il entendre par ces mots ?

Deux interprétations ont été proposées. Selon la première, les biens feraient retour au roi en vertu d'un « droit de reprise ». La colonie, soutient-on, était fondée sur le sol royal ; les proches parents pouvaient, dans les limites fixées par la loi, hériter des lots concédés aux colons ; à défaut d'héritiers légaux, le monarque recouvrait la libre disposition de ses biens.

C'est dans cet esprit que le premier éditeur, B. Haussoullier, interprète notre texte ([20]). D'éminents historiens de l'Hellénisme — comme F. Altheim ou W.W. Tarn — partagent son opinion ([21]). M. Bickermann les rejoint : une fois atteintes les

Champion, 1938 ; la série d'« *Hellenica* », depuis 1940, et le « Bulletin épigraphique » dans la *Rev. Etud. Gr.* — pour ne rappeler que les plus importants). La controverse n'est pas pour autant près d'être close ; voyez, par exemple, les opinions de C.B. Welles, *The Greek City*, in *Studi in onore di A. Calderini e R. Paribeni*, 1, Milan, 1956, 81-99, et leur critique par V. Ehrenberg, *Der Staat der Griechen*, Teil 2, *Der Hellenistische Staat*, Leipzig, Teubner, 1958 (2e éd. de « Der griechische und hellenistische Staat », Gercke-Norden, *Einleitung in die Altertumswissenschaft*, 3. Aufl., III, 3, 1932 ; nous citerons cet ouvrage comme : *Hellenist. Staat*) 90.

(20) *Op. laud.* (supra, note 3), 538/540 (cf. 523/524). Nous citons la conclusion de cet auteur (p. 540) : « La loi de Doura décide donc simplement que les biens dont nul n'est qualifié pour recueillir la succession feront retour au roi. Le roi les distribuera, à son gré, vraisemblablement à de nouveaux colons ».

(21) F. Altheim, *Weltgeschichte Asiens im griechischen Zeitalter*, 1, Halle (Saale), Niemeyer, 1947, 282 ; W.W. Tarn, *Hellenistic Civilization* (*op. laud.*, supra, note 6), 149.

limites au-delà desquelles les plus proches parents ne sont plus appelés, les biens, nous dit-il, retournaient au roi, fondateur de la colonie (22). M. Welles, dans son commentaire de la nouvelle édition, adopte un point de vue analogue (23).

(22) *Institutions des Séleucides*, 162.

(23) *Dura Report*, V, 76-77. Les observations de M. Welles sont marquées d'une profonde prudence. Dans le chapitre de la préface consacré au droit des documents de Doura, il mentionne seulement une « property escheated to the Crown » (*Dura Report*, V, 18). Sa traduction de la disposition étudiée est ambiguë comme l'original lui-même : « Let the property be the king's ».

L'adhésion de M. Welles à la thèse du « retour à la Couronne » n'en est pas moins catégorique. Il va même plus loin que d'autres partisans de cette doctrine : jusqu'à présent tout le monde estimait que le parchemin de Doura contient « une loi sur les successions *ab intestat* » ; M. Welles admet qu'il pourrait en être autrement. Selon lui, la loi ne comporterait qu'un règlement de la gestion des parcelles de terre royale après la mort du colon, sans égard à l'existence ou à l'absence d'une disposition de dernière volonté ; un texte qui précédait directement le nôtre, aurait réglé le même problème *inter vivos* (p. 79). M. Welles rejoint ainsi Franz Cumont (*Fouilles de Doura-Europos*, *op. laud.*, supra, note 5) : « Les premiers mots τῶν δὲ τελευτησάντων » — disait cet auteur (p. 311) — « dont le δὲ indique une suite, le passage à un nouvel article, et qui s'opposent à ce qui précède, rendent probable que la première partie de la loi concernait les vivants, c'est-à-dire traitait des droits de propriété des citoyens de Doura sur les biens dont la seconde partie indique la transmission après décès ». La conjonction δὲ implique, en effet, que notre texte faisait suite à d'autres prescriptions ; malheureusement, nous ne les connaissons pas. Concernaient-elles le régime des parcelles assignées aux colons ? Cela est loin d'être certain. Un argument suffira : celui du fameux recueil de *prostagmata* des Lagides, conservés sous forme d'extraits dans le P. Tebt. 5. Chaque décret reproduit dans ce document est introduit par la même conjonction (προστετάχασι δὲ. . .) quoique les matières traitées n'aient pas toujours un lien logique. Il pourrait en être de même dans le cas du texte de Doura.

En tout cas, cette particularité stylistique n'enlève nullement au document de Doura son caractère de « loi sur les successions *ab intestat* ». Il est vrai que le mot κληρονομία « means both testate and intestate succession » (Welles, p. 76 ; sur ce mot, voir ci-dessous, note 47) ; cependant, et la teneur même de la loi, et la notion d'ἀγχιστεία qui domine le texte, ne laissent subsister aucun doute : le terme κληρονομία est employé au sens d'une κληρονομία κατ' ἀγχιστείαν, c'est-à-dire, pour utiliser la formule d'Henri Estienne, d'une *hereditas quae ab intestato defertur legitimis heredibus* (Stephanus, s.v. κληρόνομος).

Si cette hypothèse était exacte, le juriste ne saurait admettre qu'il s'agisse d'une succession à proprement parler. Cette succession aurait pu échoir au roi, soit en vertu d'un droit d'héritage (*hereditario iure*), soit en vertu du droit de déshérence (*iure imperii*) : celui-ci est, selon la doctrine des civilistes, un aspect particulier d'un droit plus vaste que l'Etat s'attribue sur les biens vacants et sans maître. Or, les historiens de l'Hellénisme rejettent ces deux formules : dans leur hypothèse, le roi hellénistique ne serait ni héritier, comme peut l'être l'Etat moderne, ni successeur universel, *heredis loco*, comme l'était l'Etat romain [24]. N'ayant pas cessé d'être propriétaire, le roi ne ferait que récupérer la possession de l'objet concédé provisoirement au colon et aux héritiers légaux de celui-ci.

Mais les juristes proposent une explication différente : ils comprennent cette disposition au sens, plus précis, d'une dévolution au Trésor royal des successions en déshérence. Il ne s'agit donc pas, pour eux, d'un retour à la Couronne, mais d'un droit reconnu au monarque en tant que successeur [25].

La divergence d'opinions est grave : si la seconde vue est juste, nous serions en présence d'une invention législative capitale. Ce serait, comme le disait P. Koschaker [26], la première apparition

(24) Voir, par exemple, M. Kaser, *Das römische Privatrecht*, 1 (*Handbuch der Altertumswiss.* éd. par H. Bengtson, X, 3, 3, 1), München, Beck, 1955, 586 (§ 169) : « Der Staat, der nicht Privatrechtssubjekt ist, wird nicht Erbe, aber erbenähnlicher Gesamtnachfolger » ; de même F. Schulz, *Classical Roman Law*, Oxford, Clarendon Press, 1954 (réimpression), 237 (§ 424) : « Neither the *aerarium* nor the *fiscus* was regarded as a *heres*, but their position was similar to that of an *heres* ». Cf. aussi l'article de W. Erdmann, cité plus loin, à la note 32. Sur la notion de déshérence, voir M. Planiol - G. Ripert, *Traité pratique*, IV (cité infra, note 33), 237.

(25) Cette interprétation est adoptée par : P. Koschaker, *ZSS*, 46, 1926, 300 ; W. Uxkull-Gyllenband, *op. laud.* (supra, note 5), 18. R. Taubenschlag, *JJP*, 3, 1949, 56 (= *Opera Minora*, 2, 1959, 38) constate simplement : « There are some restrictions in the line of the κατὰ νόμους κληρόνομοι in the absence of whom the *fiscus* gets the inheritance ». Pour L. Wenger, *Quellen* (*op. laud.*, supra, note 5), 828, il s'agit également d'un « Heimfall des erblosen Nachlasses an den Fiskus ».

(26) « Der Anfall des erblosen Nachlasses an den Fiskus, der hier zum ersten Mal in der antiken Geschichte begegnet » (*op. laud.*, supra, note 25, p. 300).

dans l'histoire des institutions d'une règle juridique positive réservant à l'Etat, à défaut d'héritiers réguliers, une place dans l'ordre des successions à cause de mort.

Le droit de la *polis* classique ne semble pas avoir connu une telle règle. Pour échapper à la « honte » de la déshérence, la cité reconnaissait aux parents les plus éloignés du *de cujus* le titre d'héritiers légitimes : les textes de loi rapportés par les orateurs en font foi ([27]). A Athènes, le premier archonte devait veiller à ce que la maison de chaque citoyen ne restât pas déserte ; « il eût été facile » — remarque à ce propos E. Caillemer — « d'attribuer à l'Etat les biens en déshérence : on aima mieux maintenir à l'éponyme le droit d'adjuger les successions sans héritiers aux personnes qui s'engageaient à continuer le culte domestique » ([28]).

On trouve, dans les sources épigraphiques, quelques dérogations à ce principe ; cependant, ces traces d'un régime de dévolution au profit de la cité ne sauraient être valables pour le droit de la Grèce ancienne : elles concernent toutes l'époque postérieure à Alexandre ; il semble plutôt que les villes

(27) La source principale est Démosthène, *Contre Macartatos* (XLIII), § 51, p. 1067 (considéré aujourd'hui comme authentique) qui a été analysé à fond par J.H. Lipsius, *Das attische Recht und Rechtsverfahren*, Leipzig, 1905-1915, 3, 540 sq. et notes. Les droits des cognats, fondés sur l'*anchisteia* en tant que condition de successibilité, s'étendaient peut-être, en droit attique, jusqu'au sixième degré : les fils des cousins du père du *de cujus* ; telle est l'hypothèse de A.R.W. Harrison (*A Problem in the Rules of Intestate Succession at Athens, Classical Review*, 1949, 41) soutenue contre la *communis opinio*, plus restrictive. (Voyez, à ce sujet, U.E. Paoli, *L'ἀγχιστεία nel diritto successorio attico, SDHI*, 2, 1936, 77 sq. et L. Lepri, *Rapporti di parentela*, 6 sq.). Ensuite, succédaient les agnats sans aucune limitation.

(28) *Op. laud.* (supra, note 13), 133-134 ; cf. L. Beauchet, *Histoire du droit privé de la Rép. Athénienne, op. laud.* (ibid.), 566 sq. D'accord avec les hellénistes du siècle dernier, M. Jones, *Law of the Greeks* (*op. laud.*, ibid.), affirme : « We may be sure that on the death of a resident alien intestate and without kin the city was not slow to take over his assets, but of any legal authority vested in the city to appropriate the estates of citizens in such cases we know nothing » ; plus loin, p. 199, M. Jones constate encore : « there was... no definite rule of escheat to the city of property of a man who died intestate and without heirs ».

aient suivi, dans ces cas, l'exemple donné par la monarchie hellénistique ([29]). La règle énoncée par le parchemin de Doura ne peut donc pas être considérée comme un témoignage de la continuité et de la résistance du droit grec en milieu oriental ; ce phénomène, dont Mlle Claire Préaux a entrepris de mesurer l'étendue exacte et la portée historique ([30]), doit être écarté de notre examen. Il ne semble pas non plus que la règle étudiée soit imputable à l'influence de la tradition juridique mésopotamienne : le droit babylonien, comme celui de la cité grecque, ne connaissait pas pareil principe ([31]).

(29) Voir surtout le décret d'Anisa en Cappadoce, Ch. MICHEL, *Recueil d'Inscriptions Grecques* (1900-1927), 546, cité par E. BIKERMAN, *Institutions des Séleucides*, 162 ; ensuite, les inscriptions citées dans l'article de S. VON BOLLA, *ZSS*, 59, 1939, 548-549 : IG XIV, 645, col. II, 151, du IIIe siècle av. n. è. ; Thestia, *Sitz.-Ber. der Berl. Akad. d. Wiss., phil.-hist. Kl.*, Jhg. 1933, p. 381, du IIe siècle av. n. è., et DITTENBERGER, *Sylloge*³, 884, 52, du IIIe siècle de n. è.

Le décret d'Anisa (voir, sur ce document, F. CUMONT, *A propos du décret d'Anisa en Cappadoce*, *Revue des Etudes Anciennes*, 34, n° 1, 1932, 135-138 ; L. ROBERT, *Revue de Philologie*, 13 [65], 1939, 211 ; M. ROSTOVTZEFF, *Gesellschaft u. Wirtschaft*, 663, et note 120, p. 1306) rend hommage à un archonte qui a obtenu de l'ἀρχιδιοικητής et de l'ἐπὶ τῆς πόλεως royaux que la ville recueillît la succession d'un homme mort *ab intestat* (ἀκληρονόμητος) ; il semble que cette succession ait été déférée à la ville en vertu d'un privilège accordé par le roi. Nous aurions là un cas semblable à celui des *bona vacantia* qui, à Rome, pouvaient échoir à un *municipium* si un privilège spécial de l'Empereur en décidait ainsi : voir l'*Edictum Claudii de civitate Volubilitanorum* (*FIRA*, 1, n° 70, p. 416-417 = CHATELAIN, *Inscriptions Latines du Maroc*, 1, 1942, n° 116) et la lettre de Pline à Trajan (Pline le Jeune, *Lettres*, X, 84 [88]) où nous apprenons qu'Auguste a concédé aux Nicéens le privilège de réclamer la succession de leurs concitoyens (*Nicaeensibus, qui intestatorum civium suorum concessam vindicationem bonorum a divo Augusto adfirmant...*).

(30) Voir C. PRÉAUX, *De la Grèce classique à l'Egypte hellénistique. Note sur les contrats à clause exécutoire*, *Chronique d'Egypte*, 33, 1958, 102-112 ; *La Banque témoin*, ibid., 243-255. Ces articles font partie d'une vaste étude dont l'objectif est de « rechercher, dans les domaines de la pensée et de l'expression, la continuité d'un développement entre l'Egypte hellénistique et la Grèce classique, en repérer et en expliquer éventuellement les failles » (*op. laud.*, p. 103). Mlle Préaux a exposé les lignes générales de cette recherche dans sa conférence signalée plus haut, à la note 16.

(31) Cf. G.R. DRIVER - J.C. MILES, *The Babylonian Laws*, 1, *Legal Com-*

C'est donc à la monarchie hellénistique elle-même que revient l'idée ingénieuse d'avoir introduit un successeur nouveau dans le cercle des parents du défunt. Consacrée par le droit de l'Empire romain (32) et adoptée par la plupart des législations modernes — du droit anglais au droit soviétique, en passant par d'autres systèmes européens (33) — la dévolution à l'Etat des

mentary, Oxford, Clarendon Press, 1952 (rééd. 1956), 343 : « ... there is nothing to suggest that... the estate escheated as *bona vacantia* to the Crown ».

(32) Nous revenons plus loin au problème des successions vacantes en droit romain (voir les notes 86-87) ; la bibliographie du sujet s'étend des études anciennes (comme celle de F. Bluhme, *Über das Recht des Fiskus an erblosen und confiscirten Gütern*, in *Rheinisches Museum für Jurisprudenz*, 4, 1833, 212-224, ou la thèse de J. Gueguan, *Des successions dévolues au fisc en droit romain*, Rennes, 1883) à l'article sur *bona vacantia*, par W. Erdmann, dans Pauly-Wissowa, *Realencyclopädie*, 7 A, Stuttgart, 1948, 2026-28. Voir aussi S. von Bolla, *Zum römischen Heimfallsrecht*, *ZSS*, 59, 1939, 546 sq.

(33) Voir, pour le droit anglais, Sir D. Hughes Parry, *The Law of Succession Testate and Intestate* etc., 3e éd., Londres, Sweet & Maxwell, 1953, 149-159 : selon le « Intestates' Estates Act », de 1952 (en vigueur depuis le 1er janv. 1953), « the intestate's residuary estate belongs to the Crown or to the Duchy of Lancaster or to the Duke of Cornwall (as the case may be) as *bona vacantia* in lieu of any right to escheat » (p. 158-159) ; cet « Act » a confirmé une règle antérieure (cf. p. 154), qui remonte au Moyen Age (p. 146).

Selon l'art. 768 du Code Civil français, à défaut d'héritiers et de conjoint survivant « la succession est acquise à l'Etat » (cf. les articles 24 à 30 et 124-125 du décret du 28 décembre 1957 portant Code du domaine de l'Etat, relatifs aux successions en déshérence). Abandonnant l'opinion classique, les civilistes estiment aujourd'hui que l'Etat intervient *jure hereditario*, à titre de successeur du défunt : voir A. Colin - H. Capitant, *Cours élémentaire de droit civil français*, 3, 10e éd., Paris, 1950, nos 967-977 (p. 497 sq.) ; cf. M. Planiol - G. Ripert, *Traité pratique de droit civil français*, 2e éd., t. IV : *Successions*, Paris, Libr. Générale, 1956, p. 237 sq. ; voyez aussi les thèses de droit de J. Chevalier, *L'Évolution des droits de l'Etat dans les successions et la question de l'héritage* (Grenoble, 1925), Paris, Jouve, 1925, et de J. Gosse, *De la vocation héréditaire de l'Etat*, Grenoble, Impr. Alher, 1941.

Le même principe se retrouve dans d'autres codes civils contemporains : italien (art. 586 ; cf. C. Persico, *Il diritto dello Stato nelle successioni vacanti*, *Rivista di Diritto Civile*, 8, 1916, 322-370), allemand (BGB art. 1936), suisse (art. 466) ou espagnol (art. 956 et suiv.).

successions en déshérence remonte aux inventions législatives que la monarchie hellénistique, créatrice d'institutions nouvelles, a léguées à nos codes civils. Revenons encore à la controverse entre historiens et juristes : nous verrons quelles sont les données sur lesquelles se fondent les deux points de vue ; nous tâcherons de prouver que celui des juristes répond mieux à la réalité historique.

2. La clé du problème pourrait être recherchée dans la définition du droit à transmettre par voie de succession. Si l'on pouvait prouver que le roi ne cessait, à aucun moment, d'être propriétaire des biens composant l'hérédité, l'hypothèse du « retour à la Couronne » serait justifiée ; si au contraire, l'héritage devait être considéré comme ayant été la propriété exclusive du colon défunt, il paraîtrait difficile que le roi le réclamât en qualité de propriétaire : dans ce cas, la querelle devrait être tranchée en faveur de l'opinion soutenue par les juristes.

A qui appartiennent donc les biens visés par la loi de Doura ? Le problème est quelque peu subtil et nous devons l'examiner scrupuleusement.

Tant qu'il s'agit d'héritage entre parents, il est question de κληρονομία ; ce terme signifie : « participation à un héritage, droit d'hérédité », et répond ainsi, plus ou moins exactement, à l'*hereditas* du droit classique romain (34). Mais, comme le note

Ce principe est consacré aussi par le code civil de la République Socialiste Fédérale de Russie (*Graždanskij kodeks RSFSR*) : voir l'art. 433, § 2 (texte en vigueur au 1er janvier 1956, établi par le décret du Soviet Suprême de la République du 12 juin 1945). La loi soviétique considère l'Etat comme héritier : cela résulte de l'art. 434 du code qui assimile les obligations de l'Etat successeur à celles des héritiers réguliers. Voyez, à ce sujet, le chapitre 29 du manuel collectif : *Sovetskoe graždanskoe pravo* (= *Le Droit civil soviétique*), sous la rédaction de S.N. Bratus', Moscou 1951, traduction allemande : *Sowjetisches Zivilrecht*, 2, Berlin, 1953 (p. 565 sq. de la traduction allemande).

(34) Lignes 3-4, 14, peut-être aussi ligne 1 (cf. le commentaire de M. Welles, *Dura Report*, V, 78-79). Cette équivalence des termes grec et romain est adoptée par Estienne (Stephanus, s.v. κληρονόμος) ; nous reviendrons encore, avec plus de détails, sur la signification du mot κληρονόμία (voir ci-dessous, note 47). Sur l'*hereditas*, voyez A. Berger, *Encyclopedic Dictionary of Roman Law*, Philadelphia, 1953, 485.

M. Welles, l'on pourrait aussi lier le sens de ce mot à κλῆρος, « lot de terre », et traduire *kleronomia* par : « droit de tenir ou de gérer un *kleros* » (35) ; dans cette hypothèse, ce serait seulement le droit de disposer d'une parcelle que l'on transmettrait par voie de succession, une sorte de bail héréditaire.

La disposition finale qui introduit le roi dans l'ordre des successions, donne le nom d'οὐσία, « domaine », à l'objet réclamé pour le souverain. Les deux termes — *kleronomia* et *ousia* — désignent-ils la même réalité ? M. Welles le croit : l'*ousia* de la phrase cruciale pourrait être, pour lui, le *kleros*, un lot de terre assigné au colon (36).

Si cette supposition s'avérait exacte, y aurait-il là une raison suffisante pour rejeter la thèse que nous nous sommes proposé de défendre ? Rien n'est moins sûr. Le *kleros* séleucide ne doit pas être considéré uniquement comme une parcelle de terre royale, concédée provisoirement aux habitants de la colonie et faisant retour à la Couronne en l'absence d'héritiers légaux. M. Bickermann, éminent spécialiste des institutions séleucides, nous l'apprend : « les colonies » — dit-il — « furent établies sur le sol royal et les possessions des colons ne furent que des portions détachées du domaine royal » ; mais il précise aussitôt que « le roi c é d a de tels terrains à une colonie comme il faisait d o n de morceaux de terre cultivable à ses courtisans » (37). Il s'agit, par conséquent, du « sol du domaine royal dont la p r o p r i é t é avait été c é d é e à la ville neuve et à ses citoyens » (38). « Le roi » — constate finalement le même auteur (39) — « peut r e n o n c e r d é f i n i t i v e m e n t à

(35) *Dura Report*, V, 79 : « right of holding and managing a κλῆρος ».

(36) *Dura Report*, V, 76 : « If we may assume... that the οὐσία of l. 16 means something like the κλῆρος of 15... ». Il convient de noter que dans le P. Doura 15 (IIe avant n. è.), auquel M. Welles fait allusion, « the portion of a κλῆρος » — pour citer ses propres paroles (p. 77, note 12 in fine) — « is handled as private property » ; cette comparaison nous semble, par conséquent, peu heureuse car le caractère de « propriété privée » s'accorde mal avec l'idée de bail, inhérente au concept de « retour à la Couronne ».

(37) *Institutions des Séleucides*, 161.

(38) Ibid.

(39) Ibid., 183. C'est nous qui avons souligné les mots espacés dans les citations.

la terre », et notamment « affecter les *kleroi* à l'établissement d'une colonie telle que Doura-Europos ».

Cette « renonciation définitive » s'accorde mal avec l'idée du retour à la Couronne d'un *kleros* : pour cela il faudrait que le roi eût gardé le titre de propriétaire de ce *kleros* ! Sans doute, une analogie avec la clérouchie ptolémaïque serait-elle séduisante ; cette ressemblance apparente a dû frapper F. Cumont pour qui les *kleroi* de Doura seraient « des lots attribués contre obligation du service militaire » (40). En réalité, il n'en est rien : le *kleros* séleucide et le *kleros* ptolémaïque ne désignent pas la même chose. En effet, chez les Lagides, le sens primitif du mot est celui d'une tenure militaire individuelle, propre au système de l'armée sédentaire ; encore faut-il tenir compte des changements ultérieurs dans le régime clérouchique égyptien qui ont abouti, vers la fin de l'ère ptolémaïque, à une propriété privée pratiquement illimitée (41). Chez les Séleucides, qui ont choisi le

(40) *Fouilles de Doura-Europos, op. laud.* (supra, note 5), p. 290. Sur le sens du mot *kleros*, voyez encore A. WILHELM, *Neue Beiträge zur griechischen Inschriftenkunde, Sitz.-Ber. d. Wiener Ak. d. Wiss.*, 175, 1, 1913 (n° 15), 5-6.

(41) On consultera, à ce sujet, l'exposé de Mlle Cl. PRÉAUX, *L'Évolution de la tenure clérouchique sous les Lagides*, in *Recueils de la Société J. Bodin*, III : *La Tenure*, Bruxelles, 1938, 41-57, extrait de son ouvrage *L'Economie royale des Lagides*, Bruxelles, Fondation égyptol. Reine Elisabeth, 1939 (cité dorénavant : *Economie royale*), 468-480 ; nous citons la conclusion lapidaire de Mlle Préaux : « L'évolution de la tenure clérouchique et de la jouissance du *stathmos* tend vers la propriété privée absolue ». Pour la bibliographie ultérieure, voir R. TAUBENSCHLAG, *Law*^{2}, 236, note 20 et M. ROSTOVTZEFF, *Gesellschaft u. Wirtschaft*, 391 sq. et 1141, note 91. Parmi les derniers travaux consacrés à la clérouchie ptolémaïque, notons une thèse de lettres allemande : F. UEBEL, *Die Kleruchen im ptolemaïschen Aegypten bis um die Mitte des 2. Jh. v. Chr.*, Jena 1959 (cf. A. C[ALDERINI], *Aegyptus* 39, 1959, 386-387) et une récente publication soviétique qui concerne, en partie, cette matière : K.K. ZEL'IN, *Issledovanija po zemel'nykh otnošenij v Egipte II-I vekov do našej ery* (= *Recherches sur l'histoire des rapports agraires en Egypte aux IIe et Ier siècles avant notre ère* ; en russe), Editions de l'Académie de l'U.R.S.S., Moscou 1960.

système de la conscription, le *kleros* n'implique pas d'obligations de service militaire : il ne représente qu'une unité cadastrale ([42]).

La théorie du retour à la couronne semble donc ne pas avoir de bases solides, même chez ses propres adhérents. Le recours à la notion de « domaine éminent » pourrait compenser les faiblesses de l'argumentation : c'est peut-être ainsi que M. Bickermann a été amené à parler d'une « possession éminente » (!) que le roi garde « sur la terre dont il est le chef » ([43]). Mais le concept médiéval de domaine éminent traduit mal la réalité juridique du monde grec. Les historiens rejettent un *dominium eminens* de la cité dans la Grèce ancienne ([44]). Rostovtzeff, principal partisan de la théorie d'un « Obereigentum » royal à l'époque hellénistique, a dû, plus tard, nuancer ses positions ([45]) : les faits historiques confèrent à ce droit du monarque un caractère différent du domaine direct propre au régime féodal des biens ([46]). En tout cas, la propriété royale n'exclut pas, aussi bien en Egypte qu'en Asie, l'existence de la propriété foncière individuelle pleine et illimitée : un retour à la Couronne ne saurait donc se faire en vertu d'un domaine éminent du roi.

(42) E. Bikerman, *Institutions des Séleucides*, 162. Sur les cadastres des Séleucides, voir W.L. Westermann, *Land Registers of Western Asia under the Seleucids*, *Class. Phil.*, 16, 1921, 12-19 et 391-392 ; en dernier lieu, et dans le cadre plus large de l'Antiquité toute entière, M. Talamanca, *Il catasto nei diritti antichi*, *Enciclopedia del Diritto*, 6, Milan, Giuffrè, 1960, s.v. *catasto*. Pour l'Egypte, on peut consulter encore A. Déléage, *Les cadastres antiques jusqu'à Dioclétien*, *Etud. de Pap.*, 2, 1934, 73-228.

(43) *Op. laud.*, 169, 170.

(44) Cf. J.W. Jones, *Law of the Greeks*, 199 : « There was no legal concept of the eminent domain, *dominium eminens* » (scil. : dans la cité classique). La notion grecque de propriété a été étudiée dernièrement par M. Louis Gernet, dans une conférence faite, le 6 février 1959, à l'Institut de Droit Romain de Paris sur : « *Les Aspects du droit de propriété en Grèce* ».

(45) Nous avons acquis cette impression en confrontant les idées développées par M. Rostovtzeff dans le 1er chapitre de ses *Studien zur Geschichte des röm. Kolonates*, Leipzig-Berlin, Teubner, 1910 (I. : *Das ptolemäische Aegypten*, 1-84), avec les réserves faites dans sa *Gesellschaft u. Wirtschaft*, 209-210 et 1136, note 84.

(46) Sur la théorie du domaine divisé, voir J. Declareuil, *Histoire générale du droit français des origines à 1789*, Paris, Sirey, 1925, 272 sq.

Pour notre part, nous ne croyons pas que l'interprétation restrictive du mot *kleronomia* au sens de « droit à un *kleros* » doive être retenue. La signification couramment admise : « droit d'hérédité », paraît préférable ; l'usage linguistique attesté par les papyrus, par la Septante et par le Nouveau Testament est sans équivoque à cet égard ([47]).

Sans doute, l'équation proposée par M. Welles : *kleronomia* = *ousia*, est-elle incontestable pour notre texte ([48]). Mais c'est précisément pour cette raison que l'on ne peut pas restreindre le premier terme, *kleronomia*, à sa seule valeur étymologique. Le sens du second terme : *ousia*, s'y oppose ; il désigne un objet

(47) Dans les papyrus le mot κληρονομία ne veut dire que : « héritage », « droit d'hérédité » ; voir F. Preisigke, *Wörterbuch der gr. Papyrusurkunden*, 1, Berlin, 1925, s.h.v. ; cf. H. Kreller, *Erbrechtl. Untersuchungen* (*op. laud.*, supra, note 13), 55-63.

Dans la Septante, κληρονομία garde le même sens : voir, p. ex., Ezéchiel, 46, 16 sq. Par extension, le terme signifie « propriété » (sous-entendu : acquise et transmise par héritage) : Judith 16, 21 (25) ; Nombres 18, 23. Ce sens subsidiaire du mot *kleronomia* est déjà connu d'Aristote : *Ethique à Nicomaque* 1153 b 33 (cf. Lidell-Scott, *A Greek English Lexicon*, s.v. κληρονομία : « inheritance » ; « possession, property ») ; c'est d'ailleurs un usage assez fréquent, même aujourd'hui encore (par exemple dans les langues slaves), que de définir le propriétaire par sa qualité d'héritier.

Dans le Nouveau Testament ce sens du terme κληρονομία = héritage reste inchangé, même si on l'emploie, par métaphore, pour définir « le droit à l'héritage dans le Royaume du Christ » : Epître de Paul aux Ephésiens, 5, 5 (... οὐκ ἔχει κληρονομίαν ἐν τῇ βασιλείᾳ τοῦ Χριστοῦ) ; voir, à ce sujet, G. Kittel, *Theologisches Wörterbuch zum Neuen Testament*, III, Stuttgart, 1938, p. 758 sq. Cet emploi du mot *kleronomia* dans la *koiné* de l'époque évangélique est attesté aussi par la première épître de Pierre (I Petr. 1, 4) ; notons, avec le commentateur de ce texte E.G. Selwyn (*The First Epistle of S. Peter*, London, Macmillan, 1952, 71 et 172), que, même dans un contexte religieux, le terme signifie, comme dans le langage vernaculaire, « propriété qui change de mains après la mort ».

(48) B. Haussoullier, au contraire, met l'accent sur la divergence des deux termes : « Il n'est plus question maintenant » — dit-il (*op. laud.*, ci-dessus, note 3, p. 524) — « de succession (κληρονομία), mais de biens (οὐσία) : le roi ne recueille pas une succession, mais il s'attribue les biens ». En fait, il s'agit du même objet : les biens attribués au roi sont la succession restée vacante aux termes de la loi.

plus étendu qu'un « lot de terre assigné à un colon ». A l'origine, ce mot veut dire : « être », « être réel » et plus précisément « être humain » ; par extension, il définit toutes les appartenances d'un individu, la richesse d'un homme, son patrimoine ([49]). La distinction faite par les orateurs grecs entre « propriété visible » et « invisible » utilise ce mot : φανερὰ et ἀφανὴς οὐσία ([50]). Le substantif οὐσία implique donc l'idée de la propriété privée sans plus. Il est intéressant de noter que c'est ce sens concret : « propriété », « biens », et non le sens philosophique (« essence des choses ») que le mot *ousia* a dans les textes grecs de la Bible et chez les auteurs juifs de langue grecque comme Philon ou Flavius Josèphe ([51]).

Les papyrus attestent l'emploi du mot οὐσία pour désigner une propriété foncière individuelle ; à l'époque romaine ce terme devient la dénomination grecque des terres domaniales en

(49) Cf. Lidell-Scott, *A Greek-English Lexicon*, II, s.h.v. : « that which is one's own, one's substance, property ; essence ; the primary real ». Voir J.W. Jones, *Law of the Greeks*, 202 : « ... encroachment upon a man's 'property' (οὐσία) was viewed as an infringement upon a sphere which was regarded as constituting an extension of his personality, of his 'being' (also οὐσία) ». C'est dans ce sens (« fortune », « patrimoine ») que le mot est employé par Platon, *République*, VII, 6 (551 b.). Pour Aristote, οὐσία signifie τὸ τί ἦν εἶναι (cf. *Métaphysique* VII, 7, 1032 b 14 et *passim*) : l'élément durable, véritablement réel par opposition à ce qui est apparent, passager.

(50) Cf. M.I. Finley, *Studies in Land and Credit in Ancient Athens*, New Brunswick - New Jersey, Univ. Press, 1951, 54-55 ; J.W. Jones, *Law of the Greeks*, *op. laud.*, 208 sq.

(51) Voir les textes de la Septante : Tobie 14, 13 (BA) ; III. Macc. 3, 28. Chez Philon, le terme *ousia* est employé au sens « patrimoine » dans *In Flaccum* 18, à plusieurs reprises (voir l'édition de L. Cohn - P. Wendland, *Philo, Opera omnia*, VI, p. 147, lignes 14, 24, 27) ; cf. *In Flaccum*, 20 (ibid., VI, p. 151, ligne 9) ; *Legatio ad Gaium*, 13 (ibid., VI, p. 174, ligne 25) et 43 (ibid., VI, p. 218, lignes 4 et 9) ; *De specialibus legibus*, II, 16 (ibid., V, p. 116, ligne 1, 25, et p. 117, ligne 7) ; III, 30 et 33 (ibid., V, p. 195, ligne 20, et p. 201, ligne 1). Chez Flavius Josèphe, on trouve la même valeur de ce terme dans la *Guerre Juive* 4, 241 et dans les *Antiquités* 7, 114. Le seul emploi fait du mot *ousia* par le Nouveau Testament (Luc. 15, 12) est aussi caractéristique : c'est l'histoire de l'enfant prodigue qui réclame à son père « la part de fortune qui lui revient » (δός μοι τὸ ἐπιβαλλον μέρος τῆς οὐσίας).

Egypte (52). Cet usage peut-il accréditer la thèse qui confond l'*ousia* avec le *kleros* ? A notre avis, il prouve plutôt le contraire : l'idée d'une grande propriété foncière privée s'oppose visiblement à celle d'un lot de terre assigné à titre précaire à l'usager temporaire.

Mais nous avons dans les papyrus un témoignage plus précieux qui milite en faveur de notre interprétation : c'est un des *Apokrimata* de Septime Sévère où nous retrouvons les termes οὐσία et κληρονομία employés comme synonymes ; dans ce texte, la valeur juridique du mot οὐσία est évidente : équivalent des *bona*, il désigne tous les biens faisant l'objet d'une succession (53).

Il y a tout lieu de croire qu'il en va de même dans la loi de Doura : l'οὐσία dans notre parchemin vise l'ensemble des biens du défunt, meubles et immeubles. Sans doute, le *kleros* était-il, dans la plupart des cas, la partie essentielle de la succession ; mais quelle que soit la signification exacte de ce vocable et les difficultés qu'il soulève, la disposition étudiée ne se borne pas aux parcelles assignées à des colons ; elle concerne tout le patrimoine de ceux-ci, qui échoit au roi dans les circonstances prévues par le législateur.

Les premiers commentateurs de notre texte — B. Haussoullier et F. Cumont — ont été amenés à se contredire : ils ont admis le sens large du terme *ousia* : « l'ensemble des biens », tout en se prononçant pour l'hypothèse du retour des parcelles au roi ; ils n'ont pas retenu la restriction du terme *ousia* au

(52) Cf. F. Preisigke, *Wörterbuch der griech. Papyrusurkunden*, 2, Berlin, 1927, s.h.v. : « Vermögen, Besitzung, Landgut, Gutsverwaltung ». Des *ousiai* privées ptolémaïques sont attestées par P. Col. Zen. II, 120 (229-228 av. n. è.). Sur les *ousiai* du Fayoum, voir N. Hohlwein, *Evhéméria du Fayoum*, *JJP*, 3, 1949, 80 sq. ; cf., en dernier lieu, A. Tomsin, *Notes sur les* οὐσίαι *à l'époque romaine*, *Studi in onore di A. Calderini et R. Paribeni*, 2, 1956, 211-224.

(53) P. Col. 123, ligne 55, cf. ligne 52. Voir le « Legal Commentary » de M. A.A. Schiller (*Apokrimata — Decisions of Septimius Severus on Legal Matters*, New York, Columbia Univ. Press, 1954, p. 88-92, et particulièrement p. 91) : « *Ousia* refers to the property, specifically patrimony which constituted the inheritance ».

sens étroit de *kleros* qu'implique cette hypothèse ([54]). M. Welles va au bout de la pensée de ses prédécesseurs : il restreint l'*ousia* au *kleros*. Mais cette restriction n'est pas plausible, nous l'avons vu. L'analyse sémantique tend à écarter le concept de « retour à la Couronne ».

D'autres considérations militent dans notre sens. La présence des femmes dans l'ordre des successions *ab intestat* nous paraît gênante pour les partisans de la théorie que nous contestons : on imagine assez mal une femme capable de desservir un « fief ». Sans trop nous fier aux analogies historiques, nous serions tentés d'évoquer la garde seigneuriale de la France médiévale qui offre une solution pratique du même problème : si une succession noble devait, faute d'héritiers mâles, être dévolue à la fille du vassal, le seigneur reprenait le fief et ne le rendait à l'héritière qu'au moment où celle-ci étant mariée le service du fief pouvait à nouveau être assuré. Or nous ne trouvons aucune préoccupation de ce genre dans le texte de Doura : tout au contraire, la mère du défunt n'hérite qu'à condition de ne pas être remariée ! ([55]). Le roi aurait dû se soucier des conséquences redoutables de l'inaptitude militaire des femmes si son but n'avait vraiment été que d'assurer l'exploitation régulière d'un fief ; cette insouciance du législateur prouve assez que la disposition légale ne se limite pas aux parcelles assignées à des soldats ([56]).

(54) B. Haussoullier, *op. laud.* (supra, note 3), 539 ; F. Cumont, *op. laud.* (supra, note 5), 312.

(55) Lignes 7-8 : ἡ μήτηρ, μὴ ἄλλῳ ἀνδρὶ συνοικοῦσα ; une condition semblable pouvait, selon B. Haussoullier (*op. laud.*, 536), être imposée à la grand-mère paternelle, nommée à la ligne 12. Voir, sur le droit successoral de la femme grecque, l'article précité de U.E. Paoli, *SDHI*, 2, 1936, chap. IV : « La situazione giuridica della donna e i suoi diritti successori » (p. 108 sq.). Sur la garde seigneuriale, cf. G. Lepointe, *Droit romain et ancien droit français : Régimes matrimoniaux, libéralités, successions*, Paris, Montchrestien, 1958, 256 sq.

(56) Cf. cependant C.B. Welles, *Dura Report*, V, 77. Une opinion semblable a été émise par M. Pringsheim, *Geltungsbereich*, 75/76 (*op. laud.*, supra, note 8) selon qui les femmes « [hatten] als Erbinnen des Kleros dem König Soldaten zu stellen ». Nous ne croyons pas qu'on doive le suivre. Il est caractéristique que même le système de la clérouchie ptolémaïque, qualifié de « féodalité embryonnaire » (expression de J. Lesquier,

Deux autres arguments viennent encore renforcer notre point de vue. Le premier est l'emploi de l'impératif ἔστω (βασιλικὴ ἡ οὐσία ἔστω). L'expression : « que le domaine *soit* au roi », laisse entendre qu'il ne lui appartenait pas auparavant. S'il s'agissait de reprendre le bien du monarque, on s'attendrait à voir employer une tournure plus appropriée. Le vocabulaire de la *koiné* n'en manquait pas : il suffit de rappeler l'usage fait par les papyrus ptolémaïques du verbe ἀναλαμβάνειν, dans les situations où il fallait précisément « faire retourner à la Couronne les biens du roi » ([57]). La présence de ἔστω, aussi bien pour le

Les Institutions militaires des Lagides, Thèse Lettres, Paris, 1911, 254), n'admet pas les femmes à la succession des *kleroi*, devenus héréditaires au IIe siècle avant n. è. Il est vrai que le papyrus BGU 1734 = 1261 (reproduit par W. KUNKEL, dans son article *Über die Veräusserung von Katoekenland*, *ZSS*, 48, 1928, 308-311), acte de cession (παραχώρησις) d'une parcelle se trouvant à Hérakléopolis, nous montre le *kleros*, au 1er siècle avant n. è., entre les mains d'une femme ; Mlle Cl. PRÉAUX, *Economie royale*, 471, en conclut que les femmes pouvaient, à cette époque, succéder aux *kleroi*. Mais pour être isolé, ce témoignage d'une prétendue vocation féminine à la succession est encore très douteux : comme le souligne M. KUNKEL (article précité, 291), la femme Ptolémâ mentionnée dans ce document, semble uniquement représenter son fils mineur dont le père est mort ; on ne saurait donc la considérer comme héritière du *kleros* (cf. aussi R. TAUBENSCHLAG, *Law*², 237, note 29).

A plus forte raison, le droit des femmes de succéder aux *kleroi* à l'époque lagide, ne peut-il pas être déduit d'un document du début du IIe siècle de l'ère romaine : P. Fam. Tebt. 25 (129 ap. J.-C.). Ce texte nous montre la femme Heracleia Ninnous comme héritière d'une terre « catoecique » ; mais nous sommes bien loin de la clérouchie ptolémaïque : à cette époque, seuls des vestiges terminologiques en préservent encore un écho (cf. cependant R. TAUBENSCHLAG, *ibid.*).

(57) Voir, par exemple, P. Lille 14 = WILCKEN, *Chrest.* 335 = P. MEYER, *Jurist. Papyri*, n° 56a (243-242 av. n. è.) : l'ordre de faire retourner au Trésor la tenure d'un officier décédé ; ἀναλαμβάνειν, à la ligne 5, signifie, selon le commentaire de P.M. Meyer, « das Lehen zurücknehmen, heimfallen lassen an das Königsgut ». Autre exemple semblable : P. Hib. 81 (238-237 av. n. è.). Voyez encore E. KIESSLING, *Wörterbuch der griech. Papyrusurkunden*, IV, 1, Berlin, 1944, s.v. ἀναλαμβάνω, 2 : « zurücknehmen (für den Fiskus) », et la constatation de Mlle Cl. PRÉAUX, *Economie royale*, 468 et note 2 : « Au IIIe siècle, lorsque meurt un clérouque, sa tenure fait retour à la Couronne. Le verbe ἀναλαμβάνειν désigne cette reprise ».

Dans les papyrus de l'Egypte romaine, ἀναλαμβάνειν signifie « confis-

droit des parents du défunt que pour celui du roi, est significative : les rédacteurs de la loi semblent avoir envisagé le même principe en employant les mêmes termes ([58]).

Deuxième argument : ayant énuméré les parents héritiers et précisé le droit réservé au monarque, le législateur énonce une règle générale : « Le même ordre sera suivi aussi pour les autres droits et obligations des plus proches » (ἀγχιστεῖαι) ([59]). Le législateur voulait dire par là que le système des parentèles, tel qu'il a été fixé dans cette loi successorale, devait être observé, le cas échéant, dans d'autres rapports juridiques. Peut-être voulait-il protéger ainsi l'organisation familiale grecque contre l'influence du milieu oriental ? Paradoxalement, cette protection s'étendrait alors sur un corps amputé par le protecteur lui-même ; le paradoxe n'est d'ailleurs qu'apparent : nous y reviendrons plus loin. Pour le moment, il importe de noter que, tout en limitant à la deuxième parentèle le cercle des parents successibles, la loi, dans sa phrase finale, assimile le titre du roi à celui d'un parent du *de cujus*, d'un *anchistes*. Cela confirme, nous semble-t-il, que nous sommes bien en présence d'une acquisition des biens par héritage et non d'un « retour à la Couronne ».

cation » tout court : c'est dans ce sens que le Gnomon de l'Idiologue fait un large usage de ce verbe (pour les témoignages dans les sources littéraires, voir M. Holleaux, *Bull. Corr. Hell.* 48, 1924, 38-39, note 2, in fine). L'art. 4 du Gnomon contient une disposition relative aux successions vacantes que nous rapprochons, plus loin, de la loi de Doura. Il est intéressant de noter que, pour désigner le droit de l'Etat dans les successions en déshérence, le Gnomon renonce à la notion de confiscation : il précise simplement que les biens vacants sont « reconnus » au fisc (προσκρίνεσθαι ; cf. E. Weiss, *ZSS*, 53, 1933, 270 sq., et F. de Zulueta, *JEA*, 20, 1934, 104). Dans cette prescription du Gnomon, l'absence du terme ἀναλαμβάνειν est aussi significative que dans le parchemin de Doura : le droit du roi, comme celui du fisc, n'est pas un « droit de reprise ».

(58) Lignes 13-14 : τούτων ἡ κληρονομία ἔστω — lignes 15-16 : βασιλικὴ ἡ οὐσία ἔστω.

(59) Traduction de B. Haussoullier, *op. laud.*, 524, des lignes 16-17 de la loi. La traduction de M. Welles est la suivante : « And let the degrees of kinship also be on this wise ». Mlle Lepri (*Rapporti di parentela*, 15) précise davantage le sens juridique de cette disposition : « Nello stesso modo siano disciplinati i rapporti giuridici che si fondano sulla più stretta parentela ».

Nous avons essayé de démontrer combien est fragile l'interprétation proposée par les historiens. Après cette critique, nous devons fournir à présent des arguments positifs à l'appui de la thèse contraire, soutenue par les juristes. Quels ont donc été les facteurs historiques de l'innovation juridique en matière de successions *ab intestat* que représente l'institution rapportée par le texte de Doura ?

II.

1. Nous avons déjà dit que la nouveauté législative attestée par le parchemin, résulte elle-même d'un fait nouveau qui a bouleversé l'évolution du droit grec : l'apparition de la monarchie hellénistique. Il n'est pas sans intérêt pour notre étude de rappeler que le nouveau régime politique est fondé sur l'axiome de la transmission du pouvoir par voie d'héritage ([60]). En effet, la royauté hellénistique se définit par l'hérédité : les généraux d'Alexandre partagent son royaume en tant que successeurs, διάδοχοι. Plus tard, les monarques d'Egypte sont ceux qui peuvent se dire successeurs légitimes du fils de Lagos ([61]) ; les souverains du royaume d'Asie se réclament d'un héritage remontant à Séleucos Nicator ([62]).

Sans doute, le droit dynastique se situe-t-il sur un plan différent de celui du droit successoral privé. Mais le rapprochement de ces deux mécanismes de transmission n'est pas pour autant impossible : la conception du pouvoir royal s'inspire des

(60) Cf. V. Ehrenberg, *Hellenist. Staat, op. laud.* (supra, note 19), 25 ; la bibliographie de ce problème est très riche : nous nous contenterons de rappeler l'étude de E. Breccia, *Il diritto dinastico nelle monarchie dei successori d'Alessandro Magno* (*Studi di Storia Antica*, pubbl. G. Beloch, fasc. 4, 1903).

Sur l'idéologie de la royauté hellénistique et sur les institutions monarchiques, voyez, parmi les très nombreux travaux, la dernière vue synthétique : A. Aymard - J. Auboyer, *L'Orient et la Grèce antique* (*Histoire générale des civilisations*, sous la direction de M. Crouzet, t. 1, Paris, Presses Universitaires, 1953 ; cité plus loin : *Orient et Grèce*), 396 sq., 402 sq.

(61) Voir R. Taubenschlag, *Law*², 563, avec la bibliographie, 560-561.

(62) Voir E. Bikerman, *Institutions des Séleucides*, 17 sq.

principes successoraux régissant les rapports entre personnes privées. Si l'on voulait aller au bout de ce rapprochement, on pourrait insister sur un curieux cheminement d'idées juridiques : empruntée aux rapports de droit privé et élevée au rang d'une « loi fondamentale » de la monarchie, la transmission dynastique, à son tour, vient modifier le droit des successions *ab intestat* ; héritier du trône, le roi s'impose également comme héritier de ses sujets.

Certes, cette hypothèse ne suffit pas à expliquer la solution séleucide. Le roi n'aurait pas pu intervenir dans l'ordre des successions privées, si les structures familiales grecques n'avaient pas été relâchées à la suite des grands événements récents : les conquêtes d'Alexandre ont amené en Asie une population de souche grecque qui n'a pas pu conserver intacte la tradition ancestrale. Dans le milieu nouveau, dans un cadre politique et social qui n'était plus celui de la cité ancienne, la famille grecque a perdu sa cohérence. La monarchie en a tiré parti. Après avoir limité le droit de la famille par le sang, la loi royale confirme le système des parentèles : le roi met à profit l'affaiblissement de l'organisation familiale traditionnelle, mais il ne tient pas à la désintégration totale des familles grecques qui desservirait les intérêts du royaume. C'est là, nous semble-t-il, un premier fait important qui permet de comprendre la dévolution successorale modifiée.

Cette modification s'explique ensuite par l'un des aspects essentiels de la royauté hellénistique : le caractère personnel du pouvoir monarchique [63]. La cité classique n'a jamais été une « personne » [64]. Or, l'Etat hellénistique, c'est le Roi : la personne du souverain est identifiée à la monarchie. Celle-ci n'est définie que par référence aux activités et aux intérêts du monarque : le royaume est son domaine personnel [65]. Cette substitu-

(63) Cf. A. Aymard - J. Auboyer, *Orient et Grèce*, 398 ; V. Ehrenberg, *Hellenist. Staat*, 22.

(64) J.W. Jones, *Law of the Greeks*, 153 sq.

(65) Cf. M. Rostovtzeff, *A Large Estate in the Third Century B.C.* (*University of Wisconsin Studies in the Social Sciences and History*, t. 6, Madison, 1922), 127 sq. ; E. Bikerman, *Institutions des Séleucides*, 11 sq. ; W.W. Tarn, *Hellenistic Civilization*, 48 sq.

tion de la personne du roi à l'Etat est plus prononcée dans l'Hellénisme qu'à d'autres époques de l'histoire ; le célèbre mot attribué à Louis XIV : « L'Etat, c'est moi », s'appliquerait beaucoup mieux aux Séleucides et aux Lagides qu'aux rois de France. Au XVIe siècle, le roi de France promulguait des ordonnances « dans l'intérêt de nous et de notre royaume » ; au XVIIIe siècle encore, le roi parle « du bien de son Etat » ([66]). Or, pour le Séleucide, l'Etat, ce ne sont que « ses affaires », τὰ πράγματα ([67]).

Le caractère personnel de la royauté hellénistique conduit à donner à l'Etat la faculté de recueillir les successions en déshérence. Il est inutile de recourir pour cela à la notion de « personnalité morale » de l'Etat qui serait anachronique à cette époque. C'est le roi qui intervient dans l'ordre des successions : mais puisque le roi est l'Etat, c'est l'Etat qui sera successeur. Ainsi, la conception de la dévolution successorale est uniforme : la succession acquise par le roi tombe dans le patrimoine de l'Etat. Cette conception se perpétue pendant des siècles. A Rome, les successions en déshérence sont déférées au fisc ; l'on connaît l'opinion selon laquelle le fisc serait doté d'une « personnalité juridique » distincte de la personnalité de l'Empereur ; mais cette opinion est contestable : la personne du prince est une donnée concrète et la dévolution romaine ne diffère pas au fond de la solution hellénistique ([68]). En France, avant la Révolution, et dans les royaumes d'Europe, le droit de déshérence est un « droit acquis au souverain » : comme chez les Séleucides et

(66) Cf. F. Olivier-Martin, *Histoire du droit français des origines à la Révolution*, Paris, Montchrestien, 1948, 307 (§ 239, notes 1 et 2).

(67) Cf. E. Bikerman, *Institutions des Séleucides*, 3. V. Ehrenberg, *Hellenist. Staat, op. laud.*, 87 (ad chap. III, 1, p. 19) souligne que « der Ausdruck war auch dem Polisgriechentum bekannt ; der Unterschied liegt darin, dass es im Hellenismus kein anderes Wort für den Staat gab ».

(68) Voir S. Bolla, *Die Entwicklung des Fiskus zum Privatrechtssubjekt mit Beiträgen zur Lehre vom aerarium*, Morawitz [1938] et le compte rendu de cet ouvrage par Schnorr v. Carolsfeld, *ZSS*, 60, 1940, 260 sq. W. Erdmann, dans l'article cité plus haut (note 32), col. 2027, souligne que « die Eigenschaft des *fiscus Caesaris* als juristische Person im modernen Sinne [ist] sehr bestritten ».

dans l'Empire romain, le concept personnel du pouvoir régit la construction juridique de la dévolution des successions vacantes ([69]).

C'est dire que le droit reconnu au souverain par le texte de Doura se confond avec une prérogative fiscale de l'Etat. Dans le royaume séleucide il n'y a pas de différence entre le trésor public et le patrimoine du monarque : toute acquisition faite par le roi profite au fisc royal ([70]). Les juristes qui ont commenté ce document ont mis en relief l'inspiration fiscale de la mesure législative ([71]). M. Welles, sans doute, rejette cette opinion : « It is not the royal fiscality » — dit-il — « but ordinary prudence on the part of the king, that he should provide for the land reverting when it no longer supported a soldier » ([72]). Faut-il adopter une attitude aussi négative quant au rôle de la

(69) Voir J.B. Denisart, *Collection de décisions nouvelles et de notions relatives à la jurisprudence actuelle*, 7e éd., t. 2, Paris, 1771, s.v. « Déshérence » (p. 84-85) : « 1. Les auteurs définissent la *déshérence*, un *droit acquis au Souverain* sur les biens de ceux qui décèdent, ou sans héritiers, ou sans en avoir disposé, soit par testament, ou par donation entre vifs » (souligné par Denisart) ; « 2. Ce droit a été introduit parmi nous, sur l'exemple de ce qu'on pratiquait à Rome... ; 4. Nos rois jouissent du droit de déshérence, de même que les Rois de Portugal, de Pologne, de Hongrie, d'Angleterre, l'Empereur et les autres souverains comme nous le lisons dans leurs ordonnances ».

(70) Voir V. Ehrenberg, *Hellenist. Staat*, 79 : « Bestand zwischen dem persönlichen Vorteil des Königs und den staatlichen Einnahmen kein prinzipieller Gegensatz... ». La distinction entre le Trésor public et la cassette privée du roi paraît artificielle dans le contexte hellénistique ; l'existence d'un « compte particulier » chez les Lagides n'implique pas une séparation des biens de l'Etat et de la fortune particulière du monarque : ce compte, l'*idios logos*, n'était qu'une subdivision du Trésor royal destinée à la perception des recettes extraordinaires (amendes pour occupation illicite de terre royale et produits provenant de la vente des biens confisqués). Voir Cl. Préaux, *Economie royale*, 409.

(71) P. Koschaker, *ZSS*, 46, 1926, 300, note 5 : « Ich möchte glauben, dass in der Hauptsache für die Regelung des Gesetzes doch fiskalische Gesichtspunkte den Anschlag gaben ». Cf. L. Wenger, *Arch. f. Pap.* 10, 1932, 131.

(72) *Dura Report*, V, 77. La référence à Wilcken (« as Wilcken suspected... ») résulte sans doute d'une erreur matérielle : en réalité cette référence est faite à l'article de L. Wenger cité à la note précédente.

fiscalité royale dans cette « réforme » du régime successoral ? Nous ne le croyons pas. Au contraire, nous serions tenté d'admettre que l'élément fiscal est d'une importance capitale pour la compréhension de notre problème.

Il est vrai que le fisc royal n'est pas nommé expressément. Mais le terme *basiliké* (βασιλικὴ ἡ οὐσία ἔστω) n'évoque-t-il pas le *basilikon,* dénomination officielle du fisc des Séleucides ? ([73]) Quelle que soit la procédure employée pour prendre possession de la succession ([74]), celle-ci revenait au Trésor. M. Bickermann, qui a consacré à la fiscalité tout un chapitre de son ouvrage ([75]), a bien démontré l'importance des préoccupations financières dans la politique de la dynastie séleucide. Il semble naturel qu'un motif de cet ordre ait poussé le législateur à fixer la limite des parentèles. N'était-ce pas là un moyen d'augmenter son immense fortune, cette fortune que Hannibal jugeait capable d'assouvir même la convoitise des Romains, peuple cupide entre tous ? ([76])

S'il en est ainsi, est-ce donc le fisc royal qui s'introduit dans le cercle familial du *de cujus* ? Si paradoxale qu'elle paraisse, cette conclusion n'est pas tout à fait absurde. Il ne faut pas la prendre à la lettre : que le fisc s'arroge le titre de parent, ce n'est qu'une conséquence juridique de la mesure législative.

(73) Voir les sources rassemblées par E. Bikerman, *Institutions des Séleucides*, 127, note 5 ; cf. M. Holleaux, *Inscription trouvée à Brousse, Bull. Corr. Hell.* 48, 1924, 37-38.

(74) Le fait que nous ayons affaire à un « *nomos chréophylakeiou* » permet, selon M. Welles (*Dura Report*, V, 77), de répondre à la question : « how would the Crown take possession of the land » ? Cette question avait été posée par B. Haussoullier (*op. laud.*, 540), et ensuite par W. Uxkull-Gyllenband, *Zum Gnomon des Idioslogos*, *Arch. f. Pap.*, 9, 1930, 183-206 (et non, comme le dit M. Welles, *Dura Report*, V, 77 et note 14, par Wenger ; la même erreur matérielle se rencontre déjà dans la bibliographie établie par R. Taubenschlag, *JJP*, 3, 1949, 56).

(75) *Institutions des Séleucides*, chap. IV : « Le Fisc », p. 106-132. Sur le régime fiscal des villes hellénistiques, voyez encore l'étude de Mlle Cl. Préaux, citée plus haut, à la note 19, p. 118 sq. ; sur la fiscalité séleucide, cf. aussi M. Rostovtzeff, *Gesellschaft u. Wirtschaft*, 363.

(76) Macrobe, *Saturnales* II, 2, 3 : « ... *satis esse credo Romanis haec etsi avarissimi sunt* » (copié sur Aulu-Gelle, *Nuits attiques* V, 5, 5).

Mais le roi, lui, pouvait bien se vouloir « parent ultime » de ses sujets. On sait le rôle de la notion de parenté dans la royauté hellénistique : l'importance du titre de *syngenes*, parent, dans la hiérarchie de la cour en est une preuve ([77]). Pour Philon d'Alexandrie, l'image du monde idéal s'exprime dans l'affinité de Dieu avec l'Univers qu'il gouverne : n'est-ce pas là une transposition du monde réel fondé sur un lien de parenté entre le roi et ses sujets ? ([78]) A la tyrannie perse, Aristote opposait le régime royal comparé au pouvoir du bon père de famille : son disciple princier et les rois hellénistiques, qui se voulaient successeurs d'Alexandre, n'ont-ils pu s'inspirer de ces idées ? ([79])

Ce n'est là qu'une parenthèse. Mais nous avons d'autres éléments, plus certains, qui permettent d'apprécier la portée historique du principe consacré par la loi de Doura. Il s'agit du témoignage parallèle des papyrus d'Egypte.

Des recherches menées par nous en ce moment sur les aspects juridiques de la fiscalité ptolémaïque nous ont permis de dégager un certain nombre de règles qui ont eu pour but de protéger l'intérêt du trésor royal des Lagides ([80]). Parmi ces prescriptions figure la dévolution à l'Etat des successions en déshérence : l'analyse des sources papyrologiques permet, croyons-nous, de

(77) Cf. W. PEREMANS, *Sur la titulature aulique en Egypte au IIe et Ier s. avant J.-C.*, in *Symbolae ad Ius et Historiam Antiquitatis pertinentes* (= *Mélanges J.C. van Oven*), Leyde, 1946, 129-159 (nous n'avons pas pu consulter la thèse dactylographiée de M. TRINDL, *Ehrentitel im Ptolemäerreich*, Munich, 1942) ; voir encore E. BIKERMAN, *Institutions des Séleucides*, 42-43 ; V. EHRENBERG, *Hellenist. Staat*, 23 ; L. LEPRI, *Rapporti di parentela, op. laud.*, 55 sq.

(78) Philon, *Quaestiones et solutiones in Exod.*, II, 68 (éd. R. MARCUS, *Philon, Suppl. II*, p. 118, *Loeb Classical Library*, Cambridge, Mass. 1953) ; cf. *De exsecrationibus*, 8, 163 (L. COHN - P. WENDLAND, *op. laud.*, supra, note 51, V, p. 374, ligne 17).

(79) *Ethique à Nicomaque* 8, 14, 1161 b 16/30. Voir, à propos de cette « référence à Alexandre », V. EHRENBERG, *Hellenist. Staat*, 20.

(80) Une première partie de ces recherches, consacrée aux « Privilèges du Trésor royal des Lagides », est terminée ; la suite aura pour objet les *iura fisci* du droit romain. Nous tenons à remercier M. Jean Gaudemet, Professeur à la Faculté de Droit de Paris, qui nous a suggéré l'idée d'étudier les influences hellénistiques dans le droit de l'Empire en matière de privilèges du fisc.

faire remonter à la législation lagide, les dispositions d'époque romaine relatives aux successions vacantes, et particulièrement les mesures prévues par le célèbre Gnomon de l'Idiologue (81). Cette dévolution s'insère dans le cadre d'un ensemble de prérogatives, semblables aux *iura fisci* du droit romain ; il s'agit là, dans la plupart des cas, d'une création législative de Philadelphe, l'ingénieux organisateur de l'administration ptolémaïque.

Nous aurons l'occasion de développer ailleurs ce thème. Ce qu'il importe de noter ici, c'est que la règle rapportée par le texte de Doura n'est pas particulière au régime séleucide : nous sommes en présence d'une institution qui se manifeste avec la même vigueur dans la vallée de l'Euphrate qu'à Alexandrie et dans la *chôra* égyptienne. Il est possible que — comme le dit M. Welles — la loi n'était pas applicable dans les vieilles *poleis* et dans les colonies urbaines (82) ; il reste qu'elle consacrait un principe commun au droit du royaume d'Asie et à celui du royaume d'Egypte. C'est pourquoi nous pouvons considérer la dévolution à l'Etat des successions en déshérence comme une invention du droit hellénistique (83).

2. Faut-il insister sur l'analogie visible du fait romain et du fait hellénistique en matière de successions vacantes ? La similitude des solutions juridiques adoptées par le droit grec d'Asie et d'Egypte d'une part, et par le droit romain de l'autre, n'a pas échappé à l'attention des savants qui se sont penchés sur notre problème (84). Mais la possibilité d'un emprunt direct n'a pas

(81) Gnomon, § 4 : [τ]ῶν [τ]ελευτώ[ν<των>] ἀδιαθέτω[ν] οἷς οὐδείς ἐστιν ἄλλος κατὰ νόμους κληρονόμο[[υ]]ς τὰ ὑπάρχοντα τῷ φίσκῳ προσκρεί-νεται. Nous faisons nôtre l'opinion de Th. Reinach, *Un Code fiscal de l'Egypte romaine : le Gnomon de l'Idiologue* (*RHD*, 1921, 51), selon qui « les termes généraux (scil. : de cette prescription) montrent que la règle s'applique aussi bien aux successions gréco-égyptiennes et alexandrines qu'aux successions romaines ».

(82) *Dura Report*, V, 77.

(83) Selon W. Uxkull-Gyllenband, *op. laud.* (supra, note 5), 18 « ... darf an eine lokale Begrenzung solcher Bestimmungen nie und nimmer gedacht werden, vielmehr liegt ein den hellenistischen Reichen gemeinsames Recht vor ». Cf. le commentaire de M. Welles, *Dura Report*, V, 76.

(84) Voir S. Bolla, *Die Entwicklung des Fiskus* (*op. laud.* supra, note 68), 52 sq.

été admise : le mythe de l'originalité de l'esprit juridique romain l'a emporté ([85]). Cependant, tout n'a pas été dit. Et c'est sur cette question délicate que nous voudrions terminer ces remarques : y a-t-il un phénomène de « réception » en matière de successions en déshérence échues à l'Etat ?

La symétrie des institutions est évidente ; mais cette symétrie ne suffit pas, à elle seule, à justifier l'hypothèse d'une réception. Celle-ci doit être rendue probable par l'intervention d'un « facteur humain » : l'influence exercée sur l'esprit du législateur par l'institution qui lui aurait servi de modèle.

Ce contact a pu avoir lieu en Egypte. Nous savons, en effet, que la loi *Julia caducaria* réservait au « peuple romain », c'est-à-dire à l'*aerarium*, les biens vacants ([86]) ; ce n'est que depuis Tibère que le fisc avait à cet égard remplacé le trésor public ([87]). Or, en Egypte, les successions vacantes sont déférées au fisc impérial d è s l ' é p o q u e d ' A u g u s t e ! En reprenant l'institution de l'Idios Logos, Auguste a consacré des règles remontant aux temps préromains : dans le système de la fiscalité ptolémaïque, ce fonctionnaire était chargé de recueillir pour le trésor royal les successions restées vacantes ; il exerce la

(85) Ibid. ; cf. du même auteur, *Zum römischen Heimfallsrecht*, *ZSS*, 59, 1939, 549 sq.

(86) Gaius, 2, 150 : *ea lege* (scil. : *lege Iulia*) *bona caduca fiunt et ad populum deferri iubentur, si defuncto nemo* [*heres vel bonorum possessor existat*] (conjecture de P. Krüger, cf. Gaius, 3, 78, in fine) ; *Epitome Ulpiani*, 28, 7, in fine : *populo bona deferuntur ex lege Julia caducaria*. Voir, sur les lois caducaires d'Auguste, depuis le travail classique de P. Jörs, *Über das Verhältnis der lex Iulia de marit. ordin. zur lex Pappia Poppaea*, thèse de droit, Bonn, 1882, les études de MM. J. Gaudemet, *Justum matrimonium*, in *RIDA* (= *Mélanges F. De Visscher* 1), 1949, 328 sq. (*La législation d'Auguste*), et R. Besnier, *L'application des lois caducaires d'Auguste d'après le Gnomon de l'Idiologue*, ibid., 93 sq. ; en dernier lieu, M. Kaser, *Das röm. Privatrecht*, 1 (*op. laud.*, supra, note 24), 271 sq. (§ 75) : *Die Ehegesetzgebung des Augustus*.

(87) Cf. Tacite, *Annales*, 2, 48, 1 : ... *bona Aemiliae Musae, locupletis intestatae, petita in fiscum*... A l'époque d'Hadrien cette substitution est certaine, comme le montre le texte de Julien, au Digeste 30, 96, 1 : *Quotiens lege Julia bona vacantia ad fiscum pertinent*. Voir aussi *Epitome Ulpiani*, 17, 2 : *Hodie ex constitutione imperatoris Antonini omnia caduca fisco vindicantur*.

même fonction au service du fisc impérial. *Princeps* à Rome, Auguste a rendu hommage à la tradition républicaine qui lui était chère, ou, pour le moins, précieuse pour les besoins de sa politique : tout en s'inspirant du modèle hellénistique, il a réservé au vieux trésor le bénéfice des *bona vacantia*. Mais en Egypte, où il se voulait héritier des Lagides, le « pharaon grec » Auguste a adopté sans changements l'astucieuse invention du génie fiscal hellénistique : le fisc impérial s'est attribué les prérogatives dont jouissaient auparavant le *basilikon* des Ptolémées et celui des Séleucides ([88]).

Il est sans doute nécessaire de respecter le scepticisme légitime que professe, avec nombre de savants, M. Max Kaser au sujet de l'influence hellénistique sur le droit romain privé ([89]). Mais les droits du fisc dépassent le cadre du droit privé. Nous ne pensons pas être loin de la vérité historique en affirmant que la dévolution à l'Etat des successions en déshérence est une création hellénistique qui a survécu dans l'Egypte impériale et a été adoptée par le droit romain pour l'Empire tout entier.

En 116, Doura a vu passer, pour la première fois, une armée romaine ; quelques dizaines d'années plus tard, le règne romain était solidement établi ([90]). Au moment où les Romains prenaient possession du pays, le droit de l'Empire avait déjà sub-

(88) On trouvera les arguments à l'appui de cette affirmation dans notre étude, annoncée plus haut, à la note 80.

(89) M. KASER, *Das röm. Privatrecht*, 1 (*op. laud.*, supra, note 24), 2 : « Vorbilder aus fremden, besonders hellenistischen Ordnungen, nehmen sie (scil. : die Römer) nur selten auf und formen sie dann in ihrem eigenen Geist um. Erst in der Spätzeit erliegt auch das römische Recht stärker, wenn auch bei weitem nicht vollständig, den Einwirkungen des Ostens » ; cf. p. 8, 160 sq. (§ 46, II). Voir encore M. KASER, *Das röm. Privatrecht*, 2 (*Die nachklassischen Entwicklungen, Handbuch der Altertumswiss.*, *op. laud.*, supra, note 24, München, 1960), 8 (§ 192, 2) : « Im ganzen wird man die Herübernahme hellenistischen Rechtsguts in das römische Reichsrecht nicht überschätzen dürfen... Dabei bleibt... die Frage offen, ob sich die Neuerungen wirklich aus hellenistischem Einfluss erklären oder aus einer folgerichtigen Fortbildung des römischen Rechts und seiner Anpassung an den Wandel der Bedürfnisse. Das Recht des Corpus iuris ist jedenfalls auch am Ende der antiken Entwicklung noch *römisches* Recht » (souligné par M. Kaser).

(90) Cf. supra, note 7.

stitué le *fiscus Caesaris* au Trésor républicain en matière de successions vacantes (91). La loi des conquérants rejoignait ainsi son modèle hellénistique dans la loi de la ville conquise : désignée comme βασιλική, l'hérédité réclamée jadis par les rois séleucides, se confondait à présent avec les biens revenant au fisc impérial. On se souvient de cette inscription de Thyatire où nous voyons attribuer, à plusieurs reprises, le nom de *basileus* à l'empereur Hadrien (92). On pourrait aussi trouver dans les papyrus d'Egypte des exemples, plus ou moins contemporains de notre copie du texte de Doura, qui attestent l'emploi de βασιλεύς pour « empereur » et de βασιλικός pour « impérial » (93).

M. Welles a donc entièrement raison de dire : « To the Romans, the law must have seemed very like their own provisions for *bona caduca* or *vacantia* » (94). Mais ce n'est pas uniquement à cause de cette ressemblance que l'on a copié à nou-

(91) Supra, note 87. Cf. L. Mitteis, *Römisches Privatrecht bis auf die Zeit Dioklctians*, 1, Leipzig, Hirzel, 1908, 353, note 10.

(92) J.H. Oliver, *Hesperia*, 10, 1941, 363-368, lignes 8, 27, 30, cf. idem, *Hesperia*, 20, 1951, 32. On trouvera d'autres exemples relatifs à l'usage du terme hors d'Egypte, dans l'étude de M. Amelotti - J. Bingen et M.-Th. Lenger, Προστάγματα βασιλέων, *Chronique d'Egypte*, 25, 1950, 322, note 4 ; M. Louis Robert a complété ces données dans son *Bulletin épigraphique 1951* (*Rev .Etud. Gr.*, 64, 1951, 129), n° 32 : il renvoie à l'article de A. Wifstrand, *Autokrator, Kaisar, Basileus*, in *Dragma M.P. Nilsson*, Lund, 1939, 529-539, et cite un texte d'Argos IG IV, 590, 20-24, de l'époque d'Hadrien ; cf. aussi *Bulletin épigraphique 1952*, in *Rev. Etud. Gr.*, 65, 1952, 171. Sur βασιλεύς, on consultera également l'article de M. U.E. Paoli, « Basileus », in *Novissimo Digesto Italiano* (Turin 1958), 281-283. Sur les inscriptions de Thyatire, voir L. Robert, *Etudes anatoliennes, op. laud.* (supra, note 12), 119 sq.

(93) Voir l'article de M. Amelotti, J. Bingen et M.-Th. Lenger, cité à la note précédente. Des listes des références se trouvent dans le nouveau « Wörterbuch » : E. Kiessling, *Wörterbuch der griech. Papyrusurkunden*, IV (2), Marburg, 1958, s.v. βασιλεύς = « Kaiser » (p. 345-346, in fine) et s.v. βασιλικός = « staatlich, königlich und kaiserlich » (p. 349-351). Un exemple — d'autant plus caractéristique qu'il concerne, comme l'inscription de Thyatire, l'empereur Hadrien appelé βασιλεύς — est fourni par une inscription du Colosse de Memnon, rééditée récemment, sous le n° 30, par A. et E. Bernand, *Les inscriptions grecques et latines du Colosse de Memnon*, Institut Français d'Archéologie Orientale, Bibliothèque d'étude, t. XXXI, 1960, 93-96 (ligne 5).

(94) *Dura Report*, V, 77. Cf. supra, notes 32 et 86.

veau un texte fort ancien. La loi a dû rester en vigueur sous les Arsacides, souverains de Doura dès la fin du IIe siècle avant notre ère : elle demeurait toujours actuelle sous la domination romaine ([95]). Ce n'est pas seulement parce qu'« à Doura, Rome a soutenu l'Hellénisme » ([96]) ; c'est parce que l'institution locale concordait avec le droit impérial qu'elle avait inspiré par l'intermédiaire de l'Egypte. De plus — et c'est là un point essentiel — elle servait les intérêts du fisc romain.

Nous avons là un aspect particulier des rapports entre le « Reichsrecht » et le « Volksrecht » : un cas de réception suivi d'un cas d'incorporation. La fiscalité hellénistique impose son exemple à la législation d'Auguste et de ses successeurs ; à son tour, l'Empire met au grand jour la vieille loi grecque et fait revivre, dans le cadre provincial, la règle hellénistique inspiratrice du droit romain.

(95) Dans ce sens, B. HAUSSOULLIER, *op. laud.*, 529, suivi par M. ROSTOVTZEFF, *Gesellschaft u. Wirtschaft*, 832 : « In Dura-Europos parthischer und römischer Zeit war noch das rein griechische Intestat-Erbrecht in Kraft » ; cf. aussi L. LEPRI, *Rapporti di parentela*, 16.

En effet, il serait difficile de croire que l'on ait retrouvé sous les poussières des archives municipales et « ressuscité » un texte depuis longtemps oublié ; la copie actuelle n'a pas dû être faite sur l'original, vieux de quelque cinq siècles, mais sur un exemplaire plus récent de la loi maintenue en vigueur. Les « vestiges » de la législation lagide en Egypte romaine constituent un phénomène analogue : cf. M.-Th. LENGER, *Les vestiges de la législation des Ptolémées en Egypte à l'époque romaine*, in *RIDA*, 3, 1949 (= *Mélanges F. De Visscher*, 2), 69-81 ; sur les références aux *prostagmata* royaux en matière de procédure exécutoire, apparaissant encore dans les documents du IIIe siècle de notre ère, voir aussi notre article *The* πρόσταγμα *in the Papyri*, in *JJP*, 5, 1951, 195-196.

(96) A. AYMARD - J. AUBOYER, *Orient et Grèce, op. laud.* (supra, note 60), 464. De même F. CUMONT, *Fouilles à Doura-Europos* (*op. laud.*, supra, note 5), p. LVII, qui souligne les efforts des Romains tendant, en Asie, à propager l'Hellénisme. La résistance de l'Hellénisme à Doura, jusqu'à la fin de la domination romaine, est en effet remarquable : voyez, à ce propos, l'une des dernières études de M. WELLES, *The Hellenism of Dura-Europos*, *Aegyptus*, 39, 1959, 23 sq. ; le même thème avait été traité auparavant par le papyrologue polonais F. SMOLKA, dans son article *Jeszcze jedno ognisko kultury hellenistycznej : Dura-Europos* (= *Encore un centre de la culture hellénistique : Doura-Europos*), *Eos*, 37, 1936, 2, pp. 513-527.

X

A propos des fondations en droit grec

Dans la série « *Fontes et Commentationes* », éditée par l'Institut d'Epigraphie de l'Université de Münster, Mlle Anneliese Mannzmann vient de publier une thèse de doctorat soutenue à la Faculté des Lettres de cette Université (1). Son titre : « *Les Documents grecs relatifs aux fondations* », est fort prometteur. En effet, historiens et juristes ne disposent pas d'une monographie récente consacrée aux fondations en droit grec, et comportant, sinon un recueil, du moins une liste complète des sources intéressant ce sujet ; ils l'auraient accueillie avec satisfaction.

Pareille étude devrait être fondée surtout sur les sources épigraphiques. Le travail en cette matière avait été entrepris il y aura bientôt cinquante ans par B. Laum dans ses *Stiftungen in der griechischen und römischen Antike* ; dans le second volume de cet ouvrage, l'auteur tenta de rassembler les inscriptions grecques relatives aux fondations (2). Cependant, le recueil de Laum présentait de sérieuses lacunes dès sa parution (3) ; aujourd'hui, il est devenu insuffisant. Pour avoir actuellement la documentation nécessaire il faut en compléter les données à l'aide des travaux ultérieurs dus aux spécialistes de l'épigraphie grecque : il faut notamment tenir compte d'un article publié en 1940 par E. Ziebarth dans la *Real-Encyclopädie* de Pauly-Wissowa (4) ainsi que des nombreuses et précieuses indications contenues dans les publications de Louis Robert (5).

(1) A. Mannzmann, *Griechische Stiftungsurkunden. Studie zu Inhalt und Rechtsform*, Münster, Aschenforff, 1962, 176 pp. (*Fontes et Commentationes : Schriftenreihe des Instituts für Epigraphik an der Universität Münster, herausgegeben von H. E. Stier*, Heft 2). DM 16, 50.

(2) B. Laum, *Stiftungen in der griechischen und römischen Antike. Ein Beitrag zur antiken Kulturgeschichte*, 2 vols., Leipzig-Berlin, 1914, X-255 et VII-224 pp. Le premier volume de cet ouvrage contient une analyse philologique de la documentation réunie dans le second volume ; celle-ci est divisée en sources grecques (N°s 1 à 213, p. 1-160, dont les N°s 205 à 207 sont les seuls papyrus utilisés par l'auteur) et sources latines (N°s 1 à 135, p. 161-200) ; quelques textes égyptiens d'époque pharaonique (p. 201-206) et babyloniens (p. 207-209) sont joints en appendice.

(3) V. les critiques de cet ouvrage, dont il suffit de citer ici E. Von Drüffel, *Deutsche Literatur-Zeitung*, 1914, col. 2729 sq. ; F. Poland, *Berliner Philologische Wochenschrift*, 1915, col. 427-435 ; et surtout M. San Nicolò, *Krit. Vjschr. f. Gesetzgeb. u. Rechtwiss.* 54 (1919), p. 297-310.

(4) E. Ziebarth, v[o] *Stiftungen*, *PWRE* Suppl. 7 (1940), col. 1236-1240.

(5) V. les travaux de cet auteur cités par Mlle M. dans son livre p. 17-18, note 2, et notamment ses *Etudes d'épigraphie grecque* dans la Revue de Philologie 3 (55) (1929), p. 122-123, 142-143 et 155-158 ; 4 (56) (1930), p. 25-31 ; 10 (62)

Les recherches de F. B. Bruck (6) ont éclairé l'arrière-plan social et religieux de ce que l'on appelle « les fondations » en Grèce : la désagrégation progressive de la famille, autrefois dépositaire du culte des défunts, coïncidant avec le désir croissant d'assurer la survie de l'œuvre humaine. L'homme, ne pouvant plus compter sur une famille en voie de désintégration pour satisfaire ce besoin de perpétuité, s'adresse à des collectivités existantes (cité, temples) ou créées *ad hoc* (associations, confréries), réputées perpétuelles. Ce rapport entre les structures sociales et les aspirations d'individus avides de pérennité explique le succès des fondations en Grèce à l'époque hellénistique et sous le Haut Empire (7).

Les éléments d'une analyse juridique du problème ont été dégagés par les historiens du droit grec. A côté des études déjà anciennes de E. Ziebarth (8), il suffit de mentionner un article remarquable de W. Kamps sur les origines de la fondation cultuelle (9), et, plus récemment, quelques pages fort pertinentes de J. W. Jones dans son ouvrage consacré au droit et à sa théorie chez les Grecs (10). L'apport des papyrus d'Egypte, qui prolongent et complètent la documentation épigraphique, a été examiné par R. Taubenschlag dans son traité de droit gréco-égyptien (11) et par

(1936), p. 133-137 ; ses articles dans le *Bulletin de Correspondance Hellénique*, 52 (1928), p. 158-162 ; 57 (1933), p. 518-532 ; 59 (1935), p. 477-486 et dans la *Revue des Etudes Grecques* 42 (1929), p. 20 sq. et 428-430 ; 46 (1933), p. 438 sq. V. aussi A. Wilhelm, *Griechische Inschriften rechtlichen Inhalts* (1951) concernant de nombreuses inscriptions relatives aux fondations, et d'autres travaux signalés par Mlle M., *l. c.* et par G. I. Luzzatto, cité plus bas, à la note 10.

(6) E. F. Bruck, *Totenteil und Seelgerät im griechischen Recht*, Munich, 1926 (*Münch. Beiträge zur Papyrusforschung und ant. Rechtsgesch.*, 9), p. 190-230. Pour Rome, du même auteur *The Growth of Foundations in Roman Law and Civilization, Seminar* 6 (1948), p. 1-19, et *Foundations for the Deceased in Roman Law, Religion and Political Thought, Scritti in onore C. Ferrini* 4 (1949), p. 1-42, tous deux reproduits en allemand sous le titre : *Die Stiftungen für die Toten im Recht, Religion und politischen Denken der Römer*, comme le 2e chap. du recueil *Ueber römisches Recht im Rahmen der Kulturgeschichte*, Berlin-Göttingen-Heidelberg, 1954, p. 46-100. Une vue d'ensemble : E. F. Bruck, *Les facteurs moteurs de l'origine et du développement des fondations grecques et romaines*, *RIDA*, 3e sér. 2 (1955), p. 159-166.

(7) Dans le 1er volume de son ouvrage (v. plus haut, note 2) B. Laum donne un graphique (p. 9) du développement des fondations grecques ; celui-ci fait apparaître une forte montée dès le IIe siècle avant n. è. et un apogée au IIe siècle de l'Empire. Sans doute les courbes proposées par Laum traduisent-elles avec une certaine vraisemblance les réalités historiques (*Pax Romana*), mais une telle statistique reste sujette à caution en raison du caractère fragmentaire de notre documentation dû au hasard des trouvailles.

(8) E. Ziebarth, *Beiträge zum griechischen Recht* : 1. *Die Stiftung nach griechischem Recht*, *Ztschr. f. vgl. Rechtswiss.* 16 (1903), p. 249-315 ; *cf. ibid.* 19 (1906), p. 298-312.

(9) W. Kamps, *Les origines de la fondation cultuelle dans la Grèce ancienne*, *Arch. d'Hist. Dr. Orient.* 1 (1937), p. 145-179.

(10) J. W. Jones, *The Law and Legal Theory of the Greeks. An Introduction*, Oxford, 1956, p. 166-170. V. aussi la « rassegna epigrafica » de G. I. Luzzatto dans *IVRA* 8 (1957), qui analyse des études récentes relatives au régime juridique des fondations grecques (p. 375-376).

(11) R. Taubenschlag, *The Law of Greco-Roman Egypt in the Light of the Papyri*, 2e éd., Varsovie, 1955, p. 64-65.

E. Seidl dans son « *Histoire du droit ptolémaïque* » (12) ; Cl. Préaux l'a mis en relief dans une conférence faite en 1955 au Xe Congrès de la Société d'Histoire des droits de l'Antiquité (13).

Le terrain étant ainsi préparé, une étude d'ensemble sur les fondations en droit grec restait à faire : son auteur aurait dû assumer la double tâche de réunir tous les textes disponibles et d'en examiner le contenu à la lumière d'une enquête plus vaste sur les fondations en droit romain et dans les droits de l'Antiquité en général (14). Les recherches de

(12) E. Seidl, *Ptolemäische Rechtsgeschichte*, 2e éd., Glückstadt-Hamburg-New York, 1962 (*Aegyptologische Forschungen begründet von A. Scharff*, 22), p. 147-148.

Sur les fondations égyptiennes à l'époque pharaonique, v. les travaux de cet auteur publiés dans la même série des *Aegyptologische Forschungen* (fasc. 10 et 20) : *Einführung in die ägyptische Rechtsgeschichte bis zum Ende des Neuen Reiches*, 2e éd., 1957, p. 44-45, et *Aegyptische Rechtsgeschichte der Saiten- und Perserzeit*, 1956, p. 44 et 51. De plus, l'étude de A. Moret, *Donations et fondations en droit égyptien* (dans *Recueil de travaux relatifs à la philologie et l'archéologie égyptiennes et assyriennes* 29 [1907], p. 57-95) présente toujours un intérêt considérable. On doit également tenir compte des recherches de J. Pirenne dont les résultats sont présentés dans son *Histoire des institutions et du droit privé de l'ancienne Egypte*, Bruxelles, 1932-1935 (en particulier t. II, p. 324-338), et, plus récemment, dans l'article sur *La fondation en droit égyptien sous l'Ancien Empire* (*RIDA*, 3e sér., 2 [1955], p. 19-29) ; cet auteur admet la « personnalité civile » des fondations égyptiennes sous les IVe et V^e dynasties.

(13) Cl. Préaux, *Sur les « fondations » dans l'Egypte gréco-romaine*, *RIDA*, 3e sér., 3 (1956), p. 145-172. Dans cet article, l'auteur a utilisé principalement les données du dossier des choachytes (« dispensateurs de libations ») dont les pièces grecques sont réunies par U. Wilcken dans le second volume de ses *Urkunden der Ptolemäerzeit* (1935) sous les N°s 160 à 190 ; sur ce dossier, auquel appartient notamment le célèbre procès d'Hermias (*UPZ* 160-169), v. A. Bataille, *Les Memnonia : Recherches de papyrologie et d'épigraphie grecques sur la nécropole de la Thèbes d'Egypte aux époques hellénistique et romaine*, Le Caire, 1952, p. 245-271, et E. Seidl, *Ptolemäische Rechtsgeschichte*, 2e édit. (cité à la note précédente), p. 21-25.

A leur tour, les inscriptions grecques d'Egypte rejoignent les témoignages des papyrus ; nous ne citerons que l'une d'elles : l'inscription du Musée Gréco-Romain d'Alexandrie N° inv. 26528 (IIIe siècle de n. è. ?), publiée par P. M. Fraser et B. Nicholas dans *Journ. Rom. Stud.* 48 (1958), p. 117-129, et étudiée par F. de Visscher, *Le jardin de Mousa : Une fondation funéraire gréco-égyptienne*, *RIDA*, 3e sér., 6 (1959), p. 179-207. A la lumière de l'analyse proposée par cet auteur, l'intérêt de ce texte réside dans la prédominance du droit local dont il témoigne en matière funéraire. V. à ce propos, les observations de J. et L. Robert dans leur *Bulletin épigraphique* de la *Revue des Etudes Grecques*, 75 (1962), p. 213-215.

(14) On s'en tiendra à la bibliographie essentielle dont quelques éléments ont déjà été signalés. Pour la compléter, on se rapportera d'abord aux études de G. Le Bras citées à la note suivante ; on peut rappeler également, parmi les travaux plus anciens, deux thèses de doctorat en droit : Ed. Aude, *La fondation perpétuelle dans l'Antiquité* (Aix, 1895) et A. Sarazzin, *Etude sur les fondations dans l'Antiquité* (Paris, 1909), ainsi que les pages consacrées aux fondations du Haut Empire par A. Pernice dans le 3e vol., de son *Labeo* (1900), p. 56-63 et 150-172, et par L. Mitteis, dans son *Römisches Privatrecht*, I (1908), p. 414 sq.

Plusieurs travaux relatifs à notre sujet ont été présentés aux sessions de la Société d'Histoire des Droits de l'Antiquité de Nancy (1954) et de Bruxelles (1955). Une de ces conférences, celle de G. Boyer sur « *Les fondations en droit oriental* », ne nous est connue que par le compte rendu de U. Brasiello dans

G. Le Bras (15) constitueraient le point de départ de ce débat qui devrait aider à mieux définir les conditions historiques dans lesquelles « l'influence grecque favorisa la naissance des fondations romaines et Rome, à son tour, contribua sous le Haut Empire à la renaissance des fondations grecques » (16).

La thèse de Mlle M. ne répond pas à ce besoin. L'auteur renonce non seulement à réunir les « Stiftungsurkunden » elles-mêmes, mais encore à en donner au moins une liste plus complète que celles qui avaient été établies antérieurement. Ce ne sont pas *les* documents relatifs aux fondations grecques, mais un seul d'entre eux que Mlle M. se propose d'étudier. Son choix s'est porté sur une inscription assez connue, la fondation d'Aristomène et de Psylla dans le texte de Corcyre IG IX 1 n° 694, désigné par l'auteur comme un « exemple concret ».

RIDA, 3e sér., 3 (1956), p. 516 ; il semble qu'elle ne soit pas encore publiée. D'autres, réunies dans les vols. 2 et 3 de la *RIDA* (3e sér.), ont déjà été mentionnées ou le seront plus loin ; il convient d'y ajouter à présent les articles de F. de Visscher, *Les fondations privées en droit romain classique*, *RIDA*, 3e sér., 2 (1955), p. 197-218, de J. Gaudemet, *Les fondations en Occident au Bas Empire*, *ibid.*, p. 275-286 (*cf.* son ouvrage *L'Eglise dans l'Empire romain : IVe-Ve siècles*, Paris, 1958, p. 299 sq.), et de R. Feenstra, *Le concept de fondation du droit romain classique jusqu'à nos jours : Théorie et pratique*, *RIDA*, 3e sér., 3 (1956), p. 245-263. R. Feenstra a repris et développé le thème de sa conférence dans un excellent article sur *L'Histoire des Fondations* (*Tijdschr. v. Rechtsgesch.* 24 [1956], p. 381-448), modestement présenté comme un triple compte rendu critique des travaux de Hagemann et de Pleimes, que nous citons dans la suite de cette note et à la note 29, ainsi que d'une thèse de doctorat sur « *Les fondations dans le droit romano-hollandais et dans le droit sud-africain* » soutenue à Leyde, en 1951, par C. P. Joubert.

Ensuite, il faut faire une place aux études concernant les *piae causae* du Bas Empire : citons le livre de H. R. Hagemann, *Die Stellung der Piae Cause nach dem byzantinischen Recht*, Bâle, 1953 (*cf.* l'article précité de R. Feenstra) et la conférence du même auteur, *Die rechtliche Stellung der christlichen Wohltätigkeitsanstalten in der östlichen Reichshälfte*, publiée dans *RIDA*, 3e sér., 3 (1956), p. 265-283. Pour les travaux plus anciens sur ce sujet, v. la bibliographie dans A. Berger, *Encyclopedic Dictionary of Roman Law* (1953), *s. h. v.*, p. 629. Sur les hôpitaux, v. surtout J. Imbert, *Les hôpitaux en droit canonique*, Paris, 1947, p. 18 sq., qui met en lumière la différence entre l'attitude des juristes classiques et celle des byzantins en matière de fondations hospitalières.

Quant aux manuels et aux cours de droit romain, nous nous bornerons à citer M. Kaser, *Das römische Privatrecht*, 1, Munich, 1955, p. 265-266, et 2, 1959, p. 106-107, et le cours de R. Orestano, *Il problema delle fondazioni in diritto romano*, Turin, 1959, concernant notamment les fondations alimentaires des empereurs (p. 263 sq.).

Pour les inscriptions récemment publiées relatives aux fondations romaines, v. G. I. Luzzatto, *IVRA* 8 (1957), p. 376-377.

(15) G. Le Bras, *Les fondations privées du Haut Empire*, *Studi in onore di S. Riccobono* 3 (1933), p. 23-67. L'auteur est revenu sur le thème de cette étude, en élargissant son cadre, dans deux conférences faites l'une à Nancy, en 1954 (synthèse des débats de la session consacrée aux fondations dans les droits de l'Antiquité que nous avons mentionnée à la note précédente ; v. le résumé de cette conférence par J. Imbert, dans *IVRA* 6 [1955], p. 549-550), l'autre à l'Institut de Droit Romain de Paris, le 15 mars 1957, sous le titre « *Le problème des fondations dans les droits de l'Antiquité* ».

(16) G. Le Bras, article précité, p. 62.

Ce texte est daté par Mlle M. du IIIe siècle avant notre ère (17). Il se compose de deux parties : la première est un acte de donation (δόσις, lignes 1 à 38), par lequel le prytane Aristomène et sa femme confèrent à la ville de Corcyre un capital de 60 mines chacun, dont le revenu doit servir à célébrer chaque année la fête des Dionysies ; la seconde partie, plus longue, est un décret de la ville (δόγμα, lignes 29 à 149), prenant acte du don et fixant une série de dispositions destinées à assurer l'exécution de la volonté des donateurs.

Voici le détail de ces dispositions : il est décidé de placer l'argent donné par Aristomène et Psylla de manière à le faire fructifier ; des commissaires sont désignés à cette fin ; les modalités de recouvrement du capital et des intérêts sont établies. Lorsque le capital et les intérêts se monteront à 180 mines et que cette somme aura été placée, un an après le placement les magistrats procéderont à l'engagement d'artistes pour célébrer les Dionysies. Les paragraphes suivants concernent le paiement des artistes et la manière de rendre les comptes. Il est interdit d'employer les fonds à autre chose qu'à l'engagement d'artistes en l'honneur de Dionysos sous quelque prétexte que ce soit ; des clauses pénales garantissent le respect de cette interdiction (amendes devant profiter aux fondateurs et à leurs héritiers). Les dispositions finales envisagent le cas où il serait impossible d'exécuter les décisions prises (notamment en raison d'une guerre) et définissent le mode de révision (διόρθωσις) du règlement de la fondation. Les deux actes — donation et décret — doivent être publiés sur une stèle de marbre érigée à l'endroit choisi par les autorités de la ville.

L'original de cette stèle ne nous a pas été conservé directement. La pierre n'est connue que par une copie prise en 1701 par Apostolo Zeno et éditée pour la première fois par Bernard de Montfaucon dans son « *Journal de voyage en Italie* » (18). Cette transcription a servi aux éditions suivantes, aux XVIIIe, XIXe et XXe siècles (19). Elle est reprise par Mlle M., qui rétablit le texte dans une nouvelle édition critique, accompagnée d'une traduction en allemand et d'un commentaire détaillé (20).

A partir de ce texte, l'auteur nous invite à suivre, dans la seconde partie de son ouvrage, une série d'observations concernant « la forme contractuelle de la fondation grecque » (*Die Vertragsform der griechischen Stiftung*, p. 81-124), et nous propose, dans la troisième partie, des conclusions relatives à l'« histoire du contrat de fondation » (*Zur Entwicklungsgeschichte des Stiftungsvertrags*, p. 127-161). Mlle M. développe ainsi les

(17) La date proposée par Mlle M. (p. 76) est hypothétique ; il reste cependant à peu près certain que l'inscription étudiée appartient à l'époque hellénistique.

(18) B. de Montfaucon, *Diarium Italicum*, Paris, 1702, p. 412-421.

(19) Les éditions successives du texte sont indiquées par Mlle M., p. 26-27 ; notons seulement les plus récentes et les plus facilement accessibles aux juristes : R. Dareste, B. Haussoullier, Th. Reinach, *Recueil des inscriptions juridiques grecques*, 2, Paris, 1898, N° XXV B (p. 111-129) ; B. Laum, *Stiftungen* (cité plus haut, note 2), 2, N° 1 (p. 1 sq.) ; F. Blass, dans H. Collitz et autres, *Sammlung der griechischen Dialektinschriften* (1884-1915), 3, N° 3206 (p. 93 sq.).

(20) Mlle M. reproduit, par un procédé photomécanique, l'édition de B. de Montfaucon (p. 29-38) ; celle-ci est suivie de sa propre réédition avec la traduction allemande (p. 39-47) et du commentaire qui se divise en un « Kommentar zum Text » (p. 47-51) et une « Sachinterpretation des Textes » (p. 51-77).

idées qu'elle avait exposées d'une manière plus concise dans un article publié en 1956 (21).

Laissons aux spécialistes en matière d'épigraphie grecque, plus compétents que nous, le soin de juger des qualités de la première partie comportant la réédition de l'inscription de Corcyre. Notons seulement au passage que la traduction allemande proposée par l'auteur n'est qu'une paraphrase assez libre du texte grec ; la version française donnée par les éditeurs du *Recueil des inscriptions juridiques grecques* (22) semble à la fois plus précise du point de vue juridique et plus fidèle à l'original.

Pour les juristes, l'intérêt de cette étude consiste dans le fait qu'en partant de l'inscription de Corcyre l'auteur entreprend de formuler une théorie de la fondation en droit grec. Cette théorie tient en une phrase : la fondation est un contrat (Vertrag) conclu entre le fondateur et la collectivité bénéficiaire et exécutrice. Ce contrat reposerait sur une « addition » de deux éléments constitutifs de la fondation : la libéralité du disposant et l'ensemble des mesures prises par l'entité publique ou privée à laquelle s'adresse cette libéralité. Ainsi, dans l'exemple choisi par l'auteur — celui de l'inscription dont nous venons de résumer le contenu — la *dosis* d'Aristomène et de Psylla et le *dogma* de la ville de Corcyre composeraient un « contrat de fondation » (23).

Précisons toutefois qu'aux yeux de Mlle M. il ne s'agit pas là d'une simple « rencontre des volontés » ; nous aurions plutôt affaire à deux engagements indépendants (Selbstbindung), deux homologies (sic !), convergeant vers une « loi commune » (gemeinsames Gesetz), consacrée par la soumission volontaire des deux parties (Selbsturteil). Nous reviendrons plus loin sur cette conception de la fondation ; remarquons seulement ici que les notions de « Selbstbindung », « Selbstgesetzgebung » et « Selbsturteil », empruntées aux études de droit germanique (et notamment aux recherches de W. Ebel (24)), nous paraissent quelque peu suspectes sur le terrain du droit grec.

Pour étayer sa théorie de la fondation, Mlle M. s'engage dans un débat qui dépasse largement le cadre de son sujet. Toutes les notions maîtresses du droit grec défilent devant le lecteur vraiment déconcerté. Une place d'honneur est réservée à l'homologie et à la notion de contrat sur laquelle repose la théorie rapportée plus haut. Il n'est pas possible de suivre ici le cheminement de cette pensée, sans doute passionnée et souvent originale, mais dont la clarté n'est pas la vertu majeure. La plupart

(21) A. Mannzmann, *Die Rechtsform der griechischen Stiftung*, conférence faite à la Xe Session internationale de la Société d'Histoire des Droits de l'Antiquité (Bruxelles, 1955), et publiée dans *RIDA*, 3e sér., 3 (1956), p. 119-134 (cet article est résumé par G. B[roggini] dans *IVRA* 8 [1957], p. 626). Dans son livre *Ptolem. Rechtsgeschichte*, cité plus haut (note 12), E. Seidl qualifie ce travail de « juristisch scharfsinnig » (p. 147, note 5) ; nous regrettons, pour des raisons exposées plus loin, de ne pas pouvoir partager ce jugement trop optimiste.

(22) *Cf.* ci-dessus, note 19.

(23) Mlle M. a résumé elle-même sa pensée dans l'article signalé plus haut (note 21) : « Stiften heisst für das griechische Recht, dass der Stifter einen *Vertrag* (c'est nous qui soulignons) über eine Stiftung mit einem Personenband schliesst » (p. 127).

(24) W. Ebel, *Die Willkür. Eine Studie zu den Denkformen des älteren deutschen Rechts*, Göttingen, 1953 (*Göttingische Rechtswissenschaftliche Studien*, 6).

des hypothèses de Mlle M. ne font pas appel aux sources, mais sont fondées sur des spéculations doctrinales, ingénieuses autant qu'abstruses. Nous nous dispensons d'en reproduire le détail. Nous renonçons d'avance à réfuter les idées de l'auteur relatives à la notion de contrat en droit grec qui compte parmi les concepts les plus discutés et les plus difficiles (25). Nous nous permettons de renvoyer notre lecteur au compte rendu de cet ouvrage par H. J. Wolff dans le nouveau volume de IVRA (XIV, 1963).

Pour notre part, nous ne pouvons nous empêcher de nous demander si Mlle M. était suffisamment outillée pour mener à bien cette entreprise ambitieuse autant que périlleuse. Notre doute est inspiré par certaines hypothèses de l'auteur dont le moins que l'on puisse dire est qu'elles paraissent plus originales qu'exactes. En voici un échantillon : de même que la fondation, le testament (διαθήκη) est, affirme Mlle M. (p. 112-117), un contrat ! Le juriste reste perplexe devant cette affirmation. Faut-il rappeler que le testament grec, plus proche du droit moderne que le testament romain (26), est l'acte unilatéral par excellence ? Même sans cette précision, pareille définition du testament est faite pour surprendre le lecteur. Autant dire qu'une sentence capitale est un contrat entre le juge et le condamné à mort...

Les théories de Mlle M. manquent décidément de rigueur juridique. Est-il possible cependant de retenir l'essentiel de sa thèse : la conception de la fondation en tant que contrat ? Rien n'est moins sûr. En proposant de concevoir comme un contrat la combinaison des actes constitutifs de la fondation, Mlle M. semble construire une « figure juridique » sans fondement réel. C'est à tort qu'elle prétend voir se réaliser dans le « contrat de fondation » une addition de deux homologies : jamais les actes composant ce soi-disant « contrat » ne sont qualifiés de ὁμολογίαι dans les sources (27). Encore moins peut-on admettre que le verbe συνομολογεῖν

(25) F. Pringsheim, dans son ouvrage *The Greek Law of Sale* (Weimar, 1951), déclare que le droit contractuel hellénique est à récrire ou plutôt à écrire pour la première fois (p. 14) ; il présente ses propres idées sur la matière dans le chapitre intitulé « Greek Law of Contract » (p. 13-85). Voyez à ce propos L. Gernet, *Le droit de la vente et la notion de contrat d'après M. Pringsheim*, cette revue 29 (1951), p. 560-584 = *Droit et Société dans la Grèce ancienne*, Paris, 1955 (Publications de l'Institut de Droit Romain de Paris, XIII), p. 201-224. Les principes du droit contractuel grec ont été dégagés par J. W. Jones, dans son livre déjà cité (v. plus haut, note 10), p. 216-234, et par H. J. Wolff, dans un article important intitulé *Die Grundlagen des griechischen Vertragsrechts* (*ZSS., RA.* 74 [1957], p. 26-72). Est-il besoin de préciser que ces études des spécialistes du droit grec ne donnent pas la moindre caution ni aux hypothèses de Mlle M. concernant le concept de contrat ni à sa théorie du « contrat de fondation » ?

(26) Le testament grec est, on le sait, un « testament par legs » ; il ne comporte pas d'institution d'héritier, essentielle dans le testament romain ; les personnes gratifiées sont des « légataires », au sens moderne du mot, et non des « héritiers », au sens romain. V. B. Kübler, art. *Testament (juristisch) A. Griechisch, PWRE*, V A, 1 (1934), col. 966-985, qui complète (et remplace) l'article plus ancien de E. Ziebarth, Διαθήκη, *ibid.* V (1903), col. 349-352. Il en va de même à l'époque hellénistique : *cf.* H. Kreller, *Erbrechtliche Untersuchungen auf Grund der graeco-aegyptischen Papyri*, Leipzig-Berlin, 1919, p. 342 sq., et, plus récemment, notre étude *Servitude pour dette ou legs de créance ? (Note sur CPJud.* 126), *Recherches de Papyrologie*, 2 (1962), p. 75-98, en particulier p. 95 note 3.

(27) Nous ne pouvons pas aborder ici le problème épineux de l'homologie par rapport à la notion de contrat ; nous nous permettons de renvoyer aux tra-

définisse ce rapport prétendu contractuel : il est dangereux d'attribuer une valeur juridique précise à ce verbe qui d'ailleurs n'apparaît pas dans les textes relatifs aux fondations (28).

Notre auteur a été, nous semble-t-il, la victime d'un désir de systématisation, semblable à celui qui a amené les juristes (et les législateurs) allemands du siècle dernier à formuler la théorie de la « personnalité juridique » des fondations, en partant d'une fiction proposée en passant par un pandectiste inventif dans une annotation de bas de page (29). Sans doute Mlle M. rejette-t-elle cette théorie dans les premiers paragraphes de son livre consacrés à cette question ; effort superflu, du reste, car nul ne prétend aujourd'hui que les fondations de l'Antiquité soient des « personnes morales » (30). Mais à la place de la « personne juridique » surgit le « contrat de fondation », destiné à trouver une formule uniforme pour encadrer une situation de fait complexe. C'est confondre le but pratique d'une opération juridique et les moyens techniques employés pour l'atteindre.

Le but de la fondation est d'affecter une masse de biens à un service déterminé sans limitation de durée. Cette destination perpétuelle peut concerner un capital ou un revenu ; dans la plupart des cas — comme dans celui de l'Inscription de Corcyre — c'est le capital que le fondateur confie à un organisme plus durable que l'homme, pour que ses intérêts

vaux de F. Pringsheim, *The Greek Law of Sale* (cité plus haut, note 25), p. 26 sq. et de H. J. Wolff, *Die Grundlagen des griechischen Vertragsrechts* (cité *ibid.*), p. 53 sq. ; nous devons rappeler également une conférence faite, le 21 mars 1952, par M. Alliot à l'Institut de Droit Romain de Paris (résumée dans cette revue, 1954, p. 462-463) qui, dans une certaine mesure, rejoint les idées de ces deux auteurs.

(28) A vrai dire, Mlle M. ne fait que mentionner ce verbe (p. 111) ; mais si l'on va au bout de son raisonnement, c'est bien l'expression συνομολογεῖν qui pourrait traduire une « addition de deux homologies ». Sans doute le vocable est-il séduisant ; mais les dictionnaires spécialisés que nous avons pu consulter n'autorisent pas à le considérer comme un terme technique du vocabulaire contractuel grec.

(29) Ce fut Arnold Heise qui, le premier, a fait des fondations une catégorie spéciale de personnes juridiques dans son *Grundriss eines Systems des gemeinen Civilrechts*, 2e éd., Heidelberg, 1816, p. 21-22, note 13. Cette note a connu une fortune singulière : cautionnée par l'autorité de Savigny et adoptée par la plupart des pandectistes, la théorie de la « fondation-personne juridique » a longtemps dominé la doctrine de l'école allemande ; elle a été sanctionnée par le Code civil allemand (*BGB* § 80 et suiv.). Pour tous les détails, nous pouvons renvoyer à l'ouvrage de D. Pleimes, *Irrwege der Dogmatik im Stiftungsrecht*, Münster, Cologne, 1954 (*Forschungen zur neueren Privatrechtsgeschichte*, 1) ; publiée à titre posthume, cette « Habilitationsschrift » d'un jeune savant allemand mort pendant la dernière guerre est souvent citée par Mlle M. : V. surtout p. 20, note 6, de son livre, où elle reproduit la note de Heise. *Cf.* aussi les articles de R. Feenstra (cités plus haut, note 14) dans *RIDA*, 3e sér., 3 (1956), p. 261-262 et *Tijdschr. v. Rechtsgesch.* 24 (1956), p. 443-444.

(30) V., pour le droit romain, B. Eliachevitch, *La personnalité juridique en droit privé romain*, Paris, 1942, p. 327 sq., dont l'opinion est également celle de tous les auteurs que nous avons déjà cités ; en dernier lieu, *cf.* M. Kaser, *Das römische Privatrecht*, 1 (cité plus haut, note 14), p. 260. Pour le droit grec et hellénistique, *cf.* l'article de Cl. Préaux, cité plus haut (note 13), en particulier p. 166-167, et R. Taubenschlag, *The Law*, 2e éd. (cité à la note 11), p. 65.

soient affectés à un usage bien spécifié. La libéralité du fondateur n'a pas de sens si elle n'est pas chargée de cette affectation permanente : l'essentiel de la fondation n'est « pas la libéralité, mais la charge perpétuelle qui la grève » (31).

Pour réaliser ce but, on a recours à des moyens juridiques multiples, fonctionnant dans le cadre d'un mécanisme souvent fort compliqué. Ce n'est pas ici le lieu d'étudier toutes les constructions possibles utilisées par les diverses formes de fondations à travers les siècles (32). Contentons-nous de noter, pour la Grèce et le monde hellénistique, l'extrême variété des actes servant à exprimer la volonté du disposant et à en assurer l'exécution. Leur trait commun semble être la fondation par libéralité modale. En effet, la volonté du fondateur peut être exprimée dans un acte modal entre vifs (une donation *sub modo* — comme dans l'inscription de Corcyre — ou une vente, à charge pour l'acheteur d'accomplir les devoirs qui lui sont imposés) ou à cause de mort (un legs ou une donation *mortis causa*, l'un et l'autre *sub modo*) (33). Du côté de la collectivité exécutrice, les mesures prises en vue de mettre en œuvre les dispositions du fondateur et d'en assurer la durée, peuvent revêtir des formes diverses : celle d'un décret, si l'exécuteur est une cité, ou celle d'un engagement contractuel lorsqu'il s'agit d'une collectivité privée. L'élément contractuel est donc souvent présent dans les moyens juridiques utilisés pour constituer une fondation (34). Cela ne veut pas dire pour autant que la fondation soit un contrat !

Ne nous y trompons pas. L'Antiquité grecque — de même que l'Antiquité romaine — connaissait de multiples procédés dont la combinaison permettait d'aboutir à ce que nous appelons une « fondation ». Mais celle-ci n'a pas été institutionnalisée, comme elle le sera plus tard au Moyen Age et surtout dans la doctrine des pandectistes. Ni en Grèce, ni dans le monde hellénistique, ni à Rome il n'existe une forme juridique *sui generis* qui puisse encadrer cette institution. Le mot « fondation », rappelons-le, n'a pas d'équivalent ni dans le grec ni dans le latin juridiques ; Mlle M. le sait (35). Sans doute pouvons-nous employer ce terme pour définir une situation de fait et de droit qui répond à son sens moderne (36).

(31) G. Le Bras, *Les fondations privées du Haut Empire* (cité plus haut, note 15) p. 39. Sur le concept de la fondation, v. aussi plus bas note 36.

(32) Nous nous permettons de renvoyer aux études déjà citées, notamment celles de G. Le Bras et de R. Feenstra (v. plus haut, notes 14 et 15).

(33) On trouvera des exemples dans le 1er volume des *Stiftungen* de Laum (v. plus haut, note 2), p. 116-118 (actes à cause de mort) et 118-126 (actes entre vifs) ; ils sont complétés par Cl. Préaux dans son article déjà cité (v. note 13), en particulier p. 164-165. Sur les legs modaux et le *modus* dans le droit hellénistique, v. notre étude *Additional Provisions in Private Legal Acts in Greco-Roman Egypt*, *Journ. Jur. Pap.* 7-8 (1954) : II. *Modus*, p. 224-229.

(34) Voyez à ce propos les conclusions de Cl. Préaux, dans son article sur les fondations gréco-égyptiennes (cité plus haut, note 13), p. 172.

(35) V. son livre p. 19. *Cf.* R. Feenstra, *Le concept de fondation* (cité plus haut, note 14), p. 248, note 11.

(36) Nous faisons nôtres les conclusions de R. Feenstra qui, dans ses articles sur *Le concept de fondation* et sur *L'Histoire des fondations* (v. plus haut, note 14), donne une réponse à la question de savoir dans quelle mesure il est justifié de parler de « fondations » pour l'Antiquité gréco-romaine : encore qu'il puisse paraître anachronique, le terme « fondation » est, aux yeux de cet auteur, plei-

Mais il ne faut pas l'imposer de force aux réalités juridiques du monde antique, en cherchant à renfermer dans un concept unique cette situation complexe. Les fondations grecques — et les fondations de l'Antiquité en général — ne sont pas des « contrats » pas plus qu'elles ne sont des « personnes morales » : ce sont des « patrimoines affectés » (37). La théorie du « contrat de fondation » élaborée par Mlle M. ne saurait être retenue.

Il ne nous appartient pas de continuer cette critique sur le terrain de l'histoire religieuse. Contentons-nous de remarquer que le sentiment religieux — piété (εὐσέβεια) ou hantise de l'oubli (ἀθανασία, μνήμη) — n'est pas, comme le croit Mlle M., l'unique motif qui ait pu pousser un Grec à créer une fondation : ce peut être aussi l'orgueil personnel (φιλοτιμία), la démagogie d'un puissant ou le sentiment civique d'un patriote (38). Aux motifs des fondateurs répond la multiplicité des buts : sans doute sont-ils souvent d'ordre religieux, mais ils peuvent si bien être d'ordre purement profane que l'on y trouve même parfois une raison fiscale (39).

Mlle M. n'a pas jugé utile de munir son livre d'une table des sources qui en eût facilité le maniement. En revanche, elle a composé un petit lexique des *termini technici* (p. 169-174) en rapport avec son sujet, en attribuant à chacun un sens choisi librement par elle-même. Elle a également joint à son ouvrage un appendice (Nachtrag : p. 174-176) comportant la critique des études de H. J. Wolff récemment réunies dans un volume dont nous rendons compte ailleurs (40) ; ce supplément paraît un peu surpre-

nement applicable à l'étude des constructions juridiques qui ont précédé et préparé le concept moderne sous ses divers aspects institutionnels. Mais il faut l'entendre dans un sens large et nous débarrasser des préjugés qui ne permettent pas de concevoir une fondation en dehors des schémas admis aujourd'hui. Sinon, nous ne pourrons parler que de « fondations au sens non technique », comme les romanistes tels que R. Sohm (*Institutionen, Geschichte und System des römischen Privatrechts*, 17e éd., Berlin, 1939, p. 26-27), pour qui le sens « technique » reste celui de « personne juridique » aux termes des §§ 80 et suiv. du Code civil allemand ; ou bien nous devrons exclure l'emploi du mot « fondation » en dehors de la personnalité morale (comme F. Sauvel, cité par Feenstra, *Le concept de fondation*, p. 248, note 9).

(37) Nous empruntons cette formule à l'étude de G. Le Bras sur *Les fondations privées* (v. plus haut, note 15), p. 31.

(38) Sur les motifs inspirant les fondateurs, v. B. Laum, *Stiftungen* (cité plus haut, note 2), 1, p. 34-53.

(39) Dans sa conférence de Nancy (v. plus haut, note 15), G. Le Bras constate (nous le citons d'après le résumé de J. Imbert, *IVRA* 6 [1955], p. 650) : « ... les buts poursuivis par les fondateurs semblent... se réduire à trois : honorer Dieu ou les dieux, ou assurer le salut personnel du fondateur, ou encore améliorer les conditions d'existence de ses semblables défavorisés par la fortune ». L'élément fiscal que nous avons évoqué, intervient lorsque le fondateur veut assurer aux bénéficiaires de la fondation un allègement des impôts : v., pour Rome, les exemples rapportés par G. Le Bras, *Les fondations privées* (cité à la note 15), p. 30, note 43.

(40) H. J. Wolff, *Beiträge zur Rechtsgeschichte Altgriechenlands und des hellenistisch-römischen Aegypten*, Weimar, 1961 (*Forschungen zum römischen Recht herausgegeben von M. Kaser, W. Kunkel und F. Wieacker*, 13.). Notre compte rendu de cet ouvrage est sous presse dans la *Tijdschrift voor Rechtsgeschiedenis* (1963, fasc. 1) ; v. aussi les comptes rendus de J. Gaudemet dans *Stud. Doc. Hist. Iur.* 27 (1961), p. 413-421, et de A. Kränzlein dans Z. S. S., R. A., 79 (1962), p. 349-361.

nant, étant donné qu'aucune de ces études ne concerne le problème des fondations.

En somme, le livre de Mlle M., sans doute consciencieux et animé d'un amour sincère de l'Antiquité grecque, semble avoir manqué son but, du moins en ce qui concerne l'histoire du droit grec. Peut-être est-ce trop demander à un auteur qui n'est pas juriste que d'appliquer une méthode juridique rigoureuse. Mais personne n'oblige les non-spécialistes à aborder des problèmes qui exigent une formation professionnelle solide. On regrette de devoir constater — s'il est permis d'employer cette expression de Louis Gernet — que le droit grec n'a pas cessé d'être « pratiqué par des philologues que la vérité juridique ne tourmente guère » (41).

(41) L. Gernet, *Droit et Société dans la Grèce ancienne* (cité plus haut, note 25), p. 1. Notre critique de l'ouvrage de Mlle M. rejoint le jugement exprimé par K. Latte dans un compte rendu qui vient de paraître au moment où nous lisons les épreuves de la présente étude (Z. S. S., R. A., 79, 1962, p. 374-376).

ADDENDA

I. – Hommes libres et bêtes dans les droits antiques

Le thème de cette étude rejoint celui de l'essai sur «Ulpien et la nature des animaux» (1976), repris dans *Droit impérial et traditions locales,* 1990 (Variorum *CS* 321), n° V ; on a déjà indiqué dans les Addenda à ce recueil (p. 3) quelques éléments de la mise à jour. Signalons encore les nouvelles éditions des Lois d'Eshnunna et du Code Hammurabi : E. Szlechter, «Les Lois d'Eshnunna», *RIDA,* 3e sér., 25, 1978, p. 109-219 ; Idem, *Codex Hammurapi,* Rome 1977 ; R. Yaron, The *Laws of Eshnunna,* Second Revised Edition, Jérusalem-Leyde 1988. – Les conclusions concernant la «censure biblique» (p. 99 sq.) pourraient être nuancées : voir G. Cardascia, «Le caractère volontaire ou involontaire des atteintes corporelles dans les droits cunéiformes», *Studi C. Sanfilippo,* VI, Milan 1985, p. 161-207, partic. 189 sq.

II. – « Aut nascuntur aut fiunt »

Analyse : C. S[anfilippo], *Iura* 28, 1977, p. 390.

Aristote (p. 2 sq.) : en dernier lieu, E. Lévy, «La théorie aristotélicienne de l'esclavage et ses contradictions», *Mélanges Pierre Lévêque,* t. 3, Paris 1989, p. 197-213 (Aristote combat la thèse selon laquelle tout esclavage serait contraire à la nature). – Dion de Pruse (p. 9 sq.) : P. Desideri, *Dione di Prusa : un intellettuale greco nell'impero romano,* Messine-Florence 1978, et C.P. Jones, *The Roman World of Dion Chrysostom,* Cambridge, Mass.-Londres 1978 – L'homme libre qui par dol se fait vendre lui-même en esclavage (p. 11-12 et 23) : J. Ramin et P. Veyne, «Droit romain et société : les hommes libres qui passent pour esclaves et l'esclavage volontaire», *Historia* 30, 1981, p. 472-497. – Servage et esclavage (p. 23) : R. Aubenas, «Inconscience des juristes ou pédantisme malfaisant. Un chapitre d'histoire juridico-sociale, XIe-XVe s.», *RHD* 56, 1978, p. 215-252 ; voir A. Gouron, «Liberté, servage et glossateurs», *Recueil de mémoires et travaux publié par la Société d'histoire du droit et des institutions des anciens pays de droit écrit* IX, 1980, p. 41-51 = *La science du droit dans le Midi de la France au Moyen Age,* Londres 1984 (Variorum *CS* 196), n° XVI, et M. Morabito, «Signes médiévaux de survie de l'esclavage antique. Le témoignage des pénitentiels (VIe-XIe s.)», *Mélanges P. Lévêque* 5, Paris 1990, p. 259-285.

III. – Le statut des Hellènes dans l'Égypte lagide

Ce travail se prolonge, pour l'époque romaine, dans le mémoire «Entre la cité et le fisc : le statut grec dans l'Égypte romaine» (1985), *Droit impérial et traditions locales,* 1990, n° I.

Nouvelle étude d'ensemble : K. Goudriaan, *Ethnicity on Ptolemaic Egypt,* Amsterdam 1988 ; sur un point essentiel (pas d'"apartheid" dans l'Égypte ptolémaïque), les conclusions de cet auteur, comme il le constate lui-même dans la Préface de son livre, rejoignent les miennes.

Nom et patrie (p. 244 sq.). – Les observations d'E. Bickerman sur l'apparente «irrégularité» des ethniques devraient encore être nuancées. Ainsi, le cas de deux *Myêsioi,* ressortissants d'une cité qui a cessé d'exister (p. 249), n'est pas très différent de celui des Thébains qui, après la destruction de leur cité en 335 av. n.è., continuent à se dire *Thêbaioi* dans les cités où ils se sont réfugiés : voir P. Roesch, *Études béotiennes,* Paris 1982, p. 497-498. Il en va de même pour les confédérations et leurs éléments constitutifs (*ibid.*) : voir *JJP* 20, 1990, p. 253-254. – Nom double : Apollonios, plutôt qu'Apollodotos ou Apollodoros, dans P.Petr. III 7 (p. 247 n. 23) ; voir la nouvelle édition de ce texte, P.Petrie² I 14, et le commentaire de l'éditeur, W. Clarysse, p. 167 sq.

Solidarités anciennes et solidarités nouvelles (p. 258 sq.). – Juifs (p. 259 sq.) : J. Mélèze Modrzejewski, *Les Juifs d'Égypte, de Ramsès II à Hadrien,* Paris 1991. – Perses de l'épigone, en dernier lieu, C. Vandersleyen, «Suggestion sur l'origine des Πέρσαι, τῆς ἐπιγονῆς», *Proc. XVIII Intern. Congr. Papyr.,* II, Athènes 1988, p. 191-201 (l'expression conserverait le souvenir des Perses installés dans le Delta immédiatement avant les Grecs). – La prépondérance d'éléments macédoniens et thraces parmi les colons hellénophones (p. 251) comme conséquence de la composition ethnique de l'armée de Ptolémée Ier : R.S. Bagnall, «The Origins of Ptolemaic Cleruchs», *BASP* 23, 1984, p. 7-20.

«Sujets» et «citoyens» (p. 262 sq.). – La permanence du lien civique chez les Grecs en Égypte, soulignée dans cette étude, a suscité des réserves de J. Bingen dans son discours d'ouverture au XIXe Congrès international de Papyrologie (Le Caire, septembre 1989) : «L'espace grec au royaume des Ptolémées» ; ce texte, dans lequel «l'espace grec» était présenté comme une «anti-cité», n'a pas paru dans les Actes du Congrès (*Proc. XIX Intern. Congr. Papyr.,* éd. A.H.S. El-Mosalamy, Le Caire 1992).

Le nom d'Hellène (p. 265 sq.). – Sur la notion, H.-G. Kleinow, *Die Überwindung der Polis im 4. Jahrhundert v.Chr.,* Dissert. Erlangen 1979, partic. 79 sq. (Isocrate). La distinction entre Hellènes et Égyptiens sur le plan fiscal (p. 267 et n. 113), visible dans BGU XIV 2429 (Ier s. av. n.è.), implique une discrimination, la charge imposée aux autochtones étant plus lourde, comme l'attestent les P.Lille dém. 101 et CPR XIII 1 et 2.

IV. – Régime foncier et statut social dans l'Égypte ptolémaïque

La discussion qui suivait cette publication dans les Actes du Colloque de Besançon (p. 189-196) n'a pas été reprise ici. L'intervention de B. Menu est reproduite dans son recueil *Recherches sur l'histoire juridique, économique et sociale de l'ancienne Égypte,* Versailles 1982, p. 101-106. Je suis revenu sur ce sujet dans mon séminaire de papyrologie à l'École pratique des Hautes Études en 1976/1977 ; on peut en lire, dans l'*Annuaire 1977/1978* de l'École, IVe Section, 110e année, Paris 1978, p. 351-372, le rapport («Le régime foncier dans l'Égypte ptolémaïque», p. 353-367, déjà cité dans le n° **III**, p. 257 n. 76) qui complète sur plusieurs points la contribution au Colloque de Besançon. Je rappelle une conférence inédite de R. Rémondon : «Le régime de la terre et l'évolution sociale dans l'Égypte lagide», résumé dans le *Bulletin de la Société française d'égyptologie* 34/35, 1962, p. 30-31.

«Terre royale» et «terre concédée» (p. 164 sq.). – L'hypothèse d'E. Seidl, concernant ἡ ἐν ἀφέσει γῆ semble bien confirmée : cette expression désigne des terres «délaissées» par les clérouques et reprises par l'administration royale qui en assure l'exploitation en attendant une nouvelle définition de leur statut juridique, situation illustrée notamment par le P.Moen inv. 4 (début du IIe s. av. n.è.) publié par P.J. Sijpesteijn en 1979 (*Anc. Soc.* 10, p. 151-158 ; cf. *Arch. f. Pap.* 33, 1987, p. 113 et *Ann. EPHE* 110, cité plus haut, p. 363 sq.). Il s'agit donc d'un statut provisoire, valable surtout pour le IIe s. av. n.è., encore que, dès le IIIe s. av. n.è., l'État intervienne pour louer aux paysans des *klêroi* en l'absence du titulaire, comme on le voit dans le P.Strasb. VII 661 (241/240 av. n.è.). En tous cas, la dichotomie postulée par Rostovtzeff est indéfendable ; on regrette qu'elle continue à hanter encore les ouvrages les plus récents.

Les bénéficiaires (p. 170 sq.). – À propos des *dôreai* (p. 170-171), il faut faire état du débat sur les *myriarouroi,* attributaires de domaines d'une superficie de 10 000 aroures pour les uns, fonctionnaires royaux chargés de la gestion d'unités territoriales d'une telle superficie pour d'autres, sinon les deux à la fois : voir les références dans le n° **III**, p. 263 n. 99 (cf. *Arch.f.Pap.* 33, 1987, p. 100 et 113), et D. Foraboschi, «Minima papyrologica», *Festschr. zum 100-jährigen Bestehen der Österreichischen Nationalbibliothek,* Vienne 1983, p. 101-106. – Régime clérouchique (p. 171 sq.) : importante mise au point par Éd. Van 't Dack, «Sur l'évolution des institutions militaires lagides», *Armées et fiscalité dans le monde antique,* Paris 1977 (Colloque du Centre G. Glotz), p. 77-105, texte repris avec des *addenda* dans *Ptolemaica selecta. Études sur l'armée et l'administration lagides,* Louvain 1988, p. 1-46. Parler de sous-location (p. 172) à propos des contrats passés entre les clérouques et les paysans n'est peut-être pas tout à fait exact s'il est vrai qu'il s'agit d'une «concession suivie d'un louage» : G. Cardascia, «Sur une fonction de la sous-location en droit romain», *Studi A. Biscardi,* II, Milan 1982, p. 365-388, partic., p. 366. – Terres des cités (p. 173) : A. Jähne, «Die Ἀλεξανδρέων χώρα», *Klio* 63, 1981, p. 63-103.

Les «dépendants» (p. 173 sq.). – *Laoi* : l'hypothèse de C. Vandersleyen (p. 173-174) a rencontré beaucoup de réserves ; voir *Arch.f.Pap.* 34, 1988, p. 112. – Paysans royaux (p. 174 sq.) : J. Rowlandson, «Freedom and Subordination in Ancient Agriculture : The Case of the "basilikoi georgoi" of Ptolemaic Egypt», *Crux. Essays Presented to G.E.M. de Ste Croix = Hist. of Polit. Thought* 6, 1985, p. 327-347.

Διαγραφὴ τοῦ σπόρου (p. 175). – Ses liens avec *ṯs prt,* son antécédent pharaonique présumé, sont ténus et n'autorisent pas l'hypothèse d'une filiation (l'article de B. Menu, mentionné à la note 69, est reproduit dans ses *Recherches,* citées plus haut, p. 107-113). En revanche, le P.Lille dém. n° 118 (217 av. n.è. ?), éd. F. de Cenival, *Studi E. Bresciani,* Pise 1985, p. 153-160, révèle son nom démotique : *sḥn sq3,* «plan de labour», en même temps qu'il confirme l'importance de la part prise par les instances administratives locales dans l'élaboration du «bordereau» ; donnée confirmée aussi par le P.Hamb. III 202 (Hérakléopolite, IIIe s. av. n.è.). Autre élément nouveau : d'après le P. Moen 4, cité plus haut, la *diagraphè* s'applique aux terres clérouchiques ἐν ἀφέσει. Voir, à ce propos, L. Criscuolo, «Le istituzioni pubbliche nell'Egitto tolemaico», *Egitto e società antica,* Milan 1985, p. 133-145, partic. p. 138 ; J.A.S. Evans, «P.Tebt. 61(b), 40-44, and the Sowing Schedule», *Miscel·lània papirol. R. Roca-Puig,* Barcelone 1987, p. 123-127 (qui souligne également le rôle du diœcète dans l'approbation du bordereau) ; D. Foraboschi, «Organizzazione delle semine e politica agraria in Egitto ellenistico», *Stato-Economia-Lavoro nel Vicino Oriente antico,* Milan 1988, p. 138-144.

Bail forcé (p. 176 sq.). – J'ai traité ce sujet dans une communication intitulée «Πρόσταγμα περὶ τῆς γεωργίας : droit grec et réalités égyptiennes en matière de bail forcé», au colloque sur «L'homme et la terre dans l'ancienne Égypte» (Tübingen, juin 1990), et à l'ouverture du Centre d'études du droit grec et hellénistique de l'Université Panteion (Athènes, décembre 1990), à propos du PUG III 92 (PUG inv. DR 61 = SB XVI 12821) : texte français à paraître dans les Actes du Colloque de Tübingen ; version néo-hellénique, par les soins de Sophie Adam, «Πρόσταγμα περί της γεωργίας : Ελληνικό δίκαιο και Αιγυπτιακή πραγματικότητα στο θέμα της αναγκαστικής μίσθωσης», dans Συμβολές στην έρευνα του αρχαίου ελληνικού και ελληνιστικού δικαίου, I, Athènes, Éditions de l'Université Panteion, 1992, p. 47-78.

V. – La structure juridique du mariage grec

Article publié également dans les *Scritti in onore di Orsolina Montevecchi,* Bologne 1981, p. 231-268. Le volume*Symposion 1979* a été repris en 1983 par les Éditions Böhlau à Cologne (Publications de la Société d'histoire du droit grec et hellénistique, t. 4). – Analyse : D. Asheri, *RHD* 62, 1984, p. 69-70.

Récente vue d'ensemble : C. Leduc, «Comment la donner en mariage ? La mariée en pays grec (IXe-IVe s. av. J.C.)», dans *Histoire des femmes en Occi-*

dent, I. *L'Antiquité,* sous la dir. de P. Schmitt Pantel, Paris 1991, p. 259-316 et notes, p. 535-539. – Mariage spartiate (p. 43) : C. Meillier, «Une coutume hiérogamique à Sparte ?», *REG* 97, 1984, p. 381-402 (à propos d'Hermippos de Smyrne). – Mariage «par achat» et *coemptio* (p. 45 sq.) : G. McCormack, «Anthropology and Early Roman Law», *The Irish Jurist,* N.S., 14, 1979, p. 173-187 (ajouter à la note 34). – Mariage athénien (p. 49 sq.) : C.B. Patterson, «Marriage and Married Woman in Athenian Law», dans *Women's History and Ancient History,* éd. S.B. Pomeroy, Chapel Hill et Londres 1991, p. 48-72.

Mariage grec dans la *chôra* (p. 53 sq.). – Complément à la liste des actes de mariage dans les papyrus (p. 53 n. 68) : B. Kramer et D. Hagedorn, *Griechische Papyri der Staats- und Universitätsbibliothek Hamburg (P.Hamb. III),* Bonn 1984, p. 137-138. – Comparaison des contrats de mariage égyptiens et grecs : H. Maehler, «La posizione giuridica della donna nell'Egitto tolemaico», *Quaderni di Storia* 30, 1989, p. 5-34.

Auto-ekdosis de la femme (p. 57 sq.). – Cas nouveau, P. Oxy. XLIX 3500 (IIIe s. de n.è.), deuxième attestation pour l'Égypte grecque et romaine. Sur le roman de Chariton (p. 58 sq.), E. Karabélias, «Le roman de Chariton d'Aphrodisias et le droit. Renversements de situations et exploitation des ambiguïtés juridiques», *Symposion 1988,* Cologne 1990, p. 369-396.

Mariage alexandrin (p. 60 sq.). – J. Winand, «Le rôle des hiérothytes en Égypte», *Chr. d'Ég.* 60, 1985, p. 398-411 (en faveur d'une influence égyptienne) ; S. Allam, «Note sur le mariage par deux contrats dans l'Égypte gréco-romaine», *ibid.* 65, 1990, p. 323-333 (caractère «civil» du contrat à établir devant les hiérothytes).

Prérogative paternelle (p. 62 sq.). – Pour compléter les indications données dans mon article «"La loi des Égyptiens" : le droit grec dans l'Égypte romaine» (1988), dans *Droit impérial et traditions locales,* 1990, n° IX, p. 392-394, on peut citer à présent la thèse (annoncée p. 393 n. 40) de B. Anagnostou Canas, *Juge et sentence dans l'Égypte romaine,* Paris 1991, p. 45 sq., 60 sq., 74 sq. ; l'article de M. Lemosse cité p. 393 n. 42 a été repris dans ses *Études romanistiques,* Clermont-Ferrand 1991, p. 271-281 ; voir aussi F. Sbordone, «Una tipica contesa familiare nella realtà giuridica e nel teatro antico», *Studi in on. di A. Barigazzi,* II, Rome 1986, p. 207-209.

VI. – Zum hellenistischen Ehegüterrecht im griechischen und römischen Ägypten

Analyses : *Iura* 22, 1971, p. 360-361 ; *Bull. anal. d'hist. rom.* IX 1970, Strasbourg 1974, p. 617. Le livre de G. Häge, point de départ de cet article, a donné lieu à un autre commentaire substantiel : par M. Talamanca, «Gli apporti patrimoniali della moglie nell'Egitto greco e romano», *Index* 2, 1971, p. 240-282.

Proïx et *phernè* (p. 52). – Φερνή, κοσμός et προίξ dans un papyrus ptolémaïque (milieu du IIe ou début du Ier s. av. n.è.), PSI XV 1515, éd. A. Biscardi, 1978 ; texte présenté par l'éditeur, «"Proix" e "pherne" alla luce di un nuovo papiro fiorentino», *Symposion 1977*, Cologne-Vienne 1982, p. 215-221, et *Iura* 28, 1977, p. 1-9. – *Pherné, parapherna, prosphorai* (p. 67 sq.) : H.J. Wolff, «Eine neue Quelle zum Eindringen des römischen Rechts in Ägypten», *ZSS. RA* 96, 1979, p. 258-268 (à propos du P.Coll.Youtie II 67, 260/261 de n.è., restitution des biens dotaux à une jeune veuve par la famille du mari défunt).

Désagrégation de l'*oikos* classique (p. 70 sq.). – Terminologie : G. Husson, *Oikia. Le vocabulaire de la maison privée en Égypte d'après les papyrus grecs*, Paris 1983. – Adoption (p. 77), droit local (R. Taubenschlag) plutôt que droit romain vulgaire (H.J. Wolff) : M. Kuryłowicz, «Adoption on the Evidence of the Papyri», *JJP* 19, 1983, p. 61-75. Adoption contractuelle d'une fille à Alexandrie sous le règne de Claude : P. Oxy. XLVI 3271.

VII. – Die Geschwisterehe in der hellenistischen Praxis und nach römischem Recht

Analyse : *Iura* 16, 1965, p. 488. – Outre l'étude sur le droit de la famille dans les lettres privées grecques d'Égypte, cité p. 53 n. 3, j'ai traité ce sujet dans un article en polonais, «Małżeństwa między bratem i siostrą w grecko-rzymskim Egipcie», *Meander* 10, 1955, p. 431-437 (résumé en italien par H. Kupiszewski, *Iura* 7, 1956, p. 405).

La question centrale concernant l'extension des pratiques endogames en Égypte après la conquête romaine, à laquelle K. Hopkins, «Brother-Sister Mariage in Roman Egypt», *Comparative Studies in Society and History* 22, 1980, p. 303-354, ne pouvait pas fournir de réponse satisfaisante, a été abordée en rapport avec le statut des notables grecs, *Droit impérial et traditions locales*, 1990, n° I, p. 275-276 : le souci de conserver une ascendance paternelle et maternelle «métropolitaine» ou «gymnasiale», indispensable pour accéder à ce statut, explique l'accroissement des mariages adelphiques à cette époque.

La problématique du mariage entre proches (prohibition de l'inceste, homogamie), à Athènes et dans le monde grec (p. 59 sq.), est traitée à fond, avec une bibliographie exhaustive, par E. Karabélias, «Inceste, mariage et stratégies matrimoniales dans l'Athènes classique», *Symposion 1985*, Cologne-Vienne 1989, p. 233-252, et *Charisteria Ioanni Deliyanni*, Thessalonique 1991, p. 31-51. – Pour la Rome républicaine (p. 62 sq.), on se reportera à Y. Thomas, «Mariages endogamiques à Rome. Patrimoine, pouvoir et parenté depuis l'époque archaïque», *RHD* 58, 1980, p. 345-382 ; sur le *crimen incesti* (p. 62, 71 sq.), T. Cornell, «Some Observations on the "crimen incesti"», *Le délit religieux dans la cité antique*, table ronde tenue à Rome en avril 1978, Rome 1981, p. 27-37. Quelques idées à glaner également dans les actes d'une autre table ronde, tenue à

Paris en octobre 1986 : J. Andreau et H. Bruhns, éd., *Parenté et stratégies familiales dans l'Antiquité romaine*, Rome 1990.

Pour l'Égypte ptolémaïque, outre le document cité p. 57-48, un mariage adelphique semble attesté par le P. Iéna inv. 904, éd. F.Uebel, *Arch. f. Pap.* 22/23, 1974, p. 89-97 (= SB XII 11053). – Les conclusions concernant les mariages entre frère et sœur contractés avant l'Édit de Caracalla et qui subsistent après 212 (p. 74) doivent être précisées à la lumière du P.Oxy. XLIII 3096 (223/224 de n.è.) : voir O. Montevecchi, «Endogamia e cittadinanza romana in Egitto», *Aegyptus* 59, 1979, p. 137-144, et mes remarques *Arch.f.Pap.* 34, 1988, p. 95.

Législation impériale (p. 77) : S. Roda, «Il matrimonio fra cugini germani nella legislazione tardo-imperiale», *SDHI* 45, 1979, p. 289-309 ; E. Franciosi, «Il regime delle nozze incestuose nelle Novelle giustinianee», *Estudios J. Iglesias,* I, Madrid 1988, p. 727-746.

VIII. – Dryton le Crétois et sa famille ou les mariages mixtes dans l'Égypte hellénistique

Dryton, ses mariages, sa famille (p. 358 sq., 365, 374 *i.f.*). – N. Lewis, *Greeks in Ptolemaic Egypt,* Oxford 1986, p. 88-103 (et note, p. 168-169) ; W. Clarysse, «Le mariage et le testament de Dryton en 150 av. n.è.», *Chr. d'Ég.* 61, 1986, p. 99-103, et R. Scholl, «Drytons Tod», *ibid.* 63, 1988, p. 141-144 : le deuxième (éventuellement troisième) mariage de Dryton date du 4 mars 150 av. n.è. ; sa mort se situe entre 126 et 123/122 av. n.è. – P. Laur. inv. III/155 (164 av. n.è.), premier testament de Dryton (?) : G. Messeri Savorelli, «Frammenti del primo testamento di Dryton ?», *Miscellanea Papyrologica,* II, Florence 1990, p. 429-436. – Onomastique (Dryton, Esthladas) : O. Masson, «Notes d'anthroponymie grecque et asianique», *Beitr. z. Namenforsch.* 13, 1962, p. 75-81 = *Onomastica Graeca Selecta,* I, Paris 1990. – Apollonia *alias* Senmonthis, deuxième (ou troisième ?) épouse de Dryton (p. 365) : S.B. Pomeroy, *Women in Hellenistic Egypt,* New York 1984 ; 2e éd., Détroit 1990, p. 103-124. On trouvera dans la deuxième édition de ce livre (p. 104) l'arbre généalogique de la famille de Dryton d'après R.K. Ritner, «A Property Transfer from the Erbstreit Archive», *Grammata Demotica (Festschrift E. Lüddeckens),* Wurtzbourg 1984, p. 171-187, pl. 30 (cf. *JJP* 20, 1990, p. 219-220 et 224) ; il remplace celui qui figurait originellement dans la présente étude (p. 377, d'après K. Winnicki) et qui n'a pas été reproduit ici.

Pour évaluer l'importance des mariages mixtes entre Grecs et Égyptiens (p. 362 sq.) il faudrait multiplier des études ponctuelles utilisant à la fois les documents grecs et les documents démotiques ; les travaux de W. Clarysse sont exemplaires à cet égard : voir, en dernier lieu, son article «Some Greeks in Egypt», contribution au volume *Life in a Multi-Cultural Society : Egypt from Cambyses to Constantine and beyond,* éd. J.H. Johnson, Chicago 1992, p. 51-56, avec des références à ses publications antérieures. Cas notable : Monimos fils de Kléandros, lui-même fils de Monimos, Alexandrin par son père, qui vit dans la *chôra* avec une femme égyptienne, Esoèris, mais donne un nom grec, Démétria, à sa fille (P.Petrie[2] I 1 = P.Petr. III 1, 238/237 av. n.è. ; P.Lille dém. III 101). – Les incertitudes de l'anthroponymie (p. 366 sq.) subsistent. Pour le double nom (Apollonios-Ionathas, p. 368 sq.) voir ci-dessus, **III**. La liste des mariages supposés mixtes (Grecs et Égyptiens, Grecs et Juifs) dans CPR XIII (*Neue Papyri zum Steuerwesen im 3. Jh. v.Chr.*, Vienne 1987, éd. H. Harrauer, voir p. 46) d'après des critères onomastiques fragiles est susceptible de révision.

Bilinguisme (p. 370 sq. et n. 92) : W. Peremans, «Le bilinguisme dans les relations gréco-égyptiennes sous les Lagides», *Egypt and the Hellenistic World,* Louvain 1983, p. 253-280 ; Idem, «Note sur les traductions de textes non littéraires sous les Lagides», *Chr. d'Ég.* 60, 1985, p. 248-262.

IX. – La dévolution à l'État des successions en déshérence dans le droit hellénistique

Analyses : E. Seidl, *SDHI* 27, 1961, p. 501 ; G. Nicosia, *Iura* 12, 1961, p. 236 et 13, 1962, p. 474-475.

On trouvera dans mon étude sur «La dévolution au fisc des biens vacants» (1971), reprise dans *Droit impérial et traditions locales,* 1990, n° IV, p. 125 n. 40, la mise au point à propos d'une critique suscitée par mon interprétation de la loi de Doura Europos. La loi de Naupacte, qui y est mentionnée, doit être citée à présent dans l'édition de G. Klaffenbach, IG IX[2] III 718 ; voir, à ce propos, A. Maffi, «Sulla legge coloniaria per Naupatto (ML 20)», *Festschrift für A. Kränzlein,* Graz 1986, p. 69-92 (avec bibliographie, p. 81 n. 2). Sur le régime athénien des successions ab intestat (p. 83 sq.et n. 13), E. Karabélias, «La succession ab intestat en droit attique», *JJP* 20, 1990, p. 55-74.

X. – À propos des fondations en droit grec

Analyse : *Iura* 15, 1964, p. 475.

Amorce d'un nouveau recueil de documents concernant les fondations grecques (p. 84) : W. Ameling, «...et dona ferentes. Königliche Stiftungen an griechische Städte und Heiligtümer im Zeitalter des Hellenismus», *Quaderni Catanesi* 9, 1987, p. 11-40. – Le «jardin de Mousa» (p. 84 n. 13) : P.M. Fraser et B. Nicholas, «The Funerary Garden of Mousa Reconsidered», *JRS* 52, 1962, p. 156-159 ; V. Arangio-Ruiz, «Il giardino funerario di Pompea Musa e le sue vicende», *Mélanges Ph. Meylan,* I, Lausanne 1963, p. 1-18 (= *Studi epigrafici e papirologici,* éd. L. Bove, Naples 1974, p. 655-672) ; P. Stein, «Some Reflections on "Ius sepulchri"», *Studi B. Biondi,* II, Milan 1963, p. 117-122. L'étude de ce texte à mon séminaire de l'École pratique des Hautes Études en 1989/1990 a permis d'en approfondir l'analyse juridique et de préciser la date de la fondation (règne d'Auguste).

INDEX DES SOURCES

I. – Auteurs grecs et latins

II. – Papyrus, parchemins, ostraca et tablettes (grecs, latins et démotiques)

III – Inscriptions

IV. – Sources juridiques romaines et médiévales

V. – Sources bibliques et orientales

VI. – Droits modernes

Universitätsbibliothek Salzburg